PITCAIRN · DEIN HUND

R. H. und S. H. Pitcairn

DEIN HUND –

Gesund auf natürliche Weise

Pietsch Verlag Stuttgart

Umschlaggestaltung: Siegfried Horn

Die englische Originalausgabe ist erschienen bei Rodale Press, Inc. Emmaus Pa./USA unter dem Titel »Natural Health for Dogs & Cats«

Die Übersetzung ins Deutsche besorgte
Hermann Leifeld

ANMERKUNG
Das vorliegende Buch soll als Ergänzung zum Rat Ihres Tierarztes dienen. In der Medizin gleicht kein Fall dem anderen. Verfasser und Verlag können keine Verantwortung für eine zu Hause verabreichte Behandlung übernehmen. Es ergeht daher die dringende Bitte an den Leser, sich der bestmöglichen medizinischen Mittel und Wege zu bedienen, um zu informierten Entscheidungen im Hinblick auf die Tierpflege zu gelangen.

ISBN 3-613-50035-3

1. Auflage 1986

Eine Abteilung des Buch- und Verlagshauses Paul Pietsch GmbH & Co. KG.

Satz und Druck: Remsdruckerei Schwäbisch Gmünd.
Bindung: Großbuchbinderei E. Riethmüller, 7000 Stuttgart 1.
Printed in Germany.

Inhalt

Vorwort

Es ist etwas erfrischend anderes, ein Vorwort zu einem Buch wie diesem zu schreiben, das aus der Feder einer verwandten Seele stammt, die es im Begreifen der holistischen Prinzipien von Gesundheit und Krankheit und mit Mut und Überzeugung wagt, gegen die Engstirnigkeit und den Konsens in der Tiermedizin anzugehen und neue Grenzen zu erschließen.

Vor zwanzig Jahren schrieb ich als frischgebackener Tierarzt eine Abhandlung über »Sympathielähmung« bei Hunden, in der ich aufzeigte, wie emotional gestörte Hunde und Hunde, die sich um die Aufmerksamkeit ihres Besitzers bemühen, eine Beinverletzung vortäuschen. Diese Untersuchung wurde von einigen Tierärzten öffentlich lächerlich gemacht, da es unvorstellbar war, daß Tiere unter emotionalen und psychosomatischen Störungen leiden könnten.

Heutzutage findet sich eine weitergehende Anerkennung solcher Phänomene: Der Mensch ist nicht das einzige intelligente und fühlende Wesen auf der Erde. Unsere Verwandten aus der Tierwelt können ebenfalls unter einer Vielzahl emotionaler Probleme leiden, wie Dr. Pitcairn in seinem Buch beschreibt. Trotzdem wird die Behauptung, daß Tiere Emotionen haben, die ihre Gesundheit beeinträchtigen können, weiterhin auf starken Widerspruch stoßen, weil viele »Experten« glauben, daß es sich dabei um eine vermenschlichte Deutung handelt.

In ähnlicher Weise ziehen es viele Menschen nicht im entferntesten in Betracht, daß man den Tieren »Rechte« einräumen und sie als Teil der ethischen Gemeinschaft ansehen sollte. Der normale Standpunkt ist der, daß Tiere uns untergeordnet sind und wir sie ohne jeden Anflug von Gewissen nach Belieben ausnutzen können.

Jenseits der ethischen Überlegungen zu unserem Umgang mit Tieren steht die verbreitete Ansicht, daß Geist und Körper getrennte Dinge sind. Damit wird die Natur zu einem reinen Hilfsmittel entmystifiziert oder entheiligt, das es zu erobern und zum eigenen ausschließlichen Nutzen auszubeuten gilt. Und in gleicher Weise wird die Humanität entmenschlicht, wenn man den Körper schlicht als Überlebensmaschine für die Gene oder als biochemischen Behälter für den Geist betrachtet. Mehr noch, bei dieser fragmentarischen Weltsicht trennt und entfremdet sich die Humanität in immer stärkerem Maße von der Natur, von den Tieren und von der Gesamtheit des eigenen Seins und Werdens.

Solche irrigen Glaubensweisen und Werte werden heutzutage in Frage gestellt, weil in ihnen unsere gegenwärtigen Übel in Gesellschaft und Umwelt begründet liegen. Die moderne Physik, verschiedene östliche Philosophien und die Ökologie haben zusammen gezeigt, daß wir in einem einheitlichen Feld leben. Für unsere eigene Gesundheit und unser künftiges Überleben ist es unerläßlich, daß wir *öko*zentrisch und nicht *ego*zentrisch denken und handeln. Unsere Werte, Glaubensweisen und Wünsche müssen mit der Gesamtheit des Lebens in Einklang kommen, so daß eine Harmonie besteht zwischen einem aufgeklärten Selbstinteresse und einem übergeordneten Guten. Zu dieser neuen, weltumspannenden Ethik gehört eine universelle Ehrfurcht vor allem Leben einschließlich dem der Tiere. Wir brauchen sie dringend.

Eine derartige Philosophie steckt hinter der holistischen Medizin, derer Dr. Pitcairn und eine Handvoll anderer Tierärzte sich jetzt bei Tieren bedienen. Wie es oft der Fall ist, kam Dr. Pitcairn aus eigener Erfahrung zur holistischen Medizin, und zwar zunächst, indem er die Auswirkungen einer Änderung seiner Eßgewohnheiten verspürte, und dann, als er sah, was eine Behandlung mit Kräutern an seinem eigenen Kind bewirkte. Das führte ihn zu der Erkenntnis, »daß viele chronische und degenerative Krankheiten, die wir heute sehen, durch unangemessene Nahrung verursacht oder kompliziert werden«. Da das Immunsystem besonders anfällig auf unausgewogene Nahrung reagiert, befaßte Dr. Pitcairn sich mit der Forschung und promovierte schließlich auf dem Gebiet der Immunologie. Aber diese Spezialisierung hatte die praktische Anwendung eingeschränkt und schien die Natur von Gesundheit und Krankheit eher zu verdunkeln als aufzuhellen. Nach Abschluß seines Graduiertenstudiums befaßte er sich also erneut mit der heutigen Haltung gegenüber Gesundheitsproblemen bei Tieren und erkannte die Engstirnigkeit und Unwirksamkeit der angewandten Methoden insbesondere bei chronischen, degenerativen und psychosomatischen Störungen.

Er wußte intuitiv, daß es schlechte Medizin ist, »Gesundheitsprobleme nicht in Verbindung mit dem Ganzen zu sehen und im Dschungel unserer künstlichen Unterscheidungen und Definitionen verlorenzugehen«. Weiterhin lernte er durch persönliche Erfahrung, daß zum Heilen (und Gesundbleiben) nicht nur spezifische Therapien gehören, sondern auch wesentliche Änderungen des Lebensstils.

Als Tierarzt mit einem solchen Einblick und Wissen vollzog er die offensichtliche und intelligenteste Entscheidung: Er entwickelte ein holistisches Programm zur Gesundheitspflege und -erhaltung für Haustiere in Verbindung mit einer wertvollen Enzyklopädie von Behandlungsmethoden für die Anwendung durch Tierärzte und Besitzer von Haustieren (im Idealfall unter Überwachung durch den Haustierarzt). Mit Sicherheit ist noch viel Forschungsarbeit zu leisten, und zwar besonders auf den Gebieten Chiropraxis, Kräuterkunde und Homöopathie für Tiere.

Eine wachsende Zahl von Tierärzten praktizierte die Akupunktur, und mein eigenes Buch über die Tiermassage eröffnet Tierbesitzern und Tierärzten neue Perspektiven, unter denen sie Haustieren durch eine Krankheit helfen und dazu ihr physisches und psychisches Wohlergehen aufrechterhalten können.

Die holistische Medizin achtet und ist im Einklang mit der »Weisheit vom Körper«. Diese körperliche Weisheit – die Verbindung zwischen körperlichem Empfindungsvermögen und geistigem Bewußtsein – ist in der heutigen Zivilisation, die Trennungsstriche zieht zwischen Geist und Körper, Mensch und Tier sowie Humanität und Natur, fast verlorengegangen. Wir müssen uns wieder bewußt werden, daß weder unsere Körper noch die der Tiere Maschinen sind.

Albert Schweitzer, der große Menschenfreund und Heiler, hat einmal gesagt, der gute Doktor erwecke einfach »den Arzt im Patienten«. Auf gleiche Weise können, wie Dr. Pitcairn in seinem Buch auf so geschickte Weise zeigt, der gute Tierarzt und Tierbesitzer dazu beitragen, die natürlichen Vorgänge im Tier zu erwecken und zu unterstützen, um Erkrankungen zu verhindern und Streß und Krankheit zu bekämpfen.

Die Anwesenheit des Heilers gehört zum Heilungsvorgang. Wenn man mit einem Menschen oder Tier mit ruhiger, sanfter Stimme spricht, hat das eine sehr ähnliche Wirkung wie eine beruhigende oder sanfte, rhythmische Massage. Aus wissenschaftlichen Arbeiten geht hervor, daß sich eine recht tiefgehende Wirkung zeigt, und zwar hauptsächlich in Form einer drastischen Verringerung der Pulsfrequenz und einer allgemeinen Muskelentspannung. Die Veränderung des Pulsschlags ist ein Zeichen dafür, daß das parasympathische Nervensystem stimuliert wird. Das gehört meiner Ansicht nach zu der heilenden oder kräftigenden Wirkung eines sanften stimmlichen oder körperlichen Kontakts. Wenn das parasympathische Nervensystem stimuliert wird, kommt es zur Stimulierung des Verdauungssystems; das ist der Grund dafür, daß die zärtliche, liebevolle Hinwendung einer Mutter, die ihr Baby wiegt und ihm ein Wiegenlied vorsingt, oder das Ablecken des Nachwuchses oder des Gefährten durch die Mutterhündin den Verdauungsvorgang beschleunigen.

Wenn man emotional die wesentliche Energie der Zuneigung eines anderen entbehrt, ist das genau so schlimm, wie ein Mangel an wesentlichen Nährstoffen im Essen. Es gibt in der Tat viele physische, soziale und emotionale »Nährstoffe« wie beispielsweise körperliche Betätigung, Spiel und Erholung, Proteine, Vitamine, Zuneigung, Berührung und Gemeinschaft, die bei Mensch und Tier gleichermaßen lebenswichtige Bestandteile der Gesundheitspflege als ganzer sind.

Durch Einflußnahme auf den Geist des Patienten in Verbindung mit einer direkten Beeinflussung des Körpers (mittels Medikamenten, Massage usw.) aktiviert der Heiler den »Arzt im Innern« und stellt so das Gleichgewicht wieder her. Daher profitiert ein Tier wohl eher, wenn eine emotionale Beziehung zum Heiler besteht, als wenn eine solche Beziehung fehlt oder das Tier als etwas Fremdes behandelt wird. Das ist der Grund dafür, daß die von Dr. Pitcairn vorgeschlagenen Haustherapien so gute Aussichten für Haustiere und ihre Besitzer bieten. Ihre Wirksamkeit wird durch das enge emotionale Band zwischen Tier und Besitzer gesteigert.

Holistisch zu leben bedeutet, in Harmonie mit sich selbst, mit allen anderen und mit der Natur als ganzer zu leben; es bedeutet, daß man weiß, daß die Qualität der Beziehungen den Gesundheitszustand genau so beeinflußt wie Temperament, Wahrnehmung, genetische Gegebenheiten und ähnliches. Gleiches gilt für die Gesundheit unserer Tiere. Und je mehr wir und sie von der Natur entfernt sind, desto mehr Disharmonie und Entbehrung, Krankheit und Leiden finden wir vor.

Das vorliegende Buch wird Tierbesitzern dabei helfen, das Leben ihrer Tiere und auch das eigene Leben zu verschönern. Dr. Pitcairn vermittelt das wesentliche Wissen zu einer vollverantwortlichen, erfüllten und gesunden Beziehung zwischen Mensch und Tier.

So gut haben Hunde es noch nie gehabt!

Michael W. Fox
D. Sc., Ph. D., B. Vet. Med., M.R.C.V.S.
Direktor des »Institute for the Study of Animal Problems«,
einer Abteilung der »Humane Society of the United States«

Dank und Anerkennung

Ein Buch zu machen gleicht in vielerlei Hinsicht der Produktion eines Films. Es ist Teamarbeit. Aber die Namen und Gesichter von Autoren und Schauspielern erscheinen an so herausgehobener Stelle, daß man leicht übersieht, wieviel die Leute hinter der Bühne leisten.

Erst als wir tief in diesem Projekt steckten, ging uns langsam auf, wie viele Leute außer uns an »unserem« Buch arbeiteten. Eine der herausragendsten Rollen spielte aus unserer Sicht unsere fähige und hilfreiche Lektorin Carol Keough. Sie beschnitt das Überflüssige, glättete die rauhen Stellen und polierte an der Oberfläche, bis alles zu glänzen begann. Wenn ein Buch dieser Art als kunstreich bezeichnet werden kann, verdanken wir es Carol.

Aber unser Dank gilt um nichts weniger den vielen Leuten bei Rodale Press, die hingebungsvoll an diesem Projekt arbeiteten, und zwar ganz besonders Mark Bricklin und John Feltman, deren aufmunternde Worte für uns das Startsignal waren. Genauso wichtig waren Susan Rosenkrantz und all die anderen unermüdlichen Faktenprüfer, deren Aufgabe es war, dafür zu sorgen, daß alle Angaben und Hinweise verläßlich und genau waren. Einer von ihnen – Holly Clemson – rief nicht weniger als 70mal bei Regierungsstellen an, um endgültig zu klären, was in Haustiernahrung enthalten sein darf und was nicht. Unter den anderen »Forschern« sind Martha Capwell, Sue Ann Gursky, Christy Kohler, Susan Nastasee und Joann Williams zusammen mit den Abteilungsleiterinnen Carol Baldwin und Carol Matthews zu nennen.

Wir könnten damit fortfahren, die Namen der Mitarbeiter bei Rodale zu nennen – von den Redakteuren, Ernährungsspezialisten, Schriftsetzern, Zeichnern und Illustratoren bis hin zu denen, die sich mit den Geheimnissen von Marketing, Finanzierung und Verkaufsförderung befaßten. Wir danken allen und jedem.

Weiterhin stehen wir in der Schuld vieler Klienten und Kollegen, deren teilnehmendes Engagement für die Naturheilkunde der Sache ein ganz anderes Gesicht gab. Besonderer Dank geht an all diejenigen, die unsere Rezepte ausprobierten und uns die Resultate mitteilten. Für ihre Ermutigung und Zusammenarbeit danke ich meinen unermüdlichen Klinikmitarbeiterinnen Tootie Truesdell und Dottie Warner.

Doch mit am wichtigsten in der »Crew« waren einige besondere Leute, deren Namen auf den folgenden Seiten verstreut zu finden sind. Sie sind die Pioniere der Humanität, deren Engagement für Heilung und Kommunikation uns und viele andere inspiriert, herausgefordert und gelehrt hat. Für die wesentliche Rolle, die sie dabei gespielt haben, mein Verständnis für die natürlichen Heilmittel und -methoden zu erweitern, möchte ich dem Homöopathen Georges Vithoulkas und der Botanikerin Juliette de Bairacli-Levy besonders danken. J. Allen Boone, der nicht mehr unter uns weilt und den wir durch seine Bücher kennengelernt haben, gilt ein von Herzen kommendes Danke für seinen Mut und Elan bei der Erkundung der Grenzen von Kommunikation und Beziehungen mit anderen Spezies.

Letztlich gilt unser Gruß und die Hoffnung, daß dieses Werk ihnen nützt, allen Tieren der Welt – die fühlen, leiden, sich freuen, leben. Ihnen widmen wir dieses Buch.

D.V.M., Ph. D. Richard H. Pitcairn,
M. S. Susan Hubble Pitcairn

Teil I

Gesunde Haustiere auf natürlichem Weg

Kapitel 1

Die Notwendigkeit einer neuen Betrachtungsweise

»Warum kümmern Sie sich nicht mal um den hier?« fragte mich mein Kollege mit dem Blick eines Menschen, der sich gerade eines unerwünschten Problems entledigt. Er zeigte durch die Tür auf einen kleinen Hund mittleren Alters, der verloren auf dem Untersuchungstisch stand. Wenn sein Fell jemals glänzend, weich und gesund gewesen war, konnte jetzt keine Rede mehr davon sein. Seit einiger Zeit fielen ihm die Haare aus, und es zeigten sich große, fettige Stellen mit einem ranzigen, unangenehmen Geruch. Selbst seine Stimmung war gedrückt. Unglücklicherweise hatte ich solche Fälle allzuoft gesehen.

Daneben standen die gleichermaßen niedergeschlagenen Besitzer des Hundes, ein älteres Paar, das »schon alles versucht« hatte, sich aber noch genug um seinen kleinen Gefährten zu sorgen schien, um einen weiteren Versuch zu machen. Das Krankenblatt des Hundes zeigte eine lange Behandlungsgeschichte – Cortisoninjektionen, medizinische Seifen, Salben, noch mehr Spritzen, weitere Salben – ohne irgendeine Besserung.

»Er ist so elend dran, Doktor«, begann Mrs. Wilson. »Wir würden alles tun, wenn wir ihm nur helfen könnten.« Ich brauchte nicht lange zu dem Entschluß, es mit einer Ernährungstherapie zu versuchen. Wir waren in einer medizinischen Sackgasse, und es gab nichts zu verlieren. Wichtiger war jedoch, daß ich wußte, daß eine gute Chance bestand. Ich hatte mich viel mit der Bedeutung einer guten Ernährung befaßt, und während ich Tiny untersuchte, erklärte ich den Wilsons, warum ich der Meinung war, daß eine verbesserte Ernährung die beste Erholungschance für ihr Tier bot.

»Hautprobleme wie hier sind wahrscheinlich der häufigste und frustrierendste Zustand, mit dem wir uns beschäftigen müssen. Weil die Haut ein dermaßen sichtbarer Bereich des Körpers ist, kann man dort auch die ersten Anzeichen verborgener Probleme erkennen, und zwar insbesondere solcher Probleme, die auf eine unzureichende Ernährung zurückgehen. Die Haut wächst sehr schnell – sie entwickelt etwa alle drei Wochen eine ganze Generation neuer Zellen. Sie benötigt eine Menge Nahrung; wenn also die Nahrung nicht das enthält, was wirklich darin sein sollte, wird mit als erstes das Hautgewebe zerstört und zeigt dann Anomalien, wie wir sie hier bei Tiny sehen.«

Im Verlauf des weiteren Gesprächs über die Wirkung der Ernährung erkannten die Wilsons, daß eine Abwechslung einen großen Unterschied bedeuten könnte. Als nächstes arbeiteten wird also ein geeignetes Fütterungsprogramm für Tiny aus, wobei wir Wert auf Frischkost anstelle von vorverarbeiteter Tiernahrung legten. Jetzt würde Tiny Fleisch, Vollkorn und Frischgemüse fressen. Zusätzlich würden die Wilsons ihm verschiedene nährstoffreiche Zusätze verabreichen, die wichtig für die Gesundheit der Haut wie auch des ganzen Körpers sind – Bierhefe, Pflanzenöl, Lebertran, Kelp, Knochenmehl, Vitamin E und Zink. Weiterhin empfahl ich, ihn gelegentlich mit einem milden Shampoo zu baden, um toxische Reizabsonderungen von seiner Haut zu entfernen.

In den nächsten Wochen fragte ich mich, wie die neue Behandlung bei Tiny anschlug. Einen Monat nach ihrem ersten Besuch erschienen die Wilsons mit dem Resultat. Tiny war ein neuer Hund.

»Sie glauben ja gar nicht, was das für ein Unterschied ist«, freute sich Mrs. Wilson. »Er läuft herum und spielt, als wenn er wieder ein Welpe wäre.«

Er steckte in der Tat voller Leben und sprang aufgeregt auf dem Tisch herum. Sein Fell war viel gesünder, und die vorher nackten Stellen bedeckten sich rasch mit Haar. Das war eine schöne Belohnung für uns alle, am meisten aber für Tiny selbst. Für die Wilsons war es ein zusätzlicher Gewinn, zu erkennen, daß die Gesundheit ihres Hundes jetzt in ihren Händen lag und sie sich nicht mehr auf monatliche Injektionen von Cortison oder auf andere Medikamente verlassen mußten.

Tinys Fall war einer meiner ersten klinischen Versuche, die Ergebnisse eines langen Lernprozesses über die lebenswichtige Rolle der Ernährung für die Gesundheit in der Praxis anzuwenden. Obgleich es für mich jetzt selbstverständlich ist, daß eine richtige Ernährung ein wesentlicher Bestandteil der Behandlung ist, war ich nicht immer auf diese Weise an meine Fälle herangegangen. Meine veterinärmedizinische Ausbildung in Ernährungsfragen hatte nur wenig mehr als die Ermahnung umfaßt: »Erklären Sie Ihren Klienten, daß sie ihre Tiere mit ausgewogener handelsüblicher Haustiernahrung füttern und Essensreste meiden sollen.« In den meisten meiner Studienfächer wurde das Thema Ernährung allgemein als unwichtig betrachtet oder sogar insgesamt ignoriert. Ich nahm diese Einstellung als gegeben hin und machte mich nach dem Abschluß des Studiums daran, die Krankheit mit einer ungeheuren Sammlung von im Studium aufgelesenen Methoden zu besiegen.

Angesichts der täglichen Herausforderungen bei meiner Arbeit mit kleinen und großen Tieren lernte ich jedoch bald, daß viele Krankheiten einfach nicht so auf die Behandlung reagieren, wie man es mir erzählt hatte. Faktisch sah es oft so aus, als ob das, was ich tat, nur eine sehr kleine Rolle spielte. Ich war wie ein Zuschauer beim Kampf um die Erholung – eine Menge Anfeuerungsgeschrei und gelegentlich so etwas wie ein kleiner Eigenbeitrag, aber oft mit einem Gefühl der Wirkungslosigkeit.

Ich versuchte, mir zusammenzureimen, was ich sah, und nach und nach stellten sich mir mehrere grundlegende Fragen. Ich fragte mich beispielsweise, warum einige Tiere sich schnell erholen, während das bei anderen unabhängig von der Art der Medikamentengaben nie der Fall zu sein scheint. Und warum in einer Gruppe von Tieren einige all die Flöhe haben und sämtliche Krankheiten bekommen, während andere nicht betroffen sind. Ich wußte, es mußte an der Abwehrfähigkeit und Selbstheilungskraft des Körpers irgend etwas sein, das ich einfach nicht begriff.

Wenn man eine Frage lange und eingehend genug stellt, scheint einem das Leben eine Möglichkeit zu bieten, die Antwort zu finden. Tatsächlich erhielt ich bald die Chance, ein Graduiertenstudium der Veterinärimmunologie, Virologie und Biochemie zu beginnen. Jetzt, so dachte ich, konnte ich in die Geheimnisse des körpereigenen Abwehrsystems eindringen und machte mich eifrig daran, verschiedene Probleme zu untersuchen und zu erforschen, besonders die Immunreaktion des Körpers auf Krebs.

Gut fünf Jahre und einen Doktorgrad später stellte ich fest, daß die Antworten auf meine Fragen sich mir immer noch entzogen. Ich hatte zwar einen noch größeren Schatz an Fakten und Informationen erworben, aber immer noch nicht das Gefühl eines echten Verständnisses der Dinge, die mich bewegten.

Das große Bild: Die holistische Betrachtungsweise

Trotzdem hatte ich vage zu erkennen begonnen, daß ein Teil der Schwierigkeit in der Art und Weise begründet lag, in der das Wissen auf enggefaßte akademische Disziplinen verteilt und aufgesplittert wird. Eine Gruppe von Immunologen hatte den einen bestimmten Standpunkt, eine weitere Gruppe einen anderen. Und dann gab es noch die Mikrobiologen, die Virologen, die Biochemiker, die Pathologen und viele, viele andere, die alle dazu neigten, die Dinge durch verschiedenartige Filter zu sehen. Unsere Forschungsziele waren so eng gesteckt und in einer Weise angegangen worden, daß uns der Gesamtüberblick fehlte. Damals erkannte ich es zwar noch nicht völlig, aber was wir wirklich brauchten, war eine holistische Betrachtungsweise des Problems Krankheit.

Als Ergebnis begann ich mit zwei Dingen, die sich als entscheidend erwiesen und seitdem meine ureigene Art des Vorgehens sind. Zum einen las ich breitgefächert auf vielen Gebieten und in vielen Quellen, um meinen Vorstellungs- und Ideenumfang zu erweitern, und zum anderen experimentierte ich mit neuen, sinnvoll scheinenden Ideen, indem ich sie an mir selbst ausprobierte.

An erster Stelle wollte ich mehr über Ernährung lernen. Nach einiger Zeit stellte ich überrascht fest, daß trotz allem, was man mir erzählt hatte, die richtige Ernährung *ungeheuer* wichtig für die Erhaltung der Gesundheit und die Verhütung von Krankheiten ist. Ich erfuhr, daß eine Reihe bestimmter Vitamine für die normale Funktion des Immunsystems von wesentlicher Bedeutung ist – obgleich sie in den Jahren meines Graduiertenstudiums überhaupt nicht erwähnt worden waren. Schließlich fand ich einige Antworten auf meine Fragen. Daraufhin begann ich, Vollkorn zu verwenden, Zucker und andere wertlose Nahrungsmittel wegzulassen, meinen Fleischverbrauch zu reduzieren und Zusätze wie Nährhefe, Weizenkeime und verschiedene Vitamine zu nehmen. Es dauerte nicht lange, und ich fühlte mich besser, als es jemals der Fall gewesen war.

Neben Änderungen in der Ernährungsweise und Vitaminen spielten schließlich körperliche Betätigung, Kräuter und Selbstbefragung eine Rolle dabei, einiges aus meinem Leben zu verbannen, was ich wirklich nicht brauchte – beispielsweise einen Bauchansatz sowie Kolitis, Ohrenentzündungen, übermäßige Spannung, Anfälligkeit für Erkältungen und Grippe und eine Reihe von psychologischen Konditionierungen.

Diese persönlichen Erkundungen stellten zwar keine »statistisch signifikanten« Untersuchungen dar, waren aber ungeheuer wertvoll. Es gibt nichts Überzeugenderes, als sich besser zu fühlen. Man braucht eben keine Interpretation oder Meinung einer Autorität, um positive Veränderungen im eigenen Körper wahrzunehmen!

Nachdem ich mir selbst geholfen hatte, begann ich mein neuerworbenes Wissen auf Tiere anzuwenden – zuerst auf meine eigenen und dann, nach Rückkehr in die Praxis, auf einige »hoffnungslose« Fälle wie Tiny. Einmal nahm ich eine streunende junge Katze auf, die vom Leben in den Wäldern halb verhungert und struppig war. Zuerst fütterte ich sie mit herkömmlichem Katzentrockenfutter, und es ging ihr gut. Als sie aber ein oder zwei Jahre darauf trächtig wurde, beschloß ich, etwas für ihre Kräftigung zu tun. Zuversichtlich ergänzte ich ihre tägliche Ration mit frischer roher Rinderleber, rohen Eiern, Knochenmehl, frischem Hühnerfleisch, Bierhefe und anderer nahrhafter Kost. Anders als viele Katzen, die ich gesehen habe, verlor sie während der Trächtigkeit zu keiner Zeit Gewicht oder Haare, und die Geburt ging außergewöhnlich schnell, leicht und ruhig vonstatten. Sie hatte immer viel Milch für ihre drei großen, sich kräftig entwickelnden Jungen, die alle viel größer wurden als sie. Eins davon behielt ich und gab beiden Katzen weiterhin Nahrungszusätze. Ich war immer wieder erstaunt, wie bemerkenswert gesund sie waren. Ich mußte nie zu irgendwelchen

Flohmitteln greifen. Wenn eine bei einem Kampf Kratzer oder Bisse erhielt, heilte die Wunde schnell ab, ohne daß sich Infektionen oder Abszesse bildeten.

Eins führte zum anderen, und bald interessierte ich mich auch für Kräuter. Nichts überzeugte mich mehr davon, daß diese natürlichen Heilmittel fast Wunder vollbringen können, als ein ganz bestimmter Vorfall. Es war an einem späten Sonntagabend, und einer meiner Jungen (damals etwa sechs Jahre alt) hatte hohes Fieber, ein glühendes Gesicht, geschwollene Halsdrüsen und eine Bronchitis im Anfangsstadium (dafür war er anfällig). Er war sehr unruhig und weinte vor Schmerz. Ich hatte nichts im Haus, was ich ihm hätte geben können, ausgenommen etwas Aspirin, das aber weder das Fieber herabdrückte noch dafür sorgte, daß er einschlafen konnte.

Ich fühlte mich in der Klemme. Nicht wissend, was ich tun sollte, kramte ich verzweifelt in meinem Gedächtnis. Dann ganz plötzlich erinnerte ich mich daran, daß ich ein paar Gelbwurzelkapseln hatte – damals das einzige Kraut, das zufällig im Hause war. Ich gab ihm eine Kapsel mit etwas Wasser, und fünf bis zehn Minuten später stand er plötzlich auf, ging zum erstenmal seit Stunden zur Toilette und ließ eine große Menge Urin. Danach legte er sich wieder hin, entspannte sich und schlief ein. Seine Temperatur begann schnell zu fallen, und am nächsten Morgen war er wieder wohlauf. Man kann sich vorstellen, daß das eine faszinierende Erfahrung war.

Im Rückblick weiß ich jetzt, daß Gelbwurzeln bei den Symptomen, die mein Kind zeigte, ein passendes Kraut war. Ich hatte Glück gehabt, es so perfekt zu treffen. Diese bemerkenswerten Ergebnisse inspirierten mich dazu, mich später mit vielen fruchtbaren Methoden zu befassen, beispielsweise mit Kräuterkunde, Naturheilkunde oder Homöopathie. Ich habe mich zwar gelegentlich in diesen anderen Methoden verloren (wie auch in diesem Buch), aber im Verlauf der Jahre festgestellt, daß die richtige Ernährung von überragender Bedeutung und faktisch die Grundlage einer holistischen Betrachtungsweise ist. Ohne die richtige Ernährung hat man nur wenig in der Hand, um ein Tier wieder gesund zu machen. Und ich bin sicher, daß viele chronische und degenerative Krankheiten, die wir heute zu Gesicht bekommen, durch unzureichende Ernährung verursacht oder kompliziert werden.

Nach allem benötigt der Körper bestimmte Substanzen, die er nicht selbst herstellen kann. Wie bei jeder komplizierten und empfindlichen Maschine kann ein fehlendes Teil das Ganze zum Stillstand bringen. Es sieht so aus, als ob das Immunsystem mit seiner Herstellung spezialisierter weißer Blutkörperchen und Antikörper besonders anfällig auf eine unausgewogene Ernährung reagiert. Vielleicht liegt der Grund für die Tatsache, daß Mängel sich hier eher zeigen als beispielsweise an den Knochen, darin, daß diese spezialisierten Zellen schnell wachsen und eine komplizierte Aufgabe haben.

Lassen Sie uns daher einen Blick auf das werfen, was Ihr vierbeiniger Freund jeden Tag frißt. Was in der Nahrung ist und was *nicht,* kann einen riesigen Unterschied für das Wohlergehen Ihres Tieres bedeuten.

Kapitel 2

Was steckt wirklich in der Tiernahrung?

Die Herstellung von Haustiernahrung bei uns erfolgt auf eine Art und Weise, daß sich in der auf dem Markt angebotenen Tierkost Schimmelpilze . . . und Toxine aus verdorbenem Fleisch, Hormone, verschiedene Allergene sowie beliebige exogene Stoffe finden, die aus Herstellungsgründen zugefügt werden müssen. Am einfachsten lassen sich unsaubere Proteinzusätze in Trockenfutter verbergen, dann kommt Dosennahrung, und am schwierigsten ist es in Tiefkühlfutter . . .

– Alfred J. Plechner, D. V. M.

Stellen Sie sich vor, jemand hat gerade eine »Komplett«-Nahrung für Menschen entwickelt und auf den Markt gebracht – und zwar unter der Bezeichnung „Insta-Meal“. Sie enthält alles, was für notwendig gehalten wird, damit der Mensch am Leben bleibt – all die offiziell empfohlenen täglichen Mengen an Proteinen, Fetten, Kohlehydraten, Vitaminen und Mineralstoffen. Um den Verlust an natürlichen Nährstoffen bei der Verarbeitung wettzumachen, hat der Hersteller eine Reihe chemisch reiner Vitamine und Mineralstoffe mit so beeindruckenden Bezeichnungen wie Pyridoxinhydrochlorid, Kalziumpantothenat, Eisenkarbonat, Kaliumchlorid und Manganoxydul zugesetzt.

Um Insta-Meal farbiger und länger haltbar zu machen, hat der Hersteller noch etwas Lebensmittelfarbstoff Rot Nr. 40, Butylhydroxyanisol (das als BHA bekannte Konservierungsmittel) und, um der Sache noch etwas mehr Geschmack zu verleihen, eine Prise Natriumguanylat (ein in Fertigsuppen und haltbar gemachten Chinagerichten anzutreffendes Würzmittel) zugegeben.

Die billigste Version dieses neuen Produkts wurde zu Stücken von etwa Croutongröße geformt und knusprig gebacken. Nach den Angaben auf der Packung kann man jetzt eine vollständige Mahlzeit bekommen, die weniger als die Hälfte dessen kostet, was man normalerweise bezahlt, und viel leichter zuzubereiten ist. Man braucht alles nur in eine Schüssel zu geben und etwas Leitungswasser hinzuzufügen.

Um der Sache zusätzlichen Geschmack zu verleihen, kann man die folgenden Variationen ausprobieren:

- Drei Tassen Trockenmasse in einer Tasse heißen Wassers auflösen und ein paar Minuten stehen lassen. Das neue Insta-Meal ergibt seine eigene schmackhafte Sauce.

- Zwei Tassen Insta-Meal mit zwei Tassen Wasser im Mixer verrühren. In eine eingefettete Form geben und 20 Minuten bei 175 °C backen. Hokuspokus! Insta-Auflauf!
- Neue weiche Insta-Meal-Pralinen beim gelegentlichen Hunger auf Süßes. Oder eines der fünf verschiedenen Insta-Meal-Dosengerichte für denjenigen, der es lieber herzhaft und fleischig hat.

Denken Sie einmal darüber nach, wie es wäre, Insta-Meal für den Rest des Lebens zu essen. Sicherlich würden Sie sich weigern – selbst wenn es eine »Gesundheits«-Variante ohne künstliche Konservierungsmittel und andere Zusätze gäbe. Ich habe jedenfalls noch niemanden getroffen, der bereit gewesen wäre, sich so zu ernähren. Wir würden uns nicht nur nach dem Geschmack einer abwechslungsreichen und natürlichen Kost sehnen, sondern auch irgendwie wissen, daß uns etwas fehlte. Es würde nicht lange dauern, bis die meisten von uns Mauern übersteigen würden für einen Salat oder frisches Obst – alles, was relativ ganz und frisch ist! Oder einfach nur anders!

Wenn Sie meiner Argumentation folgen, brauche ich wohl nicht mehr zu sagen. Aber diejenigen, die der Meinung sind, daß Kosten und Bequemlichkeit des fertigen Tierfutters mögliche kleinere Mängel wettmachen, oder diejenigen, die sich einfach nur informieren möchten, sollten weiterlesen. Dabei sollten sie aber bitte davon ausgehen, daß ich weder persönlich etwas gegen die Hersteller von Tierfutter habe, noch ihnen geschäftlichen Schaden zufügen möchte. Viele von ihnen tun ihr bestes, um ihrer Ansicht nach einwandfreie Produkte anzubieten, die den Bedarf der Tiere zu vernünftigen Preisen decken. Es ist nur so, daß meiner Meinung nach überhaupt keine fix und fertig vorgekochte, getrocknete, in Dosen verkaufte oder tiefgefrorene Nahrung optimal für die Gesundheit von Mensch oder Tier sein kann.

Abgepackte Lebensmittel werden zwar mittlerweile in der Tierfütterung (und auch in der menschlichen Ernährung) als normal und natürlich hingenommen, sind es aber in Wirklichkeit nicht. Wir haben uns in den vergangenen Jahrzehnten einfach nur daran gewöhnt. Aber nichts, was sich kommerziell herstellen läßt, kann es jemals mit den geheimnisvoll komplexen Nahrungsmitteln aufnehmen, die die Natur selbst seit Jahrtausenden erzeugt. Und außerdem läßt im Vergleich zu vielen fertigen Nahrungsmitteln für den Menschen das meiste Tierfutter viel zu wünschen übrig.

Die vielen Einwendungen, die man gegen die Qualität von fertigem Tierfutter machen kann, lassen sich im Prinzip auf zwei reduzieren: Diesem Futter *fehlt* es an Bestandteilen, die es eigentlich enthalten sollte, und es *enthält* Bestandteile, die eigentlich fehlen sollten. Bei den fehlenden Bestandteilen handelt es sich in der Hauptsache um verschiedene Nährstoffe wie Proteine, Fette, Vitamine und Mineralstoffe in ausreichender Menge bzw. Qualität sowie um die mehr immateriellen Eigenschaften, die lebendiger, frischer Nahrung zu eigen sind. Die Gruppe der vorhandenen, aber unerwünschten Bestandteile ist größer und umfaßt verschiedene Schlachthofabfälle, für die Ernährung wertlose Füllstoffe, giftige Schwermetalle, Zucker sowie künstliche Farb-, Geschmacks- und Konservierungsstoffe.

Die beiden Grundproblene sind in einem Teufelskreis miteinander verbunden, weil das Vorhandensein verschiedener Gift- und Schmutzstoffe den Bedarf des Körpers an qualitativ hochwertigen Nährstoffen zur Bekämpfung und Beseitigung dieser Giftstoffe vergrößert. Wenn der Gesamternährungszustand bereits schlechter ist, als er sein sollte, gibt es unweigerlich Schwierigkeiten.

Was fehlt im Tierfutter?

Tierfutterhersteller machen sich eine Menge Arbeit damit, Produkte aus einem fluktuierenden Markt verfügbarer Ingredienzen zusammenzustellen. Mit diesen Ingredienzen müssen sie ein Produkt schaffen, das einerseits verschiedene Nährstoffe in den offiziell akzeptierten oder höheren Mengen enthält und andererseits den auf dem Etikett garantierten Analyseergebnissen entspricht. Neben den Bestandteilen (die mit vagen Begriffen wie »Fleischmehl« oder »Geflügelnebenprodukte« angegeben werden können) gibt das Etikett Auskunft über den Prozentsatz an Protein, Fetten, Fasern und manchmal Asche und Kohlehydraten im Futter.

Zweck dieser Analysen ist es, Ihnen, dem Käufer, eine Grundlage für Vergleiche zwischen unterschiedlichen Produkten zu bieten sowie zu bestätigen, daß ein gegebenes Produkt all das enthält, was auf dem Etikett aufgeführt ist. Angenommen, Sie wollen für Ihren Hund Futter mit hohem Proteingehalt kaufen. Sie brauchen nur die angegebenen Proteinprozente und die Preise mehrerer Sorten miteinander zu vergleichen, um das beste Futter zum besten Preis zu bekommen, richtig? Unglücklicherweise nicht.

Zwei Faktoren sind es, die die Sache etwas schwieriger machen. Erstens kann die eine Proteinart einen ganz anderen biologischen Nutzen haben als die andere. Zweitens, und das ist ein mehr mathematisches Problem, kann man die für zwei oder mehr Produkte angegebenen Prozentsätze nur dann in einer realistischen Art und Weise vergleichen, wenn man auch eventuelle Unterschiede im Feuchtigkeitsgehalt berücksichtigt – ein bedeutender Punkt bei der Bewertung von Trocken- und Dosenfutter. Wir wollen uns der Reihe nach mit den einzelnen Faktoren beschäftigen.

Etiketten können irreführend sein

Zur Betrachtung der Proteine, die einige der wichtigsten Nährstoffe für Ihr Tier sind, müssen wir uns zunächst mit der Bedeutung einiger Begriffe befassen.

Der *biologische Wert* eines Proteins (manchmal auch Stickstoffdifferenzindex genannt) ist abhängig von der Zusammensetzung der essentiellen Aminosäuren im Futter, der Bausteine, die der Körper benötigt, um sein eigenes spezifisches Proteingewebe zu errichten. Auf einer relativen Skala erhalten Eier den idealwert 100, Fischmehl 92, Rindfleisch und Milch 78, Reis 75, Sojabohnen 68, Hefe 63 und Weizengluten 40.

Bei der *Verdaulichkeit* eines Proteins (oder eines beliebigen Nahrungsmittels) handelt es sich schlicht um das Ausmaß, in dem es vom Magen-Darm-Trakt absorbiert werden kann. Das eine ist beispielsweise zu siebzig Prozent verdaulich, das andere zu neunzig. Einige Proteine – wie die im Haar – sind weniger verdaulich, weil sie schwerer abgebaut werden. Andere Proteine gehen bei der Verarbeitung verloren. Die langanhaltenden hohen Temperaturen bei der Zubereitung können in manchen Fällen sogar viel von dem Nutzen von Proteinen mit hohem biologischem Wert zunichte machen, weil manche Proteine unter Hitzeeinwirkung mit bestimmten Zuckern Verbindungen eingehen, die von den Verdauungsenzymen des Körpers nicht zerlegt werden können.

Wenn die Hersteller nun den Rohgehalt an Proteinen angeben und nicht die Menge, die Ihr Tier tatsächlich verwerten kann, können Sie sich relativ billiger Proteinquellen bedienen, so daß Ihr Tier viel weniger Protein erhält, als Sie sich vorstellen würden. Die meisten Menschen wissen nicht, daß man sich unter dem Begriff »Nebenprodukte der Fleischindustrie« Dinge wie Geflügelfedermehl, Bindegewebe, Ledermehl, Kot von Geflügel und anderen Tieren sowie Pferde- und Rinderhaar vorstellen muß. All das wird dem Vernehmen nach für Tierfutter verwendet. Solche Bestandteile erhöhen zwar den Rohproteingehalt, haben aber nur einen relativ geringen Nährwert (meine Vorstellung von einer guten Mahlzeit ist das mit Sicherheit nicht!).

Um sich ein Bild davon zu machen, wie täuschend diese Rohproteinangabe sein kann, stellen Sie sich zwei Dosen Hundefutter vor; auf beiden ist ein Proteingehalt von 10 Prozent angegeben. Das eine Protein stammt aus einem qualitativ guten Rindfleisch mit einem biologischen Wert von 78, das sorgfältig verarbeitet wurde, so daß es zu etwa 95 Prozent verdaulich ist. Die erste Dose Hundefutter enthält dann tatsächlich netto etwa 7,4 Prozent verwertbares Protein ($78 \times 0{,}95 \times 0{,}10$ Prozent). Das Protein in der zweiten Dose dagegen stammt überwiegend aus Hühnerfedermehl mit einem biologischen Wert von 40 und einer Verdaulichkeit von 75 Prozent, was bedeutet, daß die zweite Dose mit 3 Prozent weniger als die Hälfte des verwertbaren Proteins in der ersten Dose enthält. Es dürfte klar sein, daß ein Tier mit dem erstgenannten Futter weitaus besser fährt. Aber erinnern Sie sich: Auf beiden Etiketten steht korrekterweise eine identische Angabe zum Proteingehalt.

Die Verwendung so geringwertiger Bestandteile läuft darauf hinaus, daß Hunde wegen des zähen, faserigen Gewebes nur etwa 75 Prozent des Proteins in Fleischmehl (auf Trockengewichtbasis) verwerten können. Alles Fleischmehl wird noch weniger verdaulich durch die hohen Zubereitungstemperaturen. Das Protein aus einem anderen billigen Bestandteil, nämlich getrocknetem Blutmehl, ist sogar noch weniger verwertbar.

Wie beim Protein können sich in bezug auf Qualität und Verdaulichkeit auch bei anderen Grundbestandteilen wie Kohlehydraten, Fetten und Fasern weitreichende Schwankungen zeigen. Die Kohlehydrate in einem weich-feuchten Hundefutter können beispielsweise zum großen Teil aus so dubiosen Quellen wie Zucker (Sucrose), Propylenglycol und Stärkesirup stammen, andererseits aber auch überwiegend aus Vollkorn. Lesen Sie das Etikett also sorgfältig

Fette können aus zuträglichen Bestandteilen stammen, aber auch aus ranzigen, tierischen Fetten, die für den menschlichen Verzehr nicht mehr geeignet sind.

Beim Faseranteil kann es sich einfach um den natürlichen Fasergehalt verschiedener Bestandteile handeln, es können aber auch Fasern in Form von Erdnußschalen, Haaren oder gar Zeitungspapier zugefügt worden sein.

Allein besitzt die chemische Analyse auf dem Etikett also keine besondere Aussagekraft. Um diese Tatsache zu unterstreichen, soll ein Tierarzt einmal ein Produkt zusammengebraut haben, das die gleiche Anzahl an Nährstoffen wie ein bekanntes Hundefutter enthielt; dabei soll er seine Proteine, Fette und Kohlehydrate aus alten Lederschuhen, Kurbelgehäuseöl bzw. Holzspänen bezogen haben. So schlimm stehen die Dinge zwar nicht, doch worauf es ankommt, ist, daß Etiketten uns eben nicht alles sagen. Seien Sie besonders mißtrauisch bei Tierfutter, dessen Bestandteile mit vagen Begriffen wie »Fleisch«, »Nebenprodukte« oder »aufgeschlossene (Fleisch-)Nebenprodukte» umschrieben werden.

In den USA hat das Institut für Tiernahrung, das die Industrie vertritt, wiederholt um die Genehmigung nachgesucht, mehr von diesen Kollektivbegriffen verwenden zu dürfen. Man behauptete dabei, dadurch könne man aus den einzelnen Gruppen von Bestandteilen immer die »preislich günstigste Mischung« zusammenstellen. Bei den vorgeschlagenen Begriffen handelte es sich unter anderem um »verarbeitete Proteinprodukte von Land- und Meerestieren«, »pflanzliche Produkte« und »Pflanzenfaserprodukte«. Stellen Sie sich vor, daß diese Begriffe von weniger angesehenen Herstellern dazu verwendet werden, so fragwürdige Bestandteile wie Federn, Haare und Sägemehl in ihre Produkte aufzunehmen. Die Vorstellung ist nicht so abwegig.

Die Mathematik der Feuchtigkeitsvariationen

Beim zweiten Faktor, der es schwierig macht, die tatsächlichen Bestandteile des Tierfutters festzustellen, müssen Sie etwas rechnen, um herauszubekommen, wie sich der Feuchtigkeitsgehalt auf die Nährstoffanalyse auswirkt.

Auf dem Etikett einer Dose Futter ist beispielsweise ein Proteingehalt von 6 Prozent angegeben. Auf einer Schachtel Trockenfutter steht, daß der Proteingehalt 20 Prozent beträgt. Auf den ersten Blick sieht es so aus, als ob das Trockenfutter beträchtlich mehr Proteine enthält als das Dosenfutter. Der Schluß könnte jedoch falsch sein. Um die Proteinmenge besser vergleichen zu können, lohnt es sich, den Prozentsatz an Proteinen in der Gesamttrockenmasse zu berechnen – unter Ausschluß jeglicher Flüssigkeit. Um das besser verstehen zu können, stellen Sie sich vor, Sie preßten jeden einzelnen Wassertropfen aus dem Dosenfutter und würden dann eine Menge der Proteine in der übriggebliebenen festen Masse messen. Diese Zahl ist der Prozentsatz an Proteinen in der Trockenmasse. Und es ist durchaus möglich, daß das Dosenfutter nach Entfernen des Wassers mehr Proteine enthält als das Trockenfutter.

Um daher den Nährstoffgehalt verschiedener Marken genau vergleichen zu können, müssen Sie in der Theorie den Feuchtigkeitsgehalt weglassen. Und das geht so: Sie subtrahieren den Feuchtigkeitsgehalt des Futters (in unserem Beispiel, sagen wir, 75 Prozent beim Dosen- und 10 Prozent beim Trockenfutter) von 100 Prozent und erhalten den Prozentsatz an tatsächlicher Trockenmasse.

Dort stecken die Nährstoffe. Dann teilen Sie den auf dem Etikett angeführten Prozentsatz an Proteinen (oder anderen Nährstoffen) durch den Prozentsatz der Trockenmasse im Futter. In unserem Beispiel erhalten wir folgende Werte:

Dosenfutter

$$\frac{\text{6 Prozent Protein (lt. Etikett)}}{\text{25 Prozent Trockenmasse}} = \text{24,0 Prozent Protein (in der Trockenmasse)}$$

Trockenfutter

$$\frac{\text{20 Prozent Protein (lt. Etikett)}}{\text{90 Prozent Trockenmasse}} = \text{22,2 Prozent Protein (in der Trockenmasse)}$$

Das ist nicht so schwer, wie es zuerst aussehen mag. Bei der Berechnung auf dieser Grundlage enthält Hundefutter meist mindestens 22 Prozent Rohprotein. Dosenfutter enthält im allgemeinen mehr. (Denken Sie daran, was vorhin über die Bedeutung des Begriffs »Rohprotein« gesagt wurde! Sie gehen möglicherweise schwereren Zeiten entgegen, wenn Sie versuchen, die verwertbaren Proteine zu vergleichen.)

Wie steht es mit Vitaminen und Mineralstoffen?

Zu Vitaminen und Mineralstoffen werden oft keine Mengenangaben gemacht. Daher hat man in der Praxis keine Möglichkeit, genau festzustellen, wieviel in einem Produkt enthalten ist. Bestimmte Vitamine, die in den ursprünglichen Bestandteilen zu finden sind oder vom Hersteller zugefügt werden, können verlorengegangen sein, bevor Ihr Tier das Futter überhaupt anrühren kann. Sie können bei Wärmebehandlung, und zwar besonders unter Einwirkung von Sauerstoff, oder durch Wechselwirkungen mit anderen Bestandteilen während der Lagerung zerstört werden.

Die Vitamine A, E und B_1, allesamt wichtig für den Kampf gegen Erkrankungen, sind besonders anfällig dafür. Wissenschaftler haben festgestellt, daß manches Futter beispielsweise so wenig Vitamin B_1, enthält, daß schon nach wenigen Wochen Mangelerscheinungen auftreten. Bei einer anderen Untersuchung fand man heraus, daß bei einem bestimmten Futter durch die Verarbeitungsmethode das Vitamin B_6 so geändert wurde, daß der Tierkörper es nicht mehr nutzen konnte und ebenfalls Mangelerscheinungen auftraten. Weiterhin wurde festgestellt, daß Tiere, die Futter mit niedrigem Fettgehalt erhielten, eine ziemlich schlechte Vitamin-A-Absorption zeigten. Dieses Problem dürfte besonders denjenigen Leuten Sorge machen, die ihre Tiere mit Trockenfutter versorgen – das ja ziemlich wenig Fett enthält.

Was Mineralstoffe angeht, so kann ein Futter nach ernährungswissenschaftlichen Normen zwar chemisch vollständig sein, ihm aber die in Naturfutter zu findenden komplexen organischen Strukturen fehlen. Viele Ernährungswissenschaftler behaupten, daß der Körper die Mineralstoffe und Vitamine in Naturkost viel besser verdaut und assimiliert als diese Nährstoffe in synthetischer oder chemisch reiner Form. Warum die natürlichen Nährstoffe für den Körper wertvoller sein sollten als ihre synthetischen Kopien, ist nicht bekannt. Es sieht so aus, als ob viele wichtige Faktoren, die an der Wirkungsweise der Nährstoffe im Körper beteiligt sind, noch nicht entdeckt sind. Das bedeutet, daß viele Hersteller zwar eine lange Reihe von synthetischen oder chemisch reinen Vitaminen und Mineralstoffen zusetzen, diese aber die bei der Verarbeitung verlorengegangenen oder von vornherein nicht vorhandenen natürlichen Formen nicht ersetzen können.

Ein weiterer fehlender Bestandteil: Leben

Jedem vorverarbeiteten Tierfutter – ob es nun in Dosen, Beuteln oder tiefgekühlt von riesigen Supermarktketten oder kleinen Naturkostläden verkauft wird – fehlt es an etwas, das für mich einer der wichtigsten »Nährstoffe« überhaupt ist. Bei diesem wesentlichen Bestandteil handelt es sich um etwas, das die Ernährungswissenschaft praktisch ignoriert. Aber wenn es vorhanden ist, kennen und fühlen wir es alle. Es ist eine Eigenschaft, die nur frische, ungekochte Nahrung hat – *Lebensenergie.*

Für jemanden, der an mechanistische Erklärungen des Universums gewöhnt ist, mag diese Feststellung etwas weit hergeholt klingen. Aber in den letzten Jahren hat die Wissenschaft bei Laborversuchen die Bestätigung für etwas gefunden, das viele Menschen auf der ganzen Welt seit Jahrhunderten beschreiben. Es handelt sich dabei um ein feines Kraftfeld, das alle lebenden Wesen durchdringt und umgibt. Was genau dieses Feld ist und wie es funktioniert, ist nach wie vor zum größten Teil rätselhaft, obgleich es eine Reihe erfolgreicher Behandlungsmethoden (wie beispielsweise Akupunktur, Homöopathie und verschiedene orientalische Wissenszweige) gibt, die auf dieser Ebene abzulaufen scheinen.

Mittels eines speziellen photographischen Mediums, das von dem russischen Ehepaar Kirlian entwickelt wurde, entdeckt eine Reihe von Forschern mittlerweile eine ganz neue Welt von farbenprächtigen und komplexen Energie-Emissionen und -»Auren«, die von lebenden Organismen abgestrahlt werden. Sie scheinen je nach der emotionellen Verfassung, der Gesundheit und der Verwendung von Medikamenten sowie anderer Faktoren zu schwanken.

Die Kirlians entdeckten als erste, daß das Feld »um ein verwelktes Blatt fast keine Flimmererscheinungen zeigt . . . Während das Blatt langsam abstirbt, lassen die Emissionen dementsprechend nach, bis sie beim völlig verwelkten Blatt nicht mehr vorhanden sind.« Welche Implikationen hat diese Feststellung für Tiere (oder Menschen), die nie oder nur selten etwas zu sich nehmen, das frisch oder roh genug ist, um diese mysteriöse Energie am Leben zu erhalten?

Fast jeder weiß, daß rohe Nahrung mehr Vitamine und Mineralstoffe enthält als gekochte Nahrung. Dazu scheint lebende Nahrung noch andere Vorteile zu bieten, die teilweise mit ihrer größeren Vitalität zusammenhängen. Laut Paavo Airola, einer angesehenen Autorität auf dem Gebiet der natürlichen Ernährung, haben Forschung und Experimente mit ungekochter Nahrung folgendes gezeigt:

- Sie unterstützt den Widerstand des Körpers gegen den Alterungsprozeß, indem sie eine feine mikroelektrische Spannung im Zellgewebe verstärkt und damit die Sauerstoffaufnahme, den Stoffwechsel und die Erneuerung der Zellen verbessert.
- Sie enthält Substanzen, die dem Körper beim Kampf gegen krankheitserzeugende Stoffe helfen.

- Sie ist in den meisten Fällen leichter verdaulich als gekochte Nahrung und enthält viele Enzyme, die für eine optimale Verdauung und Assimilation wesentlich sind (aber beim Kochen zerstört werden).

Das lebende Zeugnis vieler Menschen und Tiere, die bei einer Nahrung aus viel frischem Gemüse, Obst, Milchprodukten und anderem prächtig gedeihen, reicht, mich davon zu überzeugen, daß gekochte Nahrung allein Ihre Tiere nicht bei bester Gesundheit halten kann.

Zur Illustration dieses Arguments fällt mir ein bemerkenswertes Experiment ein, das vor einigen Jahren von dem Arzt Sir Robert McCarrison in Indien durchgeführt wurde. Beeindruckt von der unglaublichen Gesundheit der Hunza. Pathan und Sikhs, die dort leben, fragte er sich, ob sich nicht mit einer ähnlichen Ernährung bei Versuchsratten eine vergleichbare Konstitution und Gesundheit erzielen ließe.

Über einen Zeitraum von 27 Monaten fütterte Dr. McCarrison also über 1000 Ratten mit lebendem Futter wie Bohnenkeimen, frischen rohen Karotten, Kohl und roher Vollmilch zusammen mit Vollweizenbrot und (einmal in der Woche) etwas Fleisch und Knochen. Weiterhin sorgte er dafür, daß die Ratten gute Luft, Sonnenlicht und saubere Behausungen hatten.

Am Ende des Experiments, als die Ratten ein Alter von etwa 55 Menschenjahren erreicht hatten, tötete er sie und untersuchte sie sorgfältig auf irgendwelche Anzeichen für Krankheiten. Zu seinem Erstaunen konnte er keine finden. Die einzigen Todesfälle, die eingetreten waren, gingen auf Unfälle zurück. Später fütterte Dr. McCarrison Gruppen von Ratten mit zwei unterschiedlichen Arten von Nahrung – und zwar einmal mit der Kost armer Leute in England und dann mit der Nahrung armer Inder. Die Ratten, die die Nahrung armer Inder erhielten, zeigten Krankheiten an allen Organen, die sie hatten! Die Ratten, die mit der gekochten, gesüßten Dosennahrung gefüttert wurden, wie sie normalerweise von den Armen in England gegessen wird, wurden so reizbar, daß sie sich gegenseitig auffraßen – wobei die schwächeren Tiere als erste ihrem Schicksal entgegengingen.

In meiner eigenen Praxis habe ich immer wieder Fälle erlebt, in denen ein Tier, das natürliche Nahrung unter Einbeziehung von Rohkost erhielt, eine Vitalität und Lebendigkeit erreichte, die man an ihm jahrelang nicht gesehen hatte. Wenn Sie also wollen, daß Ihr Tier sich der besten Gesundheit erfreut, dürfte es ziemlich klar sein, daß handelsübliches Fertigfutter allein nicht ausreicht.

Potentiell schädliche Futterbestandteile

Vor nicht allzu langer Zeit wurde in dem Magazin »Prevention« die Zuschrift einer Leserin veröffentlicht. Darin gab sie uns einen Einblick in die Futtermittelindustrie.

> »1978 arbeitete ich in einer Geflügelschlachterei in Maine. Unser täglicher Ausstoß betrug im Durchschnitt 100 000 Hähnchen . . . Direkt vor mir am Band standen die Inspektoren des Landwirtschaftsministeriums und die Zurichter. Die Zurichter schnitten

die schadhaften und kranken Teile der Hähnchen weg und warfen sie in Abfallbehälter, die von Zeit zu Zeit geleert wurden. Diese Teile gingen an eine Futterfabrik. Wenn Sie also beim nächstenmal in der Fernsehwerbung etwas über die feinen Zutaten im Futter hören, glauben Sie es bloß nicht.«

Wahrscheinlich haben die meisten von uns schon solche Geschichten gehört. Da muß man sich doch einfach fragen, was für eine Qualitätskontrolle, wenn überhaupt eine, bei der Herstellung von Futter für Haustiere vorgenommen wird.

Nach Angaben des US-Landwirtschaftsministeriums gibt es keine zwingend vorgeschriebene bundesweite Überwachung im Hinblick auf die bei der Futterherstellung verwendeten Zutaten, obwohl in manchen Bundesstaaten der Eindosungsvorgang überwacht wird (diese bakteriologische Sicherheit ist bei Trockenfutter jedoch nicht gegeben). Mit der Ausnahme von zwei oder drei Bundesstaaten dürfen die Futterhersteller überall Gewebe von Tieren verwenden, die bei Ankunft im Schlachthof tot sind, kurz vor dem Tod stehen, verkrüppelt sind oder Krankheiten haben.

Weiter finden sich im Tierfutter unter anderem Nahrungsmittel, die vom Landwirtschaftsministerium nicht für den menschlichen Verzehr zugelassen wurden, wie beispielsweise verschimmeltes Getreide oder ranzige tierische Fette (irgendjemand erzählte mir auch einmal, daß die ausgetrockneten Krapfenreste einer großen Schnellrestaurantkette zu Haustierfutter verarbeitet wurden).

Es ist ungewiß, ob die meisten Futterhersteller Hufe, Haare, Federn und einige dieser widerlichen Füllstoffe verwenden, von denen man gerüchteweise hört. Es ist aber allgemein bekannt, daß die Haustierfutterindustrie darauf aufbaut, die unerwünschten Überbleibsel aus der Industrie zu verarbeiten.

Die Hersteller können sich jedoch freiwillig einer dauernden behördlichen Kontrolle ihrer Futterbestandteile und Werksanlagen unterziehen. Unter einer solchen Kontrolle hergestellte Produkte tragen dann eine entsprechende Aufschrift.

Eine dermaßen optimale Einhaltung der für die menschliche Ernährung geltenden Maßstäbe ist gewiß empfehlenswert, doch müssen wir uns im klaren darüber sein, daß sogar unsere Nahrung Bestandteile haben kann, die wir lieber meiden würden, wenn es möglich wäre. Im allseits so beliebten Hamburger haben sich beispielsweise schon Schadstoffe wie Nagetierhaare, Insekten, verdorbenes Fleisch und Schimmel gefunden. Aber so schlecht unsere Nahrung auch ist, Haustierfutter ist noch schlechter. Und alle durch gesundheitsschädliche Bestandteile im Haustierfutter verursachten üblen Wirkungen gehen höchstwahrscheinlich auf diejenigen weggeworfenen Teile und Abfälle zurück, die wir für unseren eigenen Verzehr als nicht geeignet ansehen.

Und woraus können diese Wirkungen nun bestehen? Aus seiner Erfahrung als Tierarzt und Fleischbeschauer schließt Dr. P. F. McGargle, daß bei Tieren, die mit Schlachthofabfällen gefüttert werden, ein erhöhtes Risiko besteht, Krebs oder andere degenerative Krankheiten zu bekommen. Diese Abfälle, so sagt er, können schimmliges, ranziges oder verdorbenes Fleisch sowie Gewebe enthalten, das zu sehr mit Krebszellen durchsetzt ist, als daß es von Menschen gegessen werden könnte.

Neben Krankheitserregern kann diese sogenannte Nahrung auch große Mengen Hormone enthalten. Ähnliche, an Labortieren verfütterte Mengen haben Krebs hervorgerufen. Das Ausmaß an Hormonen in diesem Abfall ist ein Zeichen dafür, mit wie vielen synthetischen Hormonen die Tiere gefüttert wurden, um ihr Wachstum künstlich anzuregen. Es ist weiterhin ein Zeichen dafür, daß dieses Fleischmehl zum Teil aus Drüsen und aus dem Fötalgewebe trächtiger Kühe stammt, das von Natur aus reich an Hormonen ist. Durch die Verarbeitung und Zubereitung von Tierfutter mit solchen Abfallprodukten werden diese Hormone nicht inaktiviert.

Zur Stützung seiner Annahme, daß diese Abfallnahrung zur Krebsentstehung beiträgt, untersucht Dr. McGargle, bei welchen Haustieren am ehesten Krebs entsteht. In der Hauptsache werden diese Fleischmehlabfälle an Hühner, Schweine, Rinder und Milchkühe verfüttert. Bei diesen Tieren findet sich viel häufiger Krebs als bei Truthähnen und -hennen, Enten und Schafen, die überwiegend (oder ausschließlich) pflanzliche Proteine fressen. Zudem fällt der Anstieg der Krebshäufigkeit mit der Einführung und vermehrten Verwendung von Fleischmehl als Futter zusammen.

Es ist kein Wunder, daß das Futter oft so fürchterlich riecht und aussieht – selbst wenn jede Menge künstlicher Zusätze beigegeben wurden, um es anziehender zu machen. Nach Angaben des Viehzüchters Lee Edwards Benning ergab eine Marketinguntersuchung, daß einige Kinder den Geruch von Hundefutter so widerlich fanden, daß sie sich weigerten, ihre eigenen Tiere damit zu füttern. Die bedauernswerte Mutter blieb auf dieser Arbeit sitzen. Und auch sie hatte Bedenken, wie aus derselben Untersuchung hervorgeht. Sie zögerte nämlich, wie sie sagte, die unappetitliche Masse mit dem normalen Besteck aus der Dose zu holen.

Vielleicht war es diese negative Reaktion auf Seiten der Verbraucher, die zur Entwicklung von »Komfort»-Futter führte. Seit sie auf dem Markt sind, erfreuen sich »Burger«, weich-feuchte Bröckchen und Trockenfutter einer immer größeren Beliebtheit, während andererseits die Beliebtheit von Dosenfutter nachgelassen hat.

Unglücklicherweise bedeutet dieser Trend, daß das durchschnittliche Tier mehr »wertlose« Nahrung bekommt, weil diese neuen Futtermittel voll von Zukker und künstlichen Zusätzen sein können, damit sie ohne Konservierung oder Kühlung frisch bleiben.

Die Zusätze im Futter Ihres Tieres

Seit Abschluß meines veterinärmedizinischen Studiums im Jahr 1965 stelle ich ein generelles Nachlassen der Gesundheit von Haustieren fest. Ich glaube fest, daß die chemischen Zusätze im Futter dabei eine wesentliche Rolle spielen.

Wir wollen uns einmal das Etikett eines beliebten Hundefutters ansehen. Die Bestandteile sind in der Reihenfolge ihres Anteils aufgeführt. Wenn also als erstes Wasser angegeben ist, besteht das Produkt zum größten Teil aus Wasser. Bei unserem Beispiel ist als dritter Hauptbestandteil Stärkesirup angeführt. Was macht Stärkesirup in einem Burger? Er sorgt für Weichheit und Feuchtigkeit! Die US-Lebensmittelbehörde genehmigte die Verwendung von Stärkesirup in hydrierter Form als »Humidifizierungs- und Plastifiziermittel« – das heißt, als Bestandteil, das dem Produkt Feuchtigkeit und Weichheit verleiht. Haustierfutter darf bis zu 15 Prozent seines Gesamtgewichts in Form von Stärkesirup enthalten.

Chemisch abgeleitet aus Maisstärke, ruft dieser Stärkesirup die gleichen Energiehöhen und -tiefen wie normaler Zucker hervor und verursacht die gleiche Belastung für die Bauchspeicheldrüse und die Nebennieren, ein Umstand, der zu Diabetes führen kann.

Es ist leicht zu erkennen, daß Stärkesirup als Bestandteil nicht gerade eine gute Wahl darstellt, und zwar besonders, wenn man an die anderen Unzulänglichkeiten eines solchen chemisch reinen raffinierten Zuckers denkt. Er verdünnt nicht nur die anderen Nährstoffe im Futter, indem er »leere Kalorien« ohne Vitamine, Mineralstoffe, Proteine oder Fette zuführt, sondern kann auch zu einer Überproduktion von Insulin und säurehaltigen Verdauungssäften führen, die dann die Fähigkeit des Hundes beeinträchtigen, die Proteine, das Calcium und andere Mineralstoffe aufzunehmen, die wirklich im Futter enthalten sind. Er kann sogar den Wuchs nützlicher Darmbakterien verhindern. (Ernährungswissenschaftler, die ähnliche Produkte für den menschlichen Verzehr zu entwickeln versuchen, geben zu, daß weich-feuchtes Hundefutter so süß ist, daß »ein Mensch es einfach nicht mögen würde«, und zwar selbst dann nicht, wenn er »ein Süßer« ist.)

Direkt hinter Stärkesirup finden wir auf der langen Liste der Bestandteile Propylenglycol, das ebenfalls dazu verwendet wird, einem solchen Futter die richtige Textur und Feuchtigkeit zu geben. Diese Humidifizierungsmittel binden das Wasser und verhindern damit das Wachstum von Bakterien. Etwas weiter unten auf der Speisekarte finden wir dann Kaliumsorbat (ein Konservierungsmittel, das chemisch einem Fett gleicht), Ammoniakglycyrrhizin (ein kräftiges Süßmittel, das auch als kräftige Droge angesehen wird und aus Sicherheitsgründen weiter untersucht werden sollte) und etwas namens Äthylendiamindihydriodid.

Nach einem Blick auf andere Futtermarken können wir die Liste typischer Futterbestandteile um folgende ergänzen: Sucrose (das ist Tafelzucker), Propylgallat (wird zugegeben, um den Verderb hinauszuzögern, und wird verdächtigt, Leberschäden zu verursachen), Ethoxyquin (ein Konservierungsmittel) und Glycerinmonostearat. Dazu kommt dann noch ein wenig erprobtes Konservierungsmittel, BHT, das in Verbindung gebracht wird mit Leberschäden, Stoffwechselstreß, Mißbildungen in der Schwangerschaft und einem Ansteigen des Cholesterinspiegels.

Eine weitere Klasse herkömmlicher Bestandteile ist einfach nur unter dem Begriff »künstliche Farbstoffe« aufgeführt. Genauere Angaben sind hier nicht erforderlich. Bei Haustierfutter umfaßt die Klasse in der Regel die folgenden Farbstoffe aus Steinkohlenteerderivaten: Rot Nr. 40 (möglicherweise krebserzeugend), Rot Nr. 3, Gelb Nr. 5 (noch nicht völlig erprobt), Gelb Nr. 6, Blau Nr. 1 und Blau Nr. 2 (erhöht die Anfälligkeit von Hunden gegenüber tödlichen Viruserkrankungen).

Ähnliche Farbstoffe, die früher viel in Futter (wie auch in Nahrungsmitteln für den Menschen) verwendet und Mitte der 70er Jahre von der US-Lebensmittelbehörde verboten wurden, sind Rot Nr. 2 (das die Gefahr von Krebs und Geburtsschäden vergrößert) und Violett Nr. 1 (das im Verdacht steht, Krebs zu erzeugen, und krankhafte Hautveränderungen hervorrufen kann). Die einzigen der oben aufgeführten Farbstoffe, mit denen Versuche über den Lebenszeitraum eines Tieres stattgefunden haben, sind Gelb Nr. 6 und Rot Nr. 2; kein einziger wurde jedoch daraufhin untersucht, ob er etwa Mutationen verursachte.

Auch Natriumnitrit wird im Futter als roter Farbstoff und Konservierungsmittel verwendet. Menschen sind schon an Nitritvergiftungen gestorben. Und wenn es in Nahrungsmitteln verwendet wird, können die hochgradig krebserzeugenden Nitrosamine entstehen.

Man hat zwar Versuche gemacht, künstliche Farbstoffe im Futter verbieten zu lassen, doch ihre Verwendung geht ungehindert weiter. Auf einem überfüllten Wettbewerbsmarkt, auf dem alle größeren Anbieter diese Farbstoffe dazu verwenden, ihre Produkte mehr wie frisches, rotes Fleisch aussehen zu lassen, kann eine Firma, die ihre Produkte in den wahren Farben – verschiedene unansehnliche Grautöne – zu verkaufen versucht, sich selbst ernsthaft in den Nachteil versetzen. Trotzdem gibt es in Naturkostgeschäften ein paar Produkte *ohne* künstliche Farbstoffe, Konservierungsmittel und Geschmacksstoffe.

Noch laxer sind die Kontrollen bei der größten Klasse von Nahrungsmittelzusätzen in den USA – den künstlichen Aromastoffen. Überwiegend aufgrund einer mächtigen Lobby können die Hersteller dieser Gaumenfreuden neue Aromastoffe synthetisieren, sie nach wenigen oder ohne Versuche als sicher bezeichnen und dann ohne Genehmigung der Lebensmittelbehörde unter dem allgemeinen Begriff »künstliche Aromastoffe« verwenden. Da keinerlei Möglichkeit besteht, sich der Sicherheit der verwendeten Substanzen zu vergewissern, dürfte es für jeden, der sich ernsthaft um seine Gesundheit kümmert, ratsam sein, für sich und seine Tiere auf Produkte zu verzichten, in denen sich diese mysteriöse Gruppe von Bestandteilen findet.

Neben den absichtlich zugefügten Chemikalien im Futter gibt es noch andere Bestandteile, die sich selbst einschleichen. Die Verunreinigung mit Blei beispielsweise kann sehr ernste Formen annehmen. Bei der Prüfung von Dosenfutter zeigten sich Mengen zwischen 1,0 und 5,6 ppm (Teile pro Million) in Hundefutter. Bei einer täglichlichen Aufnahme von 170 Gramm solcher Nahrung könnte die für Kinder als toxisch betrachtete Bleidosis überschritten sein.

Weil Fleisch von einem höheren Glied in der Nahrungsmittelkette stammt, enthält es mehr Pestizidrückstände, Schwermetalle und andere Giftstoffe als pflanzliche Lebensmittel. Wenn man außerdem in Betracht zieht, daß ein großer Teil des für Tierfutter verwendeten Fleischs wahrscheinlich von Tieren stammt, die unter den negativen Auswirkungen eines übermäßigen Einflusses von Streß und Toxinen litten, wird deutlich, daß Tierfutter in konzentrierter Form all das enthalten kann, was man lieber meiden möchte.

Kapitel 3

Versuchen Sie es mit einer grundlegenden Naturkost – mit Zusätzen

Wir haben alle schon mal einen Tierarzt oder Futterhersteller davor warnen hören, Tiere mit Essensresten oder selbstgemachtem Futter zu versorgen. Solches Futter, so wird behauptet, ist nicht wissenschaftlich darauf abgestellt, den Bedarf eines Tieres zu decken, und kann seine Gesundheit ruinieren. Dem wäre nichts entgegenzusetzen, wenn es darum ginge, daß man einfach übriggebliebene Kekse, Weißbrot, Sauce und Dosenspinat in den Freßnapf seines Tieres schüttete. Wir müssen uns aber daran erinnern, daß eine gemeinsame Nahrung üblich ist, seit sich die Wege von Hund und Menschen vor mindestens 10 000 Jahren kreuzten. Generation auf Generation gesunder Tiere gedieh mit den Resten und Extras der Naturkost, die die meisten unserer Vorfahren aßen.

Ich würde mir also nicht allzuviel Sorgen darüber machen, jederzeit ein perfekt ausgewogenes Verhältnis von Nährstoffen zu erreichen. Schließlich gibt es keine ideale Norm, die unter allen Umständen für alle Tiere gelten kann. Auf der anderen Seite haben wir natürlich die Vorteile der modernen Ernährungsanalyse und -forschung. Daher ist es durchaus sinnvoll, sich dieser Informationen und Erfahrungen bei der Fütterung von Haustieren zu bedienen, weil die meisten Haustiere im Gegensatz zu Menschen und Wildtieren mit ihren Möglichkeiten, sich angemessene Nahrung zu verschaffen, im Hinblick auf ihr Futter keine Mitsprachemöglichkeit haben. Sie sind kaum in der Lage, aus Instinkt und physischer Erfahrung die Bestandteile ihres Futters zu wählen. Statt dessen müssen sie nehmen, was sie bekommen können – oder so lange »streiken«, bis wir ihnen das anbieten, was sie akzeptieren.

Die meisten Menschen verabreichen ihren Tieren Futter, das für das menschliche Auge gut aussieht oder einen wohlklingenden Namen wie »Meeresfrüchte mit Gourmetsauce« hat. Aber wir können durch unseren eigenen Geschmack und Bedarf in die Irre geführt werden. Was für uns gut ist, ist nicht unbedingt gut für Hunde. Als Fleischfresser haben sie einen großen Bedarf an Proteinen. Pro Pfund Körpergewicht brauchen Tiere bis zu sechsmal soviel Proteine wie ein Mensch. Was Calcium angeht, so benötigen Hunde pro Pfund Körpergewicht mindestens siebzehnmal soviel wie ein Mensch!

Als Hilfe zu einer guten Ernährung für Haustiere entwarfen und testeten wir mehrere Grundrezepte, die den Nahrungsbedarf der Tiere decken. Dann probierten wir sie an unserem »Expertenausschuß« aus – Hunde, die das Futter fraßen, und Tierbesitzer, die es zubereiteten. Es bestand allgemeine Übereinstimmung, daß diese Mahlzeiten den Anforderungen hinsichtlich Geschmack und einfacher Zubereitung gerecht werden.

Die Entscheidung, nach welchen ernährungswissenschaftlichen Normen wir uns richten sollten, war nicht einfach. Es ging nicht nur darum, daß sich die Fachleute in ihren Empfehlungen nicht einig sind, sondern auch darum, daß es zwei Arten von Empfehlungen gibt: einmal den Mindestgehalt an Nährstoffen und zum zweiten den *idealen* Nährstoffgehalt. Träge Hunde brauchen beispielsweise viel weniger Protein, als es dem Idealbedarf aktiver Hunde entspricht, und oft auch mehr, als in Fertigfutter enthalten ist (wovon einiges, wie wir gesehen haben, überdies von fragwürdigem Wert sein kann).

Hunde benötigen nach den ernährungswissenschaftlichen Normen des nationalen Forschungsrats der USA mindestens 22 Prozent Protein und 5 Prozent Fett. Seitens des Forschungsrats liegt keine Empfehlung zum Kohlehydratgehalt vor, doch andere Fachleute für die Ernährung von Hunden schlagen ein Maximum von 67 Prozent vor. Das sind Durchschnittszahlen für Hunde jeglichen Alters und Zustands. Herkömmliches Hundefutter schwankt zwischen etwa 22 Prozent Protein und 5 Prozent Fett bei Trockenfutter (Trockengewichtsbasis) und etwa 25 Prozent Protein und 27 Prozent Fett bei Dosenfleisch.

Manche Fachleute hätten gern spezifischere Ernährungsrichtlinien. Ben E. Sheffy vom New York State College of Veterinary Medicine schlägt beispielsweise eine Alternative zu den Richtlinien des Forschungsrats vor, und zwar aufgrund von Forschungsergebnissen, die zeigen, daß der Bedarf eines Hundes an

Protein sich mit den Mengen an Fett, die er frißt, ändern kann. Je mehr Fett das Futter enthält, desto mehr Protein braucht der Hund. Das kommt daher, daß Fett-, Kohlehydrat- und Proteinstoffwechsel nicht voneinander zu trennen sind. Mehr Fett im Futter kann selbst dann zu Proteinmangel führen, wenn angemessene Mengen an hochwertigen Proteinen bereitstehen. Dr. Sheffy ist weiterhin der Meinung, daß ein Hund je nach Alter und Zustand unterschiedliches Futter erhalten sollte. Trächtige und säugende Hündinnen, Welpen und sehr aktive Hunde brauchen beispielsweise mehr Protein im Futter. Optimal sind nach Angaben von Dr. Sheffy Prozentsätze, die sich im Bereich zwischen 13 Prozent Protein bei Futter mit sehr niedrigem Fettgehalt und 26 Prozent Protein bei Futter mit hohem Fettanteil bewegen. Für Welpen, säugende Hündinnen und besonders aktive Hunde bewegen sich seine Vorschläge je nach Fettgehalt des Futters sowie Alter und Zustand des Hundes zwischen 17 und 37 Prozent.

Diese individuelleren Richtlinien sind für mich am sinnvollsten, und deshalb haben wir unsere Rezeptvorschläge darauf aufgebaut. Die sechs Rezepte für Hunde in diesem Kapitel enthalten durchschnittlich etwa 22 Prozent Protein, 17 Prozent Fett, 53 Prozent Kohlehydrate und 8 Prozent Verbrennungsrückstände. Auf besondere Bedürfnisse zugeschnittene Rezepte mit höherem Proteingehalt finden sich in Kapitel 5, »Spezialfutter für besondere Tiere«.

Nach all der ernährungswissenschaftlichen Theorie wollen wir uns jetzt der praktischen Seite zuwenden – dem Futter.

Was für Nahrungsmittel soll man nehmen?

Im Idealfall sollte man nur Nahrungsmittel verwenden, die organisch gezogen und nur minimal verarbeitet wurden. Es ist jedoch schwer, organische Quellen für alles zu finden (und manchmal kann man sich das auch nicht leisten). Versuchen Sie, die besten frischen Vollnahrungsmittel zu verwenden, die Sie sich leisten können. Sie bedeuten eine riesige Verbesserung gegenüber kommerziellen Produkten, die von Krebsgewebe bis zu Zucker, Farbstoff und verschimmeltem Getreide alles mögliche enthalten können.

Sorgen Sie für Abwechslung, um eine ausgewogene Nährstoffverteilung in der Kost Ihres Tieres sicherzustellen. Nehmen Sie nicht immer das gleiche Fleisch oder das gleiche Getreide oder Gemüse. Mit Hilfe von Tabelle 13, Austauschzutaten, im nächsten Kapitel können Sie die Grundrezepte um Hunderte von möglichen Kombinationen erweitern. Außerdem werden Sie mehrere finden, die am besten zu Ihrem Lebensstil und zu den Neigungen Ihres Tieres passen. Mit diesen können Sie unter geringfügigen Abweichungen in erster Linie arbeiten.

Weil einige der neuen Nahrungsmittel Ihrem Tier nicht vertraut sind, zögert es vielleicht, sie zu fressen. Seien Sie geduldig. Jeder Wechsel in der Ernährung – und sei es nur der Wechsel von einem Markenprodukt zum anderen – bedeutet, daß das Verdauungssystem sich umstellen muß. Sie müssen außerdem berücksichtigen, daß manche Tiere einen ganz bestimmten Geschmack entwickeln. Führen Sie diese neuen Nahrungsmittel nach und nach über einen Zeitraum von Wochen hinweg ein, indem Sie immer größere Portionen des kommerziellen Futters durch Naturkost ersetzen. Die meisten Leute stellen fest, daß ihre Hunde diese Nahrung mögen, aber wenn Sie irgendwelche Probleme haben sollten, schauen Sie in Kapitel 6, »Helfen Sie Ihrem Tier bei der Umstellung«.

Grundlegende Nahrungsmittelgruppen

Wir wollen jetzt die verschiedenen Gruppen von Nahrungsmitteln betrachten und wie man sie am besten kauft, lagert und zubereitet.

Fleisch: Wie andere Leute, die sich für Naturkost für Tiere ausgesprochen haben, empfehle ich generell, Fleisch roh zu verfüttern. Fisch, Kaninchen und Schweinefleisch müssen jedoch leicht gekocht werden, um eventuell vorhandene Parasiten wie Bandwürmer und Trichinen zu vernichten. Verfüttern Sie diese drei Fleischsorten einfach nicht ständig.

Besonders für Kleintiere ist es praktisch, jeweils ein paar Pfund Fleisch zu kaufen, in Tagesrationen aufzuteilen und dann einzeln einzufrieren. Diese Methode hat zwar den Nachteil, daß einiges an Frische und Lebendigkeit im Fleisch verlorengeht, ist aber immer noch weitaus besser als die Verwendung von Fertigfutter. Weil Hunde von Natur aus Aasfresser mit einem kräftigen Verdauungstrakt sind, können sie rohes Fleisch vertragen (und scheinen es manchmal zu genießen), das für den menschlichen Verzehr schon etwas zu »anrüchig« ist.

Verfüttern Sie nicht nur eine Art von Fleisch. Nehmen sie Muskel- und anderes Fleisch wie Hamburger, Hähnchen und Fisch, aber verwenden Sie auch das Fleisch von inneren Organen – Nieren, Herz, Leber, Hirn und Kutteln. Manche Leute versprechen sich große gesundheitliche Vorteile davon, ihre Tiere regelmäßig mit kleinen Mengen roher Leber zu füttern. Ich wäre bei Leber allerdings etwas vorsichtig, weil in diesem Organ viele Schadstoffe konzentriert und gespeichert werden. Abgesehen von kleinen Mengen als Zusatz würde ich sie nicht häufiger als ein- oder zweimal in der Woche geben. Angesichts der Tatsache, daß Truthähne, Enten und Schafe oft sauberes Futter erhalten und weniger häufig an Krebs erkranken, dürften Sie gut beraten sein, nach Möglichkeit auf diese Fleischquellen zurückzugreifen.

Knochen: Hunde haben einen hohen Bedarf an Calcium. Aus diesem Grund sind Knochen und Knochenmehl wichtige Nahrungsmittel. Seien Sie vorsichtig mit Hühner-, Truthahn- und Schweineknochen sowie Fischgräten, weil diese leicht splittern und zu Verletzungen führen. Für Hunde sind die großen, fleischigen Knochen besser. Verwenden Sie sie nur roh, weil gekochte Knochen in scharfe Stücke zersplittern.

Heben Sie diejenigen Knochen, die Sie Ihrem Tier nicht direkt geben können, auf und verkochen Sie sie zu einer mineralstoffreichen Brühe. Durch Zugabe von etwas Essig und Salz werden die Mineralstoffe herausgezogen.

Ich bin der Meinung, daß gelegentliches Fasten für Hunde von Nutzen ist. Ich glaube, ein Hund sollte einmal in der Woche oder alle vierzehn Tage nur Wasser und rohe Knochen bekommen. Mit diesen regelmäßigen, kurzen Fastenperioden werden die Zustände in der Natur nachgeahmt, in der es für Raubtiere auch immer magere und fette Zeiten gibt. Durch das Fasten erhält der Verdauungstrakt des Tieres die Chance, seine regelmäßigen Aufgaben an die Seite zu schieben und sich an die etwas vernachlässigte »Grundreinigung« zu machen.

Ein warnendes Wort zu Knochen. Wenn Ihr Hund sie nicht regelmäßig bekommt, wird er möglicherweise verrückt vor Freude, wenn er einen sieht. Daraufhin frißt er möglicherweise zuviel Knochen auf einmal und bekommt Verdauungsstörungen in Form von Verstopfung oder Durchfall. Wenn es um seine Gesundheit nicht zum Besten steht, hat er außerdem zu Anfang möglicherweise Schwierigkeiten, Knochen zu verdauen. Dieses Problem hängt meiner Meinung nach mit einer Schwächung der Magensäure aufgrund von Nährstoffmangel zusammen. Lassen Sie es also zunächst langsam angehen. Je gesünder Ihr Tier wird, um so besser wird es in der Lage sein, Knochen ohne Schwierigkeiten zu verdauen.

Milchprodukte: Milch, Milchprodukte und Eier können einen weiteren wichtigen Bestandteil dieser Ernährung bilden. Ich habe eine Menge verschiedener Meinungen darüber gehört, ob ausgewachsene Hunde Milch bzw. rohe Eier richtig verdauen können oder nicht. Wie ich es sehe, beruhen die Zweifel im Hinblick auf diese Nahrungsmittel überwiegend auf bestimmten Untersuchungen, die nicht von natürlichen Gegebenheiten ausgingen. In einer Untersuchung heißt es beispielsweise, daß rohes Eiweiß Biotinmangel verursachen kann. Aber dieses Problem trat auf, wenn unnatürlich große Mengen verfüttert wurden. Persönlich ist mir ein solches Problem nie begegnet. Denken Sie daran, daß wildlebende Raubtiere unter anderem auch rohe Eier fressen. Als Abwechslung zu rohen Eiern können Sie gelegentlich Rührei oder gekochte Eier machen.

Manche Leute sagen, daß erwachsene Hunde, die nicht seit dem Säuglingsalter ständig Milch erhalten haben, Laktose (Milchzucker) nicht richtig verdauen können und Blähungen und Durchfall bekommen, wenn sie Milch trinken. Nach dem, was ich von meinen Klienten höre, verursacht Milch normalerweise keine Probleme. Eine Pasteurisierung ändert jedoch den chemischen Aufbau des Proteins und kann nützliche Enzyme und Bakterien in der Milch vernichten und sie dadurch weniger verdaulich machen. Wenn Ihr Tier also Probleme hat, versuchen Sie es mit roher Milch. Joghurt und Ziegenmilch werden auch gut verdaut. Wenn es immer noch Schwierigkeiten gibt, verzichten Sie auf Milchprodukte.

Getreide und Hülsenfrüchte: Das ist eine Gruppe von Nahrungsmitteln, die man besser gekocht als roh serviert. Fleischfresser fressen normalerweise nur dann Getreide, wenn es sich im Magen ihrer Beute befindet und schon zum Teil verdaut ist. Weil Hunde viel kürzere Darmtrakte haben als getreidefressende Tiere wie Kühe und Pferde, ist eine gewisse Vorverdauung (durch das Kochen) erforderlich.

Kochen Sie genügend Getreide und Bohnen für mehrere Tage, um Zeit und Energie zu sparen. Denken Sie daran, daß die in den Rezepten angegebenen Mengen sich auf gekochtes Getreide oder gekochte Bohnen beziehen. Wenn Sie große Portionen für ein oder mehrere große Tiere vorbereiten, können Sie mit

Hilfe von *Tabelle 1* ausrechnen, wieviel rohes Getreide oder ungekochte Bohnen Sie benötigen.

Um die Kochzeit von Bohnen zu verkürzen, können Sie einen Schnellkochtopf verwenden. Die Bohnen sind gar, wenn sich die Haut wegblasen läßt. Wenn Ihr Tier durch Bohnen Blähungen bekommt, versuchen Sie es damit, die Bohnen mindestens drei Stunden einzuweichen. Kochen Sie die Bohnen anschließend 30 Minuten und gießen sie das Kochwasser dann aus. Beenden Sie den Kochvorgang mit frischem Wasser. Sojabohnen sind in der Form von Tofu viel besser zu verdauen. Die meisten Tiere mögen diese Bohnengallerte, und zwar ganz besonders, wenn Sie noch ein beliebtes Würzmittel hinzugeben.

Außerdem können sie noch Gebackenes wie etwa Vollkornbrot zugeben. Die entsprechenden Mengen finden Sie in *Tabelle 7,* Austauschzutaten.

Nüsse und Samen: Wir haben in unseren Rezepten nicht viel Wert auf Nüsse und Samen gelegt, weil sie oft teuer sind und mehr Fett als Protein enthalten. Ich habe jedoch schon von Hunden mit einer unverwüstlichen Gesundheit gehört, die viele Jahre lang außer Nüssen keinerlei konzentriertes Protein gefressen haben. Einer meiner Klienten füttert seinen Hund mit Erdnußbutterbroten, wenn die Familie Picknick macht.

Nüsse und Samen werden roh am besten verdaut, und zwar als Nußbutter oder fein gemahlen. Sie können sie in das Futter Ihres Tieres einbeziehen, indem Sie in der Austauschliste unter »Hamburger« nachschauen. Auch in Form von Keimlingen kann man diese Nahrungsmittel ausgezeichnet verwenden.

Gemüse und Kräuter: Trotz ihres Images als reine Fleischfresser nehmen die wildlebenden Verwandten des Hundes pflanzliche Nahrung zu sich – manchmal

Tab. 1: **Roh- und Fertigmengen von Getreide und Hülsenfrüchten**

1 Tasse Rohmenge +	Tassen Kochwasser	Kochzeit etwa =	Tassen Fertigmenge
Gerste	4	1 Std.	4
Schwarze Bohnen	4	45–60 min	2 1/2
Brauner Reis	2 1/2	30–45 min	3
Buchweizen	5	20 min	3
Bulgur	2 2/3	10–15 min	2 2/3
Maismehl	4 1/2	30–40 min	4 1/2
Feuerbohnen	3	1 1/2 Std.	2 1/2
Limabohnen	4	45–60 min	2 1/2
Hirse	4	30 min	4
Weiße Bohnen	4	45–60 min	2 1/2
Feldbohnen	2	1 1/2 Std.	2 1/2
Haferflocken	2	10 min	2
Sojabohnen	5	3 Std.	2 3/4
Sojaschrot	2	15 min	2
Halbe Erbsen	4	30 min	2 1/2
Weizenkörner	3 1/2	1 Std.	2 1/2

befindet sie sich im Magen ihrer pflanzenfressenden Beute (über den sich ein Wolf oft als erstes hermacht), manchmal fressen sie sie direkt.

Versuchen Sie, Gemüse selbst zu ziehen, anstatt es im Laden zu kaufen. In Form von Keimlingen und Topfpflanzen kann man selbst in einer Mietwohnung sein eigenes vitamin- und energiereiches Gemüse anbauen. Viele Hunde finden Geschmack an frischen Luzernenschößlingen, Quecken und Hafergras. Sie »grasen« sogar direkt die Töpfe ab, wenn sie es dürfen. Wer mit den Pflanz- und Pflegemethoden nicht vertraut ist, kann in Kapitel 4 unter der Überschrift »Kosten sparen« nachsehen.

Neben Schößlingen mögen Hunde im allgemeinen Karotten (roh und gerieben, gekocht und sogar ganz), Erbsen, Mais, grüne Bohnen, Beete, Rüben, Sommer- und Winterkürbis, Spinat, Mangold, Beeten- und Rübenkraut, Petersilie, Broccoli, Blumenkohl, Kohl, Rosenkohl, Grünkohl, grüne Zwiebeln, Knoblauch, Tomaten und Gurken. Die meisten härteren Gemüsearten müssen gedünstet werden. Aber achten Sie darauf, auch rohes Gemüse zu servieren – besonders Schößlinge, geriebene Karotten oder Zucchini, gehackten Spinat oder Petersilie, frische Maiskolben oder Erbsen.

Manche Leute glauben, ihr Tier habe Schwierigkeiten mit der Verdauung von Kartoffeln. Ausprobieren und abwarten. Aber sorgen Sie dafür, daß alle grünen oder keimenden Teile entfernt werden, weil sie große Mengen des Giftstoffs Solanin enthalten.

Zwiebeln und Knoblauch sollten gelegentlich in das Futter gegeben werden. Sie tragen dazu bei, das System zu reinigen, den Verdauungstrakt zu kräftigen und Würmer und andere Parasiten einschließlich Flöhen abzuschrecken. Koblauch wirkt besonders gut, wenn er frisch und roh ist.

Die alten, getrockneten Kräuter aus Ihrer Küche können Sie sehr gut aufbrauchen, indem sie dem Futter Ihres Tieres täglich eine Messerspitze der folgenden Kräuter zusetzen: Petersilie, Thymian, Löwenzahn, Rotklee, Himbeer- und Brombeerblätter, Basilikum, Beinwurz, Lindenblüten, Griechisches Heu und andere relativ milde Kräuter.

Obst: Viele Tiere fressen zwischendurch gern ein Stückchen Obst. Manche Hunde sind Leckermäuler, wenn es um Trockenobst wie Feigen, Datteln, Pflaumen, Rosinen und Aprikosen, aber auch um frisches Obst wie Äpfel und Beeren geht. Wie in Gemüse sind in Obst viele Vitamine, Mineralstoffe und lebenswichtige Energie gespeichert. Ich schlage vor, Obst außerhalb der normalen Fütterungszeiten zu geben, weil es dann am besten verdaut wird.

Trockenobst ist eine besonders gute Quelle für natürliches Kalium, einem wichtigen Mineralstoff, der manchmal nicht in ausreichender Menge vorhanden ist. Weitere gute Quellen sind Erdnüsse, Kartoffeln und Tomatensauce.

Würzmittel: Die täglichen Zusätze wie Nährhefe geben dem Futter ihre eigene Würze. Zusätzlich kann man mit bescheidenen Mengen der folgenden Würzstoffe experimentieren: Tamari (natürliche Sojasauce), Tomatensauce, Butter, Knoblauch, Chilipulver, natürliche Fleischbrühe und gekräuterte Meersalzmischungen. Übertreiben Sie es aber nicht! Achten Sie darauf, was Ihr Tier vorzieht. Es ist interessant, daß Hunde lieber ungesalzenes als gesalzenes Futter fressen, wenn sie die Wahl haben. Das hört sich doch fast so an, als ob sie von Natur aus ein Gefühl für bestimmte Dinge haben, oder?

Zwischenmahlzeiten und Extras: Neben Knochen und Obst können Sie Ihrem Tier als besonderen Leckerbissen auch selbstgemachte Kekse anbieten. Rezepte finden Sie in Anhang I. Wenn Sie keine Zeit haben, selbst Kekse zu backen, schauen Sie in Reformhäusern nach den zusatzfreien kommerziellen Produkten. Lesen Sie das Etikett sorgfältig durch und hüten Sie sich vor den Bestandteilen Fleischmehl, Zucker (Sucrose) sowie künstlichen Farbstoffen, Würzmitteln und Konservierungsstoffen.

Indem Sie harte Nahrungsmittel wie Kekse, Knochen oder ganze Karotten in das Futter einbeziehen, geben Sie Ihrem Tier eine gute Möglichkeit, Zähne und Gaumen zu betätigen und zu reinigen.

Es ist eine gute Allgemeinregel, sein Tier reichlich mit dem zu füttern, was es wirklich mag, es sei denn, es entwickelt sich eine Abhängigkeit von diesem Futter oder das Futter ist qualitativ nicht gut.

Die Gruppe der täglichen Zusätze

Neben den oben erwähnten Gruppen von grundlegenden natürlichen Nahrungsmitteln empfehle ich immer verschiedene nährstoffreiche Zusätze für das Futter. Diese dienen teilweise dem Zweck, das Futter mit vielen wichtigen Vitaminen und Mineralstoffen anzureichern, die heutzutage selbst in Frischnahrung nicht ausreichend vorhanden sind, weil sie bei Lagerung und Zubereitung verlorengehen und weil die Böden aufgrund des Intensivanbaus erschöpft sind. Außerdem brauchen unsere Tiere mehr Vitamine und Mineralstoffe, um mit der Umweltverschmutzung und dem heutigen Streß fertig zu werden. Und für Tiere, die sich nicht der besten Gesundheit erfreuen, sind Zusätze schlicht lebenswichtig.

Einige Zusätze dienen besonderen Zwecken. Durch Knochenmehl erhält ein Fleischfresser beispielsweise Calcium und andere Mineralstoffe, die er braucht und auf natürliche Weise bekommen würde, indem er den gesamten Körper und die Knochen seiner Beute frißt. Die anderen Nahrungsmittelgruppen enthalten nicht genug Calcium, um den tatsächlichen Bedarf zu decken. Nährhefe andererseits enthält große Mengen an B-Vitaminen (besonders B_1), die für viele grundlegende Funktionen der Nahrung wichtig sind und außerdem gegen Flöhe wirken. Dazu ist sowohl Hefe wie auch Kelp wichtig als natürliche Quelle für viele Mineralstoffe.

Ich nehme Vitamin E oder Weizenkeimkapseln aus mehreren Gründen. Vitamin E unterstützt nicht nur wichtige Körperfunktionen im Kampf gegen Krankheiten, es trägt auch zum Kampf gegen die Auswirkungen der Umweltverschmutzung bei. Als Antioxydans konserviert und schützt es außerdem das Vitamin A und die Fettsäuren in anderen Zusätzen und Nahrungsmitteln.

Hier sind nun einige kurze Anhaltspunkte zum Kauf und zur Lagerung von Nahrungszusätzen.

Hefe: Kaufen Sie eine qualitativ gute Bierhefe, die auf Melasse oder Getreide gezogen wurde. Ich pflegte früher mit Calcium angereicherte Hefe zu empfehlen, tue das aber nicht mehr, weil dadurch in Verbindung mit calciumreichem Knochenmehl das Calcium/Phosphor-Verhältnis aus dem Gleichgewicht gerät. Nicht modifizierte Hefe dagegen ist reich an Phosphor und trägt dazu bei, das richtige Calcium/Phosphor-Verhältnis von 1,2:1 bei Hunden zu erreichen. Aus dem gleichen Grund empfehle ich Dolomit nicht mehr als Ersatz für Knochenmehl. Auch Dolomit liefert nicht genug Phosphor für die Ernährung.

Knochenmehl: Kaufen Sie es in der Pulverform für den menschlichen Gebrauch. Füttern Sie Ihr Tier nicht mit der für den Gebrauch im Garten verkauften Sorte, weil sie möglicherweise nicht rein genug ist. Wer keine tierischen Produkte verwenden möchte, kann stattdessen Dicalciumphosphat nehmen (rechnen Sie zwei Drittel der Menge an Knochenmehl). Dieses Mittel gibt es in Zoogeschäften.

Große Hunde brauchen möglicherweise mehr Knochenmehl oder Knochen, und zwar besonders, wenn sie unter Knochenproblemen leiden oder Symptome einer Hüftdysplasie zeigen. Hinsichtlich des Nahrungsbedarfs großer Hunde besteht einige Unklarheit. Sie benötigen pro Pfund Körpergewicht weniger Kalorien als kleinere Hunde. Im Verhältnis zu ihrem Gewicht nehmen sie also insgesamt weniger Nahrung und damit auch weniger Vitamine und Mineralstoffe zu sich. Nach unseren Berechnungen bekommen manche großen Hunde – selbst wenn sie viel fressen – nicht genügend Calcium und Phosphor. Dieser Mangel könnte mit dazu beitragen, daß bei den größeren Rassen so häufig Knochenprobleme auftreten. Auf der anderen Seite sind einige Tierärzte der Meinung, daß diese Schwierigkeiten durch zu viel Calcium verursacht werden. Ich habe deshalb versucht, bei meinen Empfehlungen hinsichtlich Knochenmehl für Hunde einen Mittelweg einzuschlagen.

Kelppulver: Kelp kauft man am einfachsten und billigsten als Pulver und nicht frisch oder in Tablettenform. Normalerweise bekommen Sie diesen mineralstoffreichen Zusatz am günstigsten, wenn sie ihn pfundweise in Naturkostgeschäften kaufen. Wenn Sie jedoch »auf dem Dorf« wohnen und kein Kelp finden können, nehmen Sie stattdessen eine für menschlichen Gebrauch gedachte Multimineraltablette. Sie können es auch mit Luzernenpulver anstelle des Kelp versuchen.

Pflanzenöl: Pflanzenöle bilden eine gute Quelle für ungesättigte Fettsäuren, die für viele Körperfunktionen wichtig sind. Nehmen Sie ein kaltgepreßtes Öl, wie es lose oder in Flaschen in Reformhäusern verkauft wird, und bewahren Sie es fest verschlossen im Kühlschrank auf. Verwenden Sie dazu eine braune Glasflasche, um schädliche Lichteinwirkungen möglichst gering zu halten. Sie können jedes beliebige Öl nehmen, aber den höchsten Gehalt an der wichtigen Linolsäure haben Safloröl und Maisöl. Sie sind für Hunde die beste Wahl.

Lebertran: Diese ausgezeichnete natürliche Quelle für Vitamin A und D wird in braunen Flaschen verkauft. Einmal geöffnet, sollten sie im Kühlschrank aufbewahrt werden, um den Oxydationsvorgang, der schließlich zum Ranzigwerden führt, hinauszuzögern. Lesen und vergleichen Sie die Angaben auf den Etiketten, weil die Wirksamkeit variieren kann. Ich gehe davon aus, daß ein Teelöffel voll normalerweise etwa 5000 I. E. (internationalen Einheiten) Vitamin A entspricht; wenn bei Ihrem Produkt also viel höhere oder niedrigere Zahlen angegeben sind, müssen Sie die Menge entsprechend wählen, um auf den empfohlenen Vitaminbedarf zu kommen.

Vitamin E: Besorgen Sie sich ein natürliches Vitamin E.mit den d-alpha-Tocopherolen (die dl-alpha-Tocopherole sind eine synthetische Form). Die Gelatinekapsel bildet einen guten „Speicher". Öffnen Sie jeden Tag eine frische (oder geben Sie alle zwei Tage eine doppelte Dosis, wenn das für Sie bequemer ist).

Sie können auch eine natürliche Komplexverbindung wie Weizenkeimöl nehmen oder sie zusammen mit Vitamin E verwenden. Achten Sie sorgfältig darauf, Ihrem Tier kein ranziges Weizenkeimöl zu verabreichen, das an einem leicht bitteren oder brennenden Nachgeschmack erkennbar ist. Kaufen Sie es am besten in Kapselform.

Gebrauch der Nahrungszusätze

Am einfachsten mischt man die pulvrigen Zusätze und die Öle in größeren Mengen auf einmal. Sonst weiß man täglich vor lauter Meßlöffeln kaum noch, was zu tun ist! Sie können die drei Pulver – Hefe, Knochenmehl und Kelp – in einem Behälter, vorzugsweise in einem Glas mit Deckel, mischen und dann an einem dunklen, kühlen Ort aufbewahren. Pflanzenöl und Lebertran kommen in einen anderen Behälter, am besten eine braune Glasflasche, in die noch etwas Vitamin E gegeben wird, damit nichts verdirbt; dann wird alles gut geschüttelt und kommt in den Kühlschrank. Mischen sie die tägliche Dosis Vitamin E nicht unter die anderen Öle, sondern verabreichen Sie sie direkt aus der Kapsel.

HUNDEPULVERMISCHUNG

2 Tassen Nährhefe
1½ Tassen Knochenmehl
½ Tasse Kelppulver

Mischen Sie die Zutaten gut durch und bewahren Sie sie in einem verschlossenen Glas an einem dunklen Platz auf. Nehmen Sie bei Verwendung von Dicalciumphosphat anstelle von Knochenmehl nur eine Tasse und reduzieren Sie die tägliche Menge um etwa 10 Prozent (knapp messen). Anstelle des Kelppulvers können Sie auch Luzernenpulver nehmen.

HUNDEÖLMISCHUNG

1¾ Tassen Pflanzenöl
¼ Tasse Lebertran
50–100 I. E. Vitamin E (gegen Verderb)

Schütteln Sie die Zutaten in einer fest verschlossenen braunen Flasche gut durch und stellen Sie sie in den Kühlschrank. Als Pflanzenöl für Hunde ist Safloröl wahrscheinlich am besten, doch Soja-, Mais- und Sonnenblumenöl eignen sich ebenfalls recht gut.

Tägliche Nahrungszusätze für Hunde

Füttern Sie täglich:

- *Hundepulvermischung*
- *Hundeölmischung*
- *Vitamin E*

Da es bei Hunden starke Größenunterschiede gibt, kann man nicht eine feste Menge an Zusätzen angeben. Die jeweils empfohlene Menge nimmt mit der Größe des Hundes zu. Zusätze für Welpen, trächtige und säugende Hündinnen sowie kranke Hunde finden Sie in Kapitel 5.

Sie können Ihrem Hund die Zusätze auf zwei Arten verabreichen, nämlich indem Sie sie unter die Zutaten eines der Grundrezepte mischen (siehe Kapitel 4) oder indem Sie sie zur Fütterungszeit direkt in den Freßnapf geben.

1. Wer das Futter für seinen Hund selbst zubereitet, findet in der Regel die erste Methode bequemer. Geben Sie einfach 4 Teelöffel Hundepulvermischung, 2 Teelöffel Hundeölmischung und 100 I. E. Vitamin E zu den jeweiligen Rezeptzutaten. Bei doppelter Rezeptmenge müssen auch die Zusätze verdoppelt werden. Die hier angegebenen Zusatzmengen reichen etwa für die Menge an Futter, die man mit einem Rezept erhält. Daher richtet sich die Menge an Zusätzen, die Ihr Hund konsumiert, danach, wieviel er frißt. Kleine Hunde, die nur kleine Portionen fressen, erhalten genügend Zusätze, um ihren Bedarf zu decken. Auf gleiche Weise werden große Hunde, die große Mengen fressen, ausreichend ernährt. Diese Methode, die Zusätze zu verabreichen, eignet sich also besonders gut, wenn sie zwei oder mehr unterschiedlich große Hunde versorgen müssen.

   Sie sollten diese Methode jedoch nicht anwenden, wenn Sie viel Futter im voraus zubereiten. Die Öle bleiben dann nicht frisch. Verwenden Sie in einem solchen Fall die folgende Methode:
2. Wenn Sie nur einen Hund zu füttern haben oder viel Futter im voraus zubereiten, geben Sie Pulvermischung, Ölmischung und Vitamin E zur Fütterungszeit zu. Suchen Sie in Tabelle 2 das Gewicht Ihres Hundes. In den Spalten rechts daneben finden Sie die richtige Menge an Nahrungszusätzen. Wenn Ihr Hund z. B. 11 kg wiegt, sollte er 4 Teelöffel Hundepulvermischung, 2 Teelöffel Hundeölmischung und 100 I. E. Vitamin E erhalten.

Tab. 2: **Tägliche Zusätze für Hunde nach Gewicht**

Gewicht (kg)	Hundepulvermischung	Hundeölmischung	Vitamine E (I.E.)
2,75–7,00	2 Teelöffel	1 Teelöffel	50
7,00–14,00	4 Teelöffel	2 Teelöffel	100
14–23	2 Eßlöffel	1 Eßlöffel	150
23–36	3 Eßlöffel	1½ Eßlöffel	200
36–50	¼ Tasse	2 Eßlöffel	300
50 +	⅓ + Tasse	2½ + Eßlöffel	400

Anmerkung: Wenn Sie statt Vitamin-E-Kapseln Weizenkeimölkapseln verwenden, geben Sie je nach Gewicht und Zustand des Hundes 1,25–1,5 ml.

Wenn Ihr Hund weniger als 2¼ oder mehr als 50 kg wiegt, müssen Sie die Werte selbst berechnen. Ein Hund von gut 1 kg sollte beispielsweise die Hälfte von dem bekommen, was ein Hund von 2¼ erhält. Und ein Hund von 68 kg bekommt die für einen Hund von 50 kg vorgesehene Menge plus der Menge für einen Hund von 18 kg.

Zusätze in Verbindung mit Fertigfutter

Wenn Sie trotz allem, was Sie gelesen haben, beschließen, Ihr Tier weiterhin mit Fertigfutter zu ernähren (oder glauben, das wenigstens zeitweise tun zu müssen), können Sie die Nährqualität dieses Futters mit Hilfe modifizierter Nahrungszusätze bedeutend verbessern. Da das meiste Fertigfutter (nicht alles) bereits einigermaßen mit Calcium und Phosphor angereichert ist, können Sie bei großen Tieren die Knochenmehlgaben reduzieren und sie bei kleinen Tieren ganz weglassen. Weiterhin können Sie etwas weniger Lebertran nehmen, weil die meisten Markenfutter mit Vitamin A angereichert sind. Knausern Sie aber nicht mit den anderen Zusätzen. Verwenden Sie Hefe, Kelp, Öle und Vitamin E wie oben vorgeschlagen. Möglicherweise sollten Sie sogar etwas mehr Öl nehmen, um den niedrigen Fettgehalt von Trockenfutter wettzumachen.

Wenn Sie die Pulvermischung ohne Knochenmehl zubereiten, ändern sich die täglich zu verfütternden Mengen dementsprechend. Zwei Drittel der Menge an Hundepulvermischung für den Hund in der jeweiligen Größe. Die Hundeölmischung wird modifiziert, indem 2 Eßlöffel Lebertran mit Pflanzenöl zu insgesamt 2 Tassen aufgefüllt werden. Auf diese Weise können Sie insgesamt die gleiche Menge Ölmischung verfüttern und gleichzeitig die vorgeschlagenen Modifizierungen vornehmen.

Achten Sie auch darauf, das Fertigfutter mit Frischnahrung zu ergänzen – Schößlinge, rohe geriebene Karotten, rohe Eier und Fleischreste (wenn Sie viel Fleisch füttern, sollten Sie mehr Knochenmehl oder Knochen zugeben, damit das Calcium/Phosphor-Verhältnis ausgewogen bleibt).

Wenn Sie sich gelegentlich des selbstgemachten Trockenfutters nach den Rezepten in diesem Buch bedienen, brauchen Sie keine Zusätze mehr hinzuzufügen; sie sind bereits darin enthalten. Aber denken Sie daran, das Futter um etwas Frischnahrung zu erweitern.

Kapitel 4

Einfache Hausmacherrezepte

Für Tiere kochen . . . lohnt sich das? Wie macht man das und wie sorgt man dafür, daß es einfach bleibt und man es sich leisten kann?

Nancy Caldwell aus Baldwin, New York, ist eine von vielen, die mir begeistert erklärt haben, wie lohnenswert es ist, ein Haustier auf natürliche Weise zu füttern:

> Ich habe einen achtjährigen Mischling (Mutter reinrassiger sibirischer Husky, Vater deutscher Schäferhund und Eskimohund aus Alaska). Er wiegt etwa 40 kg und ist großartig, sowohl vom Aussehen als auch von der Gesundheit her. Er ist noch nie gebadet worden, und trotzdem glänzt sein Fell und hat keinen schlechten Geruch. Seine Zähne sind kräftig und ganz weiß.

Seit zehn Wochen bekommt er sehr abwechslungsreiches und nur gutes, frisches Futter. Buck ist wohl der gesündeste Hund, den ich je gesehen habe. Er ist verspielt, zufrieden, liebevoll und, ich muß es noch einmal sagen, einfach großartig. Er sprüht geradezu vor Gesundheit.

Mit Ausnahme der Schulterstücke vom Rind ist sein Futter wahrscheinlich nicht teurer als Fertigfutter, und ich nehme an, daß manche Hundebesitzer einfach nur die zusätzliche Arbeit der Zubereitung scheuen. Sie sollten wissen, daß die kleine Investition von Zeit und Geld sich wirklich lohnt. Sie bekommen Tierarztrechnungen – ich nicht.

Meine Freunde halten mich für verrückt, für einen Hund zu kochen. Sie haben jüngere Hunde mit lockeren oder fehlenden Zähnen, Hautausschlag, Herz- und Atembeschwerden, Übergewicht, Lethargie usw. Sie behaupten, Buck sei so gesund, weil er nicht reinrassig ist. Das mag zum Teil stimmen, aber ich glaube, das Futter und die Pflege, die er bekommt, tragen auch mit dazu bei. Buck hat auch noch nie Flöhe gehabt.

P.S. Er darf jederzeit frei im Haus herumlaufen und hat auch einen großen, eingezäunten Hof. Manche Leute stecken ihren Hund in die Küche, ins Bad oder in den Keller, wenn sie ausgehen oder schlafen gehen.

Sobald Sie den Dreh einmal heraus haben, werden Sie feststellen, daß die Zubereitung der Grundgerichte in diesem Buch nur sehr wenig Mühe bereiten, und zwar besonders, wenn Sie die zeit- und geldsparenden Tips in diesem Kapitel befolgen.

Betrachten sie die Zubereitungsanweisungen einfach als Vorschläge, die Sie nach Belieben abändern können. Sie können beispielsweise natürliche Würzmittel oder Kräuter zugeben, um, besonders bei etwas faden Nahrungsmitteln wie Tofu, den Geschmack zu verbessern. Vielleicht geben Sie noch weitere Zutaten zum Rührei oder servieren die Eier roh. Sie können rohes Fleisch und Gemüse anbieten und beim nächstenmal vielleicht gekochte Essensreste. Gelegentlich müssen Sie vielleicht etwas Wasser oder Brühe zugeben, damit das Futter die beste Konsistenz erhält.

Wir haben mit Hilfe der Zutaten die Nährstoffbestandteile in den einzelnen Gerichten berechnet. Aber Sie brauchen sich nicht haargenau an diese Gerichte zu halten. Tauschen Sie die Zutaten nach Belieben aus, damit das Futter abwechslungsreich, ausgewogen und bequem zuzubereiten ist. In Tabelle 7 finden Sie die vom Nährwert her gleichwertigen Austauschstoffe für die in den Rezepten mit einem Sternchen (*) gekennzeichneten Zutaten.

Wenn Sie erst ein Gefühl dafür entwickelt haben, was Ihr Tier braucht, können Sie es von Zeit zu Zeit mit anderen Dingen füttern – Brot mit Erdnußbutter, Reste eines Auflaufs, Käse und Toast usw. Aber versuchen Sie sich die meiste Zeit an die Rezepte zu halten, damit die Nährstoffe im Gleichgewicht bleiben. Wenn Sie gut schätzen können, brauchen Sie nicht jedesmal sorgfältig abzumessen. Mit ein wenig Erfahrung wissen Sie dann, wieviel von den einzelnen Zutaten Sie in etwa benötigen.

Versuchen Sie auf jeden Fall, das Futter mit etwa Raumtemperatur oder leicht angewärmt zu servieren, auf keinen Fall aber zu heiß oder zu kalt. Verteilen Sie die Gesamtmenge auf eine oder zwei Mahlzeiten am Tag und stellen Sie Reste nach spätestens einer halben Stunde wieder in den Kühlschrank.

Preisvergleiche

Vielleicht fragen Sie sich, woher Sie die Zeit und das Geld nehmen sollen, natürliches Futter für Ihr Tier zuzubereiten. Dieses Problem wird in unserer geschäftigen und teuren Welt von vielen Leuten geteilt. Es stimmt schon, daß die von mir empfohlene Art der Ernährung etwas lästig ist, und zwar besonders, wenn man Vergleiche anstellt mit dem nicht zu übertreffenden Komfort, den billiges, in Massen produziertes Trockenfutter bietet, das man einfach nur aus einem Sack in der Küche in den Freßnapf schüttet. Denken sie aber einmal an die versteckten Kosten dieser Methode. Einmal besteht die sehr realistische Möglichkeit, daß sie bei dem oft vergeblichen Versuch, ein krankes Tier wieder aufzupäppeln, mehr Zeit und Geld in Besuche beim Tierarzt investieren. Weitere versteckte Kosten sind die Schmerzen und das kürzere Leben Ihres Tieres. Dazu kommen die durch Ernährungsmängel verschlimmerten Verhaltensstörungen, die sowohl Ihnen als auch dem Tier das Leben vergällen können. Von diesem höheren Standpunkt aus betrachtet, dürfte eine qualitativ hochwertige Ernährung für die meisten Leute selbst unter rein pragmatischen Gesichtspunkten den zusätzlichen Zeit- und Geldaufwand wert sein.

Das Gute an den qualitativ hochwertigen natürlichen Gerichten in diesem Buch ist nun, daß sie teilweise weniger kosten als manches Fertigfutterprodukt mit minderwertigen Bestandteilen. Natürlich schwanken die Preise je nach Inflationsraten, Gegend, in der man lebt, oder Ausnutzung von Sonderangeboten. Manche Kosten lassen sich – ohne Verzicht auf Qualität – mit Hilfe der folgenden Ideen sogar noch weiter reduzieren.

Kosten sparen

Kaufen Sie Zutaten möglichst lose. Sie können bei Nahrungsmitteln und bei Nahrungszusätzen Geld sparen, wenn Sie sie unverpackt nach Gewicht oder Volumen kaufen. Viele Naturkostläden verkaufen Getreide, Hülsenfrüchte, Samen, Nüsse, Käse, Öl, Gewürze und pulverförmige Nahrungszusätze (wie Hefe und Kelp) auf diese Art und Weise. Lose Nahrungsmittel finden Sie eher in speziellen Lebensmittelläden als in Geschäften, in denen überwiegend verpackte Vitamine, Nahrungszusätze, Kräuter und andere Gesundheitsprodukte angeboten werden. Auch Futtermittelgeschäfte verkaufen lose Nahrungsmittel, wobei Sie allerdings auf das für den Garten angebotene Knochenmehl verzichten sollten, weil es möglicherweise nicht rein genug ist. Kaufen Sie Vitamin E in versiegelten Kapseln, damit es möglichst lange frisch bleibt. Außerdem kostet es so normalerweise weniger und ist schon abgemessen.

Kaufen Sie Sparpackungen und Billigmarken. Wenn Sie kostenbewußt denken, wissen Sie das wahrscheinlich schon. Trotzdem mache ich Sie noch einmal darauf aufmerksam. Viele Nahrungsmittel wie beispielsweise Hüttenkäse, Käse, Fisch in Dosen, abgepacktes Getreide und Bohnen sowie Milch sind billiger, wenn man Großpackungen kauft. Auch mit Hausmarken können Sie Geld sparen, weil die Werbungskosten dafür nicht so hoch sind.

Kaufen Sie das preisgünstigste Protein. Wählen Sie bei der Entscheidung darüber, welche Rezepte und Austauschstoffe/Variationen Sie verwenden wollen, diejenigen Nahrungsmittel, die pro Einheit Protein am wenigsten kosten. Nahrungsmittel mit hohem Proteingehalt bilden den teuersten Bestandteil der Nahrung, so daß es sich zu vergleichen lohnt, was man für sein Geld bekommt.

Verwenden Sie Nahrungsmittel, die sich für den menschlichen Verzehr nicht mehr eignen, für Tiere aber noch akzeptabel sind. Auf den ersten Blick könnte das aussehen, als wenn wir den Vorschlag machten, Sie sollten Ihr Tier mit wertlosen Resten überschütten. Es geht aber ganz im Gegenteil darum, Nahrungsmittel zu nutzen, die oft einen sehr hohen Nährwert haben, die wir aber aufgrund geschmacklicher Vorlieben und hygienischer Vorstellungen wegzuwerfen neigen. Versuchen Sie es beispielsweise doch einmal mit kostenlosen oder billigen Fleischereiabfällen oder Abfällen wie Fischköpfen und -schwänzen oder Hühnerhälsen und -mägen. Nehmen Sie Gemüseschalen, -kerne und -endstücke, die Sie kochen oder fein reiben können, wenn sie zäh aussehen. Verwenden Sie feingemahlenes Hühnerfutter aus dem Futtermittelgeschäft. Oder nehmen Sie käferbefallenes Getreide – für das gewisse Extra an Protein! Hunde können Sie auch mit leicht »angegangenem« Fleisch füttern. Als natürliche Aasfresser haben Hunde Verdauungstrakte, die mit leicht verdorbenem Fleisch viel besser fertigwerden als der menschliche Verdauungstrakt. Und vergessen Sie die täglichen Essensreste nicht.

Verfüttern Sie Essensreste. Die meisten Tiere fressen gern das, was an Gemüse, Fleisch, Salat, Aufläufen, Frühstücksflocken, Broten, Saucen usw. so übrigbleibt. Denken Sie nur daran, Reste mit wertlosen Bestandteilen – Zucker, künstliche Zusätze, Konservierungsmittel, feines Weizenmehl und ähnliches – zu meiden. Ich würde auch möglichst wenig Dosennahrung nehmen. Versuchen Sie die Reste im gleichen Verhältnis zu verfüttern, wie es für die einzelnen Nahrungsmittelgruppen in den Rezepten angegeben ist. In Anhang I finden Sie ein schmackhaftes Gericht aus einer Vielzahl verschiedener Essensreste.

Ziehen Sie Schößlinge und Quecken. Eine der billigsten und nahrhaftesten Arten, das ganze Jahr über frisches, lebendiges und biologisches Gemüse für Ihr Tier (und Sie selbst) zu bekommen, besteht darin, in einem Behälter in der Küche Schößlinge oder Quecken zu ziehen. Schößlinge selbst zu ziehen ist viel billiger, als sie zu kaufen. Außerdem ist es ganz einfach. Sie sparen auch noch Geld, wenn Sie Ihre Luzernensamen, Linsen, Weizenkörner und anderen keimenden Samen pfundweise (lose) im Naturkostladen kaufen. Hier ein paar Hinweise für den Anfänger:

Schößlinge: Kaufen Sie ein oder zwei Keimbehälter oder stellen Sie sie selbst her, indem Sie ein Sieb in den Ring eines Einmachglases setzen (wir finden, daß die Fertigebehälter nicht zu teuer und am einfachsten sauberzuhalten sind). Weichen Sie für einen 1-l-Keimbehälter etwa zwei Eßlöffel Luzernensamen oder 1/2 Tassen Linsen bzw. Bohnen acht Stunden oder eine Nacht lang ein. Gießen Sie das überschüssige Wasser durch das Sieb ab (als Suppengrundlage oder zum Begießen von Pflanzen aufbewahren). Drei oder viermal am Tag gut gießen und den Behälter schrägstellen, damit überschüssige Feuchtigkeit ablaufen kann. Nach ein paar Tagen können Sie den Behälter unter Wasser setzen und die Samenhülsen durch ein grobes Sieb auswaschen. In drei bis fünf Tagen sind die Schößlinge bereit zum Verzehr. Für manche Tiere müssen Sie sie möglicherweise zerkleinern.

Quecken: Viele Tiere grasen gelegentlich gern an einem Topf Quecken, wie sie es auch möglicherweise auf Ihrem Rasen tun. Ich bin der Meinung, daß dieses Verhalten Teil eines natürlichen Reinigungsinstinkts ist und dem Tier daher nicht verboten werden sollte. Indem Sie Ihrem Tier Quecken anbieten, geben Sie ihm ein geeignetes, qualitativ hochwertiges Gras, das nicht durch Dünger oder Unkrautvernichtungsmittel verseucht ist.

Weichen Sie über Nacht eine Handvoll Weizenkörner ein. Gießen Sie das nahrhafte Wasser ab und bewahren Sie es auf. Verteilen Sie die Körner im Abstand von einer Korngröße gleichmäßig auf der Blumenerde oder dem Kompost in einem fast gefüllten Blumentopf oder auf einem Pflanztablett. Bedecken Sie sie mit gut 5 mm Blumenerde und halten Sie die Erde durch tägliches Gießen leicht feucht, bis die Sprößlinge etwa 10 cm hoch sind. »Mähen« Sie das Gras bis auf etwa 2,5 cm Höhe ab, zerkleinern Sie es und geben Sie es in das Futter Ihres Tieres. Oder lassen Sie Ihren vierbeinigen Freund das wachsende Grün »abgrasen«.

Zeit sparen

Für viele eifrig arbeitende Leute liegt das Problem mit der von mir vorgeschlagenen Ernährung nicht so sehr in den Kosten als vielmehr in der Zeit, die man für die Zubereitung braucht. Oft schaffen sie es kaum, für sich selbst eine gut abgerundete Mahlzeit zuzubereiten. Geben Sie nicht auf, wenn Sie sich in dieser Beschreibung wiedererkennen. Es gibt eine Möglichkeit! Sobald Sie erst einmal den Dreh heraushaben, werden Sie feststellen, daß Sie nur sehr wenig zusätzliche Zeit benötigen, und zwar besonders, wenn Sie sich folgender Vorschläge bedienen:

□ Bereiten Sie große Mengen im voraus zu. Besonders wenn Sie kleine Tiere haben und sowieso für den Rest der Familie kochen, ist es durchaus sinnvoll, Getreide und Bohnen für eine Woche vorzukochen. Wenn Sie einen Gefrierschrank haben, können Sie Gerichte für zwei Wochen oder länger vorbereiten. Frieren Sie jeweils abgepackte Mengen für eine Mahlzeit ein. Dann können Sie sie einzeln auftauen, auf Raumtemperatur erwärmen und servieren. Durch das Einfrieren gehen zwar einige der optimalen Eigenschaften von rohem Fleisch verloren, aber es ist immer noch besser als kommerzielles Fertigfutter (wenn Ihr Tier viel Tiefkühlfutter bekommt, sollten sie beim Füttern vielleicht Frischnahrung wie rohes Gemüse oder rohe Eier zugeben).

Außerdem können Sie in der Freizeit selbst Trockenfutter und Kekse (siehe Anhang I) zubereiten, die Sie dann in den hektischeren Tagen verfüttern können.

□ Kochen Sie möglichst wenig. Je weniger Sie kochen, desto nahrhafter bleibt das Futter. Und desto mehr Zeit sparen Sie! Fleisch, Eier und bestimte Gemüsesorten brauchen Sie in der Regel nicht zu kochen. Außerdem können Sie viele

Dinge normalerweise ohne vorheriges Erwärmen servieren, zum Beispiel Milch, Hüttenkäse, Joghurt, Tofu (etwas würzen), Brot, Nußbutter und Käse. Sie können die Rezepte dahingehend abändern, daß Sie keine Nahrungsmittel nehmen, die gekocht werden müssen. Statt Sojabohnen können Sie beispielsweise Tofu oder statt Reis Brot nehmen (siehe Tabelle 7). Indem Sie diese Bestandteile mit ein paar Keimlingen und Nahrungszusätzen mischen, erhalten Sie in Nullkommanichts eine vollständige Mahlzeit. Nehmen Sie sich also jetzt die Zeit, um sich ein paar solcher »Schnellgerichte« zurechtzulegen, auf die Sie an hektischen Tagen zurückgreifen können.
□ Stellen Sie ein paar Lieblingsgerichte mit Variationen zusammen und bleiben Sie dann dabei. Setzen Sie sich ein paar Minuten hin und berechnen Sie die erforderlichen Zutaten für drei oder vier Gerichte für Ihr Tier unter Berücksichtigung der beliebtesten Austauschstoffe. Schreiben Sie die Rezepte auf Rezeptkarten oder auf ein Blatt Papier, das Sie innen in einem Küchenschrank befestigen, damit es jederzeit griffbereit ist. Berechnen Sie die Menge so, daß Sie jeweils Futter für mehrere Tage bekommen. Wenn Sie nur drei oder vier Grundkombinationen verwenden, geschieht die Zubereitung bald so automatisch, daß Sie sich wahrscheinlich nicht einmal mehr mit genauem Abmessen aufhalten müssen. Aber nehmen Sie nicht immer das gleiche Rezept, weil Abwechslung wichtig ist.
□ Teilen Sie Ihr eigenes Essen mit Ihrem Tier, nachdem Sie es für seine speziellen Bedürfnisse abgeändert haben. Sobald Sie die Rezepte oft genug benutzt haben, um zu wissen, was und wieviel Sie von allem brauchen, damit Ihr Tier ein ausgewogenes Futter bekommt, können Sie in aller Ruhe gelegentlich improvisieren, indem Sie ihm Extraportionen von Ihrem Essen zukommen lassen. Mischen Sie einfach die Nahrungszusätze für Ihr Tier unter diese Portionen und fügen Sie gegebenenfalls etwas mehr Protein (Fleisch, Milchprodukte, Tofu usw.) oder Kohlehydrate (Brot oder Getreide) zu, um in etwa auf das in den Rezepten angegebene Verhältnis zu kommen. Dieser Vorschlag ist natürlich eher für Leute mit kleinen Tieren gedacht.
□ Verfüttern Sie bei Bedarf kommerzielles »Gesundheits«-Futter. Legen Sie sich einen Vorrat an fertigem Gesundheitsfutter an. An den unvermeidlichen »schwarzen« Tagen, die wir alle einmal haben – wenn die ganze Familie Grippe bekommt und dann auch noch die Toilette verstopft ist –, könnte sich dieses Futter als Retter in der Not erweisen. Ein solcher Notvorrat erweist sich außerdem als praktisch, wenn Sie Ihr Tier jemand für die Urlaubszeit in Pflege geben.

Nehmen Sie eins der Trocken-, Dosen- oder Tiefkühlfutter ohne künstliche Zusätze, wie es in den meisten Naturkostläden verkauft wird. Als regelmäßige Nahrung ist dieses Futter jedoch aus mehreren Gründen nicht zu empfehlen. Trotz der guten Absichten der Hersteller und trotz fehlender künstlicher Würz-, Farb- und Konservierungsstoffe enthalten die meisten dieser Marken Fleischmehl, über dessen Mängel wir schon gesprochen haben. Und weil einige dieser Marken aus sehr einfachen Zutaten bestehen, die meiner Meinung nach nicht genügend Vitamine und Mineralstoffe enthalten, müssen Sie darauf achten, alle Nahrungszusätze zuzugeben. Mehrere der von mir untersuchten Trockenfuttermarken enthielten weniger Protein als normales Fertigfutter. Kaufen Sie also Dosenfutter (das in der Regel proteinreich ist) oder wählen Sie ein Trockenfutter mit mindestens 22 Prozent auf Trockengewichtbasis. Um das festzustellen, schauen Sie zuerst nach, wie groß der Prozentsatz des Trockengewichts ist. Dazu ziehen Sie den Feuchtigkeitsgehalt (in Prozent) von 100 Prozent ab (Trockenfutter besteht meist zu 88 bis 90% aus Trockenmasse). Dann teilen Sie den angegebenen Proteingehalt durch Ihr Ergebnis. Beispiel:

$$\frac{\text{18\% Protein (Etikett)}}{\text{90\% Trockenmasse}} = \text{20\% Protein (Trockengewichtbasis)}$$

Wenn Sie dieses Gesundheitsfutter gelegentlich verwenden, können Sie seine Qualität insgesamt verbessern, indem Sie kleine Mengen Keimlinge, gehackte Kräuter oder geriebene Karotten sowie gelegentlich etwas rohes Fleisch oder Milchprodukte zugeben. Das gilt auch für das selbstgemachte Trockenfutter in Anhang I.

Mischen Sie auch dann Zusätze unter, und zwar unter Verzicht auf Knochenmehl und Lebertran, wenn diese (oder vergleichbare Quellen für Calcium und Vitamin A) auf der Packung aufgeführt sind. In den Rezepten für selbstgemachtes Trockenfutter sind die Zusätze bereits enthalten, doch sollten Sie trotzdem noch etwas frisches Vitamin E zugeben, um einer Qualitätsverminderung der Öle im Futter entgegenzuwirken. Wenn Sie nebenbei noch größere Mengen Fleischreste verfüttern, müssen Sie das Calcium/Phosphor-Verhältnis durch Zugabe von etwas Knochenmehl (oder Knochen) ausgleichen.

Nachdem ich mich jetzt mit den meisten der Überlegungen befaßt habe, die Sie davon abhalten könnten, zu natürlichem Futter für Ihr Tier überzugehen, ist es an der Zeit für einen Blick auf die Rezepte.

Grundrezepte für Hunde

Mit den folgenden Rezepten läßt sich der durchschnittliche Tagesbedarf eines ausgewachsenen Hundes von etwa 11 kg decken. Berechnen Sie mit Hilfe von Tabelle 3, was Sie ungefähr für einen kleineren oder größeren Hund benötigen. Die Angaben beruhen auf dem durchschnittlichen Kalorienbedarf von Hunden verschiedener Größen.

Tab. 3: **Gewicht und Futtermenge (Hund)**

Gewicht Ihres Hundes (kg)	Rezepte multiplizieren mit	Gewicht Ihres Hundes (kg)	Rezepte multiplizieren mit
2,25	1/4	38,50	2 1/2
4,50	1/2	47,60	3
11,30	1	56,70	3 1/2
18,00	1 1/2	68,00	4
27,20	2		

Anmerkung: Die in den folgenden Rezepten mit einem Sternchen (*) gekennzeichneten Zutaten können durch gleichwertige Austauschstoffe ersetzt werden, die Sie in Tabelle 7 am Ende des Kapitels finden.

FLEISCH UND GETREIDE

*2 Tassen gekochter brauner Reis**
1/3 Tasse fettes Fleisch
1/3 Tasse mageres Fleisch oder *1/4 Tasse mageres Fleisch und 2 TL Öl*
*1/4 Tasse geriebenes oder gehacktes Gemüse**
Tägliche Zusätze nach Empfehlung

Alle Zutaten vermischen und angewärmt servieren. Oder Fleisch und Gemüse dünsten und dann Reis und Zusätze zugeben.

Ergibt etwa 3 Tassen

TÄGLICHES ZWEIERLEI FÜR HUNDE

Morgens: Warm servieren.

*1 1/2 Tassen gekochte Hafergrütze**
1 Tasse Vollmilch
1 Teelöffel Honig

Abends: Zutaten vermischen und warm servieren.

*1 Tasse gekochte Kartoffeln in Würfeln**
*1/2 Tasse mageres Fleisch**
*1 Teelöffel Öl**
*1 Eßlöffel geriebenes oder gehacktes Gemüse**
Tägliche Zusätze nach Empfehlung

Ergibt insgesamt etwa 4 Tassen

FLEISCH-BOHNEN-REIS-GERICHT FÜR HUNDE

*1 3/4 Tassen gekochter brauner Reis**
*1/3 Tasse mageres Fleisch**
1/2 Tasse gekochte Bohnen (Feuer-, schwarze, gefleckte Feld-, weiße oder Limabohnen)
*1/4 Tasse geriebenes oder gehacktes Gemüse**
*1 1/2 Tasse Öl**
1 Eßlöffel Nährhefe
Tägliche Zusätze nach Empfehlung

Reis, Fleisch und Bohnen zusammen erhitzen. Restliche Zutaten zugeben und mäßig warm servieren.

Ergibt etwa 2 2/3 Tassen

VEGETARISCHES FÜR ZWEI MAHLZEITEN

Morgens: Als warmes Getreideflockengericht servieren.

*1½ Tassen gekochte Hafergrütze**
1 Tasse Vollmilch
1 Teelöffel Honig

Abends: Eier, Sojabohnenprotein und Zusätze verrühren. Rest zugeben und servieren.

*2 mittelgroße Eier**
2 Teelöffel Sojabohnenproteinauszug (aus dem Reformhaus)
Tägliche Zusätze nach Empfehlung
*⅔ Tasse gekochter brauner Reis**
2 Eßlöffel geriebenes oder gehacktes Gemüse

Ergibt insgesamt etwa 3¾ Tassen

❄

EIER-SOJABOHNEN-REIS

*70 g Tofu (oder ¼ Tasse gekochtes Sojabohnenschrot)**
*2 mittelgroße Eier**
Tägliche Zusätze nach Empfehlung
2 Eßlöffel Nährhefe
*½ Tasse Öl**
2 Tassen gekochter brauner Reis
*½ Tasse gehacktes oder geriebenes Gemüse**

Tofu, Eier, Zusätze, Hefe und Öl miteinander verrühren. Reis und Gemüse mit beliebigen Gewürzen zugeben und servieren.

Ergibt etwa 3⅓ Tassen

❄

POMMES AU CANINE

*3 Tassen gekochte Kartoffeln in Scheiben**
*½ Tasse rahmiger Hüttenhäse**
1 Eßlöffel Nährhefe
*¼ Tasse Vollmilch**
*¼ Tasse geriebener Käse**
Tägliche Zusätze nach Empfehlung
*2 Eßlöffel geriebenes oder gehacktes Gemüse**

Kartoffeln, Hüttenkäse, Hefe und Zusätze in eine Auflaufform schichten. Milch darübergießen und mit geriebenem Käse bestreuen. Backen, bis der Käse geschmolzen und leicht angebräunt ist (etwa 15 Minuten bei 180 °C). Abkühlen lassen. Gemüse als Beilage servieren. Oder alle Zutaten vermischen, solange die Kartoffeln noch heiß sind, und den Käse durch die Hitze schmelzen lassen. Anschließend servieren.

Ergibt etwa 4 Tassen

Natürlich variieren die individuellen Bedürfnisse, so daß Sie auf das Gewicht Ihres Hundes achten und die Mengen gegebenenfalls verringern oder vergrößern müssen. Bei Welpen, trächtigen und säugenden Hündinnen sowie Hunden, die starken physischen Belastungen oder extremen Temperaturen ausgesetzt sind, brauchen Sie die proteinreicheren Gerichte und Fütterungshinweise in Kapitel 5. Wenn Ihr Hund ausgesprochen inaktiv ist, werden Sie wahrscheinlich feststellen, daß er weniger frißt als die angegebenen Mengen.

Riesenportionen für große Hunde

Wenn Sie einen großen Hund besitzen und Platz im Kühlschrank haben, wollen Sie möglicherweise große Mengen im voraus zubereiten. Hier sind die Mengenangaben für jeweils das Sechsfache der vorstehenden Rezepte. Jedes einzelne Rezept sollte genügend Futter geben, um einen Hund von 45 kg etwa zwei Tage und einen Hund von 27 kg etwa drei Tage zu versorgen. Geben Sie die empfohlenen Zusätze täglich frisch ins Futter.

Anmerkungen: Sehen Sie in Tabelle 1, Kapitel 3, nach, wenn Sie Reis, Hafer, Sojaschrot und anderes Getreide für diese Riesenportionen kochen wollen. Die in diesen Rezepten mit einem Sternchen (*) gekennzeichneten Zutaten können durch die entsprechenden Austauschstoffe in Tabelle 7 am Kapitelende ersetzt werden.

RIESENPORTION POMMES AU CANINE

*18 Tassen (etwa 3 kg) gekochte Kartoffeln in Scheiben (oder 13½ Tassen gekochter brauner Reis)**
*3 Tassen rahmiger Hüttenkäse**
⅓ Tasse Nährhefe
*1½ Tassen Vollmilch**
*1½ Tassen geriebener Käse**
*¾ Tasse geriebenes oder gehacktes Gemüse**

Kartoffeln und Hüttenkäse in einen Bratentopf (oder eine große Pfanne) schichten. Milch darübergießen und mit geriebenem Käse bestreuen. Schmoren oder backen, bis der Käse geschmolzen oder leicht angebräunt ist. Abkühlen lassen. Gemüse als Beilage servieren. Oder alle Zutaten vermischen, solange die Kartoffeln noch heiß sind und den Käse schmelzen können.

Ergibt etwa 24 Tassen

RIESENPORTION VEGETARISCHES

Morgens: Tägliche Ration warm mit frischer Milch und Honig in entsprechenden Mengen servieren.

*9 Tassen gekochte Hafergrütze**

Abends: Eier und Sojabohnenprotein verrühren, den Rest der Zutaten zugeben.

*1 Dutzend mittelgroße Eier**
¼ Tasse Sojaproteinauszug
*4 Tassen gekochter brauner Reis**
¾ Tasse geriebenes oder gehacktes Gemüse

Ergibt etwa 15 Tassen

RIESENPORTION EIER-SOJABOHNEN-REIS

*450 g Tofu (oder 1½ Tassen gekochtes Sojaschrot)**
*1 Dutzend mittelgroße Eier**
¾ Tasse Nährhefe
*1 Eßlöffel Öl**
12 Tassen gekochter brauner Reis
*3 Tassen geriebenes oder gehacktes Gemüse**

Tofu, Eier, Hefe und Öl verrühren. Reis und Gemüse zusammen mit beliebigen Gewürzen zugeben.

Ergibt etwa 18 Tassen

RIESENPORTION FLEISCH UND GETREIDE

*12 Tassen gekochter brauner Reis**
*2 Tassen fettes Fleisch**
*2 Tassen mageres Fleisch**
*1½ Tassen geriebenes oder gehacktes Gemüse**

Alle Zutaten miteinander vermischen. Oder Fleisch und Gemüse dünsten und anschließend Reis zugeben. Tägliche Portion leicht angewärmt servieren.

Ergibt etwa 18 Tassen

RIESENPORTION FLEISCH-BOHNEN-REIS-GERICHT FÜR HUNDE

*10½ Tassen gekochter brauner Reis**
*2 Tassen mageres Fleisch**
3 Tassen gekochte Bohnen (Feuer-, schwarze, gefleckte Feld-, weiße oder Limabohnen)
*1½ Tassen geriebenes oder gehacktes Gemüse**
*3 Eßlöffel Öl**
⅓ Tasse Nährhefe

Reis, Fleisch und Bohnen zusammen erwärmen, dann die restlichen Zutaten untermischen. Tägliche Portion mäßig warm servieren.

Ergibt etwa 18 Tassen

RIESENPORTION TÄGLICHES ZWEIERLEI FÜR HUNDE

Morgens: Tagesration als warmes Getreideflockengericht mit frischer Milch und Honig in entsprechenden Mengen servieren.

*9 Tassen gekochte Hafergrütze**

Abends: Zutaten vermischen und Tagesration warm servieren.

*6 Tassen gekochte Kartoffeln in Scheiben**
*3 Tassen mageres Fleisch**
*2 Eßlöffel Öl**
⅓ Tasse geriebenes oder gehacktes Gemüse

Ergibt insgesamt etwa 18 Tassen

Tab. 4: **Tägliche Futtermenge für Hunde**

Mit diesen Tagesgerichten erhalten Hunde die folgenden Nährstoffmengen (auf Trockengewichtbasis).

Rezept	Prozent auf Trockengewichtbasis					
	Protein	Fett	Kohle-hydrate	Asche	Kal	Kal/g
Fleisch u. Getreide	23,1	17,8	51,3	7,8	793	4,6
Tägl. Zweierlei	23,9	17,8	49,3	9,0	778	4,5
Fleisch-Bohnen-Reis	20,9	12,9	58,2	8,0	783	4,3
Vegetarisches	22,1	19,9	49,1	8,9	788	4,6
Eier-Soja-Reis	21,1	15,9	54,7	8,3	786	4,4
Pommes au Canine	22,6	13,9	54,9	8,6	798	4,3
Durchschnitt	22,3	16,4	52,9	8,4	788	4,5

Anmerkung: Die Gerichte enthalten im Durchschnitt 1,5 % Calcium und 1,2 % Phosphor (Verhältnis 1,25:1).

Austauschstoffe für Zutaten

Damit die vorstehenden Gerichte abwechslungsreich und anpassungsfähig werden, können Sie die Zutaten unter Berücksichtigung der Tabellen 5 und 7 gegen andere austauschen. Aus Tabelle 5 geht hervor, was wir unter den Begriffen »mageres« und »fettes« Fleisch verstehen. Die Austauschzutaten enthalten etwa die gleiche Menge an Kalorien, Proteinen, Fetten und Kohlehydraten wie die Zutaten, die sie ersetzen.

Tab. 5: **Fettes und mageres Fleisch**

a) *Fettes Fleisch:* gemischtes Hackfleisch, Brathähnchen (ganz), Lamm (Nacken, Schulter, Bein, Kotelett), Schweinekotelett, Huhn, Hühnerklein, Hirn, Zunge, Sirloin-Steak, fettes Rinderherz

b) *Mittelfettes Fleisch:* Hähnchen aus der Friteuse (Hals, Rückenteil, Flügel), Putenherz, Makrelen, mageres Hackfleisch, Kaninchen aus der Friteuse, Hering, Sardinen, Shadfisch

c) *Mageres Fleisch:* Rinder- oder Hühnerleber bzw. -herz, Nieren, Thunfisch in Öl, Hähnchen aus der Friteuse (Magen, Unterschenkel, Oberschenkel oder ganz), Truthahn (ganz, zerkleinert oder dunkles Fleisch), Karpfen, Lachs, Wels

d) *Sehr mageres Fleisch:* Thunfisch in Wasser, Putenbrust, Schnapperfisch, Flußbarsch, Kabeljau, Heilbutt, Schellfisch, Barsch, Seeohr, Schnecken, Tintenfisch, Stint, Pollack, Seezunge

Tab. 6: **Maße und Gewichte**

1 Tasse	=	16 Eßlöffel	=	0,24 Liter
1 Eßlöffel	=	3 Teelöffel	=	15 ml
1 Liter	=	4,24 Tassen		

Tab. 7: **Austauschzutaten**

Zutaten	Gleichwertige Austauschzutaten
Getreide und Hülsenfrüchte	
1 Tasse gekochtes Hafermehl	2/3 Tasse gekochter brauner Reis, Bulgur, Gerste oder Hirse plus 1 1/2 Teelöffel Nährhefe 2 mittlere Scheiben Vollweizen- oder Roggenbrot 1 Tasse gekochtes Maismehl plus 1 1/2 Teelöffel Nährhefe
1 Tasse gekochter brauner Reis	1 Tasse gekochter Bulgur, Gerste oder Hirse 1 1/3 Tasse gekochtes Hafermehl 1 1/2 Tasse gekochtes Maismehl 3 Scheiben Vollweizen- oder Roggenbrot
1/2 Tasse gekochtes Sojaschrot	1/2 Tasse gekochte Sojabohnen 1/4 Tasse Sojamehl, Fettstufe 140 g Tofu plus 1 Teelöffel Honig oder 1/2 Teelöffel Öl 1 1/2 Tasse Sojamilch plus 1 Teelöffel Honig 2 Eßlöffel isoliertes Sojaprotein plus 2 knappe Teelöffel Öl
Fleisch	
1/2 Tasse rohes fettes Fleisch[a] oder Hamburger Fleisch	1/2 Tasse mittelfettes Fleisch[b] plus 2 Teelöffel Öl 1/2 Tasse mageres Fleisch[c] plus 1 Eßlöffel Öl 1/2 Tasse sehr mageres Fleisch[d] plus 1 1/2 Eßlöffel Öl 3 große Eier
1/2 Tasse rohes mageres Fleisch[c] oder Organfleisch	Etwas weniger als 1/2 Tasse mittelfettes Fleisch[b] 1/2 Tasse sehr mageres Fleisch[d] plus 1 Teelöffel Öl 2/3 Tasse rahmiger Hüttenkäse 225 g Tofu

Milchprodukte und Eier	
1 Tasse Vollmilch	1 Tasse Joghurt 1 Tasse Ziegenmilch 1 Tasse Sojamilch plus 2 Teelöffel Honig und 1 Teelöffel Öl 1/3 Tasse geriebener Käse 1/4 Tasse trockener Hüttenkäse plus 1 Eßlöffel Butter 1/3 Tasse rahmiger Hüttenkäse plus 2 Teelöffel Öl 3 Eßlöffel Trockenmilch plus 1 3/4 Teelöffel Öl
1 mittelgroßes Ei	2 1/2 Eßlöffel fettes Fleisch 3 Eßlöffel trockener Hüttenkäse plus 1 Teelöffel Öl 1/4 Tasse rahmiger Hüttenkäse plus 1/2 Teelöffel Öl 4 Teelöffel Sojaprotein plus 1 Teelöffel Öl
3 mittelgroße Eier	2 Eßlöffel Sojaprotein plus eines der folgenden: 1/4 Tasse Erdnüsse, 1/4 Tasse Erdnußbutter, 1/4 Tasse Tahini, 1/4 Tasse gemahlene Kürbiskerne, 1/3 Tasse gemahlene Mandeln oder 1/2 Tasse Sonnenblumenkerne
1/2 Tasse rahmiger Hüttenkäse	1/3 Tasse trockener Hüttenkäse plus 1 Teelöffel Öl 170 g Tofu
1 Teelöffel Butter	1 knapper Teelöffel Öl oder etwas weniger Schmalz
Sonstiges	
Gemüse	Außer stärkehaltigem Gemüse wie Kartoffeln und Yamswurzeln können Sie Gemüse in etwa den gleichen Mengen untereinander austauschen
1 Tasse kleingeschnittene gekochte Kartoffeln	1 Tasse gekochtes Hafermehl 3/4 Tasse gekochter brauner Reis oder ähnliches
1 Teelöffel Öl	1 guter Teelöffel Butter 1 knapper Teelöffel Schmalz (Anmerkung: Das Pflanzenöl in den Zusätzen nicht durch andere Fette ersetzen.)

Anmerkung: Die Buchstaben a, b, c und d beziehen sich auf Tab. 7, Fettiges und mageres Fleisch.

Fütterungstips

Hier finden Sie ein paar Tips zur Verbesserung der Atmosphäre zur Fütterungszeit und zur Förderung des Appetits und der Verdauung.

1. Servieren Sie das Futter lauwarm oder mit Raumtemperatur – nicht zu heiß und nicht zu kalt.
2. Halten Sie den Freßnapf sauber. Sorgen Sie dafür, daß sich keine Futterreste ansammeln. Verwenden Sie kein scharfes oder geruchsintensives Reinigungsmittel.
3. Geben Sie jedem Tier seinen eigenen Freßnapf und füttern Sie regelmäßig und zuverlässig. Füttern Sie ein- oder zweimal am Tag und stellen Sie eventuelle Reste nach etwa einer halben Stunde wieder in den Kühlschrank.
4. Sorgen Sie dafür, daß der Futterplatz einigermaßen ruhig und annehmlich und vor Kleinkindern, anderen Tieren und Fremden geschützt ist.

Kapitel 5

Sonderfutter für spezielle Tiere

Manchmal brauchen normale, gesunde Tiere ein besonderes Futter – etwas Kräftigeres als ihre Standardportionen. Zu dieser Kategorie gehören trächtige und säugende sowie junge Tiere.

Ein weiterer Sonderfall ist das Tier einer vegetarisch lebenden Familie. Häufig aufgrund ethischer oder gesundheitlicher Überlegungen entscheiden manche Menschen sich dafür, kein Fleisch zu essen. Die gleichen Leute fragen sich manchmal, ob eine solche Ernährungsweise auch für ihre Tiere möglich ist.

Die vegetarische Ernährung

Können Hunde fleischloses Futter fressen und dabei gesund bleiben?

Bei einem Seminar über holistische Tierpflege, das ich eines Samstags abhielt, führte dieses Thema zu einer lebhaften Diskussion. Eine Dame sagte: »Ich bin selbst Vegetarierin und komme gut ohne Fleisch zurecht. Aber obwohl ich es nicht will, muß ich meinen Hund mit Fleisch oder Hundefutter mit Fleischanteil füttern. Er ist schließlich ein Fleischfresser und braucht das einfach, oder?« Sie blickte sich um, und mehrere Leute lächelten plötzlich in der Erkenntnis eines gemeinsamen Problems.

Einer antwortete: »Aber ich habe meinen Hund in den letzten drei Jahren vegetarisch ernährt, und er ist bei großartiger Gesundheit! Er frißt meistens Keimlinge, Samen, Getreide, rohes Obst und Gemüse sowie von Zeit zu Zeit Milchprodukte. Es geht ihm einfach gut!«

»Aber wie ist das auf lange Sicht?« warf ein anderer sein. »Wir haben heute die ganze Zeit darüber geredet, daß unsere Tiere möglichst natürlich leben und fressen müssen, und eine vegetarische Kost ist etwas völlig anderes als das, was die wildlebenden Verwandten des Hundes fressen. Schließlich fressen Wölfe keine Schößlinge! Wenn wir also wirklich auf die Vorgaben der Natur achten wollen, müssen wir sie größtenteils mit rohem Fleisch und Knochen füttern.«

»Aber das ist in der Praxis unmöglich«, meldete sich ein vierter. »Es kostet einfach zuviel Geld. Außerdem hat es noch größere Auswirkungen. Fleisch zu essen vergrößert das Hungerproblem in der Welt, weil es eine so verschwenderische Art und Weise ist, Proteine zu produzieren. Ganz zu schweigen von den Leiden der Tiere!«

In diesem kurzen Wortwechsel fanden sich die meisten grundlegenden Überlegungen, die angestellt werden, wenn es um die Frage geht, ob Tiere vegetarisch leben können. Das Problem ist komplex und hat viele Implikationen. Bis vor kurzem dachte kaum jemand daran, dieses Problem aufzuwerfen. Wir alle sind von der Erziehung her zutiefst davon überzeugt, daß wir regelmäßig und reichlich Fleisch essen müssen (faktisch gibt es den Fleischverzehr im heute üblichen Maß noch nicht lange). Weiterhin ist es ein gesellschaftliches Verhaltensmuster, Fleischfresser als Haustiere zu halten, und das bedeutet, daß wir fleischliefernde Tiere für sie züchten und töten müssen. Weil dieses zivilisationsbedingte Verhalten so weit verbreitet ist, übersehen wir leicht, was es wirklich bedeutet, Fleisch zu essen, und zwar nicht nur für uns selbst und unsere Haustiere, sondern auch für die hungrigen Kinder in Afrika oder die verängstigten Rinder im Schlachthof.

Lassen Sie uns also einen Blick auf die wesentlichen Gründe dafür werfen, daß manche Menschen kein Fleisch (und manchmal auch keine Eier und Milchprodukte) essen und an der gleichen Möglichkeit für ihre Tiere interessiert sind. Die erste Gruppe von Gründen ergibt sich aus der Teilnahme am Leiden anderer und die zweite Gruppe aus der Besorgnis um die eigene Gesundheit.

ETHISCHE EINWENDUNGEN GEGEN DAS FLEISCHESSEN

Wenn es um den Schmerz geht, der durch das Fleischessen verursacht wird, sind wohl an erster Stelle die betroffenen Tiere zu nennen. Die meisten von uns sehen nie mehr als das Endergebnis von Viehzucht und Schlachtvorgang. Was wir sehen, ist ein hübsches, sauber verpacktes Stück rotes Material in der Fleischabteilung des Supermarkts. Ohne es genau zu wissen, stellen wir uns vielleicht vor, daß das Fleisch von Tieren stammt, die ein langes und friedliches Leben hinter sich haben, in dem sie geruhsam Käfer aus dem Boden kratzten oder auf sonnigen Weiden grasten. Am Ende dieses Idylls, stellen wir uns vor, werden sie schnell und leicht von einem humanen und effizienten Schlachter ins Jenseits befördert.

Leider sieht die Realität ganz anders aus.

Bei meiner früheren Arbeit als Großtierveterinär war ich oft entsetzt über die beengten, streßbelasteten und unbequemen Verhältnisse, in denen die meisten Hühner, Schweine und Kühe tatsächlich leben und sterben müssen. Die Landwirtschaft ist zum »Big Business« geworden, und die meisten Tiere werden mehr als profitbringende Maschinen denn als lebende Wesen betrachtet, die Schmerz und Elend fühlen können. Dementsprechend verweigert man ihnen meist anständige Lebensumstände oder normale soziale Beziehungen, um die Kosten zu minimieren und den Gewinn zu maximieren.

Hühner werden beispielsweise in kleine Drahtkäftige gesteckt, die in großen Gebäuden mit Tausenden von Tieren gestapelt werden. Sie sehen nie im Leben Tageslicht oder können nie auf dem Erdboden stehen, und meist ist es so eng, daß die sich kaum drehen können. Stellen Sie sich einmal den extremen Streß vor, der dadurch verursacht wird. Krankheit (die bei Einzeltieren nicht behandelt wird) und Kannibalismus sind an der Tagesordnung.

In den Vereinigten Staaten verbringt ein durchschnittliches Kalb, das »erstklassiges« oder »weißes« Fleisch liefern soll, sein Leben getrennt von seiner Mutter, eingezwängt in eine weniger als 60 cm breite Box in einem dunklen Stall. Es wird absichtlich blutarm gemacht, indem man ihm nur Futter gibt, in dem kein Eisen enthalten ist. All das nur um eines bestimmten Aromas willen.

Ich könnte noch viele solcher Dinge aufführen, aber dafür ist hier nicht der richtige Ort. Für interessierte Leser gibt es verschiedene lesenswerte Bücher, in denen die harten Fakten über die heutige Viehproduktion und ethische Argumente für einen Verzicht auf deren Produkte vorgetragen werden. Diese Bücher haben das Leben vieler Menschen geändert.

Eine weitere ethische Frage lautet, wie sehr unser hoher Fleischverbrauch zum immensen Hungerproblem in der Welt beiträgt. Ein großer Teil der Menschheit ist von Unterernährung und Hungertod heimgesucht. Das Leiden dieser Menschen liegt zum großen Teil in der ineffizienten Nutzung unserer Anbauflächen begründet. Mit Pflanzen läßt sich Protein auf viel weniger Land produzieren als mit Schlachtvieh – das viel mehr Nahrung braucht, als es ergibt.

Aus einem Morgen Getreideanbaufläche kann man beispielsweise das Fünffache an Protein holen wie aus einem Morgen Land, das der Schlachtviehproduktion dient. Hülsenfrüchte (Bohnen, Erbsen und Erdnüsse) ergeben das Zehnfache und Blattgemüse das Fünfzehnfache an Protein. Die Kuh ist eines der Tiere, die pflanzliches Material am wenigsten wirkungsvoll in Fleisch umsetzen; sie braucht ca. 15 kg Getreide und Sojabohnen, um gerade 1 kg Fleisch zu produzieren.

In den industrialisierten Ländern können wir uns (zumindest bis jetzt) den Luxus einer solchen Verschwendung leisten, weil wir soviel Land besitzen – zusammen mit einem günstigen Klima, fortgeschrittener Technik sowie wirtschaftlicher und politischer Macht. Diese ineffiziente Nutzung der Anbauflächen hat jedoch dazu geführt, daß ungeheuer viel weniger Protein vorhanden ist, als für den menschlichen Verzehr auf dem Weltmarkt verfügbar sein könnte. 1971 belief sich dieses Minus auf 118 Millionen Tonnen Getreide und Sojabohnen – genug, um jeden damals lebenden Menschen ein Jahr lang täglich mit mehr als einer Tasse gekochtem Getreide zu versorgen.

VEGETARIER LEBEN GESÜNDER

Viele Vegetarier haben im Verlauf der Geschichte auf die gesundheitsfördernde Wirkung ihrer Ernährung hingewiesen, und die moderne Forschung scheint diese Beobachtungen mittlerweile zu stützen. Im Verlauf der Kriege in diesem Jahrhundert mußten beispielsweise die Menschen in vielen europäischen Ländern ihren Fleischverbrauch zeitweise drastisch einschränken. Ergebnis: Verbesserungen in den Volksgesundheitsstatistiken mit verringerten Sterblichkeitsraten aufgrund von Krankheit im allgemeinen sowie mit erhöhtem Größenwachstum und besserer Zahngesundheit bei den Kindern.

Unter den Adventisten vom Siebenten Tag (die in der Regel weder Alkohol trinken noch rauchen und von denen mindestens die Hälfte angeblich kein Fleisch ißt) liegen die Erkrankungen an Darm-, Dickdarm- und Mastdarmkrebs um 50 bis 70 Prozent und Herzkrankheiten um 50 Prozent niedriger als in der Bevölkerung allgemein. Weitere Untersuchungen lassen vermuten, daß Fleischfett die Produktion bestimmter Karzinogene im Verdauungstrakt begünstigt und daß Vegetarier niedrigeren Blutdruck und einen niedrigeren Cholesterinspiegel haben, was eine Erklärung für diese Unterschiede sein könnte.

Selbst körperliche Betätigung kommt erst an zweiter Stelle im Vergleich zu dem potentiellen Nutzen einer solchen Ernährungsweise. Bei einer Erhebung unter 1000 Nordamerikanern wurde festgestellt, daß Vegetarier, die Laufsport betreiben, am gesündesten waren. An zweiter Stelle kamen nichtlaufende Vegetarier, gefolgt von fleischessenden Läufern und schließlich fleischessenden Nichtläufern.

Es könnte sogar sein, daß wir für eine fleischlose Ernährung bestimmt sind, denn auch unsere Vorfahren ernährten sich offensichtlich so, bis schlechte Zeiten in der Eiszeit sie dazu zwangen, auf Jagd zu gehen. Die meisten anderen Primaten sind im Grunde Vegetarier. Unsere Zähne, Verdauungstrakte und selbst unsere Hände (so wie sie zum Pflücken von Obst, Nüssen und Gemüse eingerichtet sind) scheinen sich für diese Art der Nahrung am besten zu eignen.

Es ist also nicht schwer zu beweisen, daß eine fleischlose Ernährung für Menschen sinnvoll ist. Aber wie sieht es mit unseren von Natur aus fleischfressenden Haustieren aus? Das ist eine andere Frage. Wie die Dame im Seminar schon sagte: die natürlichste Nahrung müßte aus frischem Fleisch und Knochen bestehen. Punkt. Aber ist dem wirklich so?

In der Praxis umfaßt die Nahrung eines Raubtiers normalerweise weit mehr als nur das Muskelgewebe, das wir als »Fleisch« bezeichnen. Und der Versuch, einen Hund überwiegend mit Fleisch zu füttern, bedeutet ein Heraufbeschwören einer ernährungsmäßigen Unausgewogenheit, die zu Problemen wie Rachitis, unzureichender Calciumabsorption und unzureichender Fortpflanzungsfähigkeit führt. Pflanzliche Stoffe sind ein natürlicher Bestandteil der abwechslungsreichen Nahrung sowohl des Kojoten als auch des Wolfs. Dazu gehören frische Substanzen wie Gras und Beeren, aber auch vorverdaute Nahrung aus dem Verdauungstrakt ihrer pflanzenfressenden Beute.

Von einem streng gesundheitsorientierten Standpunkt aus könnte man also annehmen, daß die »ideale« Nahrung für Hunde aus einem frischen, rohen Beutetier, ergänzt durch etwas Gemüse und Obst, besteht. Aber abgesehen davon, daß es sich in der Praxis wohl kaum machen ließe, ein Tier auf diese Art zu füttern, ist eine solche Ernährung auch gar nicht optimal für ein domestiziertes Haustier. Höchstwahrscheinlich haben Hunde ganz andere Bedürfnisse als jagende Tiere, die nicht nur mehr Bewegung haben, sondern auch in einer saubereren Umwelt leben und zwischen großen Mahlzeiten häufig fasten. Bei diesen wildlebenden Raubtieren hat der Körper also öfter die Gelegenheit, sich selbst zu reinigen und Harnsäure und andere Abfallprodukte des Fleischstoffwechsels auszuscheiden.

Die gleichen (und mehr) Einwendungen lassen sich gegen im Laden gekauftes Futter erheben, das größtenteils aus Fleisch besteht. Bei einem Versuch über drei Generationen wurde festgestellt, daß Hündinnen, die Protein und andere wichtige Elemente nur in Form von Fleisch bekamen, im Vergleich zu Hündinnen, deren Futter auch Milch und Gemüse umfaßte, Schwierigkeiten hatten, genügend Milch für ihre Welpen zu erzeugen. Außerdem ist Fleisch mit seinem Gehalt an Rückständen von Antibiotika, synthetischen Hormonen und Giftstoffen wie Blei, Arsen, Quecksilber, DDT und Dioxin das verseuchteste Nahrungsmittel auf dem Markt. Es enthält mehr Pestizidrückstände als Milchprodukte, Getreide, Gemüse und Obst. Selbst wenn es nur 10 Prozent der Gesamtnahrung ausmachte, würde es eineinhalbmal soviel Pestizidstoffe beitragen wie Milchprodukte, die 31 Prozent der Nahrung ausmachten. Um die Sache noch schlimmer zu machen, läßt man für den Verkauf bestimmtes Fleisch vor dem Zerlegen bis zu zwei Wochen abhängen, damit es durch die Enzyme und Bakterien im Gewebe zart wird.

Langfristig fordern all diese Giftstoffe – besonders die Pestizide und Schwermetalle – ihren Tribut von der Gesundheit. Bei Tieren wirkt sich das möglicherweise in Form von erhöhter Krebsanfälligkeit, Allergien, Infektionen, Nieren- und Leberbeschwerden, Reizbarkeit und Hyperaktivität aus.

Trotzdem, Hunde sind nun einmal von Natur aus Fleischfresser, und es ist also vernünftig, sie unter anderem auch mit etwas Fleisch zu füttern. Sie können die Fleischmenge aber stark reduzieren, wenn Sie gemäß den Rezepten in Kapitel 4 Proteine aus Fleisch, Milchprodukten und Gemüse mischen. In den darunter befindlichen fleischlosen Gerichten wurden Proteine verschiedener Herkunft so kombiniert, daß sich ihr biologischer Gesamtwert erhöht. Indem man nämlich Nahrungsmittel mit einem hohen Gewalt an bestimmten Aminosäuren nimmt, um andere Nahrungsmittel mit einem geringen Gehalt an diesen Bausteinen des Proteins anzureichern, kann man den Nährwert pflanzlichen Proteins so erhöhen, daß es mit Fleisch vergleichbar ist.

EINE REIN VEGETARISCHE NAHRUNG?

Kann man allein darauf zurückgreifen? Kann man ein Tier völlig ohne Fleisch ernähren, ohne es der nötigen Nährstoffe zu berauben? Die Antwort ist ein eindeutiges Ja.

Die Erfahrung vieler Leute spricht für die Bekömmlichkeit einer vegetarischen Kost aus Milch, Eiern und Gemüse. Wissenschaftliche Untersuchungen haben beispielsweise gezeigt, daß Hunde, die mit Protein aus Sojabohnen gefüttert wurden, genausogut wachsen wie Hunde, die Fleisch erhielten. Über Gesundheitskostläden werden mittlerweise mehrere Futtermarken ohne Fleisch vertrieben. Eines dieser Produkte, das von einem Tierarzt für Hunde entwickelt wurde, die gegen die Bestandteile in kommerziellem Futter (einschl. Fleisch) allergisch sind, hat vielen Tieren zu einer bemerkenswert besseren Gesundheit verholfen.

Die britische Vegetariergesellschaft gibt eine Broschüre über fleischlose Gerichte heraus, die in ganz Großbritannien erfolgreich an Hunde verfüttert wurden. In der Broschüre wird festgesetllt, daß Hunde sich gut machen, wenn sie zum Frühstück ein Vollgetreideflockengericht mit Milch und abends proteinreiches Futter aus Käse, Eiern, gemahlenen Nüssen, texturiertem Gemüse oder

Hülsenfrüchten gemischt mit rohem bzw. gekochtem Gemüse bekommen. Auch Weizenvollkornbrot, brauner Reis, Schößlinge, Obst und harte Lebensmittel wie ganze Karotten und Vollkornkekse zur Kräftigung von Zähnen und Gaumen sind gut für Hunde.

Manche Leute möchten alle tierischen Produkte aus dem Futter ihrer Tiere verbannen, einschließlich Milchprodukte und Eier. Ein Mensch kann zwar mit einer solchen Ernährung gut leben, wenn sie sorgfältig geplant ist, aber für Hunde würde ich sie nicht empfehlen. Erstens ist es fast unmöglich, den hohen Proteinbedarf von Fleischfressern allein mit Gemüse zu decken, ohne die Tiere mit Futter zu überladen. Zweitens fehlen dann verschiedene andere Nährstoffe, wie beispielsweise Vitamin B_{12}.

Unter Berücksichtigung dieser Einschränkungen dürfte Ihr Hund mit den fleischlosen Gerichten aus Kapitel 4 (sowie mit Hilfe von Tabelle 7 zusammengestellten fleischlosen Variationen der anderen Gerichte) bei guter Gesundheit bleiben. Wenn Sie wollen, können Sie anstelle von Knochenmehl auch Dicalciumphosphat nehmen – das stammt aus Gestein (verwenden Sie zwei Drittel der angegebenen Menge).

Bei Hunden können Sie den Lebertran durch eine Kapsel pflanzliches Vitamin A ersetzen (rechnen Sie etwa 5000 I.E. für jeden Teelöffel Lebertran).

Sorgen Sie auch dafür, daß Ihr Tier harte Nahrungsmittel bekommt, auf denen es herumkauen kann, um seine Zähne und den Gaumen in Topform zu erhalten. Anstelle von Knochen können Sie rohe Karotten, Äpfel oder Kekse nach den Rezepten in Anhang I nehmen.

Selbst wenn Sie Ihr Tier nicht fleischlos ernähren, können Sie zumindest von Zeit zu Zeit auf die vegetarischen Rezepte zurückgreifen, um die Menge an Pestiziden und anderen toxischen Rückständen in der Ernährung Ihres Tieres zu verringern und gleichzeitig Ihre Kosten zu senken.

Nebenbei gesagt, es tut gut zu wissen, daß man durch die Verwendung von weniger Fleisch dazu beitragen kann, das Leiden von Menschen und Tieren überall auf der Welt zu lindern.

Speziellere Tiere

Die meisten Hunde gedeihen zwar bei einer Ernährung mit den beschriebenen Gerichten, es gibt aber bestimmte Tiere, die eine maßgeschneiderte Nahrung brauchen, um einen besonders hohen oder niedrigen Bedarf an Protein und anderen Nährstoffen zu decken. Zu diesen Tieren mit speziellen Bedürfnissen gehören Welpen, trächtige oder säugende Muttertiere, Tiere in besonderen Situationen (anstrengende Bewegung, extreme Temperaturen und Streß) sowie Tiere, die sich nach chirurgischen Eingriffen, Unfällen, Krankheiten oder Unterernährung erholen müssen. Fütterungshinweise für Hunde mit bestimmten gesundheitlichen Problemen – Nieren- und Harnwegstörungen, Diabetes, Allergien und Fettleibigkeit – finden Sie in der Enzyklopädie weiter hinten.

FORTPFLANZUNG, STRESS UND REKONVALESZENZ: VIEL PROTEIN, VIEL ENERGIE

Hunde brauchen mehr Protein als normal, wenn neues Gewebe entsteht. Tiere brauchen jede Menge Protein, wenn sie jung sind und wachsen, wenn sie Nachwuchs empfangen, tragen und säugen, wenn sie sich von Krankheit oder Verletzung erholen oder wenn sie mit Streß und anstrengender körperlicher Bewegung fertig werden müssen. Auch ein älteres Tier braucht möglicherweise mehr Protein (wenn keine Nierenprobleme vorhanden sind), weil seine Verdauung weniger gut als die eines jungen Tieres funktioniert.

Tiere, die sehr hohen Temperaturen ausgesetzt sind, brauchen mehr Protein zum Ausgleich für die kleineren Mengen, die sie bei Hitze fressen. Bei sehr kaltem Wetter oder Frost brauchen sie mehr Kalorien nur, um warm zu bleiben. Weil sie nur eine begrenzte Menge an Futter zu sich nehmen können, müssen die Gerichte mehr Fett enthalten – das etwa doppelt so viel Kalorien abgibt wie Protein oder Kohlenhydrate. Dieser höhere Fettgehalt wiederum bedeutet, daß auch mehr Proteine im Futter sein müssen, damit der Stoffwechsel stimmt.

Tab. 8: **Futtermengen für Hunde mit Zusatzbedarf**

Zustand	Füttern aus Gruppe			Rezepte multiplizieren mit	Bemerkungen
	1	2	3		
Säugende Hündin	×			1,5–2,0	Zusätze ebenfalls mit 1,5–2 multiplizieren. Zweimal täglich und ggf. öfter füttern.
Junge Welpen* (bis 40 % des Endgewichts)	×			2,0	Mit fester Nahrung anfangen, wenn die Welpen zu laufen beginnen. Außerdem Zusätze verdoppeln und dreimal täglich oder öfter füttern.
Ältere Welpen* (40–80 % des Endgewichts)	×	×		1,5	Zusätze ebenfalls mit 1,5 multiplizieren. Allmählich auf zweimalige Fütterung am Tag heruntergehen.

Trächtige Hündin	×	×		1,0–1,3	Zusätze um gleichen Faktor erhöhen. Zweimal täglich oder nach Bedarf füttern.
Frostwetter oder Streß	×	×		1,5–2,0	Genug füttern, um das Gewicht zu halten, zwei Mahlzeiten am Tag. Bei Streß auch Zusätze erhöhen
Junghunde* (80–100 % Endgewicht)	×	×	×	1,2	Zusätze ebenfalls mit 1,2 multiplizieren. Zweimal täglich füttern, bis die Tiere voll ausgewachsen sind (14–18 Monate). Dann auf einmal täglich reduzieren.
Körperliche Anstrengung	×	×	×	1,5–2,5	Zweimal täglich füttern, Zusätze im gleichen Verhältnis erhöhen.
Heißes Wetter	×	×	×	Gewicht halten	Wenn der Hund weniger als üblich frißt, muß er zumindest die volle tägliche Zusatzration bekommen.
Alter	×	×	×	Gewicht halten	
Rekonvaleszenz, Unterernährung, Anämie	×	×	×	Gewicht halten oder zunehmen	Langsam feste Nahrung geben, damit das Verdauungssystem sich anpassen kann. Zusätze vorübergehend erhöhen.

* Welpen nicht überfüttern, damit sie möglichst groß für ihr Alter werden. Es gibt gewisse Anzeichen dafür, daß das zu Knochenproblemen beitragen kann – besonders bei größeren Hunden.

Rezepte für Hunde

Wie wir gesehen haben, hat Ihr Hund ganz individuelle Bedürfnisse. Um Ihnen bei der Entscheidung zu helfen, welche Bedürfnisse das sind, und um sicherzustellen, daß Ihr Hund nicht zuviel Protein erhält, haben wir drei Gruppen von Rezepten zusammengestellt. Jede Gruppe gilt für spezifische Situationen.

Wie aus Tabelle 8 ersichtlich ist, sollten die Hunde mit dem größten Bedarf (säugende Hündinnen und sehr junge Welpen) nur mit Gerichten mit einem Höchstgehalt an Protein gefüttert werden (Gruppe 1). Für trächtige Hündinnen und ältere Welpen können Sie Gerichte aus Gruppe 2 oder aus Gruppe 1 verwenden. Tiere aus den verbleibenden Kategorien sollten mit den Gerichten mit niedrigerem Proteingehalt in Gruppe 3 gut zurechtkommen, können aber auch bequemlichkeitshalber oder um der Abwechslung willen mit Gerichten aus den beiden ersten Gruppen gefüttert werden.

Um die genauen Mengen zu erhalten, berechnen Sie zunächst den normalen Bedarf Ihres Hundes (siehe Tabelle 3, Kap. 4). Multiplizieren Sie diese Zahl mit dem Sonderbedarfsfaktor. Damit erhalten Sie einen kombinierten Multiplikationsfaktor, mit dem Sie die genauen Rezeptmengen berechnen (multiplizieren Sie den kombinierten Faktor entweder mit den Mengen der einzelnen Zutaten oder mit der Gesamtmenge, die sich aus dem Rezept ergibt; damit erhalten Sie die tägliche Futtermenge für Ihren Hund).

Hier ist ein Beispiel. Sie haben eine Hündin von 27 kg, die kurz vor dem Wurf steht. In Tabelle 3 finden Sie also als Gewichtsmultiplikator die 2. Wenn sie nicht trächtig wäre, würden Sie sie täglich mit dem Zweifachen der Rezeptmenge füttern. Da sie aber nun trächtig ist, braucht sie gemäß Tabelle 10 das 1,3fache der üblichen Menge. Das ergibt einen kombinierten Multiplikationsfaktor von $2^2/_3$ ($2 \times 1{,}3 = 2{,}6$ oder etwa $2^2/_3$). Sie füttern sie also mit dem $2^2/_3$fachen der für trächtige Hündinnen in Frage kommenden Rezepte (Gruppe 1 und 2). Da sich ihr Bedarf ändert, wenn sie geworfen hat und die Welpen zu säugen beginnt, müssen Sie die Futtermenge im Verlauf der folgenden Zeit wieder neu berechnen.

Denken Sie daran, daß Sie die meisten Zutaten für diese Rezepte mit Hilfe von Tabelle 8 wie bei den Grundrezepten durch andere ersetzen können.

Tab. 9: **Natürliche Hundemilch und Rezept im Vergleich**

	Prozent auf Trockengewichtbasis			
	Protein	Fett	Kohlehydrate	Asche
Natürliche Milch	33,2	44,1	15,8	6,9
Milchrezept	33,6	44,0	15,5	6,9

Rezeptgruppe 1

Körperlicher Zustand: säugende Hündinnen, junge Welpen

HERZHAFTE KOMPOSITION

4 mittelgroße Eier
Tägliche Zusätze nach Empfehlung
1/2 Tasse mageres Fleisch (oder 225 g Tofu oder 2/3 Tasse rahmiger Hüttenkäse)
1 Tasse gekochter brauner Reis
1/4 Tasse geriebenes oder gehacktes Gemüse

Die Eier leicht mit den Zusätzen und dem Fleisch verquirlen. Reis und Gemüse zugeben und servieren.

Ergibt etwa 2 2/3 Tassen

HUNDEFREUDE

3/4 Tasse fettes Fleisch (oder 5 mittelgroße Eier und 1 Teelöffel Öl)
3/4 Tasse gekochter brauner Reis
1/4 Tasse magerer Hüttenkäse
1/4 Tasse geriebenes oder gehacktes Gemüse
2 Teelöffel Nährhefe
Tägliche Zusätze nach Empfehlung

Zutaten vermischen und warm servieren. Oder Fleisch und/oder Gemüse vorher kochen.

Ergibt etwa 2 Tassen

Rezeptgruppe 2

Körperlicher Zustand: trächtige Hündinnen, halbausgewachsene Welpen, Streß, Kälte

LIEBLINGSFRESSEN

1 1/2 Tassen gekochter brauner Reis
1/2 Tasse fettes Fleisch (oder 3 große Eier)
1/4 Tasse magerer Hüttenkäse
1 Eßlöffel Sojaproteinauszug
1/4 Tasse geriebenes oder gehacktes Gemüse
Tägliche Zusätze nach Empfehlung

Zutaten vermischen und leicht angewärmt servieren.

Ergibt etwa 2 2/3 Tassen

GETREIDEFLOCKEN UND EIER

Morgens: Als warmes Getreideflockengericht servieren.

1 Tasse gekochte Hafergrütze
1 Eßlöffel Sojaproteinauszug (mit Hafergrütze vermischen)
1 Tasse Vollmilch
2 Teelöffel Honig

Abends: Zutaten verquirlen und servieren.

4 mittelgroße Eier
1/4 Tasse geriebenes oder gehacktes Gemüse
Tägliche Zusätze nach Empfehlung

Ergibt insgesamt etwa 3 1/4 Tassen

Rezeptgruppe 3

Körperlicher Zustand: ältere Welpen, Anstrengung, Hitze, Alter, Rekonvaleszenz, Unterernährung, Anämie

KRAFTFUTTER FÜR HUNDE

3 mittelgroße Eier (oder eine knappe halbe Tasse fettes Fleisch)
2 Eßlöffel Nährhefe
Tägliche Zusätze nach Empfehlung
1 Tasse gekochter brauner Reis
2/3 Tasse gekochtes Sojaschrot (oder 200 g Tofu)
1/4 Tasse geriebenes oder gehacktes Gemüse

Eier mit Nährhefe und Zusätzen verqurilen. Restliche Zutaten zugeben und servieren.

Ergibt etwa 2 2/3 Tassen

Auch das Tägliche Zweierlei für Hunde und Pommes au Canine (aus Kapitel 4) decken den Protein- und Energiebedarf der Gruppe 3.

Welpen: Das folgende Rezept sollte genügen. Vergleichen Sie seine Bestandteile mit denen von Hundemilch in Tabelle 9.

REZEPT FÜR WELPEN

1 Tasse Halb-und-Halb (Milch und Rahm)
2 mittelgroße Eigelb
2 Teelöffel Proteinpulver
1/2 Teelöffel Knochenmehl
1/4 Tasse Wasser (erst abkochen, wenn es nicht von guter Qualität ist)
Ein paar Tropfen Kindervitaminsaft

Gut mischen und auf Körpertemperatur erwärmen. Mit einer Saugflasche soviel geben, daß der Bauch etwas vergrößert, aber noch nicht angeschwollen ist. Die Menge richtet sich nach Alter und Rasse. Bei Zweifeln die Angaben für das kommerzielle Produkt konsultieren. In den ersten zweiten Wochen alle 2 Stunden, in der dritten Woche alle 3 Stunden, in der vierten und fünften Woche alle vier Stunden, danach dreimal täglich füttern. Von etwa der dritten oder vierten Woche an langsam feste Nahrung zugeben (mit den Rezeptzutaten zu einem dünnflüssigen Brei verrühren) und etwa ab der vierten oder fünften Woche die Flasche langsam absetzen.

Kapitel 6

Helfen Sie Ihrem Tier bei der Umstellung

Die meisten Tiere mögen ihr neues Futter. Doch bei einigen treten möglicherweise Schwierigkeiten auf – Schwierigkeiten, die sich vermeiden oder verringern lassen.

Eine Leserin der Zeitschrift »Prevention« rief mich beispielsweise an und erklärte, ihre Tiere wollten das neue Futter nicht fressen.

»Was haben Sie ihnen gegeben?« fragte ich.

»Das ist es ja gerade! Ich habe es mit Zusätzen wie Knochenmehl, Nährhefe und Weizenkeimlingen versucht. Ich habe ihnen Fleisch, Milchprodukte, Getreide, Gemüse und alles, was man sich denken kann, angeboten. Aber alles, was sie anrühren, besonders die ältere Hündin, ist Dosenfutter einer ganz bestimmten Art und Marke!«

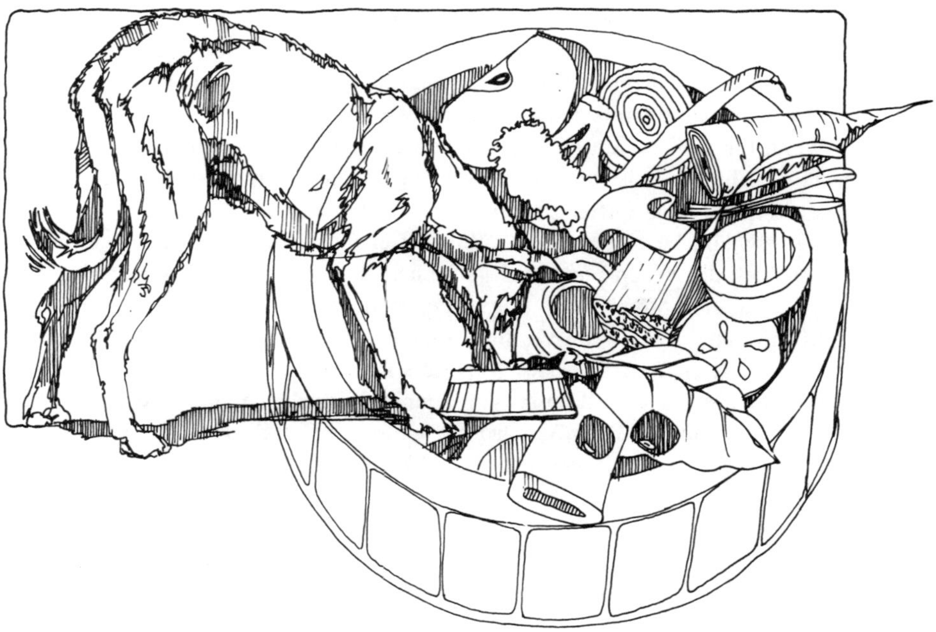

Nach der Behandlung eines chronischen Problems mit natürlicher Nahrung und natürlichen Hilfsmitteln berichtete jemand anderes: »Es ging Henry gut, und dann hörte er plötzlich zu fressen auf und benahm sich, als sei er krank. Er lag einfach nur da und schien keinerlei Energie mehr zu haben.«

Nach Beginn einer natürlichen Ernährung rief ein weiterer besorgter Tierbesitzer an: »Mein Hund mochte das neue Futter und frißt es seit ein paar Wochen. Aber gestern hat er ein ganzes Bündel Würmer ausgeschieden. Was soll ich tun?«

Im ersten Fall handelt es sich um den Star der Fertigfutterwerbung – die gekünstelte Dame. Manche Tiere werden abhängig von einem bestimmten Futter, das sie über einen langen Zeitraum hinweg bekamen. Unter solchen Umständen sinkt der natürliche Instinkt, gesundes, ausgewogenes Futter zu wählen, nahezu auf null ab. Beim Menschen wird die Vorliebe für bestimmte Nahrungsmittel in der Kindheit ausgebildet und kann zu einer tiefverwurzelten Gewohnheit werden. Bei Tieren ist das nicht viel anders.

In Fällen wie den beiden letzten – der Hund, der nicht mehr fraß, und der andere Hund, der Würmer ausschied – freue ich mich über derartige Reaktionen auf die Umstellung. Nicht, daß ich gern jemand leiden sehe oder meinen Klientenkreis vergrößern möchte. Im Gegenteil. Ich weiß einfach aus Erfahrung, daß solche Symptome günstige Anzeichen dafür sind, daß der natürliche Heilungsprozeß einsetzt. Nach einer kurzen Zeit mit einer besseren Ernährung kommt es recht häufig vor, daß ein Tier, dessen Gesundheitszustand nicht optimal ist, die angesammelten toxischen Stoffe ausscheidet oder für kurze Zeit unter einer Verschlimmerung der Symptome leidet. Die scheinbaren Rückschläge sind ein normaler und oft erforderlicher Schritt auf dem Weg zur völligen Gesundung.

Bei fast allen Schwierigkeiten, denen sich Ihr Tier bei einem Wechsel in der Ernährungsweise möglicherweise gegenübersieht, handelt es sich um eines dieser Probleme – einen wählerischen Fresser dahin zu bekommen, daß er mag, was gut für ihn ist, oder einem Tier durch die manchmal unerfreulichen Stufen eines natürlichen Reinigungsprozesses zu helfen.

Wenn Ihr Tier wählerisch ist, können Sie versuchen, das neue Futter nach und nach einzuführen, oder Sie können Ihr Tier so lange fasten lassen, bis es hungrig genug ist, das neue Futter zu probieren.

Der allmähliche Übergang läßt Ihrem Tier nicht nur etwas Zeit, sich an den Geschmack des neuen Futters zu gewöhnen, sondern gibt auch seinem Verdauungssystem eine Möglichkeit, sich anzupassen. Bei jeder abrupten Änderung in der Ernährung, selbst beim Wechsel von einer Futtermarke zur anderen, kann es eine Zeitlang zu Diarrhöe oder Appetitverlust kommen. Der Grund dafür liegt darin, daß die Bakterienflora im Verdauungstrakt sich erst an die neuen Substanzen anpassen muß. Wenn Sie also die Umstellung nach und nach vornehmen, vermeiden Sie in der Regel nicht nur Akzeptanzprobleme, sondern verringern auch die Wahrscheinlichkeit, daß Ihr Tier dabei leidet.

Wenn die allmähliche Umstellung nicht funktioniert, haben Sie wahrscheinlich einen Futterabhängigen vor sich. Dann müssen Sie zu drastischeren Maßnahmen wie beispielsweise einer Fastenkur greifen. Obwohl es bei manchen Tieren zunächst so aussehen mag, als würden sie lieber verhungern als etwas anderes als was-weiß-ich zu fressen, ist ihr Überlebensinstinkt doch sehr stark. Früher oder später (in der Regel früher) lenken sie ein. Lassen Sie Ihr Tier ein paar Tage hungern. Das regt nicht nur den Appetit an, sondern trägt auch dazu bei, den Körper zu entschlacken und alte Geschmacksgewohnheiten abzubauen.

Manche Leute finden eine solche Idee erschreckend. Irgendwie sind wir zu der Vorstellung gekommen, daß ein oder zwei Tage ohne Essen uns an den Rand des Todes bringen. Stimmt nicht. Es ist bekannt, daß gesunde Tiere unter günstigen Bedingungen schon mehrere Wochen ohne Nahrung ausgekommen sind. Fettleibige Hunde haben bei Wasser und Vitaminen sechs bis acht Wochen ohne negative Auswirkungen überstanden. Wildlebende Fleischfresser fasten von Natur aus. Lassen Sie Ihr Tier also ruhig ein paar Tage fasten.

Die Fastenmethode

Die Fastenkur beginnt mit einer Eingewöhnungsperiode von einem oder zwei Tagen, in denen Sie das Tier mit einer kleineren Menge des normalen Futters oder (wenn das Tier dies akzeptiert) mit einer bescheidenen Portion magerem Fleisch, gekochtem Getreide und Gemüse füttern. An den folgenden zwei oder drei Tagen bekommt es dann nur Flüssigkeiten wie klares Wasser, Gemüsesäfte und Gemüse/Fleisch-Brühe. Achten Sie darauf, daß Ihr Tier während der Fastenkur viel frische Luft, Ruhe, Auslauf und in mäßigem Umfang körperliche Bewegung bekommt. Dann unterbrechen Sie das Fasten für einen oder zwei Tage, indem Sie die Flüssignahrung allmählich mit etwas Gemüse, Milch oder Joghurt ergänzen. Als nächstes geben Sie mageres Fleisch zu, dann etwas Getreide, vielleicht etwas Tofu oder Hüttenkäse, und so geht es weiter, bis das Tier die empfohlene Grundnahrung mit den Zusätzen akzeptiert.

In manchen Fällen müssen Sie möglicherweise einen Kompromiß schließen, indem Sie etwas von dem alten Futter unter das neue mischen. Eine meiner Bekannten ist der Meinung, daß ein einziger Löffel Dosenfutter in den Naturkostgerichten schon den ganzen Unterschied ausmachen kann. »Es scheint irgend etwas an dem Anblick und dem Geräusch des altvertrauten Dosenöffnungsvorgangs zu sein, was die Tiere sich so ereifern läßt«, sagt sie. Aber ich hoffe, daß Sie Ihren Tieren nicht gestatten, Ihr Leben mit ihren Gewohnheiten zu bestimmen. Wahrscheinlich werden Sie feststellen, daß Ihr Tier, nachdem es eine Zeitlang eine Mischung aus natürlichem und kommerziellem Futter gefressen hat, genügend Interesse für das neue Futter entwickelt, um das alte zu vergessen.

Andere Leute haben festgestellt, daß es sich bei störrischen Fällen lohnt, die Fastenkur ein paar Tage zu verlängern.

Ob Ihr Tier also auf die allmähliche Umstellung reagiert oder ob es eine oder zwei Fastenkuren braucht, früher oder später wird es mit hoher Wahrscheinlichkeit die gute Naturkost, die es braucht, genießen.

Trotz einer allmählichen Umstellung können bei manchen Tieren, und zwar besonders wenn es um ihre Gesundheit nicht gut bestellt ist, physische Schwierigkeiten auftreten. Wenn Sie ein solches Tier besitzen, können Sie mit Hilfe der im folgenden Kästchen beschriebenen Untersuchung feststellen, ob es sich bei den

Schwierigkeiten um ein temperamentbedingtes Problem oder um physischen Streß handelt.

SO UNTERSUCHEN SIE IHR TIER

Möglicherweise ist Ihr Tier bei schlechter Gesundheit, ohne daß Sie das erkennen. Mit Hilfe der folgenden kurzen Untersuchung können Sie sich eine Vorstellung von seinem tatsächlichen Gesundheitszustand verschaffen.

1. Fühlt sich das Fell fettig an? Zeigt die Haut eine normale grau-weiße Färbung oder ist sie rosafarbig oder rot vor Entzündung? Zeigen sich abgestorbene Hautpartikel wie Schuppen im Haar?
2. Bürsten Sie das Haar mit den Fingern nach hinten gegen den Strich. Sehen Sie Dutzende kleiner schwarzer Flecken? Wenn ja, dann sind das die Exkremente von Flöhen, die verdautes Blut ausgeschieden haben.
3. Riechen Sie jetzt an Ihren Fingern. Haben sie einen ranzigen oder starken Geruch angenommen? Riecht es nach Fisch? Falls ja, stehen die Dinge nicht gut.
4. Untersuchen Sie die Augen. Zeigt sich eine feste Substanz in den Winkeln? sind die Lider rot oder am Rand gerötet?
5. Schauen Sie in die Ohrlöcher. Viel Ohrenschmalz? Sehen die Ohren ölig aus? Gehen Sie näher heran und riechen Sie. Verspüren Sie einen ekelhaften Geruch?
6. Untersuchen Sie als letztes die Zähne. Sind sie strahlend weiß oder mit einer braunen Schicht bedeckt? Nicht mogeln, auch die hinteren Zähne müssen untersucht werden. Wie riecht der Atem? So schlimm?

Der Körper reagiert

Indem Sie darauf achten, Ihr Tier regelmäßig zu untersuchen, können Sie seinen Gesundheitszustand leicht überwachen. Entgegen der verbreiteten Ansicht sollte Ihr Hund nicht »nach Hund riechen« und Ihre Katze keinen schlechten Atem haben. Diese Probleme treten zwar häufig auf, sind aber trotzdem Anzeichen für ein niedriges Gesundheitsniveau, eine chronische Angelegenheit.

Wenn Sie feststellen, daß Ihr Tier in mittelmäßiger Verfassung ist (oder wissen, daß es krank ist), müssen Sie damit rechnen, daß der Körper nach Beginn der neuen Ernährung einem Entschlackungsprozeß unterzogen wird.

Was geschieht? Jahrelang hat das Tier übermäßig verarbeitetes Futter gefressen, das wahrscheinlich schädliche Bestandteile enthielt. Es ist außerdem Umweltschadstoffen ausgesetzt gewesen und vielleicht sogar starken Medikamenten. Wenn Ihr Tier also schließlich richtig frisches, nahrhaftes Futter mit einem Minimum an Schadstoffen bekommt, passieren merkwürdige Dinge. Der Körper reagiert!

Zunächst fühlt sich das Tier in der Regel besser. Energie und Nährstoffe durchfließen das Gewebe. Die Qualität und das Sauerstoffaufnahmevermögen des Bluts werden besser. Das Tier wird aktiver, und die zusätzliche Bewegung wiederum trägt zur Auffrischung des trägen Gewebes bei.

Nach zwei oder drei Wochen fühlt sich der Körper stark genug, die lange vernachlässigte Grundreinigung in Angriff zu nehmen und die angesammelte Schlacke, die er zu lange mit sich herumgetragen hat, abzuwerfen. Einerseits scheidet er jetzt vielleicht eine Masse von Würmern aus, die bislang so glücklich gewesen sind, wie man es von Würmern erwarten könnte. Plötzlich sehen sie sich einer neuen, rauhen Wirklichkeit gegenüber – und zurück bleibt ein hübsch sauberer Darm.

Häufiger jedoch führt der Reinigungsprozeß zu einer Entschlackung von Nieren, Dickdarm und Haut (wichtige Ausscheidungsorgane). Dadurch kann der Urin dunkel werden und einen starken Geruch annehmen, der Kot kann schleimig werden oder Blut enthalten, und die Haut kann eine ungesund riechende Substanz absondern. Äußerlich mag es zwar nicht danach aussehen, aber der Körper wird wirklich reiner.

Ich weiß, daß das schwer zu begreifen ist. Wir erwarten meist, daß eine Störung nach einer wirkungsvollen Behandlung einfach verschwindet. Oder daß es zumindest nicht so aussieht, als ob es schlimmer wird. Natürlich funktionieren Antibiotika und andere bekannte Medikamente auf diese Weise – zumindest eine Zeitlang. Das Dumme daran ist, daß diese Medikamente die Symptome einfach unterdrücken, statt die zugrundeliegende Krankheit oder Schwäche zu beseitigen. Letzten Endes tauchen dann die gleichen oder ähnlichen Probleme wieder auf.

Es ist aber noch gar nicht so lange her, daß man zu einer anderen Ansicht gelangte und die Stufen des Heilungsprozesses erkannte. Eine dieser Stufen ist die sogenannte Krise, in der es zu Fieber, Entzündung und vorübergehender Verschlimmerung der Symptome kommen kann. Zu diesem Zeitpunkt beginnt der Patient sich entweder zu erholen oder er stirbt. Eine »heilende Krise«, wie sie auch genannt wird, stellte den Punkt dar, an dem die Abwehrkräfte des Körpers bis zum Maximum mobilisiert werden.

Wenn wir durch Injektionen mit Antibiotika oder Cortison in diesen Prozeß eingreifen, bekommt das Abwehrsystem nichts zu tun und ist nicht in der Lage, sich mit der zugrundeliegenden Schwäche zu befassen, die die Hauptverantwortung für die Krankheit trägt. Wie ein schlapper, ungenutzter Muskel wird das Abwehrsystem geschwächt, wenn es nicht gebraucht wird. Schon bald läßt die Widerstandsfähigkeit auch gegen künftige Krankheiten nach, und der Körper braucht noch mehr Medikamente. Eine schlechte Ernährung verschlimmert die Sache noch, indem sie die Widerstandskraft gegen Krankheiten noch weiter verringert und dadurch den vermehrten Griff zu Medikamenten erforderlich macht. Geschwächt durch Infektion und toxische Medikamentenwirkungen, stellt der Körper noch größere Anforderungen an die verfügbare Nahrung. Durch diese Anforderungen wird die Nahrung noch unzureichender, und schon befinden wir uns in einem Teufelskreis.

Wer kann diesen Kreis durchbrechen? Zum einen eine gute Ernährung. Durch optimale Nährstoffe können wir nicht nur die Widerstandskraft des Körpers gegen Krankheiten stärken, sondern ihm auch helfen, die toxischen Medikamentenwirkung zu beseitigen. Lassen Sie sich also nicht entmutigen, wenn Sie bei der Umstellung Ihres Tieres auf besseres Futter Anzeichen für eine Entgiftung erblicken. Sie haben die Dinge in Bewegung gebracht.

Aber, so könnten Sie fragen, woher soll ich wissen, ob das, was ich sehe, auf die Entgiftung oder auf eine ernsthafte Erkrankung zurückgeht? Das ist natürlich der kritische Punkt. Wenn Sie sich nicht sicher sind, fragen Sie Ihren Tierarzt um Rat. Sagen Sie es ihm, wenn Sie vorsichtig (möglichst wenig Medikamente, möglichst lange abwarten, was geschieht) an die Sache herangehen wollen. Hier sind aber noch ein paar allgemeine Tips, die Ihnen bei der Entscheidung behilflich sein können.

Wenn Ihr Tier energiegeladen ist, sich im allgemeinen wohlfühlt und guten Appetit hat, sind Symptome wie zeitweises Ausscheiden von Würmern, Schleim und etwas Blut wahrscheinlich ohne Bedeutung (es kommt jedoch auch häufig vor, daß ein Tier, das von rein kommerziellem Futter auf Frischkost umgestellt wird, einen kurzen Entschlackungsprozeß mit weniger Energie und Appetit und mehr Schlaf durchmacht. Das dauert in der Regel ein oder zwei Tage. Dieses Stadium tritt möglicherweise nicht sofort ein – meist kommt es zwei bis vier Wochen nach der Umstellung dazu). Aber wenn die Energie Ihres Tieres über einen Zeitraum von mehr als ein paar Tagen ständig nachläßt oder wenn sich mentale/emotionale Veränderungen wie Depressionen, Reizbarkeit und Vergeßlichkeit zeigen, die vorher nicht vorhanden waren, dann haben Sie möglicherweise Probleme. Außerdem sollten Sie natürlich alle ernsthaften körperlichen Beeinträchtigungen untersuchen lassen.

Kräuter zur Erleichterung

Sollte Ihr Tier leichte bis mäßige Schwierigkeiten haben, können Sie diese mit entschlackenden und gewebebildenden Kräutern lindern (oder von vornherein vermeiden). Nehmen Sie jeweils nur eine Kräuterart, keine Mischungen. Wählen Sie dasjenige Kraut, das nach den folgenden kurzen Beschreibungen am besten für das betreffende Problem geeignet ist.

Luzerne (Medicago sativa) ist ein exzellentes Tonikum, das verdauungs- und appetitanregend wirkt. Es hilft den Tieren, zuzunehmen, und verbessert die körperliche und geistige Vitalität. Am besten nimmt man es für untergewichtige, nervöse oder reizbare Tiere. Es hilft auch bei Muskel- oder Gelenkschmerzen oder bei Problemen der Harnwege – besonders bei Steinbildung und Blasenreizung. Geben Sie je nach Größe des Tieres 1 Teelöffel bis 3 Eßlöffel gemahlene oder getrocknete Luzernen in die tägliche Futterration. Oder brühen Sie 1 bis 2 Eßlöffel Kraut 20 Minuten in 1 Tasse Wasser auf. Mischen Sie den Tee ins Futter oder verabreichen Sie ihn oral mit einer Pipette unter Beachtung der Trockenmasse.

Die *Große Klette* (Arctium lappa) reinigt das Blut und hilft, den Körper zu entgiften. Sie ist besonders gut bei Hauterkrankungen. 1 Teelöffel der Wurzel 5 Stunden in 1 Tasse Quellwasser oder destilliertem Wasser in einem Glas- oder Emaillegefäß einweichen. Dann zum Kochen bringen, vom Herd nehmen und abkühlen lassen. Je nach Größe des Tieres täglich 1/2 Teelöffel bis 2 Eßlöffel verabreichen.

Knoblauch (Allium sativum) hilft bei der Wurmbeseitigung, stärkt die Verdauung und stimuliert den Darmtrakt. Nehmen Sie ihn zur Förderung der Darmgesundheit. Er ist weiterhin angezeigt für Tiere, die sehr viel Fleisch oder Fisch bekommen haben, zu Übergewicht neigen oder aufgrund von Arthritis oder Dysplasie unter Hüftschmerzen leiden. Geben Sie je nach Größe des Tieres zu jeder Mahlzeit 1/2 bis 3 frisch geriebene Knoblauchzehen.

Gemeiner Hafer (Avena sativa) ist ebenfalls ein Tonikum, und zwar besonders für Tiere, die hauptsächlich Schwierigkeiten mit dem Nervensystem haben, wie etwa Epilepsie, Tremor, Zuckungen und Lähmungen. Hafer wirkt auch gegen die schwächenden und erschöpfenden Effekte schwerer Medikamente und Krankheiten. Er trägt zur Entschlackung des Körpers und neuem Gewebewachstum bei. Verwenden Sie Hafermehl als Hauptgetreide in der Nahrung.

Aus Haferstroh läßt sich ein heilendes Bad anrichten. Kochen Sie 1 bis 2 Pfund Stroh 30 Minuten in gut drei Liter Wasser. Geben Sie den Sud ins Badewasser oder spülen Sie das Tier nach dem Bad wiederholt mit einem Schwamm damit ab. Eine solche Behandlung ist angebracht bei Hautproblemen, Muskel- und Gelenkschmerzen, Lähmungen sowie Leber- und Nierenproblemen.

Die Verwendung eines dieser Kräuter zusammen mit dem neuen Futter sollte den Weg zu einer guten Gesundheit ebnen und kürzer machen. Unterziehen Sie Ihr Tier nach einem oder zwei Monaten einer weiteren Untersuchung. Ich wette, Sie stellen einen Unterschied fest. Und das hat sich doch gelohnt, oder?

Falls trotz Ihrer Vorsichtsmaßnahmen irgendwelche Symptome – Appetitverlust, anomaler Stuhl oder andere Ausscheidungsprobleme – nicht verschwinden, setzen Sie das neue Futter ab. Wenn das Problem beseitigt ist, führen Sie nacheinander wieder Gemüse, Getreide, Fleisch, Bierhefe und Sojaschrot ein, bis Sie herausgefunden haben, welches dieser Nahrungsmittel das Problem verursacht. Wenn der Schuldige gefunden ist, lassen Sie ihn auf Dauer aus dem Futter weg.

Einige Nahrungsmittel, die bei Tieren zu allergischen Reaktionen führen können, sind im Zusammenhang mit der Allergiediät in der Enzyklopädie unter dem Stichwort »Allergien« beschrieben.

Die meisten Tiere, die auf Naturkost umgestellt werden, lernen die in diesem Kapitel beschriebenen Probleme nicht kennen. In den meisten Fällen freuen sie sich über das neue Futter und verdauen es gut, so daß Sie sich keine unnötige Sorgen zu machen brauchen, daß Sie möglicherweise auf Schwierigkeiten stoßen. Und besonders, wenn Sie die hier gegebenen Ratschläge zur Erleichterung der Umstellung befolgen, haben Sie aller Wahrscheinlichkeit nach als Endergebnis schlicht und einfach ein zufriedeneres und gesünderes Tier.

Kapitel 7

Die Freude an Bewegung und guter Pflege

Wenn Sie Ihr Auto im Bestzustand erhalten wollen, müssen Sie mehr tun, als nur den Benzintank zu füllen. Sie müssen auf das Kühlwasser, den Luftdruck, die Schmierung, die Motoreinstellung und gelegentliche kleine Reparaturen achten. Ohne diese Wartung wird selbst das beste Auto zu einer »Schrottkiste«.

Natürlich sind Tiere keine Maschinen. Aber genau wie jede Maschine brauchen sie mehr als nur den richtigen Kraftstoff. Sie brauchen gutes Wasser, frische Luft, Sonne, Bewegung, Pflege, Platz und noch vieles andere. Und im Unterschied zu Maschinen haben sie auch spezielle emotionale und soziale Bedürfnisse.

Eine gute Ernährung ist zwar ein sehr wichtiger Aspekt für die Aufrechterhaltung und Verbesserung der Gesundheit Ihres Tieres, doch dürfen wir es dabei nicht bewenden lassen. Sein Wohlergehen wird durch viele weitere Faktoren beeinflußt. Einige davon sind offensichtlich, andere eher verborgen, doch alle spielen eine Rolle. Wir müssen die Dinge in einem weiten Zusammenhang sehen, die vielen verschiedenen Einzelteile als Ganzes betrachten – ein Ganzes, das das Leben Ihres Tieres verschönern oder in Gefahr bringen kann.

Denken Sie für einen Augenblick mal nicht daran, wie sehr sich das Leben unserer Haustiere von dem ihrer wildlebenden Vorfahren unterscheidet. Betrachten wir einmal einen typischen Hund. Er frißt nicht nur hochverarbeitetes Futter, sondern hat vielleicht auch noch nie einen frischen, sonnigen Tag damit verbracht, einen Bachlauf zu erkunden und durch süß duftende Wälder zu rennen. Stattdessen verbringt er die meiste Zeit seines Lebens im Haus, wobei er auf Linoleum oder Teppichböden aus Mineralölprodukten schläft und herumläuft. Seine Zeit »im Freien« verbringt er oft wartend in einem stickigen geparkten Wagen, während sein Besitzer eine kurze Erledigung macht.

Er kommt nicht viel mit seiner eigenen Art zusammen, sondern hat stattdessen eine intensive gegenseitige Beziehung zu einem oder zwei Menschen, die oft komplexe und beunruhigende Emotionen an den Tag legen, die er nicht immer versteht. Aber die meiste Zeit sind sie zur Arbeit oder in der Schule, und er ist allein in der Beengtheit seines Hauses oder Hofs.

Einmal in der Woche oder in vierzehn Tagen kommt eine seiner größten Freuden – ein Gang durch die Felder. Aber der Spaß wird ihm bald verdorben durch

die schmerzenden Kletten, die sich in seinem unnormal langen, lockigen Fell festgesetzt haben. Wenn er nach Hause kommt, löscht er seinen Durst mit Wasser, das mit Chlor und und vielem anderen versetzt ist (darauf kommen wir noch zu sprechen). Manchmal ist er ein bißchen reizbar und schnippisch oder niedergeschlagen und gelangweilt – was größtenteils auf seinen Lebensstil zurückgeht –, aber insgesamt ist er ein gutmütiger Kerl, der jeden Tag so hinnimmt, wie er kommt. Wir müssen ihm dankbar sein für seine hervorragende Stimmung angesichts des Entzugs der Sinneseindrücke.

Aber müssen unsere vierbeinigen Freunde ein dermaßen armseliges Leben führen? Lassen Sie uns einmal sehen, welche wirklichen Bedürfnisse ein Tier hat und was wir tun können, um diese Bedürfnisse einigermaßen zu befriedigen. Die Umstände, die die Gesundheit eines Tieres beeinflussen, sind zwar komplex, werden aber verständlich, wenn wir uns an ein grundlegendes Prinzip erinnern: Je weniger wir uns in die Natur einmischen, desto mehr lassen wir die Lebensvorgänge gesund und ungehindert ablaufen.

Zu den Faktoren (außer der Ernährung), die die Gesundheit des Tieres beeinflussen, gehören unter anderem Bewegung, Pflege und Umweltverschmutzung.

Die Bedeutung der Bewegung

Für die wildlebenden Verwandten von Haushunden und Hauskatzen ist regelmäßige Bewegung ein integraler und notwendiger Bestandteil des täglichen Lebens. Sie haben keine andere Wahl, weil sie sich bewegen müssen, um sich ihre Nahrung zu erjagen. Die einzige Bewegung vieler Haustiere dagegen ist ein

Gang zum Freßnapf. Aber ohne regelmäßige Bewegung gibt es keine optimale Gesundheit.

Anhaltender, kräftiger Gebrauch der Muskeln stimuliert das gesamte Gewebe und beschleunigt die Zirkulation und Bewegung der Flüssigkeiten im Körper. Die Blutgefäße dehnen sich aus und der Blutdruck steigt. Dadurch wird das Gewebe mit Sauerstoff angereichert, was zu einer Säuberung der Zellen von Giftstoffen beiträgt. Verdauungsdrüsen sondern aktiver Flüssigkeit ab, und der Darminhalt bewegt sich leichter.

Nur wenige Tiere profitieren nicht von Bewegung. Wenn Ihr Tier alt und schwach oder herzkrank ist, belassen Sie es bei einem langsamen Spaziergang um den Häuserblock. Aber für die meisten Tiere gilt als Faustregel, daß sie sich täglich eine halbe Stunde oder länger kräftig bewegen sollen. Gemeinsames Joggen, Ballspielen, Stöckchenwerfen oder andere lebhafte Aktivitäten sind alle der Mühe wert.

Wenn Ihr Tier aufgrund einer wunden Pfote oder selbst einer teilweisen Lähmung nicht laufen kann, können Sie ihm zu Bewegung verhelfen, indem Sie es in einer Badewanne oder einem großen Trog schwimmen lassen. Schwimmen kräftigt den Körper in der gleichen Weise wie Laufen. Wenn das Tier dazu neigt unterzugehen, halten Sie es mit einem unter dem Körper durchgezogenen Handtuch oder Stück Stoff. Besonders für Hunde mit Rückenproblemen ist diese Übung sehr gut.

Rast und Ruhe

Jedes Tier braucht einen sauberen, ruhigen und eigenen Platz zum Schlafen und Ausruhen. Kleinhunde sind mit einem ausgepolsterten Korb oder sogar einer sauberen Decke in einer Kiste in der Zimmerecke zufrieden. Größere Hunde brauchen nicht unbedingt ein Bett für sich, aber irgendeinen sicheren Platz, der trocken, bequem, sauber und warm ist – ein Teppich in der Ecke oder eine Hundehütte, ein alter Sessel oder ein eigener Teppichläufer an einem ruhigen Plätzchen.

Eine Menge Tiere – besonders große Hunde – scheinen diese Dinge nicht zu bekommen. Viele bleiben draußen den Elementen ausgesetzt, aber nicht so wie ihre wildlebenden Verwandten. Statt sich in einer behaglichen Höhle verstecken zu können, haben sie vielleicht einen Flecken schmutziger Erde an der Straße oder ein zugiges Stück Zementboden unter einem Verandadach. Das ist ein Unterschied, und zwar ein bedeutender. Sorgen Sie also dafür, daß Ihr Tier das bekommt, was wir alle brauchen – ein eigenes Plätzchen, gesichert gegen Sturm und geschützt vor Eindringlingen. Es muß nicht gleich das Ritz-Hotel sein, nur ruhig, trocken und behaglich. Und denken Sie an die empfindlichen Ohren Ihres Tieres, wenn es zu übermäßigem, streßerzeugendem Lärm kommt.

Sauberkeit kommt gleich nach Gesundheit

Ein sauberes Tier ist ein schönes Tier. Mehr noch, ein sauberes Tier ist ein gesundes Tier.

Warum ist die Säuberung so wichtig? Erstens muß jedes Lebewesen ununterbrochen Stoffwechselprodukte und alte Zellen zerlegen und beseitigen (in der Regel sind jeweils ein Drittel der Körperzellen im Absterben begriffen und müssen zerlegt und ersetzt werden). Zweitens muß der Körper in der heutigen Welt doppelte Arbeit leisten, um der schweren Belastung durch synthetische Chemikalien in der Luft, im Boden, im Wasser und in der Nahrungskette entgegenzuwirken.

Die Last an angesammelten Giftstoffen sowie äußerem Schmutz und Ausscheidungen begünstigt nicht nur das Wachstum von Keimen und Parasiten, die zum großen Teil auf solchen Substanzen gedeihen, sondern verringert auch die allgemeine Vitalität, indem sie die normale Funktion von Organen und Drüsen behindert. Die Ansammlung von Giftstoffen an sich verursacht zwar nicht unbedingt eine spezifische Krankheit, kann aber zu einer oft nicht erkannten starken Anfälligkeit führen, die den Boden bereitet für eine plötzliche ernsthafte Krisis. Damit kann ein Tier anfällig werden für Infektionskrankheiten oder akute Entzündungen oder einer allmählichen Organverkümmerung erliegen, die von einem gelegentlichen Aufflackern des Lebensfunkens unterbrochen wird. Ein Tier mit chronisch entzündeter Haut kann beispielsweise plötzlich ein nässendes Ekzem bekommen. Ein anderes bekommt vielleicht einen Nephritisanfall (Nierenentzündung), der auf eine latente allmähliche Degeneration und den jahrelangen Verlust von Nierengewebe zurückgeht.

Wenn Sie bezweifeln, daß diese Belastung durch Giftstoffe so schwerwiegend ist, sehen Sie sich ein paar Tiere einmal näher an. Untersuchen Sie sie nach der in Kapitel 6 beschriebenen Methode. Ich sehe eine Menge Tiere mit den ersten Anzeichen für einen zu hohen chronischen Giftgehalt im Körper. Ölige, übelriechende Sekretionen oder Ablagerungen an Haut, Ohren, Augen und Zähnen sind Zeichen dafür, daß der Körper sich bemüht, Giftstoffe auszuscheiden.

Wie können Sie Ihrem Tier dabei helfen? Es gibt drei Möglichkeiten, und zwar erstens regelmäßige Bewegung, zweitens gelegentliches Fasten und drittens Pflege. Mit all diesen Methoden stimulieren und unterstützen sie auf natürliche Weise die schwer arbeitenden Organe – Haut, Leber, Nieren, Verdauungstrakt und Lungen – dabei, toxische Abfallstoffe aus dem Körper zu schwemmen. Bewegung stimuliert, wie wir gesehen haben, den Stoffwechsel und den Blutkreislauf und damit die Abfallbeseitigung. Fasten erlöst den Verdauungstrakt von seinen täglichen Pflichten und versetzt die Organe in die Lage, sich der Zerlegung der in Leber, Fett und anderem Gewebe gespeicherten Giftstoffe zu widmen. Während einer Fastenkur haben die Organe außerdem Zeit, sich mit der Beseitigung von überflüssigen Dingen wie Zysten, Narben und Wucherungen zu befassen. Ein gesundes Tier profitiert von einem gelegentlichen Tag ohne Futter. Genauere Hinweise zur therapeutischen Anwendung von Fastenkuren finden Sie in Kapitel 15. Durch Pflege werden nicht nur Schmutz und Sekretionen direkt beseitigt, sondern auch die natürlichen Ausscheidungsprozesse der Haut stimuliert.

Lassen Sie uns einen genaueren Blick auf natürliche und sichere Arten der Pflege werfen.

NATÜRLICHE KÖRPER- UND HAUTPFLEGE

Niemand braucht einem Wolf ein Bad zu verabreichen, warum sollten wir also unsere Haustiere pflegen müssen? Ein Grund dafür ist, daß ein wildlebendes Tier von Ort zu Ort wandert, das heißt, es kann einer Kolonie von Parasiten wie Flöhen und Läusen entfliehen. Aber ein Haustier wird durch die Eier, die diese Kreaturen absetzen, immer wieder befallen.

Ein zweiter Grund besteht darin, daß viele Tiere auf unnormal langes und lokkiges Haar hin gezüchtet werden, das eine kaum überwindbare Herausforderung für ihre beschränkten Selbstpflegewerkzeuge darstellt – Zunge, Klauen und Zähne. Als Ergebnis bilden sich verfilzte, verklebte und verschmutzte Stellen, durch die die Haut anfällig für Reizungen wird.

Ein dritter Grund geht darauf zurück, daß Staub verschiedene giftige Schadstoffe mit sich tragen kann. Für die Gesundheit Ihres Tieres ist es besser, wenn Sie diese Gifte entfernen, als wenn das Tier sie ableckt und hinunterschluckt.

Weil wir Menschen in die natürliche Ordnung eingriffen und den Körperbau und das Umfeld dieser Tiere geändert haben, ist es unsere Aufgabe, die Verantwortung für die Pflege von Haut und Fell derjenigen Tiere zu übernehmen, die diese Pflege benötigen.

Langhaarige Tiere müssen täglich gebürstet und gekämmt werden. Das stimuliert die Haar- und Hautgesundheit, bringt die normalen Absonderungen der Fettdrüsen auf die Haut und schreckt Flöhe ab. Kurzhaarige Tiere brauchen nicht so oft gebürstet zu werden. Die regelmäßige Anwendung eines Flohkamms, d. h. eines feingezahnten Kamms, in dem sich die Flöhe fangen und dann leicht entfernt werden können, ist eine wirkungsvolle Waffe im Kampf gegen diese häufig auftretenden Parasiten.

Durch häufiges Bürsten oder Kämmen bilden sich außerdem keine verfilzten Stellen und können Kletten und andere lästige Pflanzen leicht beseitigt werden. Überprüfen Sie regelmäßig Pfoten, Ohren, Augen, Vagina und Penisscheide, um Kletten zu entdecken und zu beseitigen, bevor sie in die Haut eindringen und Schaden anrichten können.

BADEN SIE IHR TIER

Ein Bad ist ein weiterer wichtiger Teil der Sauberhaltung Ihres Tieres. Es ist eine der sichersten und wirkungsvollsten Möglichkeiten der Beseitigung von Flöhen, die nämlich durch Seife und Wasser getötet werden. Baden Sie Ihr Tier jedoch nicht zu oft, weil seine Haut sonst austrocknet. Wenn er nicht ungewöhnlich schmutzig ist, reicht für einen ausgewachsenen Hund ein Bad etwa alle zwei Monate. Wenn er viele Flöhe, Hautprobleme oder Ausfluß hat, können Sie ihn auch etwa alle zwei Wochen baden. Das Waschen eines Tieres kann eine nützliche Beigabe zu anderen holistischen Pflegemethoden bei Hautproblemen sein, sollte diese aber nicht ersetzen.

Als Shampoo können Sie ein natürliches Tiershampoo mit floh- und insektenabweisenden Kräutern, eine gute Olivenölseife oder ein natürliches Shampoo für den menschlichen Gebrauch nehmen.

Bei Flohbefall können Sie das Badewasser durch eine Kappe insektenabweisendes Kräuteröl wie Flohkraut- oder Eukalyptusöl verstärken. Verreiben Sie das unverdünnte Öl niemals direkt auf der Haut, weil es Reizungen verursachen kann.

Zwischen den Bäder können Sie den Flohbefall in Grenzen halten, indem Sie das Bettzeug Ihres Tieres häufig in heißem Seifenwasser waschen und in einem Trockner oder in der Sonne trocknen. Saugen Sie Teppichläufer und Möbel regelmäßig alle zwei oder drei Tage ab, um die Floheier zu entfernen. Denken Sie auch daran, das Futter mit Knoblauch und reichlich Bierhefe zu versetzen, um Flöhe abzuschrecken. Schließlich können Sie noch Bierhefe direkt in das Fell des Tieres einreiben oder ein Kräuterpuder gegen Flöhe verwenden.

Natürliche Flohpuder bestehen in der Regel aus aromatischen Kräutern wie Rosmarin, Gartenraute, Wermut, Flohkraut, Eukalyptus oder Zitronengras sowie Kieselgur und Tabakpulver. Denken Sie bei Benutzung des Puders daran, Ihren Freund eine Weile nach draußen zu bringen, damit die verärgerten Fellbewohner ins Freie entfleuchen und nicht in Ihre Wohnung. Manchmal wird Kieselgur auf Teppichläufer, Möbel und Bettzeug sowie in alle Risse und Spalten gestäubt, in denen sich Staub und Floheier ansammeln. Bei diesem Mittel, das wie kreidiges Gesteinspulver aussieht, handelt es sich in Wirklichkeit um die versteinerten Reste von einzelligen Algen. Für Tiere und Menschen ist es ungefährlich, für viele Insekten und ihre Larven, einschließlich Flöhen, dagegen beleibe kein Spaß. Die feinen Teilchen im Kieselgur greifen das Wachs an, das das Außenskelett der Insekten bedeckt. Daraufhin trocknen die Insekten aus und sterben.

In vielen Gesundheitskostläden oder Tierhandlungen gibt es auch natürliche Flohhalsbänder, die mit insektenabweisenden Kräuterölen getränkt sind. Einige dieser Halsbäder können mit den Ölen nachgefüllt und somit wiederverwendet werden.

Viele meiner Klienten haben bei ihren Tieren das folgende Mittel allgemein zur Stärkung und zur Parasitenabwehr angewandt.

Genauere Hinweise zu externen und internen Parasiten sowie zu Hautproblemen im allgemeinen finden Sie unter den entsprechenden Stichworten in der Enzyklopädie.

ZITRONENTONIKUM FÜR DIE HAUT

1 ganze Zitrone
1/2 l fast kochendes Wasser

Die Zitrone mit Schale in dünne Scheiben schneiden. Ins Wasser geben und über Nacht stehenlassen. Am nächsten Tag die Lösung mit einem Schwamm auf die Haut des Tieres auftragen und trocknen lassen. Bei ernsthaften Hautproblemen mit Flohbefall täglich anwenden.

Der große Krieg gegen Parasiten: Die Gefahren von Insektiziden

Sie werden zweifellos feststellen, daß ich mich nicht für die insektizidhaltigen Produkte ausspreche, die in den großen Kriegen gegen Flöhe, Zecken, Läuse und Milben so weitverbreitet sind. Nicht daß ich die große Belästigung herunterspielen will, die diese Plagegeister für zahllose Tiere und Menschen sind, nein, ich halte diese Produkte vielmehr für gefährliche Mittel, die das Schädlingsproblem noch vergrößern, indem sie nämlich die Belastung unserer Tiere durch Giftstoffe um das Vielfache erhöhen. Die Umweltverschmutzung ist eine ernste Bedrohung für die Gesundheit. Aber für Haustiere ist die größte chemische Bedrohung diejenige, die ihren Ursprung direkt zu Hause hat, wenn nämlich wohlmeinende Besitzer ihre flohgeplagten vierbeinigen Lebensgefährten regelmäßig mit allen möglichen Arten von giftigen Substanzen traktieren, sei es nun als Bad, Spray, Puder, Halsband oder Shampoo. Die Etiketten mancher dieser Produkte tragen Warnungen wie »Hautkontakt vermeiden«. Irgendwie konnte ich noch nie begreifen, warum etwas, das bei kurzem Kontakt mit der menschlichen Haut als giftig gilt, wochen- oder monatelang auf der gesamten Haut eines Tieres bleiben kann. Haut ist schließlich Haut. Manche der heutigen Flohhalsbänder sind so stark, daß sie, besonders wenn sie zu eng anliegen, extreme Hautreizungen und dauerhaften Haarausfall verursachen können. So, wie viele Menschen heutzutage darüber nachdenken, ob es klug ist, das Land (und die Nahrungskette) im Namen der Landwirtschaft mit giftigen Chemikalien zu durchtränken, so bin ich der Meinung, daß wir bei der Bekämpfung von Parasiten bei Tieren neue Wege gehen müssen. Es ist an der Zeit, der Bombardierung von Haustieren, Grünflächen und Häusern mit den zivilen Formen chemischer Kampfstoffe ein Ende zu bereiten. Letzten Endes schwächen diese Gifte sowohl den Wirt als auch den Parasiten. Stattdessen sollten wir feststellen, warum ein Tier von Flöhen, Zecken und Würmer befallen wird, und nach einer natürlichen Gegenmaßnahme suchen.

Parasiten verursachen bei Tieren nicht Schwäche und Unbehagen, sie nutzen sie vielmehr aus. Haben Sie schon einmal bemerkt, daß zwei Tiere im gleichen Haushalt aussehen, als kämen sie von verschiedenen Welten? Das eine ist ohne Energie und regelrecht von Flöhen und Zecken heimgesucht, während das andere lebhaft und fast parasitenfrei ist. Bei Pflanzen ist es genauso. Ein gesunder, lebender Organismus zieht weitaus weniger Parasiten an als ein schwacher. So wie ich es sehe, besteht die Rolle von Parasiten teilweise darin, sich von geschwächten Einzeltieren zu ernähren und ihnen den Rest zu geben. Betrachten Sie sie als Teil der »Aufräummannschaft« der Natur, wenn Sie so wollen.

Wenn wir aber nicht auf die zugrundeliegende schlechte Gesundheit des Tieres eingehen und es – und seine Umwelt – stattdessen mit Substanzen sättigen, die so gefährlich sind, daß falsche oder übermäßige Verwendung regelmäßig Vergiftungen und Todesfälle verursacht, schaffen wir letztlich noch mehr Schwierigkeiten. Wir haben die Flöhe möglicherweise beseitigt, aber was haben wir langfristig für die Gesundheit des Tieres getan? Diese sogenannten Hilfsmittel für Tiere wie auch die Produkte für Haus und Garten können verschiedene Arten von Insektiziden enthalten. Falsche oder übermäßige Verwendung eines oder gleichzeitige Verwendung mehrerer dieser Produkte haben schon zu tödlichen

Vergiftungen geführt. Hier sind die gesundheitlichen Auswirkungen einiger Bestandteile dieser Produkte:

Organische Chlorverbindungen (Beispiele: DDT, DDE, Aldrin, Dieldrin und Chlordan, die mittlerweile verboten sind oder nur noch beschränkt verwendet werden dürfen, und Lindan, Toxaphen, Para-Dichlorbenzol und Dichlorophen, die noch in Endverbraucherprodukten zu finden sind) sind zwar weniger akut giftig als andere Verbindungen, die zum großen Teil an ihre Stelle getreten sind, bleiben aber länger im Körpergewebe und in der Umwelt und führen dadurch zur Resistenz bei Insekten.

Bei Tieren wurden die meisten Vergiftungen dadurch verursacht, daß die Tiere in zu starken Konzentrationen gebadet wurden. Hunde reagieren besonders anfällig auf Toxaphen und DDE.

Nach übermäßigem Kontakt mit organischen Chlorverbindungen tritt als erstes Vergiftungssymptom eine übertriebene Reaktion auf Berührung, Licht und Geräusche auf. Es kommt zu Krämpfen und Zittern, des epilepsie-ähnliche Formen annimmt, wonach oft der Tod eintritt.

Carbaminate (einschl. Carbaryl oder Sevin sowie verschiedene Methyl-Carbaminat-Verbindungen) und *Organophosphate* (wie Malathion, Ronnel, Vapona, Diazinon, Dichlorvos und Parathion): Diese beiden Gruppen von Verbindungen sind verantwortlich für die meisten tödlichen Vergiftungen von Tieren durch Insektizide. Sie sind viel akuter giftig als die langsamer wirkenden organischen Chlorverbindungen, die sie ersetzt haben. Sie finden Carbaminate und Organophosphate in allen möglichen Produkten, von Flohbändern, Halsbändern, Pudern und Sprays bis zu Milben- und Wurmmedikamenten und Sprays für Zwinger, Rasen und Haus.

Sie wirken durch ihre nervenlähmenden Eigenschaften. Zeichen für eine Pestizidvergiftung sind übermäßiger Speichelfluß, Muskelzuckungen, verengte Pupillen und unwillkürliche Darmentleerung, begleitet von verlangsamtem Herzschlag und mühsamer Atmung, die zum Tod führen können. Weiter kann es zu Erbrechen, Durchfall, wässerigen Augen, Hyperaktivität, Starre, Lähmung und bläulicher Verfärbung kommen.

Benzylbenzoat: Diese oft bei Räude angewandte Verbindung kann giftig sein, wenn sie auf einen zu großen Körperbereich oder zu oft aufgetragen wird. Hunde sterben gelegentlich bei zu reichlicher Anwendung. Vergiftungssymptome sind Übelkeit, Erbrechen, Durchfall sowie Verlangsamung von Herzschlag und Atmung.

Neben den synthetischen Stoffen gibt es einige Produkte, die von natürlichen Substanzen stammen, aber auch gefährlich sind. Dazu gehören:

Arecolinhydrobromid: Dieses lange für die Bandwurmbekämpfung benutzte Mittel ist der aktive Bestandteil der Betel-Arekanuß, eines orientalischen Hausmittels gegen Würmer. Es kann bei Hunden zu unerwünschten Reaktionen wie Erbrechen, Bewußtlosigkeit, Durchfall und Depressionen führen. Es muß als potentiell giftige Substanz angesehen werden.

Rotenon und andere Harze aus Tropenpflanzen: Das aus einer giftigen tropischen Hülsenfrucht gewonnene Rotenon ist für Säugetiere ziemlich giftig. Auf Sumatra werden damit Pfeile vergiftet! Es verliert jedoch unter Licht- und Sauerstoffeinwirkung viel von seiner Stärke und wird schnell abgebaut. Harze aus Tropenpflanzen sind in Shampoos, Bädern und Pudern zu finden.

Pyrethrine: Von allen bei Säugetieren verwendeten Insektiziden gelten die Pyrethrine als am wenigsten giftig. Sie werden aus den Blütenköpfen von Chrysanthemen gewonnen. Diese Klasse von Insektiziden wird überwiegend in Aerosolsprays und manchmal in Flohshampoos und -sprays verwendet. Die Mittel wirken bei Insekten sehr schnell, indem sie Konvulsion und Paralyse des Nervensystems verursachen. Viele Insekten sterben, aber viele erholen sich auch nach ein paar Stunden. Deshalb sind häufige Anwendungen erforderlich.

Anmerkung: Wenn Sie mit den in diesem Buch empfohlenen natürlichen Insektenbekämpfungsmaßnahmen keinen Erfolg erzielen oder der Meinung sind, Sie müßten aus irgendeinem Grund zu einem Insektizid greifen, sollten Sie Pyrethrine nehmen, weil sie am ungefährlichsten sind.

Kapitel 8

Das gesamte Umfeld

Als gewissenhafte und humane Menschen können wir mit aller Kraft versuchen, die Gifte aus der Nahrung unserer Tiere und aus dem häuslichen Umfeld zu beseitigen. Wie sehr wir uns aber auch bemühen, unsere Tiere sind nach wie vor durch Gifte gefährdet – die allgegenwärtigen Umweltschadstoffe, die die Gesundheit von Mensch und Tier unterminieren.

Leider ist es einer der heimtückischsten Aspekte der Umweltverschmutzung, daß sie so leicht zu ignorieren ist. Wir haben einfach nicht das Gefühl, als würden wir vergiftet. Viele der schlimmsten Auswirkungen, wie etwa der Krebs, zeigen sich erst nach 20 oder 25 Jahren. Und selbst angesichts von Untersuchungen zur Volksgesundheit, aus denen das Ursache-und-Wirkungs-Verhältnis zwischen Giften und Gesundheit klar hervorgeht, ist es einfach, die Verbindungen zu übersehen. Irgendwie gelten die Tatsachen nicht für uns.

Aber im Fettgewebe und in den lebenswichtigen Organen sind nun einmal giftige Substanzen festgestellt worden, die zweifellos auch in den Körpern unserer Tiere zu finden sind. Dazu gehören PCB (polychlorierte Biphenyle), Pestizide wie Aldrin, Dieldrin, Heptachlor, Endrin, DDT und Lindan, radioaktive Isotope wie Strontium 90, Schwermetalle wie Blei, Quecksilber und Kadmium, Asbest und viele, viele andere Giftstoffe.

Die Büchse der Pandora ist weit offen. Als Gesellschaft müssen wir die Dinge möglichst bald bereinigen. In der Zwischenzeit ist es nur klug, alle sinnvollen Maßnahmen zu ergreifen, um die auf uns und unseren Tieren liegende Belastung durch Chemikalien zu verringern. Lassen Sie uns einen genaueren Blick auf das Problem werfen – und auf eventuelle Lösungsmöglichkeiten.

Kontakt mit dem Erdboden

Die meisten Hunde und Katzen haben einen viel engeren Kontakt mit dem Boden als wir. In einer relativ natürlichen Umgebung ist das in Ordnung. Unglücklicherweise ist eine Menge Schmutz aber heute schmutziger als früher. Deshalb sollten Sie ein paar Vorsichtsmaßnahmen treffen, um Ihren vierbeinigen Freund vor möglichen Schäden zu schützen.

Am wichtigsten ist es, daß Sie in Hof und Garten keine giftigen Chemikalien mehr verwenden. Pestizide sind gefährlich, und Tiere können ihre Rückstände einfach dadurch aufnehmen, daß sie auf behandeltem Boden liegen. Sie wälzen sich nicht nur in diesen Chemikalien, sondern lecken sie sogar auf, wenn sie sich selbst putzen. Es sind zwar schon verschiedene Pestizide verboten worden, doch müssen noch viele mehr beseitigt werden. Damit kann man zu Hause sehr gut beginnen.

Außer Chemikalien sind Tiere anderen Schadstoffen wie beispielsweise Schwermetallen ausgesetzt, die sich am Boden absetzen. Es sind schon Fälle von Bleivergiftung bei Tieren bekanntgeworden – in der Regel bei kleinen Hunden in Städten (Epilepsie ist gewöhnlich das erste Anzeichen).

Auch Asbest findet man überall in der Stadt. Es kommt von Bremsbelägen, Deckenverkleidungen, Isolierungen, Bodenplatten, Zement, Ziegeln, Farben und Stoffen. Selbst in geringen Mengen ist es gefährlich. Weitere gefährliche Luftschadstoffe sind Kohlenmonoxid, Benzol, Ozon, Stickstoffdioxid, Kadmium, Arsen, Vinylchlorid und andere industrielle Dämpfe.

Sie können sich natürlich nicht gegen all diese Stoffe schützen, aber es gibt verschiedene sinnvolle Vorsichtsmaßnahmen, mit denen Sie die Schadstoffaufnahme Ihres Tieres (und Ihrer Familie) reduzieren können.

- Halten Sie Ihr Tier möglichst von Abgasen und Straßenstaub fern. Stellen Sie seinen Zwinger nicht direkt an der Straße auf. Setzen Sie Ihren Hund nicht hinten auf einen Pritschenwagen, weil er dort nicht nur ungesunden Abgasen ausgesetzt ist, sondern auch verunglücken kann, wenn er herunterfällt oder -springt (ob angebunden oder nicht). Und bewegen Sie ihn nicht kräftig an vielbefahrenen Straßen.
- Behalten Sie Ihr Tier an Tagen mit Smog im Haus und verzichten Sie darauf, es physisch zu fordern.
- Halten Sie giftige Chemikalien für Haus und Werkstatt von Tieren fern. Beseitigen Sie ausgelaufene oder verschüttete Chemikalien sorgfältig und werfen Sie Reste in festverschlossenen Behältern in den Mülleimer. Spülen Sie sie nicht auf den Boden oder Rasen. Halten Sie Tiere vom Arbeitsplatz fern, wenn Sie mit Lösungsmitteln, Farben und flüchtigen Reinigungsmitteln arbeiten.
- Geben Sie das Zigarettenrauchen auf, und zwar nicht nur um der eigenen Gesundheit willen, sondern auch aus Rücksicht auf andere, einschließlich Ihres Tieres, die den Rauch einatmen. Zigaretten enthalten über 3000 Partikel und gasförmige Bestandteile, darunter Kadmium, Teer, Nitrosamine, Pestizidrückstände und mehrere radioaktive Elemente.
- Baden und bürsten Sie Ihr Tier nach Bedarf, um es möglichst frei von Schadstoffen aus der Luft und aus dem Boden zu halten.

Wasser

Ein weiterer Abladeplatz für Umweltschadstoffe ist das Wasser. Wir haben bestimmt alle schon einmal gesehen, wie ein armes Tier aus einer schmutzigen Pfütze trank. *Das* Wasser ist offensichtlich verschmutzt. Was aber viele von uns nicht wissen, auch unsere natürlichen Gewässer – Bäche und Seen – können verschmutzt sein. Die häufigsten Ursachen dafür sind Faulbehälter, Chemikalien und Mülldeponien. Eine Frau, die in der Nähe einer Mülldeponie bei Niagara Falls im US-Bundesstaat New York wohnt (dort lagert schätzungsweise eine ganze Tonne Dioxin), hat sechs oder sieben ihrer Katzen ein paar Tage, nachdem sie an einem Bach gewesen waren, sterben sehen.

Selbst das Leitungswasser ist nicht so sauber, wie es sein sollte. Im Trinkwasser in den USA wurden fast 700 Chemikalien aus Industrie und Landwirtschaft festgestellt, weil die Kläranlagen fast ausschließlich auf Bakterien und Sedimente ausgelegt sind und die ständig wachsende Menge komplexer Chemikalien, die den Weg in das Wasser finden, nicht berücksichtigen. In Gemeinden, die ihr Wasser aus besonders verschmutzten Quellen beziehen, erkranken außergewöhnlich viele Menschen an Magen-, Darm- und Harnwegkrebs.

Lösungsmöglichkeiten: Sie können Mineralwasser in Flaschen kaufen oder den täglichen Bedarf mit einem Filter reinigen.

Die untenstehende Abbildung zeigt ein Wasserreinigungssystem, das die meisten chemischen Schadstoffe im Wasser sehr wirkungsvoll herausfiltert. Die Aktivkohle sollte etwa alle drei Wochen oder nach Filterung von etwa 80 Liter Was-

1. Bauen Sie den Filter wie in der Zeichnung. Bei beschränktem Platz können Sie die Filtersäule kürzen.
2. Desinfizieren Sie die leere Säule mit einer fünfprozentigen Bleichmittellösung, die Sie einfüllen und ein paar Minuten einwirken lassen.
3. Spülen Sie die Säule sorgfältig aus.
4. Geben Sie die Baumwollbällchen in die Säule.
5. Füllen Sie die Säule mit Wasser und geben Sie angefeuchtete (2 Std.) Aktivkohle bis in eine Höhe von 66 cm hinein.
6. Sorgen Sie dafür, daß der Wasserspiegel oberhalb der Kohle bleibt, indem Sie den 1/4″-Abzweig oberhalb der Kohle anbringen.

Wasserreinigungsanlage

Aus: *Water Fit to Drink* von Carol Keough (Emmaus, Pa., Rodale Press

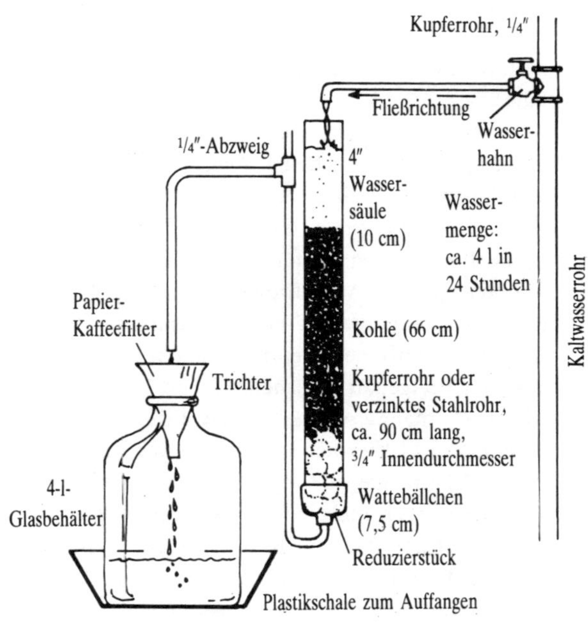

Diese selbstgebastelte Anlage läßt sich leicht im Schrank unter der Spüle installieren. An Material benötigen Sie 1/4″-Kupferrohr, 1/4″-Abzweig, Kupferrohr oder verzinktes Stahlrohr mit 90 cm Länge und 3/4″ Innendurchmesser, einen Absperrhahn, ein Reduzierstück 3/4″–1/4″, Trichter, Papierfilter, 4-l-Glasbehälter, Plastikschale und Wattebällchen.

ser ausgewechselt werden. Das Gerät filtert bei Dauerbetrieb knapp vier Liter am Tag.

Ob Sie Ihrem Tier nun gereinigtes Wasser oder normales Leitungswasser geben, achten Sie darauf, daß das Wasser jeden Tag frisch ist, daß die Schüssel sauber ist und daß sie an einem staub- und schmutzfreien Platz steht. Vor allem aber muß das Wasser jederzeit bereitstehen, damit Ihr Tier nicht unnötigerweise durstig und somit versucht ist, seinen Durst an einer unsauberen Quelle zu stillen.

Nahrung

Eine Menge der für Tiere schädlichen Chemikalien werden direkt durch eine eifrige Schnauze unter einer neugierigen Nase aufgenommen. Hunde haben schon verschüttetes oder unverschlossen aufbewahrtes Frostschutzmittel aufgeleckt, das leicht süßlich schmeckt.

Frostschutzmittelvergiftung, die Erbrechen, Nervenschwäche und Koma hervorruft, ist ein ständiges Problem in der Tiermedizin.

Ein anderes Problem ist der Verzehr von Giftköder für Schnecken und Nagetiere.

Mutwillige Tiere kommen in alle möglichen Schwierigkeiten. Versuchen Sie deshalb, die folgenden Dinge außer Reichweite von Mäulern und Pfoten zu halten: Kraftfahrzeugprodukte, Reiniger, Kosmetika, Kunst- und Photobedarf, Lösungsmittel, Pestizide, Farben, Desinfektionsmittel, Medikamente und nicht zuletzt verdorbene Abfälle – eine häufige Ursache für Vergiftungen bei Tieren (weitere Informationen unter dem Stichwort »Magenprobleme« in der Enzyklopädie).

Es kommt zwar selten vor, aber kleine Tiere können sich auch vergiften, wenn sie giftige Pflanzen fressen. Wenn Sie Ihr Tier mit frischer Gemüsekost wie Keimlingen, Petersilie oder Spinat versorgen, ist die Wahrscheinlichkeit einer solchen Vergiftung nur sehr gering. Falls Verdacht auf Vergiftung besteht, sollten Sie Ihr Tier schnellstens zum nächsten Tierarzt bringen.

Neben direkten Vergiftungen können sich bei Tieren subtile Vergiftungsformen entwickeln, die auf eine Ansammlung kleiner Mengen giftiger Stoffe zurückgehen. Bei einer Untersuchung von Dosenfutter zeigte sich beispielsweise ein hoher Bleigehalt zwischen 0,9 und 7,0 ppm (Teile pro Million). Eine tägliche Nahrungsaufnahme von 170 g (etwa das, was ein kleiner Hund frißt) dieses Futters ergäbe das Vierfache (1,19 mg) der bei Kindern als potentiell toxisch angesehenen Bleimenge (0,3 mg). Und dabei ist die geringere Körpergröße eines solchen Tieres noch nicht einmal berücksichtigt.

Bleivergiftung kann zu Konvulsionen, Hyperaktivität, chronischer Müdigkeit, Koliken, Anämie und Psychosen führen. Außerdem schränkt sie, wie viele Versuche gezeigt haben, die Abwehrfähigkeit des Körpers gegen Bakterien und Viren ein und wird in Verbindung gebracht mit hohem Blutdruck und verzögerter geistiger Entwicklung. Bleivergiftungen können weiterhin verursacht werden durch Autoabgase, Wasserrohre aus Blei und Bleibatterien, Farbdrucke in Zeitungen, Farben auf Bleibasis und Schmelzen.

Ein weiteres verborgenes Gift sind die Fluoride. Futter hat einen überraschend hohen Fluoridgehalt. 1971 wurde bei einer Untersuchung der Universität von Montana festgestellt, daß führende Futtermarken im Durchschnitt 11 bis 193 ppm Fluorid enthielten, wobei Dosenfutter die Höchstwerte erreichte. Das bedeutet, daß ein Hund von 45 kg mit seinem kommerziellen Futter täglich 21 bis 368 mg Fluorid zu sich nehmen würde. Vergleichen Sie diese Zahl mit der Tageshöchstmenge von 2,5 mg, die nach Aussage des Nationalen Forschungsrats für Kinder über drei Jahren ungefährlich ist.

Die Wissenschaftler in Montana stellten außerdem fest, daß Fluorid sich in den Knochen von Tieren ansammelt. Sie fanden zwischen 84 und 1535 ppm in den Beinknochen von Hunden und zwischen 74 und 1190 ppm in denen von Katzen, wobei die Menge mit dem Alter zunahm. Da feststeht, daß eine langfristige Fluoridaufnahme die menschlichen Knochen und das Weichgewebe schädigt, ist es nicht unwahrscheinlich, daß die Fluoridansammlung einer der Faktoren ist, die zu dem vermehrten Auftreten von Knochenproblemen bei Tieren beitragen.

Außer Dosenfleisch kann auch Futter aus großen Fischen wie etwa Thunfisch zu Problemen führen. Thunfisch enthält große Mengen Quecksilber aus Industrieabfällen. Übermäßige Quecksilberaufnahme kann zu Erblindung, Lähmung, Konvulsionen und Nierenschädigung führen. Fisch aus verschmutzten Gewässern kann auch große Mengen des sehr giftigen und krebserzeugenden PCB enthalten, das unter anderem Mißbildungen des Knochengerüsts, Gliederstarre und Totgeburten verursachen kann. Dieser wahrscheinlich weitverbreitetste chemische Schadstoff sammelt sich im Fettgewebe an.

Lösungsmöglichkeit: Damit die Nahrung Ihres Tieres möglichst wenig Schadstoffe enthält, sollten Sie die folgenden Hinweise beachten:

- Füttern Sie Ihr Tier mit Naturkost, die relativ wenig Fleisch und Fett enthält (besonders wenig Leber). Viele Giftstoffe werden in Fetten gespeichert, so daß man besser auf Milchprodukte mit niedrigem Fettgehalt oder auf mageres Fleisch zurückgreift. Als Pflanzenöl ist Maisöl besser als Soja- oder Baumwollsamenöl, weil es im allgemeinen weniger Pestizide enthält.

- Wenn Sie Ihr Tier mit Fisch füttern, sollten Sie möglichst überwiegend Dorsch, Heilbutt und Pollack nehmen. Diese Fische kommen normalerweise aus weniger verschmutzten Gewässern.

- Verwenden Sie biologisch angebaute Lebensmittel, wenn das möglich und in der Praxis durchführbar ist.

- Versehen Sie das Futter mit besonderen Zusätzen. Calcium trägt beispielsweise zum Schutz gegen manche Schwermetalle und gegen Strahlung bei. Gegen Strahlung helfen auch Vitamin A und Selen. Vitamin E wirkt gegen viele Smogschadstoffe, und Kelp unterstützt den Körper gegen radioaktives Strontium. Wenn Sie in einer besonders verschmutzten Gegend leben, kommen noch Vitamin C (gegen Schadstoffe im allgemeinen und Cadmium, Blei, Kupfer und DDT im besonderen), Lecithin (zum allgemeinen Gebrauch) und Zink (gegen Cadmium, Blei und Kupfer) in Frage.

Von Strahlen und Strahlung

Was gibt es sonst noch für Faktoren, die die Welt Ihres Tieres weniger gesund machen als die natürlichen Umstände, unter denen wir uns alle entwickelt haben? Über die bis jetzt behandelten Themen hören wir fast täglich etwas. Schlechte Ernährung, zuwenig Bewegung, chemische Schadstoffe – all das ist uns vertraut. Wir wollen uns nun mit ein paar Gefahren befassen, die nicht so offensichtlich sind.

Wie die moderne Physik uns zeigt, besteht unsere scheinbar so massive Welt in Wirklichkeit nicht so sehr aus massiven Objekten, sondern vielmehr aus einem ungeheuer komplexen Zusammenspiel von Energiefeldern. Das sichtbare Licht beispielsweise, das gerade das Abbild dieser Druckseite an Ihre Augen trägt, besteht aus einer Reihe von Wellenlängen aus einem relativ kleinen Bereich einer riesigen Energieskala, die wir das elektromagnetische Spektrum nennen. Und die Art von Wellen, die das komplexe Bild auf Ihren Fernsehapparat überträgt, durchdringt, so merkwürdig das auch klingen mag, genau in diesem Augenblick auch Ihren Körper!

Diese Energiefelder können fast unmerklich ihr Spiel mit der Gesundheit treiben. Fragen Sie sich selbst: Ist mein Tier überdreht? Hat es die Räude? Ist es oft reizbar? Bekommt es Virusinfektionen? Hat es Tumore? All das und noch mehr kann heftig beeinflußt sein durch verschiedene Ungleichgewichte der natürlichen elektromagnetischen und anderen Energien, die als Nebenwirkungen des heutigen Lebens und der heutigen Technik auftreten.

Lassen Sie uns mit einer Energieart beginnen, die uns allen vertraut ist – Licht.

DIE BEDEUTUNG NATÜRLICHEN LICHTS

Weil Licht etwas ist, was uns dauernd umgibt, schenken wir ihm möglicherweise nicht viel Aufmerksamkeit. Aber das Licht spielt eine viel größere Rolle im Leben, als uns nur in die Lage zu versetzen, uns zurechtzufinden, ohne über die Möbel zu stolpern.

Ohne das natürliche Licht der Sonne gäbe es kein Leben auf der Erde. Trotzdem verbringen viele unserer vierbeinigen (und auch zweibeinigen) Freunde praktisch ihr ganzes Leben im Haus, wo Sie die dunklen Ecken mit Glüh- und Leuchtstofflampen erhellen. Denken Sie mal für einen Augenblick über die möglicherweise tiefgehende Bedeutung von künstlichem Licht nach. Was ist, wenn es dem Kunstlicht an etwas fehlt, das im Sonnenlicht vorhanden ist? Was ist, wenn sich künstliches Licht so zu natürlichem verhält wie gebleichtes weißes Mehl zu Vollkornmehl?

Genau das scheint der Fall zu sein.

Wissenschaftler haben festgestellt, daß sichtbares Licht direkt in den Körper eindringen kann. Überraschenderweise wurde es im Gehirn eines lebenden Schafs entdeckt. Licht wirkt auf das endokrine Nervensystem ein und beeinflußt ein Hormon, das den Schlaf herbeiführt. Es ist beteiligt an der Steuerung der Nebennieren-, Hirnanhang-, Schild- und Fortpflanzungsdrüsen.

Der Zyklus von Licht und Dunkelheit beeinflußt die Produktion und Freisetzung von Cortisol, einem Hormon, das wichtig ist für den Proteinabbau, die Widerstandsfähigkeit gegen Streß, die Bildung von Blutzucker, die Stimulierung von Nervengewebe, die Heilung von Wunden und Entzündungen und das Funktionieren vieler Prozesse im Körper.

Durch die ultravioletten Strahlen im Sonnenlicht wird in und unter der Haut Vitamin D erzeugt. Das trifft auch für Tiere zu. Vitamin D ist nicht nur wesentlich für das normale Wachstum und die Erhaltung der Knochen, sondern auch für den ordnungsgemäßen Calciumstoffwechsel.

Was geschieht, wenn dem Organismus das natürliche Sonnenlicht entzogen wird? Bei Tierversuchen unter verschiedenfarbigem Licht zeigte sich, daß die Tiere physische und emotionale gesundheitliche Probleme entwickelten. Bei Tieren, die beispielsweise längere Zeit rosafarbenem Licht ausgesetzt waren, traten schwere Verhaltensstörungen auf. Sie hatten außerdem kleinere Würfe, Calciumablagerungen im Herzen, Schwanzverlust aufgrund von Hautentzündungen und Gewebetod sowie vermehrte Tumorbildung und größere Tumore.

Jetzt kommt der Haken. Im Vergleich zu natürlichem Sonnenlicht hat fast alles Kunstlicht folgende Nachteile:

- Es hat eine viel geringere Intensität. An einem sonnigen Tag ist das Licht unter einem schattenspendenden Baum noch etwa zehn Mal stärker als typisches Kunstlicht.
- Es fehlt ihm der größte Teil der ultravioletten Strahlen. Die UV-Strahlen werden durch Fensterglas herausgefiltert, sind in Leuchtstofflampen nur sehr unzureichend und in Glühbirnen praktisch nicht vorhanden. Beide Lampenarten strahlen außerdem ausgeprägt wenig blaues und grünes Licht ab, das den stärksten Anteil der Sonnenstrahlung darstellt.
- Kunstlicht aus Glühbirnen hat einen unverhältnismäßig hohen Anteil am roten Bereich des Lichtspektrums.

Die Beleuchtung in den meisten Häusern und Wohnungen ähnelt deutlich derjenigen, die bei Versuchstieren zu Problemen führte.

Aus meiner persönlichen Erfahrung kann ich sagen, daß sehr viele der von mir behandelten Tiere ihre gesamte oder fast ihre gesamte Zeit im Haus verbringen. Es kommt mir oft in den Sinn, daß das ein Teil ihres Problems sein könnte. Wenn Ihr Tier sich überwiegend im Haus aufhält und eine oder mehrere der folgenden Störungen zeigt, sollten Sie etwas unternehmen, um ihm wieder natürliches Licht zu verschaffen.

- Verhaltensstörungen – Aggressivität, Reizbarkeit, Unfreundlichkeit, Hyperaktivität
- Mangelhafte Funktion endokriner Drüsen wie der Schilddrüse (verursacht Korpulenz, Hyperaktivität und Hautprobleme), der Nebenschilddrüse (führt zu unausgewogenem Calcium/Phospor-Verhältnis und Knochenproblemen), die Nebennierendrüsen (verursacht Hautreizungen und geringe Streßtoleranz) und der Fortpflanzungsdrüsen (führt zu Unfruchtbarkeit, Fehlgeburten, ungewöhnlichen Läufigkeitszyklen und anomaler sexueller Aktivität bei kastrierten Tieren)
- Haut- und Leberprobleme, Tumore, bösartige Wucherungen, Infektionen.

Lösungsmöglichkeit: Verschaffen Sie Ihrem Tier natürliches Licht. Wenn Sie einen eingezäunten Hof haben, sollte das einfach sein. Aber was ist, wenn Sie diesen Platz nicht haben oder wenn es für Ihr Tier draußen gefährlich ist? Wenn Sie Ihren Hund täglich zu einem Spaziergang mitnehmen, ist das nicht nur für ihn, sondern auch für Sie selbst gut.

Wenn es nicht möglich ist, das Tier mit hinauszunehmen, können Sie natürliches Licht ins Haus bringen, indem Sie spezielle Lampen installieren, die Licht in fast demselben Bereich und Verhältnis wie Sonnenlicht ausstrahlen. Erkundigen Sie sich im Fachhandel nach Leuchten, die Licht des gesamten Spektrums abgeben.

Sie können auch einfach den natürlichen Sonnenschein hineinlassen. Dazu müssen Sie ein spezielles Kunststoffenster installieren, das für die UV-Strahlen der Sonne durchlässig ist. Ein Südfenster wäre nicht schlecht, weil wir gerade im Winter am wenigsten nach draußen kommen.

Wenn das Wetter es erlaubt, öffnen Sie natürlich einfach Türen und Fenster!

UNSICHTBARE STRAHLEN

So wichtig es auch ist, das sichtbare Licht ist nur ein kleiner Teil des riesigen elektromagnetischen Spektrums. Andere Teile des Spektrums – Hochfrequenz- und Mikrowellen – sind zwar für uns unsichtbar, wir benutzen sie aber täglich, wenn wir ein Radiogerät, einen Fernseher oder einen Mikrowellenherd anstellen. Auch Radargeräte arbeiten mit Hochfrequenz.

Bei ausreichend langer und starker Einwirkung können diese Wellen gewisse biologische Schäden hervorrufen. Mikrowellen können beispielsweise nicht nur Ihr Abendessen kochen, sondern beeinflussen auch weniger offensichtlich die elektrischen oder magnetischen Felder, von denen ein lebendes Wesen umgeben ist. Es steht fest, daß eine Bestrahlung mit Mikrowellen folgende Wirkungen haben kann:

- Genetische Störungen – unregelmäßige Chromosomen, erhöhte Mutationsraten und Geburtsfehler sowie geringeres Körper- und Gehirngewicht bei ungeborenen Tieren
- Physiologische Störungen, die zu Veränderungen in den Blutkörperchen, den hormonalen und biochemischen Prozessen, dem normalen Funktionieren der Schranke zwischen Blut und Gehirn (die alles, was ins Gehirn gelangt, vorher filtert) und den elektrischen Signalen zur Steuerung des Herzschlags führen
- Körperliche Beschwerden – Kopfschmerzen, Müdigkeit, verringertes sexuelles Leistungsvermögen, Haarausfall, Appetitverlust, grauer Star und Augenschmerzen, Tumorbildung und (möglicherweise) Krebs
- Verhaltens- und Geistesstörungen – Verlust von Koordination und Gleichgewicht, Fügsamkeit, Reizbarkeit, Depressionen, emotionelle Instabilität, verringerte geistige Leistungsfähigkeit, teilweiser Gedächtnisverlust und Hypochondrie.

Einige dieser Wirkungen zeigten sich bei abnorm hohen Strahlungsdosen, andere aber schon bei Dosen, die mit denen vergleichbar sind, denen Tiere und Menschen im täglichen Leben ausgesetzt sind.

Hochspannungsleitungen sind von extrem niedrigfrequenten Feldern umgeben. Es wurde festgestellt, daß diese elektromagnetischen Felder, die weit über die Leitungen mit dem hochgespannten Strom hinausreichen,

- das chemische Gleichgewicht im Blut von Ratten beeinflussen,
- den Herzschlag von Lachsen und Aalen verlangsamen,
- die Fähigkeit von Tauben stören, ihren Schlag wiederzufinden,
- bei Mäusen Hormonveränderungen, Verkrüppelungen und andere Zeichen für chronischen Streß hervorrufen, und
- dazu führen, daß Bienen keinen Honig und Blütenstaub mehr sammeln, sich gegenseitig töten und ihre Stöcke aufgeben oder verschließen (was zum Erstickungstod führt).

Wie groß ist die Wahrscheinlichkeit, daß diese Energiefelder Ihr Tier schädigen? Wenn Ihr Tier eines der folgenden Probleme hat, sollten Sie von der Möglichkeit ausgehen, daß diese Energiefelder zumindest verschlimmernd wirken (wenn sie nicht gar die Ursache dafür sind): Epilepsie, Verhaltensstörungen, Blutkrankheiten (auf Behandlung nicht ansprechende Anämie, Gerinnungsstörungen) oder jede Art von Krebs.

Lösungsmöglichkeit: Je nachdem, wo Sie wohnen und welche Geräte Sie verwenden, kann die Strahlendosis recht hoch oder sehr niedrig sein. Halten Sie sich möglichst von Radaranlagen, Mikrowellensendern, Fernseh- und Radiosendern und großen Hochspannungsleitungen fern. An hochgelegenen Stellen wie auf Berg- oder Hügelkämmen oder in Hochhäusern ist die Strahlung im allgemeinen am stärksten.

Lassen Sie Tiere und Familienmitglieder nicht in die Küche, wenn der Mikrowellenherd eingeschaltet ist. Wichtig ist die Tatsache, daß die Wirkung von Mikrowellen schnell nachläßt, je weiter man sich von ihnen entfernt.

Ein weiterer, für uns unsichtbarer Bereich des elektromagnetischen Spektrums sind radioaktive Energien wie Röntgenstrahlen, kosmische Strahlung und Gammastrahlen. Radioaktivität kann genetisches Material direkt schädigen und verursacht Zelltod, Mutationen oder Krebs. Hohe Dosen führen zur Strahlenkrankheit. Aber die Hauptgefahr liegt heutzutage in den niedrigen Dosen, denen wir dauernd ausgesetzt sind, sowie den periodisch wiederkehrenden größeren Dosen bei Röntgenaufnahmen und anderen Gelegenheiten.

An die folgende wichtige Regel sollten Sie immer denken: Alle Strahlung wirkt kumulativ und ist schädlich. Es gibt keine einzige Strahlungsdosis, wie klein sie auch sein mag, die das Krebsrisiko nicht vergrößert. Diese Erfahrung mußten Wissenschaftler machen, die die Grenze zwischen Sicherheit und Gefahr bei Plutonium 239 (einem Nebenprodukt von Kernkraftwerken) festzustellen versuchten. Nachdem sie Beaglehunde gezwungen hatten, verschiedene Mengen dieses starken radioaktiven Isotops einzuatmen, stellten sie zu ihrer Überraschung fest, daß selbst bei der allerkleinsten Dosis 100 Prozent der Hunde Lungenkrebs bekamen.

Die Hauptstrahlungsquellen sind Erzlagerstätten in der Erde, der äußere Weltraum und Röntgengeräte. Der radioaktive Niederschlag aus Kernwaffenversuchen macht zwar nur etwa drei Prozent der Gesamtstrahlenbelastung aus, aber diese Strahlung ist besonders gefährlich, weil sie den größten biologischen Schaden anrichtet und weil die dabei freigesetzten Stoffe (besonders Strontium 90 und Plutonium 239) sich ein Leben lang in unserem Körper halten.

Lösungsmöglichkeit: Meiden Sie Röntgenaufnahmen, wann immer es möglich ist. Meiner Meinung nach werden Röntgengeräte zu häufig zur Diagnose eingesetzt, weil Tiere ihre Krankheitssymptome nicht beschreiben können. Halten Sie Tiere in möglichst weitem Abstand von Farbfernsehern, weil diese Röntgenstrahlen aussenden. Die gleiche Regel gilt für Menschen. Reduzieren Sie die radioaktiven Bestandteile in Ihrem Leitungswasser mittels eines Aktivkohle- oder Osmosefilters.

Wenn Sie den Verdacht auf eine hohe Strahlenbelastung aufgrund von Radioaktivität hegen, schauen Sie in der Enzyklopädie unter dem Stichwort »Strahlenvergiftung« nach, wo Sie spezielle Ernährungshinweise finden, mit denen Sie den Wirkungen entgegenwirken können.

Vitamine der Luft: Ionen

Haben Sie bemerkt, daß Ihr Tier an heißen, trockenen Tagen 24 bis 28 Stunden vor Beginn windigen Wetters reizbar, despressiv, »überreizt« oder einfach »wetterfühlig« wurde? Ist es bei Vollmond unruhig? Oder bei Autofahrten? Ist es absolut verliebt in den Rasensprenger oder die Meeresküste? Wenn ja, reagiert es wahrscheinlich auf Schwankungen in der Menge und im Gleichgewicht gewisser elektrisch geladener Luftmoleküle, nämlich der Ionen.

Der »Ioneneffekt« ist ein weiterer kaum merklicher Faktor für die Gesundheit. Und doch sind diese kleinen »Vitamine der Luft«, wie sie auch genannt werden, ein wesentlicher Bestandteil des Lebens auf der Erde. Versuchstiere, denen all diese Ionen in der Luft entzogen wurden, starben jung. Auch unserer modernen städtischen Umgebung mangelt es ziemlich daran.

Die durch Sonnenlicht, Erdhintergrundstrahlung, Wind und Sprühwasser geschaffenen Ionen können nicht nur in knapper Menge vorhanden sein, sondern auch aus dem Gleichgewicht gebracht werden und damit eine Vielzahl von Störungen bei empfindsamen Menschen (etwa einem Viertel der Bevölkerung) hervorrufen. Während in der Regel etwa fünf positiv geladenen Ionen vier negativ geladene gegenüberstehen, kann es unter bestimmten Umständen dazu kommen, daß sich dieses Gleichgewicht in die eine oder andere Richtung verschiebt. Ein Übermaß an positiven Ionen kann für viele von uns definitiv enervierend sein, wohingegen ein Überschuß an negativen Ionen heilend und erfreulich wirken kann.

In der Natur kommt es in manchen Gegenden am Tag vor dem Auftreten heißer, trockener Winde zu einer Überdosis an positiven Ionen. Diejenigen, die unter den Wirkungen leiden, klagen über alles mögliche, von Schlaflosigkeit, Beklemmung, Depressionen und heftigen Kopfschmerzen bis hin zu Schwindelanfällen, Tremor und Herzklopfen. Wahrscheinlich sind wir alle in gewissem Maße betroffen.

Eine Überdosis an negativen Ionen dagegen fördert das Gefühl des Wohlbefindens. Negative Ionen erleichtern die Atmung, wehren Bakterien ab und versetzen Sie in gute Stimmung. Ein wunderbarer, natürlicher Negativionengenerator ist schlicht und einfach – sprühendes Wasser. Negative Ionen finden sich in großem Ausmaß an der Küste sowie in der Nähe von Wasserfällen, Duschen und Rasensprengern.

Es gab zwar immer schon Schwankungen im Gleichgewicht zwischen positiven und negativen Ionen, aber die moderne Technik hat einen Gesamtverlust an Ionen und ein Überwiegen positiver Ionen für den durchschnittlichen Stadtbewohner und sein Tier zu Tatsachen des Alltagslebens gemacht. Folgende natürliche und nichtnatürliche Umstände können zu einem Mangel an oder einem Ungleichgewicht der Ionen führen:

- Partikelbefrachtete bzw. von der Sonne abgeschirmte Luft – wie bei Nebel, Rauch und Staub
- Reibung zwischen sich bewegenden Luftmassen (z. B. Luftschicht gegen Luftschicht und Öffnungen in Fahrzeugen, in denen sich Luft und Metall reiben)
- Mangel an unbefestigtem offenem Boden
- Spezielle Eigenschaften von fahrenden Autos, synthetischen Fasern und Baustoffen
- Vollmond.

Lösungsmöglichkeit: Um festzustellen, ob Ihr Tier empfindlich auf Ionen reagiert, achten Sie auf Erkrankungen von Nase und Atemwegen, Müdigkeit, Depressionen, Reizbarkeit oder Aggressivität. Wenn sich diese Symptome an trokkenen, heißen oder smogbelasteten Tagen, in verräucherten Räumen oder in einem fahrenden Auto verschlimmern, besteht die Möglichkeit, daß Ihr Tier unter dem »Ioneneffekt« leidet. Versuchen Sie, ob Ihr Tier sich im Freien oder in der Nähe eines Rasensprengers merklich besser fühlt.

Nehmen Sie Ihr Tier häufig mit ins Freie, setzen Sie es möglichst selten Rauch und Autofahrten aus, und lassen Sie frische Luft ins Haus. Verwenden Sie für sein Lager natürliche Fasern (Baumwolle und Wolle) anstelle von Kunstfasern. Wenn Sie glauben, daß es von allgemeinem Nutzen ist und es sich leisten können, kaufen Sie einen der auf dem Markt befindlichen Negativionengeneratoren für den Hausgebrauch.

Kapitel 9

Die Wahl eines gesunden Tieres

Eines Tages brachte jemand einen zugelaufenen Hund in eine Klinik, in der ich arbeitete. Das arme Tier war von Kopf bis Fuß mit Kletten, Fuchsschwänzen und verfilztem Haar bedeckt. Ein Auge war geschlossen und eitrig, und die Stellen zwischen den Zehen waren rot und geschwollen. Er war offensichtlich ein Opfer der »Fuchsschwanzsaison«.

Fuchsschwänze oder Grannen sind diese kleinen Dinger, die an Ihren Socken hängenbleiben, wenn Sie über ein Feld oder ein unbebautes Grundstück gehen. Sie hängen sich auch an Hunden fest. Und aufgrund ihrer spitzen Form graben sie sich nicht nur in das Fell, sondern auch in Augen, Ohren, Nase, Schnauze, Vagina, Rektum, zwischen die Zehen und manchmal sogar direkt durch die Haut.

Weil unserer Patient so schlimm befallen war, mußten wir ihm ein Betäubungsmittel verabreichen, bevor wir mit der langen und mühevollen Arbeit beginnen konnten, ihn von den Quälgeistern zu befreien. Zuerst schnitten und zogen wir die Kletten aus seinem Fell und dann zwischen den Zehen hervor. Während meine Assistentin sich mit den Pfoten befaßte, fand ich tief im Ohrgang zwei oder drei Fuchsschwänze und entfernte sie. Als ich dann vorsichtig die »Blinzelhaut« zurückzog, fand ich einen weiteren im Auge – die Ursache für Entzündung und Eiterfluß. Nachdem ich ihn entfernt und mich vergewissert hatte, daß die Hornhaut noch intakt war, trug ich in der Hoffnung, daß das Auge sich erholen würde, eine antibiotische Salbe auf.

Während der langwierigen Prozedur, unseren Patienten vor bösartigen Folgen seiner Abenteuer zu bewahren, sprachen meine Assistentin und ich darüber, woran es liegt, daß Haustiere schon nach einem kurzen Ausflug in die Felder so aussehen.

Ich schaute wieder auf den kleinen Hund auf dem Tisch, der die langen, lockigen Haare eines Pudels hatte. »Hier liegt die Ursache des Problems«, sagte ich und hielt das verfilzte Haar hoch, das wir abgeschnitten hatten. »Ein Tier mit einem solchen Fell ist wie ein wandelnder Teppich. Sobald er eine Klette streift, bleibt der kaum noch etwas anderes übrig, als sich tiefer hineinzuarbeiten.«

Ich überlegte einen Augenblick. »Wissen Sie was?« erklärte ich meiner Assistentin. »Die eigentliche Ursache für solche Probleme ist der Mensch selbst, weil er nämlich absichtlich Hunde mit solchem Fell und mit diesen Schlappohren züchtet. Beide bilden perfekte Fallen für Fuchsschwänze. Bei wildlebenden Tieren ist das Problem mit Kletten nicht im entferntesten so groß.«

Situationen wie diese haben dazu geführt, daß ich viel darüber nachgedacht habe, wie oft der Mensch doch in die natürlichen Fortpflanzungsschemata der Tiere eingegriffen hat. Indem wir selektiv Lebewesen nach dem von uns gewünschten Bild gezüchtet haben, haben wir nicht nur deren Anfälligkeit für gesundheitliche Störungen (wie etwa Ohrmilben) vergrößert, sondern auch eine riesige Menge kongenitaler Gebrechen geschaffen – anomale Körperstrukturen und -funktionen, mit denen das Tier geboren wird, und zwar einschließlich der Neigung zu weiteren Problemen im Verlauf des Lebens.

Aber die selektive Züchtung ist nicht die einzige Art und Weise, auf die der Mensch körperliche Defekte bei Tieren verursacht. Medikamente, künstliche Chemikalien und Strahlung können den Fötus schädigen und das Auftreten angeborener Defekte zahlenmäßig vergrößern.

Angeborene Gebrechen können trotz ausgezeichneter Pflege und Fütterung lebenslange Mühsal bedeuten. Deshalb ist es so wichtig, sich ein Bild davon zu machen, wie sie verursacht werden und wie man sie verhindern oder ihre Häufigkeit verringern kann.

Wir wollen zuerst einen Blick auf Erbkrankheiten werfen, die auf intensive Züchtung und Selektion zurückgehen. Dann kommen wir zu den Auswirkungen von Chemikalien und andern Mitteln und schließlich zu häufig auftretenden angeborenen Defekten bei Hunden und ein paar Hinweisen, wie man sie vermeidet.

Die Auswirkungen der Zucht

Hunde sind besonders anfällig für vererbbare genetische Defekte, und zwar zweifellos aufgrund der Tatsache, daß sie weitaus mehr und weitaus selektiver als Katzen gezüchtet wurden. Der äußere Unterschied zwischen den meisten heutigen Hunderassen und ihren wildlebenden Vorfahren ist viel auffälliger als es bei Katzen der Fall ist.

Wie kommt es, daß eine gezielte Zucht zu besonderen Gesundheitsproblemen führt? Stimmt es etwa nicht, daß die Züchter die besten und gesündesten Einzeltiere auswählen und der Nachwuchs daher mit der Zeit immer stärker werden sollte? Bevor wir diese Fragen beantworten, sollten wir vielleicht einen Blick auf die hinter der Tierzucht, und zwar besonders bei Hunden, liegenden historischen und biologischen Faktoren werfen.

Seit die ersten Hunde sich vor zehn- bis zwanzigtausend Jahren zum Menschen gesellten, haben sie vielen Zwecken gedient – als Jagd- und Hirtenhunde, als Zugtiere, für Sport und Unterhaltung (wie bei Hundekämpfen), als religiöse und Statussymbole, als Wachhunde, Führer, persönliche Lebensgefährten und sogar als Nahrungsquelle. Man nimmt an, daß all die verschiedenen Haushunde vom Wolf abstammen, dessen große und mannigfaltige genetische Ausstattung den Menschen in die Lage versetzte, nach nützlichen Eigenschaften auszuwählen.

Ein weiterer wichtiger biologischer Faktor, aufgrund dessen so viele Rassen geschaffen werden konnten, ist die sogenannte »Neotenie«. In der Genetik bedeutet das eine »Verkindlichung«, die sich entweder bei den historisch früheren Arten oder bei Jungtieren (in diesem Fall Welpen) zeigt. Typische Merkmale der Neotenie sind unter anderem kurze Beine und kurze Schnauze, seidiges Haar, Schlappohren und die Neigung zu bellen (ausgewachsene Wölfe bellen nur sehr selten).

Somit handelt es sich bei vielen der erwünschten Merkmale, die in den verschiedenen Rassen stabilisiert wurden, eigentlich um das Ergebnis einer gestoppten Entwicklung – physisch oder psychisch. Daraus ergeben sich zwei Probleme. Das erste besteht darin, daß die Ausbildung eines gewünschten Merkmals oft mit einem Fehler oder Funktionsverlust einhergeht. Um eine gegebene Eigenschaft in einer Rasse zu fixieren (damit sie »reinerbig« wird), muß man entweder ausgewählte Tiere aus einem Wurf miteinander paaren oder ein Tier mit seinem Elterntier kreuzen. Durch eine derart intensive Inzucht kommt man mit Sicherheit zu dem gewünschten Merkmal, verewigt aber möglicherweise gleichzeitig rassespezifische Schwächen. Bei diesen Schwächen kann es sich um geringe Widerstandsfähigkeit gegen Krankheit, geringe Ausdauer, niedrige Intelligenz, Geburtsfehler und Erbkrankheiten wie Hämophilie oder Taubheit handeln. Minipudel, die extrem auf Farbe gezüchtet wurden, haben schon Würfe gehabt, in denen alle Welpen Vorbeißer waren.

Das zweite Problem besteht darin, daß bestimmte Merkmale wie beispielsweise eine kurze Schnauze (Oberkiefer), von Genen gesteuert werden, die nichts mit denen zu tun haben, die die Ausbildung eng damit zusammenhängender Körperteile wie etwa der Zähne oder des weichen Gaumens steuern. Für eine Rasse wie die Bulldogge bedeutet die Züchtung auf ein einziges Merkmal Ärger. Obgleich die Rasse auf eine kurze Schnauze gezüchtet wurde, hat sie noch gleichgroße und gleichviele Zähne sowie einen gleichgroßen weichen Gaumen wie ihre Vorfahren. Die Zähne müssen also im verkürzten Kiefer krumm und schief stehen, und der weiche Gaumen hängt so weit in die Kehle hinein, daß das Tier die meiste Zeit seines Lebens vom Erstickungstod bedroht ist!

Das Problem genetischer Krankheiten ist besonders traurig, weil es viel unnötiges Leid bedeutet, das seine einzige Ursache darin hat, daß wir Menschen eine Eigenschaft attraktiver fanden als eine andere. Wir haben die Entscheidung getroffen, sie für unsere eigenen Zwecke zu verewigen, ohne Rücksicht auf das Wohlergehen des Tieres. Es ist nicht mehr die Natur, die bestimmt, welche Tiere physisch oder psychisch am besten geeignet sind, um zu überleben und sich fortzupflanzen. Stattdessen entscheiden wir Menschen, welche Hunde die Spezies weiterführen. Und oft beruhen unsere Entscheidungen auf etwas, was wir für »niedlich« oder ungewöhnlich halten. Wenn überhaupt, fragen wir nur selten danach, ob das Tier einen »bequemen«, gutgebauten und gesunden Körper hat.

Viele Leute tragen unbewußt zu dem Problem der genetischen Manipulationen bei, indem sie auf reinrassigen Tieren bestehen. Zur gleichen Zeit müssen viele Bastarde, die gleich gute Haustiere abgeben würden, verkommen.

Allein durch Adoption einer Promenadenmischung aus dem Tierheim läßt sich das Genproblem aber auch nicht lösen. Oft werden nämlich Tiere gewählt, die

In dem kurzen Maul dieser Bulldogge finden ihre schiefen Zähne kaum Platz. Der fehlplazierte weiche Gaumen bedeutet eine dauernde Erstickungsgefahr.

das Mitleidsgefühl am meisten ansprechen – Tiere mit ungewöhnlich gefärbten Augen, Schlappohren und Augenlidern, die es »traurig« aussehen lassen, mit verknittertem Gesicht, das dem eines kleinen Kindes ähnelt, oder gar mit Gesundheitsproblemen. Wer ein heimatloses Tier pflegen möchte, täte besser daran, sich ein gesundes auszusuchen und nicht eines mit Erbkrankheiten, die an künftige Generationen weitergegeben werden können.

EIN EINSCHLÄGIGES BEISPIEL: DER PUDEL

Damit Sie eine bessere Vorstellung davon bekommen, welche Probleme sich ergeben können, wenn man Tiere auf unnatürliches Aussehen hin züchtet, wollen wir uns einmal den Pudel ansehen.

Der Pudel hat nicht nur Schlappohren, die eine Einladung für Infektionen und Fuchsschwänze darstellen, sowie ein langhaariges, gelocktes Fell, das Kletten anzieht (was für viele Rassen gilt), sondern auch eine Reihe fehlerhafte Gene, die Probleme wie etwa abnorm kurze Beinknochen, Arteriendefekte in der Nähe des Herzens, Degeneration der Retina, dislozierte Schultern, Epilepsie, abnormes Verhalten und Blasensteine verursachen können.

Weitere vererbbare Krankheiten beim Pudel sind Kollaps der Luftröhre, Verlagerung der Kniescheibe, Diabetes, spröde und leicht brechende Knochen, Hautkrankheiten und Verlust der normalen Isolierung um die Nerven im Gehirn und im Rückenmark.

Diesen offiziell bestätigten Problemen möchte ich noch zwei hinzufügen. Das eine ist Haar, das in die Ohren hineinwächst und endlosen Ärger bereitet, wenn es nicht regelmäßig entfernt wird. Das zweite sind verschlossene Tränengänge,

Zum tragischen Schicksal des Pudels gehören tränende Augen, ausgerenkte Kniescheiben, Diabetes, spröde Knochen, Hautschäden und mehr. Armer Hund.

die dazu führen, daß Augenabsonderungen in den Augenwinkeln austreten, statt ihren normalen Weg zu nehmen (durch die Nase). Das ist der Grund dafür, daß man so häufig dunkle, feuchte Spuren von den inneren Augenwinkeln eines Pudels ausgehen sieht.

Die meisten der gerade erwähnten Probleme treffen auf Mini- und Zwergpudel zu und nicht so sehr auf normal große Pudel. Es scheint aber allgemein so zu sein, daß die größten und die kleinsten Hunde am ehesten unter genetischen Schwächen leiden.

Weitere Problembeispiele, die auf unseren Wunsch nach merkwürdigen Formen und Größen zurückgehen, finden sich bei Hunden wie der Bulldogge, dem Chihuahua und anderen, denen ein enges Becken angezüchtet wird. Viele dieser Tiere können sich nicht einmal allein fortpflanzen und müssen per Kaiserschnitt entbunden werden. Riesenrassen wie Bernhardiner und Deutsche Dogge sind bekannt für ihre Knochenprobleme und ihr kurzes Leben. Brachycephale Rassen (das sind die mit abnorm kurzen Nasen und Kiefern, wie beispielsweise Bulldoggen, Pekinesen, Boxer und Bostonterrier) leiden allgemein unter Atmungsbeschwerden sowie schleimabsondernden Zysten, und es ist wohl kaum überraschend, daß Hunde, die auf kurze Beine hin gezüchtet werden (wie Dachshund und Basset), zu den Rassen mit Wirbelsäulenverkrümmung zählen.

Tab.10: **Chemische Mittel als Ursache für Erbschäden und Geburtsfehler**

Art oder Anwendung des Mittels	*Vermutliche Ursache für Erbschäden, Mutationen und Geburtsfehler*	*Vermutliche Ursache für Erbschäden und Mutationen (Mutagene)*	*Vermutliche Ursache für Geburtsfehler (Teratogene)*
Medikamente			
Anästhetika	Urethan		Halothan Lachgas Pentobarbital
Antibiotika und Mittel gegen Infektionen		Actinomycin D Erythromycin Streptomycin	Chloramphenacol Penicillin Streptonigrin Sulfanilamid Tetracyclin
Entzündungs-hemmende Mittel gegen Arthritis, Gelenk-probleme			Cortison Dexamethason Triamcinolon
Antiseptika, Desinfektionsmittel, bakterizide Seifen		Hexachlorophen Wasserstoff-superoxid Quecksilberchlorid	
Chelationstherapie gegen Bleivergiftung		EDTA	
Mittel gegen Flöhe, Zecken, Würmer, Parasiten	Carbaryl Dichlorvos Dieldrin Lindan	Äthidium-bromid	
Diagnosefarbstoff		Methylenblau	
Diuretikum			Acetazolamid (Diamox)
Muskelentspannung, Diuretikum, Herzmuskelstimulans		Theophyllin	
Schmerzmittel		Phenylbutazon (Butazolidin)	Aspirin
Sedativa, Spasmolytika, Beruhigungsmittel	Chlorpromazin Phenobarbital		Diazepam (Valium) Pyrimidon

Art oder Anwendung des Mittels	*Vermutliche Ursache für Erbschäden, Mutationen und Geburtsfehler*	*Vermutliche Ursache für Erbschäden und Mutationen (Mutagene)*	*Vermutliche Ursache für Geburtsfehler (Teratogene)*
Stimulans	Koffein		
Krebs-, Tumor-, Leukämiemittel	Cyclophosphamid (Cytoxan)	Adriamycin Colchicin (auch gegen Gicht) Cytosinarabinosid Vincristin	
Impfstoffe, Viren		Staupeimpfstoffe (Masernvirus)	Katzenleukämievirus-, Parvovirus- und Katzenpestimpfstoff
In der Landwirtschaft verwendete Chemikalien			
Chemosterilantien		Apholat Hempa Metepa TEPA Triäthylenmelamin	
Fungizide	Captan Griseofulvin	Äthylenbromid Äthylenoxid	Methylquecksilberchlorid Tetrachlorphenol
Herbizide		2,4-D 2,4,5-T („Agent Orange")	Paraquat MCPA
Insektizide	Carbaryl Dichlorvos Dieldrin Lindan	DDT Endrin Formaldehyd	Aldin Diazinon
Sonstige Faktoren			
Umweltbelastung			Sauerstoffmangel durch Luftverschmutzung, Anämie, Anästhesie, Chemikalien oder große Höhe; Überhitzung im heißen Wagen, durch Anstrengung bei Hitze oder durch Fieber; traumatische Verletzung

Art oder Anwendung des Mittels	*Vermutliche Ursache für Erbschäden, Mutationen und Geburtsfehler*	*Vermutliche Ursache für Erbschäden und Mutationen (Mutagene)*	*Vermutliche Ursache für Geburtsfehler (Teratogene)*
Nahrungsmittel-additive		EDTA Nariumbisulfit Natriumcyclamat Natriumnitrat	Farbstoff Rot Nr. 2
Industrie-emissionen, Umweltschadstoffe	Verbindungen mit Cadium, Blei oder Quecksilber; Ionisierende Strahlung	1,2-Benzanthracen Benzol Dimethylnitrosamin Methyl-cholanthren	Arsen-, Lithium- oder Nickel-verbindungen Mikrowellen Ultraschall
Mycotoxine, Toxine aus Lebens-mittelschimmel	Aflatoxin		Cytochalasin B Ochratoxin
Nährstoffmangel			Mangel an Kupfer, Jod, Magnesium, Mangan, Vitamin-B-Komplex oder Zink; Mangel oder extreme Überver-sorgung mit Vitamin A und D; zu viel Calcium, Jod, Salz, Vitamin K; allgemein schlechte Ernährung der Mutter
Pflanzen		Honigklee (verdorben)	Stechapfel Narrenkraut Stinkende Zehrwurz Wilde Erbse

UMWELT- UND ANGEBORENE KRANKHEITEN

Neben den unerwünschten Eigenschaften, die oft mit den von uns gewählten Rassenmerkmalen einhergehen, gibt es einen weiteren Faktor, der eine zunehmende Rolle dabei spielt, die Qualität der Genmasse von Tieren (und auch Menschen) zu unterminieren. Durch eine Anzahl von Umweltgiften erhöht sich die

Häufigkeit biologischer Mutationen, die von Generation zu Generation weitergegeben werden können. Der Begriff Mutation wird definiert als vererbbare molekulare Veränderung der Erbmasse (entweder eines einzelnen Gens oder einer Gengruppe im Chromosom). Dadurch kann es nicht nur zu angeborenen Anomalien und Erbkrankheiten kommen, sondern auch zu Tod im Embryostadium, Fehlgeburt, verringerter Widerstandsfähigkeit gegen Erkrankung, verkürzter Lebenszeit, Unfruchtbarkeit, Verhaltensstörungen und Krebs. Die Auswirkungen solcher Mutationen können noch verstärkt werden, wenn der Nachwuchs eines betroffenen Elternteils untereinander oder mit dem Elterntier gepaart wird (die Art der intensiven Inzucht, über die wir schon gesprochen haben).

Zusätzlich kommt es während der Trächtigkeit zu Geburtsfehlern, wenn das verletzliche Gewebe des sich entwickelnden Embryos Gefahren wie beispielsweise Strahlung, Schadstoffen, Medikamenten, mangelhafter Ernährung, Viren, traumatischen Verletzungen, extremen Temperaturen oder Streß und bestimmten natürlichen Toxinen ausgesetzt wird. Je nach Zeitpunkt und Intensität der Einwirkung können diese Mittel nicht nur Mißbildungen verursachen, sondern auch Tod im Embryonalstadium, Fehlgeburten, Wachstumsverzögerung, angeborene Tumore und verschiedene funktionelle und verhaltensmäßige Anomalien nach der Geburt.

Die größte Gruppe potentieller Teratogene (Mittel, die den Embryo schädigen können) besteht zwar aus künstlichen Chemikalien, aber den stärksten Beitrag zu Mutationen und Geburtsfehlern leistet wahrscheinlich ionisierende Strahlung. Tiere nehmen nicht nur die allgemeine Umweltstrahlung auf, sondern werden in der Tiermedizin auch regelmäßig ionisierender Strahlung in Form von Röntgenstrahlen und Radioisotopen ausgesetzt. Dadurch ist bei Säugetieren am häufigsten das zentrale Nervensystem betroffen (in dem sich, wie wir noch sehen werden, bei Hunden angeborene Krankheiten finden).

Tabelle 10 zeigt eine Aufstellung vermutlicher Teratogene und Mutagene (Mittel, die Mutationen verursachen). Viele dieser Mittel zeigten Auswirkungen, wenn sie versuchsweise in ungewöhnlich hohen Dosierungen verabreicht wurden, so daß sie im Normalfall nicht notwendigerweise angeborene Krankheiten verursachen müssen. Aber die Tatsache, daß es noch keinen zwingenden Beweis für ihre Gefährlichkeit gibt, gilt auch für ihre Ungefährlichkeit. Der von diesen Mitteln angerichtete Schaden ist real genug, um in der klinischen Praxis und nicht nur in Experimenten erkannt zu werden. Bei den Welpen der brachycephalen Rassen (Rassen mit kurzen Kiefern) können sich beispielsweise starke Flüssigkeitsansammlungen im Gewebe zeigen. Die Ursache liegt möglicherweise in einer Behandlung mit Corticosteroiden, die das Muttertier in der Trächtigkeit erhielt. In einem gesamten Wurf von Cockerspaniels traten extreme Mißbildungen der Beine und Beingelenke auf, nachdem das Muttertier in der zweiten Hälfte der Trächtigkeit mit dem Corticosteroid Dexamethason behandelt worden war.

Nachdem wir jetzt etwas mehr von den Ursachen angeborener Schäden wissen, wollen wir uns eine Auflistung mit ein paar solcher Probleme, wie sie bei Hunden auftreten, ansehen. Aus Platzmangel konnten wir nicht alle aufführen, so daß wir uns auf diejenigen konzentriert haben, die bei mehreren Rassen bzw. häufig vorkommen.

Angeborene Schäden bei Hunden

Angeborene Schäden finden sich bei Hunden am häufigsten im zentralen Nervensystem, in Augen, Muskeln und Knochen. Deutscher Schäferhund, Collie, Beagle, Minipudel und Keeshond (ein holländischer Haushund) können beispielsweise Epilepsie vererben. Bei verschiedenen Rassen wird eine Reihe anderer Störungen des Nervensystems durch ein rezessives Gen weitergegeben. Dazu gehören Lähmung der Vorder- und Hinterhand beim Irischen Setter, fehlende Muskelkoordination beim Foxterrier, Idiotie beim Deutsch-Kurzhaar und beim englischen Setter sowie Hirnschwellung bei Chihuahua, Cockerspaniel und englischer Bulldogge.

Angeborene Augenanomalien – grauer Star, Blindheit durch Atrophie oder Unterentwicklung der Retina, grüner Star und kleine Augen – finden sich bei den meisten herkömmlichen Rassen. Ein typisches Muskelproblem sind Brüche. Bei Basset, Basenji, Cairn-Terrier, Pekinese und Lhasa Apso besteht ein hohes Risiko von Leistenbrüchen (Vorfall der Gedärme in die Leistengegend). Nabelbrüche sind Erbkrankheiten bei Cockerspaniel, Bullterrier, Collie, Basenji, Airedaleterrier, Pekinesen, Pointer und Weimaraner.

Neben den knochenbezogenen Problemen bei den schon erwähnten Züchtungen (sehr kleine, sehr große oder kurzbeinige Hunde) leiden viele Hunde unter Lahmheit aufgrund von Hüftgelenksdysplasie, einem der häufigsten angeborenen Defekte bei Hunden (siehe »Hüftgelenksdysplasie« in der Enzyklopädie). Sie tritt bei den meisten durchgezüchteten Rassen, und zwar besonders bei Cockern, Shetland-Schäferhunden, deutschen Schäferhunden und vielen Riesenrassen auf. Tabelle 11 zeigt einige der wichtigsten angeborenen Störungen bei den bekannteren Rassen.

Es gibt drei grundlegende Dinge, die Sie tun können, um die Möglichkeit möglichst gering zu halten, ein Tier mit genetischen Defekten oder Geburtsfehlern zu erwerben oder aufzuziehen. Als erstes geht es darum, keine Tiere auszuwählen oder zu züchten, in denen bekanntermaßen Probleme genetischer Art stecken oder die aus einer Linie mit intensiver Inzucht stammen. Sie sollten sogar überlegen, ganz auf reinrassige Tiere zu verzichten, und zwar besonders, wenn es sich um eine beliebte Rasse handelt, die in den vergangenen Jahren einer intensiven Fortpflanzung unterzogen wurde (wie beispielsweise Pudel, deutsche Schäferhunde, Cockerspaniel, Collies, Dackel, Beagles, Boxer, Bulldoggen, Pekinesen).

Zweitens sollten Sie ein Tier wählen, das von seinem Körperbau und seiner äußeren Erscheinung her am ehesten einem wildlebenden Tier wie etwa einem Kojoten oder Wolf ähnelt. Ich hatte gelegentlich die Möglichkeit, verletzte Kojoten oder Füchse zu untersuchen und zu behandeln und bin dabei nie auf ein Tier gestoßen, das Fuchsschwänze in den Ohren oder sonstwo am Körper hatte! Jeder Zoll ihres Körpers reflektiert die Intelligenz von Millionen Jahren natürlicher Entwicklung und Anpassung. Ich war ziemlich beeindruckt von ihrem perfekten Gebiß, ihrem feinen Fell, ihrer makellosen Sauberkeit, natürlichen Grazie und hohen Intelligenz.

Sie täten gut daran, ein Tier zu wählen, dessen natürliche Erbanlagen mög-

Tabelle 11: Häufige Geburtsfehler bei Hunden

	Afghane	Airdaleterrier	Alaskamalamut	Basenji	Basset	Beagle	Bostonterrier	Boxer	Chihuahua	Cocker	Collie	Dackel	Dobermannpinscher	Engl. Bulldogge	Foxterrier	Dt. Schäferhund	Dt. Kurzhaarpointer	Retriever	Dt. Dogge	Irischer Setter	Labrador-Retriever	Minipudel	Pekinese	Bernhardiner	Scotchterrier	Shetland-Schäferhund	Pudel	Weimaraner	Riesenrassen, generell	Minirassen, generell	Kurzköpfige Rassen, generell
Katarakte	●					●	●			●						●	●	●			●						●				
Netzhautatrophie										●	●							●		●	●	●									
Glaukom					●	●				●					●																
Andere Augenanomalien			●	●		●				●	●	●				●	●		●		●	●	●	●		●	●				
Taubheit											●				●										●						
Epilepsie						●					●					●						●					●				
Nervensystemdefekte		●													●					●		●			●			●			
Wasserkopf									●	●				●																	
Nierenkrankheit										●			●			●															
Blasensteine												●				●			●		●	●			●		●				
Hämophilie			●			●			●	●	●					●				●	●	●		●		●	●	●			
Herzklappenfehler									●					●					●												
Andere kardiovaskuläre Defekte						●		●	●	●				●	●	●	●			●		●				●					
Luftröhrenkollaps									●													●								●	
Behinderte Atmung[1]							●	●						●									●								●
Diabetes												●										●									

Hypophysenzysten[2]							●	●						●									●								●
Lippen- und Gaumenspalte						●				●		●		●		●															
Zuviel oder zuwenig Zähne								●						●	●																
Kiefer zu lang oder zu kurz										●		●																			
Rückgratverformungen					●	●	●		●	●		●	●	●					●			●	●							●	
Glieder zu kurz					●							●										●			●						
Kurzer oder fehlender Schwanz						●				●				●																	
Ellbogendysplasie[3]	(viele Rassen)																														
Hüftdysplasie[3]	(viele Rassen) siehe Enzyklopädie																														
Schulterverrenkung									●						●							●									
Kniegelenkmißbildung							●		●													●									
Bruch		●		●						●	●						●						●					●			
Erbliche Hautallergie						●									●							●			●		●				
Sonnenbrand auf der Nase											●															●					
Tumore							●	●						●											●						
Demodektische Räude	(viele Rassen) siehe Enzyklopädie																														
Verhaltensstörungen										●						●	●					●					●				
Testikel hängen nicht	(viele Rassen)																														

Aus: Congenital Defects in Dogs: A Special Reference for Practitioners von F. Erickson et al. (Veterinary Practice Publishing Co., 1978) und »A Catalog of Genetic Disorders of the Dog« von Donald F. Patterson, ersch. in Current Veterinary Therapy VII: Small Animal Practice, Hg. Robert W. Kirk (Philadelphia: W. B. Saunders, 1980), S. 82–103

[1] Aufgrund enger Nasenlöcher und überlangem weichem Gaumen, der zu Kehlkopfkollaps prädisponiert.
[2] Kann zu Diabetes insepidus, Genitalatrophie und Fettleibigkeit führen.
[3] Lahmheit durch falschen Gelenksitz.

Wolf, Kojote und Rotluchs zeigen die wahre, vom Menschen nicht manipulierte Form von Hunden und Katzen.

lichst wenig durch unangemessene Zuchtmaßnahmen in Mitleidenschaft gezogen sind (versuchen Sie aber nicht, ein echtes wildlebendes Tier aufzunehmen; sie gehören in die freie Natur und geben sowieso keine guten Haustiere ab).

DIE WAHL EINES »NATÜRLICHEN« TIERES

- Suchen Sie nach einem mittelgroßen Mischling (bei Hunden: ca. 9 bis 18 kg schwer) mit kurzem bis mittellangem Fell, das glatt und relativ rauh (nicht seidig) ist, und mit geraden, aufrechtstehenden, normalgroßen Ohren. Mit Hilfe von Tab. 13 können Sie feststellen, wie groß ein als Welpe gekauftes Tier wird.
- Schauen Sie nach, ob Ober- und Unterkiefer die gleiche Länge haben und ob die Zähne gut aufeinander passen (Scherengebiß)
- Bewegt sich das Tier normal? Oder schwingen die Hüften beim Gehen von einer Seite zur anderen? Das kann bei Hunden ein Anzeichen für Hüftgelenksdysplasie sein. Haben die Beine normale Länge und stimmt das Verhältnis von Vorder- und Hinterhand?
- Sehen die Augen normal aus? Sind sie gleichfarbig?
- Zeigt sich auf der Nase eine normale Pigmentierung?
- Welche Farbe hat das Fell? Weiße Tiere sollte man normalerweise meiden, weil sie oft genetische Probleme haben.
- Schauen Sie sich die Nabelgegend an, um eventuelle Schwellungen festzustellen, die Zeichen für einen Bruch sein könnten.
- Überprüfen Sie bei ausgewachsenen männlichen Tieren den Hodensack, um festzustellen, ob beide Hoden vorhanden sind.
- Beobachten sie Jungtiere sorgfältig daraufhin, ob sie ein normales Temperament zeigen. Hüten Sie sich vor Tieren, die ungewöhnlich aggressiv, anhänglich, ängstlich, hyperaktiv oder teilnahmslos erscheinen.

Der perfekte Hund.

WIE GROSS WIRD EIN WELPE?

Wenn Sie Alter und Gewicht eines Welpen kennen, können Sie mit Hilfe der beistehenden Tabelle mit den Wachstumskurven verschiedener Rassen seine Größe als ausgewachsener Hund recht gut abschätzen. Die Daten lassen sich auch auf Mischlinge anwenden, indem Sie einfach diejenige Kurve wählen, die den Gegebenheiten am nächsten kommt. Ein etwa 8 kg schwerer und vier Monate alter Welpe beispielsweise erreicht wahrscheinlich die Größe einer Bulldogge von 18 kg.

Obwohl unsachgemäße Züchtung die Auswahlmöglichkeiten ziemlich einschränkt, können Sie noch ein Tier finden, das genetisch gesund ist oder nur geringfügige Probleme hat. Wenn Sie mit dem Tier nicht züchten wollen und die zusätzliche Arbeit nicht scheuen, die mit der Sorge für ein Tier mit Erbkrankheiten verbunden ist, können Sie unter einem breiteren Angebot wählen.

Wenn Sie mit einem weiblichen Tier züchten wollen, können Sie noch ein Drittes tun, um das Risiko angeborener Probleme möglichst gering zu halten. Setzen Sie das Tier nicht unnötigerweise schädlichen Chemikalien und anderen potentiellen Mutagenen und Teratogenen aus. In der Praxis bedeutet das, daß Sie ein trächtiges (oder bald trächtiges) Tier nur dann einer Behandlung mit Antibiotika, Flohpulvern, Cortison, Impfungen, Beruhigungsmitteln, Betäubungsmitteln und Röntgenstrahlen aussetzen dürfen, wenn natürliche Mittel versagen und die Umstände eine medizinische Behandlung erforderlich machen.

Außerdem sollten Sie darauf achten, daß das Tier gut ernährt wird und keine möglicherweise gefährlichen Nahrungszusätze, verschimmeltes Futter, giftige Haushaltschemikalien oder mit toxischen Herbiziden, Insektiziden oder Fungiziden behandeltes Gras oder andere Pflanzen frißt.

Achten Sie auf Tiere mit klaren, natürlichen Linien, wie bei einem Kurzhaarmischling.

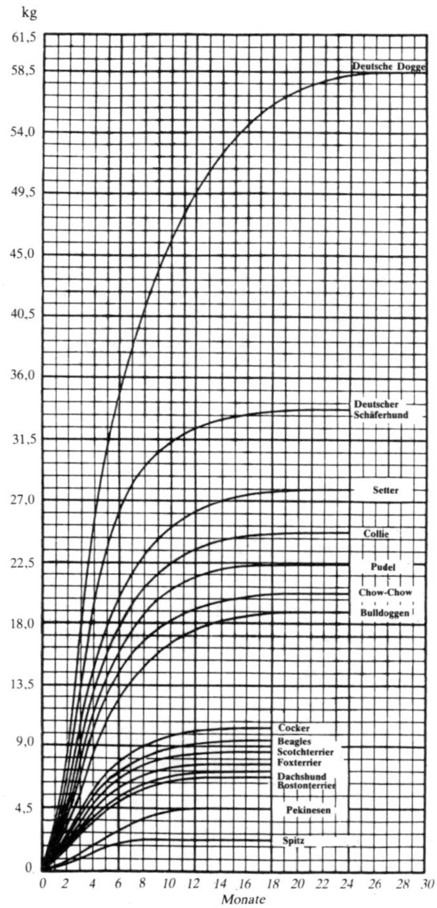

Tab. 12:
So schwer wird Ihr Welpe, wenn er ausgewachsen ist

Weiterhin dürfen trächtige Tiere nicht zu starker Wärme ausgesetzt werden, weil dadurch das Gehirnwachstum des Embryos verzögert werden kann. Lassen Sie das Tier nicht bei geschlossenen Fenstern in einem aufgeheizten Wagen (das gilt übrigens für alle Tiere) und bewegen Sie es bei heißem Wetter nicht zu stark. Nehmen Sie es nicht auf anstrengende Wanderungen im Hochgebirge mit und transportieren Sie es nicht im Frachtraum von Flugzeugen, weil der Sauerstoffmangel in großen Höhen eine Reihe von Mißbildungen beim Fötus verursachen kann.

Es braucht wohl nicht extra betont zu werden, daß man mit einem kranken Tier nicht züchten sollte. Selbst wenn es keine vererbbare Krankheit hat, ist sein Körpersystem als ganzes nicht sehr geeignet für die Erzeugung von gesundem Nachwuchs.

Angeborene Probleme lassen sich zwar nicht immer vorhersehen oder steuern, aber mit ein wenig gesundem Menschenverstand kann man eine ganze Menge tun, um die Risiken möglichst gering zu halten. Dabei können Sie nicht nur Ihren eigenen Tieren und sich selbst einen großen Gefallen erweisen, sondern auch den Generationen, die später kommen!

Kapitel 10

Spiegelbilder: Menschliche Psyche und tierische Gesundheit

Unter den argwöhnischen Blicken eines riesigen Hundes untersuchte ich sorgfältig die übelriechenden, haarlosen Stellen mit den blutigen Absonderungen auf seinem Rücken, am Bauch, an den Beinen und an der Schnauze. Nur selten hatte ich bislang eine so üble Hautkrankheit erlebt. Wie um zu demonstrieren, wie schlimm es war, zerrte er hin und her und begann, heftig an seiner Schwanzwurzel zu kauen.

»Hör auf damit, Bandy!« schrie der Mann namens Robert den Hund an, der seiner Frau Cathy gehörte. »Meiner Meinung nach«, erklärte er, »macht das Beißen und Kauen die Sache nur noch schlimmer, und deshalb schimpfe ich mit ihm, wenn er wieder damit anfängt.«

»Ach ja«, antwortete ich und nahm die Untersuchung wieder auf, wobei ich daran dachte, über die möglichen Auswirkungen einer solchen Schelte zu sprechen.

»Unter dem Schwanz sind ein paar besonders schlimme Stellen, die Sie sich ansehen sollten«, warf Cathy ein. Langsam hob ich den Schwanz an, um einen Blick auf die Stelle zu werfen. Ohne jede Vorwarnung wirbelten die großen Kiefer des Hundes herum und schnappten wütend nach meiner Hand, die ich gerade noch wegziehen konnte. Ich erklärte die Untersuchung für beendet und setzte mich zu dem bestürzten Paar, um zu einer Erklärung dafür zu kommen, wie Bandy in einen darart ernsten Zustand geraten war.

»Es ging ziemlich schnell«, begann Cathy. »Als ich ihn vor drei Jahren als Welpen bekam, hatte er eine leichte Räude im Gesicht, aber das eigentliche Problem fing vor erst sechs Monaten an, als er damit begann, sich übermäßig am ganzen Körper zu belecken und zu bekauen. Der Tierarzt sagte, es sei eine Flohallergie, aber er schien nicht viele Flöhe zu haben.«

Nach ihren Worten hatte sich das Problem stetig verschlimmert. Sie hatten ihn zu einer ganzen Reihe von Tierärzten gebracht, die »entzündete Stellen« diagnostiziert und Antibiotika und Cortison verschrieben hatten. Aber alle Mittel hatten wenig bis gar nichts genützt. Schließlich hatte man ihnen mitgeteilt, er müsse entweder eingeschläfert oder einer Reihe sehr teurer Behandlungen unterzogen werden, die anschlagen könnten oder auch nicht.

Ich erinnerte mich an das Schimpfen und sondierte weiter. »Sagen Sie mal, hat sich zu der Zeit, als das Problem anfing, in Ihrem oder seinem Leben irgendeine bedeutsame Änderung ergeben?« fragte ich sie. »Sind Sie beispielsweise umgezogen oder hat sich in der Familie etwas geändert? Haben Sie ihm aus irgendeinem Grund weniger Aufmerksamkeit geschenkt?«

»Nun, ja«, erzählte sie, »ein paar Monate, bevor es anfing, wurde unser Sohn geboren, auf den ich mich dann voll konzentrierte. Ich wollte nicht, daß der Hund um das Baby war – Sie wissen schon, Würmer und so –, und er benahm sich eifersüchtig, weil er nicht mehr an erster Stelle kam, so daß wir ihn aus dem Haus verbannten.«

Hm, dachte ich. Das paßt.

»Sagen Sie«, fragte ich Cathy, »haben Sie zufällig selbst jemals irgendwelche Hautprobleme gehabt?«

»Merkwürdig, daß Sie danach fragen. Ich hatte in der Tat jahrelang Hautjukken, meine Mutter übrigens auch. Die Ursache konnte ich nie feststellen.«

Interessant.

Wie sich herausstellte, zeigte dieser Fall nahezu alle Aspekte, die mir aufgefallen waren, seit ich mich zum ersten Mal mit der Möglichkeit befaßt hatte, daß die psychischen Einstellungen und Verhaltensweisen eines Tierbesitzers die Gesundheit des Tieres beeinflussen, und zwar besonders in denjenigen Fällen, in denen eine Behandlung keine Wirkung zeigte. Erstens war dem Hund unmittelbar vor dem Auftreten der Symptome viel Aufmerksamkeit entzogen worden. Immer wenn er sich kratzte und biß, erhielt er jedoch eine gewisse Aufmerksamkeit, und sei es nur in Form von Schelte. Zweitens spiegelte er nicht nur Cathys eigene Neigung zu Hautjucken wider, sondern auch ihre (später eingestandene) Einstellung, er solle aggressiv sein, weil sie sich auf dem Land dann sicherer fühlte (und Hunde, die anderen gegenüber reizbar und aggressiv sind, mißhandeln sich oft auch selbst). Weiterhin bemerkte ich im weiteren Verlauf eine unter der Oberfläche liegende Spannung zwischen dem Paar – eine weitere Quelle der Beängstigung, die sich auf viele Tiere negativ auszuwirken scheint.

Wenn Sie noch nie daran gedacht haben, daß Tiere durch die Gedanken, Emotionen und Verhaltensweisen ihrer Besitzer krank werden könnten, erscheint Ihnen diese Vorstellung wahrscheinlich ziemlich abwegig. Aber bei Bandy handelt es sich nur um einen von vielen Fällen, die in dieses Schema passen. Wenn ich die richtigen Fragen stelle, zeigt sich bei einer erstaunlich hohen Zahl ansonsten rätselhafter Fälle zumindest eines der folgenden Muster.

□ *Tiere mit denselben gesundheitlichen Problemen wie ihre Besitzer.* Unter Juckreiz leidende Hunde mit unter Juckreiz leidenden Besitzern (die manchmal sogar ihre Tiere kratzen) findet man wie übergewichtige Tiere mit übergewichtigen Besitzern häufig. Andere Fälle sind eher idiosynkratischer Natur, wie etwa der Hund mit der hartnäckigen Nebenhöhlenentzündung, dessen Herrchen »zufällig« das gleiche Problem mit seiner Nase hatte. Und dann war da noch der Hund, der einen unerklärlichen Husten bekam, nachdem sein Frauchen kurz vorher einen Asthmaanfall gehabt hatte. Noch interessanter sind mehrere Fälle im gleichen Haushalt, wie bei einer Frau mit einer Schleimbeutelentzündung auf der rechten Seite, die einen Hund und eine Katze mit ähnlichen Problemen an genau der gleichen Stelle hatte.

□ *Tiere, die genau die von ihren Besitzern befürchtete Krankheit bekommen.* Bei diesen Fällen scheint das Tier die Verhaltensmuster oder Erwartungen seines Besitzers zu »reflektieren«. Ich habe eine ganze Reihe von Fällen erlebt, in denen Leute sich Sorgen darüber machten, daß ihr Tier eine bestimmte Krankheit bekommen würde, und alles mögliche unternahmen, das zu verhindern. Ich habe beispielsweise eine Klientin, die ihren Kater die ganze Zeit im Haus behielt, damit er sich keine Leukämie zuzog. Dann erkrankte ihre Mutter an Krebs. Etwa zur gleichen Zeit hatte ihr Kater zufällig Kontakt mit einer anderen Katze und starb bald darauf an Leukämie. Eine andere Klientin, deren Hund an einer Nierenkrankheit starb, hatte alle ihre Tiere durch die gleiche Krankheit verloren und befürchtet, das werde jetzt wieder geschehen.

□ *Tiere, deren Probleme durch emotionelle Spannungen zwischen Familienmitgliedern verschlimmert werden.* Tiere können sehr empfindlich auf Störungen in der Familie reagieren und verstehen möglicherweise nicht, daß sie selbst nichts damit zu tun haben. Manche Menschen benutzen ihr Tier sogar zu dem Versuch, jemand anderen zu übertrumpfen. Wie John Ihor Basko, D.V.M., aus San Jose, Kalifornien, bemerkt hat: »Das Tier ist oft der Mittelpunkt einer Beziehung.« Er erzählte mir, er könne erkennen, wie ein bestimmtes Paar aus seinem Bekanntenkreis zurechtkomme, wenn er sich dessen Hund ansehe. »Tieren geht es besser, wenn die Paare ihre Differenzen beilegen«, fügte er hinzu.

In dem Buch »What the Animals Tell Me« führt Beatrice Lydecker den Fall einer Dackelhündin an, die jedesmal, wenn ihre Besitzer sich stritten, an sich herumkaute und sich kratzte. Außerdem war sie anscheinend frustriert darüber, daß ihre Bewegungsfreiheit außergewöhnlich eingeschränkt war. Als die beiden sich mit diesen Problemen befaßten, besserte sich ihr starker und chronischer Hautausschlag.

□ *Tiere, die kurz nach einer einschneidenden Veränderung im Haushalt krank werden.* Das ist einer der häufigsten Fälle. Die Veränderung bedeutet für das Tier oft einen Verlust an Aufmerksamkeit, zu dem es beispielsweise kommen kann, wenn der Besitzer oder die Besitzerin eine neue Arbeit annimmt, in Urlaub geht, ein Kind bekommt oder einfach nur das Interesse an dem Tier verliert. Oder es geht ein wichtiger Gefährte (ob Mensch oder Tier) durch Tod, Scheidung oder Umzug verloren. Möglicherweise gehen dem Tier die vertraute Umgebung oder vertraute Vorrechte aufgrund eines Umzugs oder einfach nur dadurch verloren, daß neue Teppiche oder Möbel angeschafft wurden. Es können mehrere Veränderungen gleichzeitig auftreten und das Problem verschärfen, wie es bei Bandy der Fall war, der nicht nur seine Stelle an das neue Familienmitglied verlor, sondern auch noch aus dem Haus verbannt wurde (für ihn war das der Anfang vom Ende!).

Bindungen zwischen Mensch und Tier

Warum erleben wir so viele Fälle, in denen das Tier den körperlichen oder emotionellen Gesundheitszustand seiner menschlichen Gefährten reflektieren? Ist das einfach nur Zufall?

Für eine Untersuchung der hier möglicherweise am Werk befindlichen Mechanismen müssen wir die Dinge zunächst einmal in den richtigen Kontext bringen. Wir müssen uns über den Problembereich klarwerden – die Bindungen zwischen dem Tier und der Person.

Lassen Sie uns vom Gesichtspunkt des Tieres aus beginnen. Stellen Sie sich einen Augenblick lang vor, wir seien nicht Menschen, sondern Haustiere. Hier bin ich, meine ganze Welt besteht aus dieser Familie und möglicherweise noch ein paar Hunden, Katzen und Kindern auf der Straße. Diese Familie gibt mir all mein Futter und all meinen Schutz. Ich bin völlig von ihr abhängig. Sie überschütten mich mit Tonnen von Zuneigung, und in der Regel mag ich das. Manchmal ignorieren sie mich, und ich kenne den Grund dafür nicht immer. Aber das macht mich besorgt. Was wäre, wenn ich sie alle zusammen verlieren würde? Ich weiß nicht, wie ich allein durchkommen sollte. Das einzige Futter, das ich kenne, kommt aus ihrem Napf.

Hört sich das nicht irgendwie vertraut an? So ähnlich war es doch bei uns, als wir noch Kinder waren. Und Tiere machen in der Tat genau das, was der unselbständige Nachwuchs jeder Spezies tut – sie erkennen die Quellen der Sicherheit (die Elternfiguren), bleiben bei ihr, gehorchen ihr, eifern ihr nach und, kurz gesagt, entwickeln eine feste Beziehung zu ihr.

In der Biologie wird das als Bindungs- oder Prägungseffekt bezeichnet, und dieser Effekt dient einem guten Zweck – er erhält die Jungen am Leben. Kurz nach der Geburt durchläuft jedes junge Tier eine wichtige Periode, in der es lernt, sich auf seine Mutter als Ernährerin und Führerin auszurichten. Wenn man das Jungtier vor dieser wichtigen Periode seiner Mutter wegnimmt, richtet es sich auf die am ehesten in Frage kommende Ersatzmutter aus, wodurch es zu merkwürdigen Gegebenheiten kommen kann.

Indem er diese Umstellung genau zur richtigen Zeit vornahm, brachte der Biologe Konrad Lorenz beispielsweise eine Gruppe junger Gänse dazu, ihm zu folgen, als sei er die richtige Mutter, und seine Gesellschaft sogar derjenigen der eigenen Spezies vorzuziehen! Und Jungaffen, die ihren Müttern weggenommen und in Käfige mit »Ersatzmüttern« aus Stoff und Draht gesetzt wurden, nahmen diese Gebilde als echte Mütter an (wie Sie sich vorstellen können, stellten die Tiere sich später als ziemlich neurotisch heraus).

Auf dieser Ebene liegt auch die unter Hundeausbildern allgemein bekannte Tatsache, daß man Welpen am besten in einem Alter von 4 bis 14 Wochen kauft, weil das der wichtige Zeitraum ist, in dem sie lernen, sich vorwiegend auf ihren menschlichen Herrn und nicht auf andere Hunde auszurichten. Wenn man einen Welpen vor diesem Stadium seiner Mutter wegnimmt, erhält man später ein übermäßig unsicheres und neurotisches Tier. Bei zu spät erfolger Wegnahme wird der Hund zu selbständig und wild, um ein gutes Haustier abzugeben. Außerdem müssen wir uns darüber im klaren sein, daß das Merkmal der psychischen Abhängigkeit vom Menschen den Hunden angezüchtet worden ist, weil wir nämlich über Tausende von Generationen hinweg zielgerichtet diejenigen Hunde gezüchtet haben, die unserer Meinung nach am loyalsten sind, dem Menschen am meisten zugetan sind und am ehesten eine Bindung mit dem Menschen eingehen.

Ein Tier wie ein Hund ist außerdem biologisch dafür »vorprogrammiert«, auf eine natürliche Sozialstruktur zu reagieren, in der sich alles um den »Rudelführer« dreht. In den meisten Fällen spielt der Besitzer diese Rolle und wird mit der gleichen Loyalität, Unterwürfigkeit und gleichem Respekt behandelt, die dem Alphatier (Anführer) in der Wildnis gegenüber gezeigt wird (in manchen Familien scheint der Hund sich allerdings selbst als Anführer zu betrachten und versucht, die Menschen zu beherrschen, wenn er damit durchkommt).

Es ist ziemlich deutlich, daß die Naturkräfte, die die Tiere dazu bewegen, sich auf ihre menschlichen Pfleger »einzustimmen«, recht stark sind. Wie sieht es aber nun mit der anderen Seite der Gleichung aus? Wie stehen die Menschen zu ihren Tieren?

Die meisten Menschen haben einen speziellen Grund, ein Tier zu erwerben, obgleich es auch vorkommt, daß das Tier plötzlich einfach »da« ist. Aber in der Regel erwartet der Mensch etwas aus der Beziehung zu einem Tier, sei es als Wachhund, als Kindersatz oder vielleicht als loyaler Freund, der immer alles akzeptiert und niemals kritisiert. Dementsprechend gibt es Leute, die Haustiere als ausgezeichnete Therapeuten für diejenigen betrachten, die von anderen Menschen vernachlässigt werden, wie etwa Alte, Kinder und Behinderte.

Manchmal scheinen Menschen sich Haustiere zu suchen, mit denen sie sich identifizieren können, eine Art Erweiterung des eigenen Ich. Wir alle kennen die Klischees von dem untersetzten, alten Gentleman mit seiner untersetzten, alten

Bulldogge und von der »etepeteten« Frau mit ihrem »etepeteten« Pudel. Schauen Sie sich um, und Sie werden ein Körnchen Wahrheit in diesem Klischee finden. Elegante, gutgepflegte Menschen haben oft elegante, gutgepflegte Tiere. Lässig gekleidete Abenteuertypen neigen zu lässig aussehenden, abenteuerlichen Hunden. Beleibte Leute haben dicke Tiere, und so weiter. Wir Menschen neigen in der Tat dazu, uns mit dem Großteil unserer fixen Ideen zu identifizieren, aber ein lebendiges Tier bietet eine besonders gute Gelegenheit, eine Art Alter ego zu schaffen.

Manchmal findet sich auch das umgekehrte Phänomen. Menschen suchen sich dann Tiere, die diejenigen Merkmale verkörpern, die sie selbst gern hätten. In seinem Buch »Your Pet Isn't Sick (He Just Wants You to Think So)« erzählt der Tierarzt Herbert Tanzer von einem sehr kleinen Klienten, der durchweg riesengroße Hunde hatte, zu denen er sich recht hingezogen fühlte. Ich habe auch oft festgestellt, daß Menschen mit unterdrücktem Zorn Tiere haben, die die Aggressionen ausleben, die der Besitzer ausdrücken möchte, aber nicht kann. Es scheint vielfach sicherer zu sein, mangelhafte Gefühle über ein Tier auszuleben.

Ungeachtet der Gründe sind Tiere für viele Menschen so wichtig geworden, daß ihnen Gesundheit oder Tod eines Tieres genausoviel Sorge macht wie Gesundheit oder Tod eines Freundes oder Verwandten.

Wenn man ein Tier in die Familie aufnimmt, wird es oft nicht mehr als »nur ein Tier« betrachtet. Stattdessen wird es zu einer eigenständigen Persönlichkeit – »Charlie« –, die Kinder mag und den Postboten haßt, die den alten Sessel in der Ecke liebt und die Menschen immer richtig einschätzt. Plötzlich ändert sich die eigene Einstellung zu dem Tier. Es ist kein »dummes Viech« mehr, sondern ein intelligentes, einzigartiges Individuum. Und wenn man beginnt, seinen vierbeinigen Freund hoch zu schätzen und das Leben manchmal von seinem Standpunkt aus zu betrachten, kann daraus eine merkwürdige und wunderbare Art der Kommunikation erwachsen.

Es mag zwar seltsam klingen, aber ich habe schon immer geglaubt, daß Tiere und Menschen eine psychische oder telepathische Empfänglichkeit füreinander entwickeln können und diesen Glauben in meiner eigenen Praxis bestätigt gefunden. Ich habe nicht nur mehrere Tierbesitzer getroffen, die sich sicher waren, daß ihre Tiere diese Fähigkeit besaßen, sondern auch bei einigen Autoren diese Art der Kommunikation im Detail beschrieben gefunden.

Bei der dort beschriebenen Empfänglichkeit geht es nicht nur um eine Empfindlichkeit für Hinweise, die sich mit den fünf Sinnen erfassen lassen, sondern auch für immaterielle Hinweise. J. Allen Boone beispielsweise, der die Kommunikation zwischen Mensch und Tier zu seiner Lebensaufgabe gemacht hat, entdeckte, daß er durch sorgfältige Untersuchung und Einstimmung eine Zwei-Weg-Verbindung mit vielen Tierarten herstellen konnte. Boone wurde sich zum erstenmal der psychischen Empfänglichkeit von Tieren bewußt, als er für einen intelligenten Filmhund namens Strongheart sorgte. Der Hund war ein Experte, wenn es darum ging, die Unredlichkeit eines Menschen festzustellen, Boones Gedanken und Absichten – wie eine geplanten Spaziergang – zu erraten, selbst wenn er außer Sichtweite des Hundes war, und Möglichkeiten zu finden, komplexe Mitteilungen ganz allgemein zu übermitteln und zu empfangen.

Im Verlauf seiner Arbeit zog Boone den Schluß, daß Tiere sich oft so verhalten, wie die Menschen es von ihnen erwarten. Er glaubte, wenn man ein bestimmtes Tier – wie etwa eine Fliege – für eine Plage halte, dann benehme es sich auch wie eine Plage. Aber nehmen wir einmal an, man ändere seine Denkweise. Nehmen wir an, man könnte die Fliege akzeptieren und respektieren, weil sie der gleichen universellen Herkunft wie der Mensch ist. Nehmen wir an, man könnte sie bewundern – sagen wir, weil sie fliegen kann oder wegen der Feinheit ihres Körpers. Wie würde sich eine gewöhnliche Hausfliege unter solchen Umständen wohl verhalten?

Für Bonne wurde die Fliege zu »Freddy«, der kam, wenn er wortlos gerufen wurde, und der auf Bitten davon Abstand nahm, auf Boones nackter Haut herumzuspazieren.

Für viele Menschen sind Boones Experimente wahrscheinlich recht seltsam. Aber es gibt eine Reihe von Leuten, die die gleichen Erfahrungen gemacht haben. Eine davon ist Beatrice Lydecker, die behauptet, sie könne telepathisch mit Tieren kommunizieren und ihre gedanklichen Botschaften erfolgreich dazu verwendet, Tierärzten und -besitzern bei der Lösung körperlicher und emotioneller Probleme ihrer Tiere zu helfen. Wie Boone betont sie die Bedeutung der geistigen Bilder, die wir auf die Tiere projizieren. Sie nehmen nicht so sehr das auf, was wir sagen, sondern vielmehr das, was wir im Innern fühlen und uns vorstellen. Wenn Sie daran denken, daß zwischen Menschen und ihren Tieren tiefe emotionelle Bindungen bestehen, können diese geistigen Bilder eine ungeheure Wirkung auf das Tier haben, eine Wirkung, die möglicherweise die vorher beschriebenen »merkwürdigen Zufälle« im Krankheitsverhalten von Mensch und Tier teilweise erklärt.

Damit wird beispielsweise recht deutlich, warum ein Tier anfällig sein könnte, wenn sein Besitzer ununterbrochen »Gedankensendungen« ausstrahlt, in denen er befürchtet oder erwartet, daß das Tier an einer bestimmten Krankheit (oft einer, an der ein früheres Tier litt) stirbt.

UNBEWUSSTE VERSTÄRKUNG DER SYMPTOME

Warum Tiere dazu neigen, menschliche Gesundheitsprobleme zu reflektieren, ist nicht so klar, es sei denn, man erkennt, daß sie den Ursprung eines Gedankens wahrscheinlich nicht so ohne weiteres feststellen können. Stattdessen nehmen sie möglicherweise alles auf, was in ihre Richtung »gesendet« wird, einschließlich der mentalen Bilder, die der Besitzer bei dem Gedanken an eine schmerzende Hüfte oder ein Jucken auf der Haut übermittelt.

Auf die gleiche Weise, so vermute ich, können Tiere durch zwischenmenschliche Konflikte, mit denen sie nichts zu tun haben, aus der Fassung gebracht werden und zwar einfach, weil sie die durch die Spannungen erzeugte emotionelle Energie auffangen, ohne notwendigerweise zu verstehen, daß sie selbst keine Schuld trifft. Ähnliche Vorgänge laufen nach Ansicht von Psychologen in kleinen Kindern ab, denen sie oft die Schuld an Streitigkeiten der Eltern geben. Bevor wir dieses faszinierende Thema verlassen, möchte ich noch ein wenig spekulieren. Ich habe die Vermutung gehört, daß ein Tier physisch oder symptomatisch die emotionelle Verfassung seines Besitzers darstellen kann. Ich habe zum Beispiel die Geschichte einer Frau gehört, deren Katze zu einem Zeitpunkt, als es die Frau »juckte«, etwas Neues zu unternehmen, nachts herumstreunen und sich selbst zu kratzen begann. Die Frau hatte das Gefühl, da gebe es eine Verbindung.

Die psychosomatische Medizin hat eine Reihe von Verbindungsgliedern zwischen verschiedenen Krankheiten und typischen mentalen Verhaltensmustern oder traumatischen Erinnerungen festgestellt, und vielleicht können auch Tiere instinktiv die psychologischen Ängste und Frustrationen ihrer Besitzer zeigen und unabsichtlich zu einer Art Versuchsgelände zur Darstellung unausgedrückter Neigungen und unvollständiger Erlebnisverarbeitung werden.

Was ist aber nun mit dem letzten der vorher erwähnten Muster – dem Tier, das kurz nach einer einschneidenden Veränderung im Haushalt erkrankt? Jede beliebige Anzahl von Veränderungen kann eine solche Reaktion auslösen. Wissenschaftliche Untersuchungen haben gezeigt, daß die Wahrscheinlichkeit, in naher Zukunft krank zu werden, bei Menschen, die innerhalb kurzer Zeit eine große Anzahl von Veränderungen im Leben erfahren (Arbeitsplatzwechsel, Umzug, Einkommensveränderung, Verlust oder Zugewinn eines Ehegatten oder anderen Familienmitglieds, selbst eine Umstellung in den Freizeit-, Essens- oder Schlafgewohnheiten), viel größer ist. Es ist nicht einzusehen, warum Veränderungen im Leben nicht auch von Tieren ihr Opfer fordern sollten.

Der Streß aufgrund zu vieler Veränderungen, psychologischer Konflikte oder anderer Faktoren manifestiert sich beim Menschen in Form von Muskelspannung, mangelnder endokriner Zusammenarbeit oder veränderter Stoffwechselrate. Durch Streß verursachte Veränderungen können zu Änderungen von Organfunktion, Schlafmustern, Immunreaktion (und damit der Anfälligkeit für Krankheiten) sowie Verhaltensreaktionen führen.

VERNACHLÄSSIGUNG

Wenn ein Tier nach einer Veränderung im Leben krank wird, fragen Sie sich selbst, ob es damit auf einen Verlust an Aufmerksamkeit reagiert. Die meisten Lebewesen brauchen ein gewisses Maß an sozialer Interaktion, und wenn man von einem Tier plötzlich weniger Notiz nimmt, versteht es den Grund dafür nicht immer. Es fühlt sich stattdessen bedroht und hat vielleicht sogar Angst, daß sein Leben auf dem Spiel steht (»sie mögen mich nicht mehr und planen vielleicht, mich loszuwerden«).

Oft ergibt sich der Verlust an Aufmerksamkeit für das Tier als Nebenwirkung, wenn der Besitzer die Arbeitsstelle wechselt, ein Kind bekommt, in Urlaub geht oder heiratet, wenn die Kinder das Haus verlassen oder wenn jemand (einschließlich eines anderen Tieres) stirbt. Das Tier bekommt das Gefühl, es zähle nicht mehr, es habe sich den Unwillen des Besitzers zugezogen. Die gleiche Angst kann auch bei einem Tier auftreten, das plötzlich (ohne ersichtlichen Grund) ein Privileg verliert, sei es, daß es nicht mehr auf Möbel darf, daß es nicht mehr ins Haus darf oder daß es sonstige Vorzüge nicht mehr bekommt.

Was passiert also? Teilweise als Reaktion auf den Veränderungsstreß und teilweise aus einem leichten Gefühl der Unsicherheit heraus zeigt das Tier geringfügige Symptome wie übermäßiges Lecken und Kratzen (möglicherweise in Erinnerung an die Sicherheit unter den Fittichen der Mutter), Diarrhoe, Erbrechen oder Husten.

Sofort macht sich der Besitzer Sorgen, daß das Tier eine ernsthafte Krankheit ausbrütet. Er eilt zu seinem Tier, hätschelt es und überhäuft es mit Hinwendung und besorgten Worten. Durch diese Reaktion wird nicht nur das Bild der Krankheit mental auf das Tier übertragen, sondern es erhält unser nach Aufmerksamkeit hungerndes Tier auch noch definitiv einen Anreiz, sich krank zu stellen. Das ist eine Möglichkeit, dem Tier zu versichern, daß es dem Besitzer noch nicht gleichgültig ist.

Ein kleiner Preis für das Überleben

Nach Aussage von Psychologen, die sich mit Verhaltenskonditionierung befassen, ist eine negative Aufmerksamkeit (wie die Schelte, die Bandy jedesmal bekam, wenn er sich kratzte) oft besser als überhaupt keine. Ob der Besitzer sein Tier nun liebkost und »armes Kind« spielt (wie Dr. Tanzer dieses Verhalten bezeichnet) oder ob er es bestraft, es bekommt zumindest eine gewisse Bestätigung seiner Existenz und seines Platzes im Haushalt.

Manche Besitzer zeigen außerdem bestimmte Persönlichkeitsmerkmale, die die Sache unbeabsichtigt verschlimmern. Wir alle kümmern uns gern um jemand anderes und sorgen für ihn, aber manche Menschen brauchen das Gefühl, gebraucht zu werden, so sehr, daß sie ein Gefühl der Leere haben, wenn sie sich nicht um jemand kümmern können.

Menschen, die sich beispielsweise als Kinder vergessen und vernachlässigt fühlten, nehmen manchmal zwanghaft jedes streunende Tier auf, das ihnen unter die Augen kommt, und zwar in dem endlosen Versuch, dem armen Wesen (das das eigene Ich darstellt) all die Sorge und Hinwendung zu bieten, die sie selbst gern empfangen hätten. Eine Unterscheidungsmöglichkeit zwischen einem derartigen zwanghaften Verhalten und einfachem Mitgefühl für das Leiden eines anderen besteht in der Frage, ob der Betreffende ein Gefühl der Leere oder Einsamkeit hätte, wenn er sich nicht um jemand oder etwas kümmern könnte.

Mit diesem Verständnis davon, wie unser Denken und Verhalten zu den gesundheitlichen Problemen eines Tieres beitragen kann, wollen wir uns jetzt ansehen, wie wir die negativen Beiträge möglichst gering und die positiven möglichst groß ausfallen lassen können.

Wie können Sie nun feststellen, ob Sie etwas damit zu tun haben, wenn Ihr Tier ein gesundheitliches Problem hat? Und was können Sie tun, wenn das der Fall ist? Selbst wenn Ihr Tier im Augenblick gesund ist: Wie können Sie ein psychologisches Klima schaffen, damit es auch in Zukunft gesund bleibt?

Die folgenden Fragen bilden einen guten Anfang. Nehmen Sie sich die Zeit, in Ruhe zu überlegen. Ein Gespräch darüber mit Freunden oder dem Ehepartner hilft Ihnen wahrscheinlich ein gutes Stück weiter.

DAS VERBORGENE-EINFLÜSSE-QUIZ

1. Ähnelt das gesundheitliche Problem meines Tieres einem, das ich selbst habe oder hatte? »Ähnelt« bedeutet unter anderem denselben Körperbereich, oft auf der gleichen Seite – links oder rechts.
2. Habe ich mir jeweils Sorgen gemacht, daß mein Tier genau das Problem bekommen könnte, das es jetzt hat? Oder, wenn das Tier im Augenblick gesund ist, machen Sie sich jetzt solche Sorgen? Wenn die Antwort »nein« lautet, fragen Sie sich »Welche Probleme könnte ein Tier wie meines am ehesten bekommen?« und warten, was dabei herauskommt.
3. Welche Ähnlichkeiten bestehen zwischen meinemTier und mir? Warum habe ich gerade diese Art von Tier gewählt?
4. Scheint mein Tier besonders erregt zu sein, wenn es emotionale Spannungen oder Konflikte im Haus gibt?
5. Welche Bilder, Sorgen oder Einstellungen gehen mir im Hinblick auf die Krankheit meines Tieres durch den Kopf? Welche Botschaften könnte ich ihm »senden«?
6. Was war los, bevor das Tier die ersten Symptome zeigte? Überlegen Sie, ob der Haushalt sich vergrößert oder verkleinert hat, ob jemand angefangen hat zu arbeiten oder in Urlaub gegangen ist. Sind Sie umgezogen, haben Sie die Wohnung renoviert oder das Tier stärker eingeschränkt?
7. Zeige ich dem Tier gegenüber besondere Aufmerksamkeit, positiv und negativ, wenn es Krankheitssymptome zeigt?
8. Habe ich etwas davon, daß mein Tier krank ist? Genieße ich es, für das Tier zu sorgen? Wenn Sie sich über die Antwort im unklaren sind, stellen Sie sich vor, Sie hätten kein Tier, das Sie braucht, und sehen Sie, ob es Ihnen fehlen würde.

Wenn Sie auf zwei oder mehr Fragen bejahend geantwortet haben, müssen Sie davon ausgehen, daß Sie möglicherweise einen negativen Einfluß auf die Gesundheit Ihres Tieres ausüben.

Ich sehe zwei grundsätzliche Problemkreise. Bei dem einen zeigt sich ein Verhaltensmuster, das die Symptome des Tieres verstärkt. Bei Bejahung der Fragen 6, 7 oder 8 kann hier der kritische Punkt liegen. Mein Rat: Zeigen Sie dem Tier gegenüber keine besondere Aufmerksamkeit im Hinblick auf die Symptome mehr (kein Hätscheln mehr bei jedem Husten). Lassen Sie ihm aber insgesamt ausreichend Sorge und Aufmerksamkeit zuteil werden. Mit dieser Methode lassen sich großartige Ergebnisse erzielen.

Die Fälle, in denen ein Tier die inneren Gedanken und Einstellungen eines Menschen reflektiert, sind schon etwas schwieriger zu behandeln. Dieser Problemkreis ist in den Fragen 1 bis 5 angesprochen. Wenn Sie sich eingehend und sorgfältig mit den Fragen befaßt haben, haben Sie schon eine Ahnung davon, was zu tun ist. Am wichtigsten ist es für Sie, sich klarzumachen, daß die Art und Weise, in der Sie denken und handeln, sich auf die Welt, und zwar einschließlich der Welt Ihres Tieres, auswirkt.

Sie brauchen wegen Ihrer Gedanken keine Schuldgefühle zu hegen. Gedanken wie »Oh, was habe ich meinem armen kleinen Tier angetan?« oder »Hör auf, so etwas zu denken!« oder »Könnte ich das arme Ding doch trösten, es sieht so unglücklich aus; aber Dr. Pitcairn (der schreckliche Kerl) sagt, ich soll es nicht!« bringen nichts ein.

Was hilft, ist eine Untersuchung des Problems mit vollem Interesse und voller Aufmerksamkeit. Gehen Sie entspannt und wißbegierig an die Sache heran, so wie Sie sich mit der Reparatur eines zerbrochenen Gegenstandes befassen würden. Erkunden Sie es. Experimentieren Sie.

Achten Sie darauf, was Sie während des Tages tun und wie Sie mit Ihrem Tier umgehen. Welche Dinge bringen es aus der Fassung? Die Symptome können Ihnen eine interessante Geschichte erzählen. Vielleicht sagen sie Ihnen auch etwas über Sie selbst. Wenn Ihr Tier sich merkwürdig benimmt oder krank und aufgeregt verhält, reflektiert es möglicherweise etwas, das in Ihnen vorgeht, das Sie aber vor lauter Geschäftigkeit nicht bemerken. Zeigt Ihr vierbeiniger Freund Angst, wenn Sie ein solches Gefühl haben? Oder wird er krank, wenn es in Ihnen schon seit Wochen brodelt?

Achten Sie auch darauf, ob sich die Symptome Ihres Tieres verschlimmern, wenn Sie es verhätscheln oder liebkosten oder schelten und schlagen. Will es Ihnen sagen, daß es sich unsicher fühlt? Vielleicht braucht Ihr Tier allgemein mehr Zeit und Aufmerksamkeit von Ihnen, nicht nur, wenn es hustet, sich kratzt oder erbricht. Vielleicht bekommt es aber auch zu viel Aufmerksamkeit und braucht mehr Unabhängigkeit!

Wenn Sie wirklich einen Anhaltspunkt dafür finden, was in Ihrer Beziehung zu Ihrem vierbeinigen Freund vor sich geht, ist dieser Einblick dann Ihr bester Führer, allerdings unter der Voraussetzung, daß er Teil einer ununterbrochenen Erforschung ist und nicht nur eine einmalige Angelegenheit.

Kapitel 11

Freundschaftliche Beziehungen: Die Grundlagen einer verantwortungsvollen Tierhaltung

Mit einem Tier zu leben und es kennenzulernen, kann eine wunderbare Sache sein. Andersartige Lebewesen – sowohl Haus- als auch Wildtiere – können uns durch tägliche Beispiele für Begeisterung, Anmut, Zuneigung, Vergebung und viele weitere gute Eigenschaften wertvolle Lebenserfahrungen vermitteln. Umgekehrt ist ein verständnisvoller und freundlicher Mensch einem Tier sehr teuer.

Aber manchmal sehen sich Tiere wie auch Menschen augenscheinlichen Interessenkonflikten gegenüber, die zu Unzufriedenheit und Frustration auf beiden Seiten führen können.

Von manchen Problemen sind hauptsächlich die Tiere betroffen, weil das Leben in einer auf den Menschen zugeschnittenen Welt für Vierbeiner gefährlich sein kann. Sie werden überfahren, gestohlen, verloren und (wenn sie nicht abgeholt werden) als Streuner getötet. Häufiger sind die Probleme allerdings weniger ernst und gehen oft auf simple Frustration zurück. Denken Sie beispielsweise an das Tier, das die meiste Zeit allein ist, eingepfercht in eine kleine Wohnung oder einen Zwinger. Es geht ihm nur wenig besser als einem Menschen in Einzelhaft. Oder denken Sie an das Tier eines Rock 'n' Roll-Fans, der seine Stereoanlage dauern voll aufgedreht hat. Oder das Tier eines aufstrebenden, mobilen jungen Verkaufsleiters, der jedes Jahr in einen neuen Verkaufsbezirk zieht. Der menschliche Lebensstil kann für Tiere schon hart sein.

Auf der anderen Seite ergeben sich aus manchen Interessenkonflikten hauptsächlich für den Menschen Probleme, und zwar nicht nur für den Besitzer des Tieres, sondern auch für unmittelbare Nachbarn und die Gemeinschaft im weiteren Sinn. Aus einer bundesweiten Untersuchung geht hervor, daß unter den Bürgerbeschwerden an die Stadtverwaltungen Beschwerden über Hunde an erster Stelle stehen. Überraschend? Nicht, wenn man an die Gesamtsumme verschmutzter Grünflächen, aufgebuddelter Blumenbeete, gebissener Hände, lauter Bellerei und gehetzter Radfahrer denkt.

In diesem und im nächsten Kapitel wollen wir uns genauer mit diesen Problemen befassen und ein paar Lösungen anbieten, die für alle fair sind und die Bedürfnisse und Rechte von Tieren und Menschen respektieren. Lösungen, bei denen alle profitieren, sind sicherlich die besten, weil sie die harmonischsten Beziehungen ermöglichen.

Nehmen wir beispielsweise an, Sie haben einen großen, aggressiven Hund, der bald zu einer Gefahr für die Nachbarschaft wird, wenn Sie ihn frei herumlaufen lassen. Sie könnten das Problem (einfach von einem menschlichen Standpunkt aus) durch strikte Kontrolle und Arrest zu lösen versuchen. Halten Sie den Hund im Haus oder binden Sie ihn im Hof an. Sie könnten ihm sogar die Stimme nehmen lassen (durch eine Operation, bei der die Stimmbänder entfernt werden und die ich persönlich nicht durchführe).

Wenn Sie jedoch zur Arbeit gehen und einen großen Hund den ganzen Tag lang angebunden sich selbst überlassen, werden Sie seine normalerweise aktive Natur bald zunichte machen. Schließlich lebt der Hund seine Frustration und Langeweile auf zerstörerische Art und Weise durch Kauen, Graben, Winseln und Bellen aus (wenn er das noch kann).

Wie Sie sehen, stellt völliges Einsperren keine echte Lösung dar, bei der die Bedürfnisse von Menschen und Tier berücksichtigt werden müssen. In dem gerade beschriebenen Fall wurde der Bedarf des Hundes an Aufmerksamkeit und Bewegung ignoriert. Wenn er immer, wenn sein Besitzer zu Hause war, viel Hinwendung erlebt hätte und jeden Tag auf einen langen Spaziergang mitgenommen worden wäre, hätte er möglicherweise eingesperrt leben können, ohne destruktiv zu werden.

In bestimmten Situationen gibt es möglicherweise keine für beide Seiten zufriedenstellende Lösung, weil einfach die Grundbedingungen unhaltbar sind. Nehmen Sie zum Beispiel jemanden, der gern ein Tier haben möchte, aber in einem kleinen Apartment lebt. Sicherlich würde niemand auf die Idee kommen, unter so beengten Verhältnissen ein Pferd zu halten. Und trotzdem kaufen sich manche Leute mit winzigen Wohnungen einen großen Hund, selbst wenn dieser fast die Größe eines Pferdes hat. Dann sind natürlich beide, Mensch und Tier, frustriert.

Die meisten Probleme lassen sich jedoch zur beiderseitigen Zufriedenheit lösen. Sehen wir uns ein paar der Probleme an, die für Tierbesitzer alltäglich sind.

Soll man Tiere frei herumlaufen lassen?

Heutzutage ist es anscheinend in Mode gekommen, die Tiere frei in der Nachbarschaft herumlaufen und tun zu lassen, was ihnen beliebt. Vielleicht spiegelt diese Freiheit die Freizügigkeitsphilosophie unserer Zeit wider oder ist einfach nur das Ergebnis unserer beengten Lebensumstände. Möglicherweise geht es aber auch einfach darauf zurück, daß mehr Menschen tagsüber fort sind und ihr Tier lieber hinauslassen und sich Gesellschaft suchen lassen, anstatt es stundenlang allein zu lassen.

Ich habe jedoch auch mit anderen Leuten gesprochen, die die Meinung vertraten, daß ein Tier ein freies Wesen mit eigenständigen Rechten sei, dem man es gestatten müsse, sich nach Belieben zu bewegen. Die Gesinnung hinter dieser Einstellung verdient zwar in mancher Hinsicht Respekt, basiert aber meiner Ansicht nach auf einem Trugschluß. Für ein wildlebendes Tier ist es ganz natürlich, sich frei bewegen zu können, aber Haushunde sind eben keine wildlebenden Tiere. Weil diese Tiere unwiderruflich ihren in grauer Vorzeit liegenden Ursprüngen entrissen worden sind und jetzt völlig vom Menschen abhängig sind, können wir sie nicht so behandeln, wie wir es mit wilden Tieren tun würden. Da wir das Arrangement gewählt haben, müssen wir auch unseren Teil der Abmachung erfüllen und all ihre Bedürfnisse befriedigen. Darüber hinaus tragen wir die soziale Verantwortung, dafür zu sorgen, daß unsere Tiere keine Gefahr oder Belästigung für andere darstellen.

Und ungeachtet der Gründe, aus denen jemand ein Tier frei laufen läßt, ist es eine Tatsache, daß freilaufende Tiere ungeheure Probleme für Menschen, andere Tiere und für sich selbst verursachen. Denken Sie einmal an die folgenden Fakten:

- Über eine Million Hunde und Katzen werden jedes Jahr in den Vereinigten Staaten von Autos getötet. Frei herumlaufende Tiere bringen nicht nur sich selbst in Gefahr, sondern gefährden auch Menschen und Sachwerte, indem sie unzählige Unfälle verursachen, wenn Autofahrer ausweichen oder bremsen, um sie nicht zu überfahren. Für Großbritannien liegen keine vollständigen Daten vor, aber einem Bericht zufolge sollen Hunde dort (wo es vergleichsweise weniger streunende Hunde gibt) an etwa 2500 Unfälle mit Verletzungsfolge im Jahr beteiligt sein.
- Haustiere laden riesige Mengen Abfall in der Umwelt ab, einen großen Teil davon auf öffentlichen Plätzen und Wegen sowie auf dem Rasen des Nachbarn. Allein in den Vereinigten Staaten beläuft sich die Menge an Hundedreck auf etwa 11 000 Tonnen Kot und 36 Millionen Liter Urin täglich. Dieser Dreck kann bei so harmlosen Aktivitäten wie Spielen im Sandkasten und Gärtnern in verschmutzter Erde schädliche Organismen und Krankheiten auf den Menschen übertragen. Und er kann, wie wir alle wissen, einen schönen Rasen ruinieren.
- Hundebisse sind das am zweithäufigsten in den Vereinigten Staaten gemeldete Gesundheitsproblem. Mindestens eine Million Menschen werden jedes Jahr gebissen, wobei Behandlungskosten von etwa fünfzig Millionen Dollar entstehen. In diesen Zahlen sind die nicht gemeldeten Bisse noch nicht enthalten. Bei einer Untersuchung in Pittsburgh wurde festgestellt, daß die Menschen in einigen Stadtteilen genausoviel Angst davor hätten, von herumstreunenden Hunden gebissen zu werden, wie davor, überfallen und ausgeraubt zu werden. Es ist bekannt, daß große Hunde ältere Menschen mit Lebensmitteltüten und Kinder mit Schulverpflegung belästigen.
- Frei herumlaufende Hunde töten Wildtiere und Vieh (auch ich habe schon meinen Anteil an kleinen Hunden und Katzen behandelt, die von solchen Meuten fast zerrissen worden waren). Bei vielen dieser »wilden Bestien« handelt es sich um Haustiere, deren Besitzer keine Ahnung davon haben, was der Familienhund alles anstellt, wenn er sich am Nachmittag austobt.

- Nicht selten verletzen sich streunende Tiere selbst. Sie werden absichtlich oder zufällig vergiftet. Andere finden ein neues Zuhause im Forschungslabor, wo sie oft belanglosen und unnötigen Experimenten ausgesetzt werden, die qualvolle Schmerzen verursachen. Etwa 500 000 Hunde werden jährlich in amerikanischen Labors benutzt. Ein Großteil davon stammt von Dieben oder aus Zwingern, die nicht abgeholte Tiere ohne Marke nach kurzer Zeit »einschläfern« oder beseitigen.
- Auf sich allein gestellt, folgen nicht entsprechend behandelte Tiere ihrem Fortpflanzungstrieb. Der Wettstreit um verfügbare Partner kann zu gewalttätigen und manchmal tödlichen Kämpfen führen. Weil die Tiere so fruchtbar sind, haben sie mittlerweile ihren eigenen »Babyboom«. Von den etwa 35 Millionen Welpen, die jedes Jahr in den USA geboren werden, findet nur etwa jeder sechste ein Zuhause. Der Rest wird eingeschläfert (etwa 13,5 Millionen Tiere pro Jahr in Tierheimen) oder ausgesetzt, um einen langsameren und schmerzvolleren Tod durch Krankheit, Hunger, Durst und Unfälle zu sterben.
- Staatliche Versuche, mit dem Problem der Kontrolle über Tiere fertigzuwerden, bilden einen wesentlichen Ausgabenposten im Staatshaushalt und kosten den amerikanischen Steuerzahler etwa 500 Millionen Dollar im Jahr. Diese Zahl reicht nicht im geringsten an die privaten Kosten in Form von Zeit, Geld und psychologischem Streß heran.

Weil sie zumindest einige dieser Probleme sehen, halten viele Leute ihre Tiere die ganze Zeit im Haus oder im Zwinger. Aber eine übermäßige Einengung ist nicht fair gegenüber Tieren, und zwar besonders nicht gegenüber großen Hunden. Ununterbrochen frustriert durch die Unterdrückung ihrer forschenden Natur und der natürlichen Vorzüge von Sonnenschein, frischer Luft und Bewegung beraubt, sind viele übermäßig eingeengte Tiere anfälliger für psychologische und physische Probleme.

Wir wollen uns jetzt ein paar Möglichkeiten ansehen, Hunde so unter Kontrolle zu behalten, daß sie keine Belästigung für die Gemeinschaft werden und sich selbst nicht in Gefahr bringen.

Beaufsichtigung von Hunden

Die richtige Haltung eines Hundes bedeutet, daß Sie ihn auf Ihrem Grundstück und in der Öffentlichkeit unter Kontrolle halten. Im Idealfall sollte Ihr Hund Zugang zu einem fest eingezäunten Hof oder zu einem Zwinger haben, der groß genug ist, daß er darin herumlaufen kann. Sein Schlafplatz – im Haus oder in einer Hundehütte – sollte trocken, warm und ruhig sein.

Wenn Sie keinen eingezäunten Hof oder Zwinger haben, sollten Sie Ihren Hund nur angeleint oder unter Ihrer Aufsicht in einer sicheren, menschenleeren Gegend ohne Leine ins Freie lassen. Ihn an einem Pfahl festzubinden ist keine akzeptable Alternative. Die Kette verwickelt sich und schränkt den Auslauf des Hundes ein. Er wird dadurch unzufrieden, bellt, um sich zu beschweren, und bald beschweren sich dann auch die Nachbarn.

Weil Hunde gelegentlich entwischen, sollten Sie darauf achten, daß Ihrer eine gültige Hunde- und Erkennungsmarke trägt. Sollte Ihr Tier verlorengehen und eingefangen werden, ist die Hundemarke der Schlüssel für eine sichere Rückkehr und die beste Versicherung des Tieres davor, getötet zu werden, bevor Sie es zurückbekommen.

Geben Sie auf der Erkennungsmarke alle Daten an, die ein Fremder benötigt, um Sie zu finden: Telefonnummer bzw. Adresse. Man ist eher bereit, zur Rückgabe eines Tieres beizutragen, wenn man den Besitzer schnell und einfach erreichen kann. Ein Tier mit Marke hat auch bessere Aussicht, bei Verletzung die erforderliche medizinische Versorgung zu erhalten. Neben Marken mit eingravierten Daten können Sie auch ein provisorisches Schildchen herstellen, indem Sie Ihren Namen und Ihre Telefonnummer auf Klebeband schreiben und dieses Band am Hundehalsband befestigen.

Halten Sie Ihren Hund locker an der Leine, wenn Sie mit ihm spazierengehen (im Idealfall ist er so ausgebildet, daß er ruhig bei Fuß geht).

Wenn er wohlerzogen ist und aufs Wort folgt, können Sie ihn unter Ihrer Aufsicht in bestimmten Gegenden auch frei laufen lassen.

Ob mit oder ohne Leine, erlauben Sie Ihrem Hund nicht, Passanten oder Tiere anzuspringen. Beginnen Sie die Ausbildung damit, daß Sie ihm nicht gestatten, an Ihnen hochzuspringen. Um ihm Einhalt zu gebieten, wenn er springt, heben sie das Knie mit einem Ruck gegen seine Brust und sagen »Nein!«. Bitten Sie Ihren Freund, das gleiche zu tun. Der Hund wird es bald verstehen. Mit ein wenig anfänglicher Ausbildung, erlernbar durch ein Buch oder in einem Lehrgang, werden Ihre regelmäßigen gemeinsamen Spaziergänge bald kein Tauziehen mehr sein, sondern Spaß machen.

Ein Hund muß ein paar Grundregeln der menschlichen Gesellschaft lernen und beachten, so wie wir ein paar grundlegende Verhaltensregeln für Hunde lernen und beachten müssen (wie etwa »keine schlafenden Hunde wecken«). Zu Beginn seiner Ausbildung müssen Sie sich darüber im klaren sein, was gesellschaftlich akzeptabel ist und was nicht. Wenn Sie ihn nicht konsequent tadeln, wann immer er ein menschliches Recht verletzt – z. B. das Recht, friedlich eine öffentliche Straße entlangzuschlendern –, entschuldigen Sie ein gegen die Gesellschaft gerichtetes Verhalten, das andere Leute verständlicherweise aufbringt. Ich sage das, weil ich eine Menge Leute gesehen habe, die ruhig dabeistanden und anscheinend sogar nichts dagegen hatten, wenn ihre Hunde Fremde bedrohten, die rechtmäßig ihren Geschäften nachgingen. Vielleicht leben dermaßen aggressive Hunde in Wirklichkeit die unausgesprochene Haltung ihrer Besitzer gegenüber anderen Menschen aus. Es mag zwar natürlicher erscheinen, wenn ein Hund anstelle seines Besitzers einen Fremden anknurrt, ist aber trotzdem ein nicht akzeptables Verhalten.

Wie können wir einen Hund dahingehend ausbilden, daß er die unserer Ansicht nach notwendigen Verhaltensregeln versteht und respektiert? Im allgemeinen erfordert eine erfolgreiche Hundeausbildung Respekt, Liebe, Lob, Sanftheit und eine Haltung, mit der das Tier zur Zusammenarbeit ermutigt wird. Da Hunde bestrebt sind, ihren geliebten Besitzer zufriedenstellen, reagieren Sie in der Regel bereitwillig auf klare Anweisungen.

Fast immer ist es unnötig und psychologisch schädlich, einen Hund mit Drohungen und Schlägen zur Unterwerfung zu zwingen. Verwenden Sie nur die Mittel Lob und Belohnung, um erwünschtes Verhalten zuf fördern. Um den Hund von unerwünschtem Verhalten abzubringen, geben Sie ein festes Kommando wie »nein« oder »böser Hund« oder schlagen mit einer eingerollten Zeitung gegen Ihre Hand oder einen Tisch, aber nur in genau dem Augenblick, in dem er sich falsch benimmt, und nie, wenn er sich nur teilweise richtig verhält. Wenn sie ihn beispielsweise schelten, während er zu langsam auf Sie zukommt, könnte er den Eindruck bekommen, daß er überhaupt nicht kommen soll.

Manchmal könne physische Einwirkungen Ihnen dabei helfen, Ihre Botschaft »an den Hund« zu bringen, wie etwa bei der Ausbildungsmethode, mit der ein Hund davon abgebracht werden soll, zu bellen oder andere Tiere, Fußgänger, Radfahrer und Autos zu jagen. Das »Jagd«-Spiel ist nicht nur möglicherweise körperlich gefährlich oder gar tödlich, sondern kann auch böses Blut in der Nachbarschaft hervorrufen. Und folgendermaßen können Sie einem Hund diese schlechte Angewohnheit austreiben.

Befestigen Sie eine lange, leichte Schnur an seinem Halsband. Bitten Sie jemand, ihn aus Ihrem Hof zu locken, indem er ihn auf die Straße ruft, mit einem anderen Hund vorbeiläuft oder mit dem Fahrrad oder Auto vorbeifährt. Lassen Sie den Hund loslaufen. Wenn er die Hofgrenze erreicht, ziehen Sie hart an der Schnur und sagen mit fester Stimme »nein!«. Wenn er zurückkommt, loben und streicheln Sie ihn. Erzählen Sie ihm, wie schön es ist, hier im Hof zu bleiben, und wie sehr Sie das schätzen.

Wiederholen Sie die Prozedur mehrere Male an allen nicht eingezäunten Hofseiten, bis der Hund die Grenzen zu kennen scheint. Binden Sie die Schnur dann los und lassen Sie Ihren Helfer vorbeigehen. Wenn Ihr Hund aus dem Hof läuft, folgen Sie ihm, schelten Sie mit ihm und jagen ihn zurück. Sobald er die Hofgrenze überquert, loben Sie ihn, damit er erkennt, daß alles in Ordnung ist, solange er bleibt, wo er soll.

Wenn Ihr Hund nicht ermüdet ist und schnell lernt, lassen Sie Ihren Freund eine andere Versuchung ausprobieren (Auto, Fahrrad usw.). Wenn er sich jedoch nicht mehr konzentriert zeigt, sparen Sie sich den Rest für eine weitere Übungsstunde auf. Beenden Sie jeden Übungsabschnitt unmittelbar nach einer guten Leistung. Loben Sie den Hund und verabreichen Sie ihm eine Belohnung.

Das Problem der Tierpopulation

Bei Rüden ist das Verlangen, frei umherzustreifen, viel geringer, wenn sie kastriert sind. Dazu neigt das Tier dann weniger zu Kämpfen oder übermäßig aggressivem Verhalten, eine Eigenschaft, die auch Ihre Nachbarn zu schätzen wissen.

Wenn Sie ein weibliches Tier haben und ihm die Eierstöcke entfernen lassen, verhindern Sie, daß in der Läufigkeit rudelweise Rüden zur Invasion auf Ihren Besitz ansetzen, und halten Ihr Tier bei besserer Gesundheit und Kondition. Was aber noch wichtiger ist, Sie verhindern, daß noch mehr Welpen auf eine

Welt kommen, auf der es schon viel zu viele gibt. Beschäftigen wir uns noch etwas eingehender mit dem Thema der Geburtenkontrolle bei Tieren.

Warum erlauben die Leute ihren Tieren, sich fortzupflanzen, wenn schon zu viele Tiere geboren werden? Die folgenden Gründe werden mit am häufigsten angeführt:

- Die eigenen Kinder sollen den Vorgang erleben.
- Man glaubt, ein gutes Zuhause für den Wurf finden zu können, oder nimmt an, der örtliche Tierschutzverein würde dafür sorgen.
- Man macht sich Sorgen hinsichtlich der Kosten, Schmerzen und negativen gesundheitlichen Auswirkungen einer Eierstockentfernung oder Kastration.
- Man will etwas Geld verdienen, indem man reinrassige Tiere verkauft.

Wenn Sie an das unermeßliche Leid denken, das unerwünschten, heimatlosen Hunden und Katzen geschieht, ist keiner dieser Gründe sehr überzeugend. Es ist beispielsweise mit Sicherheit viel wichtiger, Kindern Verantwortungsbewußtsein gegenüber Tieren zu vermitteln, als noch mehr überschüssige Tiere auf die Welt zu bringen. Die Tierschutzvereine können gar nicht so vielen Tieren ein Zuhause verschaffen, wie sie erhalten. Und selbst wenn der Besitzer seine Tiere bei anderen Leuten unterbringen kann, wie viele sind dann ein der zwei Jahre später noch dort? Und wieviel Nachwuchs produzieren die dann? (Wenn eine Hündin und ihre Nachkommen sich frei fortpflanzen dürfen, können sie in nur fünf oder sechs Jahren Tausende von Tieren in die Welt setzen.) Und angenommen, Sie finden gute, verantwortungsbewußte Besitzer für alle Welpen – diese Leute könnten sonst Tiere aufnehmen, die ansonsten getötet würden, weil sie kein Heim haben.

Außerdem kann jeder, der angemessen für ein Tier sorgen kann, sich auch eine Eierstockentfernung oder Kastration bei seinem Tier leisten, die viel weniger kostet als ein vergleichbarer Eingriff beim Menschen. Informieren Sie sich beim örtlichen Tierschutzverein. Die Operation wird unter Betäubung schmerzlos von erfahrenen Tierärzten durchgeführt und ist ungefährlich. Sie verhindert nicht nur unerwünschten Nachwuchs und verringert die Neigung zum Streunen und Kämpfen, sondern beugt auch gesundheitlichen Problemen wie etwa Krebs der Fortpflanzungsorgane, Streß und Komplikationen aufgrund von Trächtigkeit sowie Abszessen und Verletzungen durch die Paarung vor. Entgegen der weitverbreiteten Meinung werden kastrierte Tiere nicht automatisch dick. Weil sie weniger aktiv sind, brauchen sie möglicherweise weniger Energie. Die Lösung besteht also einfach darin, weniger zu füttern.

Einzelheiten finden Sie in der Enzyklopädie unter dem Stichwort »Eierstockentfernung und Kastration«.

Statt einer Operation kann sich jedermann der altbewährten Methode der Geburtenkontrolle bei Tieren bedienen: Tür und Leine. Schließen Sie die Hündin in den zwei oder drei Wochen der Läufigkeit sicher ein!

Was den geldlichen Anreiz zur Züchtung von Tieren angeht, so bringen solche Unternehmungen oft nicht nur wenig Profit, sondern können sogar Geld kosten, weil die Gesundheit des Tieres durch wiederholte Geburten leidet. Die meisten

»Welpenfabriken«, die die riesige Menge der in den USA jährlich geworfenen Hunde um 2 500 000 Welpen vergrößern, sind faktisch nur Kleinbetriebe von Amateuren, deren Ignoranz und Sorglosigkeit bei der Züchtung eine direkte Ursache für einen Großteil des bei vielen Rassen anzutreffenden Anstiegs der vererbten gesundheitlichen Probleme bildet. Es muß einfach eine bessere Möglichkeit geben, ein paar Mark zusätzlich zu verdienen.

Gewiß verstehe und respektiere ich den Wunsch, seine Tiere Nachwuchs bekommen zu sehen. Aber anders als die meisten Menschen habe ich direkt mit dem Ausmaß und der täglichen Realität der Überbevölkerung unter den Tieren zu tun. Weil ich viel für einen Tierschutzverein mit angeschlossenem Tierheim arbeite, sehe ich die tragischen Resultate unkontrollierter Fortpflanzung.

Ich bezweifle, daß Sie jemals wieder den Wunsch hätten, daß Ihr Tier sich fortpflanzt, wenn ich Ihnen zeigen würde, was ich an jedem Tag, an dem ich dort arbeite, so sehe. Die reinen Zahlen sind niederschmetternd. Etwa siebzehn Millionen Tiere enden jedes Jahr in Tierheimen. Die Realität – in Fleisch und Blut, nicht in Form von abstrakten Statistiken – ist verheerend. Jeses einzelne Tier schaut Sie an, und jedes ist ein Individuum, das viel Liebe und Kraft geben kann. Und nur die wenigsten verlassen das Tierheim lebend.

Stellen Sie sich die emotionellen Probleme vor, denen sich das Tierheimpersonal gegenübersieht, wenn es die Tiere zu Hunderten, ja zu Tausenden töten muß; Tiere, die die Leute kennen- und lieben gelernt haben. Sie töten nur, weil sie keine andere humane Alternative haben. Ein schneller, schmerzloser Tod ist besser als Aussetzung, besser als Verhungern, besser als Vernachlässigung.

Nur wenn jeder, der ein Tier besitzt, die Verantwortung für dessen Fortpflanzung übernimmt, werden wir jemals das Ende der dadurch verursachten Leiden erleben.

Übermäßiger Lärm: So sorgt man für Ruhe

Nicht ganz so dramatisch wie die Überbevölkerung ist ein weiteres Problem in der Beziehung zwischen Mensch und Tier, mit dem die meisten von uns vertraut sind – Lärm. So wie ein rücksichtsvoller Mensch die empfindlichen Ohren eines Tieres nicht lautstarker Musik oder starkem Lärm aussetzt, sollte man es einem Tier nicht gestatten, zu einer Lärmbelästigung für Menschen zu werden. Ununterbrochenes Gebell kann jeden Menschen an den Rand eines Nervenzusammenbruchs bringen. Wenn Sie nicht sicher sind, ob Ihr Hund während Ihrer Abwesenheit endlos jault, winselt oder heult, fragen Sie Ihre Nachbarn. Die wissen es bestimmt!

Ein Hund, der jault, wenn er alleingelassen wird, ist in der Regel an viel Aufmerksamkeit und Verhätschelung gewöhnt. Es kann jedoch auch sein, daß seine Besitzer nur wenig Zeit für ihn haben und er einfach aufgrund mangelnder Gesellschaft frustriert ist. In einem solchen Fall kann man Abhilfe schaffen, indem man dem Hund einen Gefährten besorgt. Es ist aber auf jeden Fall eine gute Idee, einen Hund dahingehend auszubilden, daß er ruhig allein zu Hause bleibt. Hier ist eine gute Methode:

Fangen Sie mit der Ausbildung an, wenn Sie einmal den ganzen Tag über zu Hause sind. Nehmen Sie Ihren Hund morgens mit auf einen Spaziergang oder verschaffen Sie ihm sonstwie etwas Bewegung. Sperren Sie ihn dann allein in ein Zimmer. Geben Sie ihm einige seiner Lieblingsspielzeuge mit, damit er etwas zu tun hat. Erklären Sie ihm, Sie möchten, daß er eine Weile ruhig ist. Gehen Sie hinaus und schließen Sie die Tür. Wenn er zu bellen oder zu jaulen beginnt, schimpfen Sie mit ihm (durch die geschlossene Tür), und schlagen Sie notfalls kräftig gegen die Tür. Wenn das nicht funktioniert, gehen Sie kurz in das Zimmer und verabreichen ihm einen Klaps unter das Kinn. Beachten Sie ihn sonst nicht weiter.

Wenn er etwa eine Stunde lang ruhig geblieben ist, lassen Sie ihn heraus und loben ihn dafür, daß er so ein guter Hund ist, der so hübsch und ruhig allein in diesem sicheren und bequemen Zimmer bleiben kann. Lassen Sie ihn eine Stunde lang herumlaufen, wo er will, und sperren Sie ihn dann wieder in das Zimmer. Wiederholen Sie das Ganze und lassen Sie ihn wieder heraus, wenn er eine Stunde ruhig gewesen ist. Wiederholen Sie den Vorgang den ganzen Tag lang, und am Abend sollte Ihr Hund wissen, daß er Ihnen am besten gefällt, wenn er ruhig ist, wenn Sie ihn allein in einem Zimmer lassen. Und ein Hund will mit Ihnen zusammenarbeiten.

Als nächstes bringen Sie ihm bei, ruhig zu bleiben, wenn Sie das Haus verlassen. Erklären sie ihm wieder, Sie gingen eine Zeitlang weg und möchten, daß er ein artiger, ruhiger Hund sei (denken Sie an das Spielzeug). Kehren Sie nach kurzer Zeit zurück, um festzustellen, ob er ruhig ist. Wenn nicht, schimpfen Sie mit ihm oder schlagen Sie ihn leicht. Er wird die Sache schon bald begreifen, und Sie erwerben sich nicht nur den Dank Ihrer Nachbarn, sondern ersparen Ihrem Tier auch den Streß und die Belastung durch all das Japsen.

Wenn Ihr Hund zuviel bellt, auch wenn Sie zu Hause sind, liegt das in der Regel daran, daß er sich langweilt, weil er zu lange allein im Hof oder im Auslauf war. Nehmen Sie ihn morgens und abends zu Spaziergängen mit, damit er Bewegung und frische Luft bekommt, aber behalten Sie ihn im Haus, wenn Sie zu Hause sind. Lassen Sie ihn immer mal wieder kurze Zeit nach draußen, damit er frische Luft schnappen kann, und sorgen Sie dafür, daß er in dieser Zeit ruhig bleibt.

Ein Hund, der offen oder im stillen dazu ermutigt wird, Gebietsansprüche zu stellen oder ein »guter Wachhund« zu sein, ist natürlich auch ein aussichtsreicher Kandidat für übermäßiges Bellen. Um diesen Lärm zu bekämpfen, müssen Sie bei seiner Ausbildung deutlich und konsequent vorgehen. Bei ungewöhnlichen Geräuschen oder wenn Fremde sich dem Haus nähern, können Sie Ihrem Hund danken, wenn er zwei- oder dreimal warnend bellt, aber bringen Sie ihm bei, daß er anschließend ruhig zu sein hat und Ihnen das Feld überlassen muß.

Sorgen Sie möglichst dafür, daß Ihr Hund und der Postbote (oder andere häufig kommende Leute) sich kennenlernen, damit das Tier ihn nicht anbellt oder, noch schlimmer, zu beißen versucht. Bei nicht so häufig kommenden Besuchern wie Zählerablesern sollten Sie durch einen Anruf feststellen, wann sie kommen, und Ihren Hund dann im Haus halten oder woanders einschließen, damit er den armen Menschen nicht belästigt.

Hundebisse können schlimm sein. 1974 und 1975 wurden mindestens elf Amerikaner von Hunden aus der eigenen Familie oder von Hunden eines Nachbarn getötet (neun davon waren kleine Kinder). In den Vereinigten Staaten werden jährlich mindestens eine Million Hundebisse medizinisch behandelt; diese Bisse reichen von Zwickern in die Knöchel bis zu Verstümmelungen, die genäht oder chirurgisch wiederaufgebaut werden müssen.

Verhütung von Hundebissen

Ein Hund, der geärgert wird, frustriert oder zuviel sich selbst überlassen ist, kann sich zu einem Beißer entwickeln. Das gilt auch für viele Hunde aus »Welpenfabriken«, die im Frühstadium ihres Lebens nur minimalen Kontakt mit Menschen hatten. Dazu kommt, daß manche Rassen, wie etwa der Bernhardiner, durch die intensive Zucht aggressiver geworden sind.

Die bösartigsten Bisse stammen von Wachhunden und streunenden Hundemeuten, doch die Mehrheit der Bisse geht von Tieren aus, die den späteren Opfern bekannt sind und den Ruf haben, »lieb« zu sein. Ihr eigenes Kind könnte das Opfer eines solchen Tieres werden.

Abgesehen davon, daß Sie Ihrem Hund ausreichend Aufmerksamkeit widmen, ihn nicht ärgern und immer zurechtweisen, wenn er Sie im Spiel zwickt, können Sie noch weitere Maßnahmen ergreifen, um Hundebisse zu vermeiden. Achten Sie darauf, daß auch Ihr Kind weiß, was es zu tun hat. Wenn Sie Ihren Hund in einem Hof allein lassen, der von einem Zaun umgeben ist, durch den ein Nachbarkind greifen könnte, sprechen Sie mit den Eltern, um sicherzustellen, daß das Kind die möglichen Gefahren kennt. Bringen Sie notfalls ein Warnschild an.

Als erstes muß man wissen, wie man es vermeidet, einen Hund zu provozieren. Hier sind ein paar hilfreiche Hinweise:

- Stören Sie niemals einen Hund (auch den eigenen nicht), während er schläft oder frißt. Das ist ein ernsthaftes Vergehen gegen die Anstandsregeln unter Hunden.
- Dringen Sie nicht in das Privatgebiet eines eingesperrten Hundes ein. Neutrales Gebiet wie ein Park ist viel sicherer.
- Ärgern Sie niemals einen Hund, indem Sie Futter oder Spielzeug über ihm baumeln lassen. Ein spielerisches Zwicken kann leicht außer Kontrolle geraten. Halten Sie ein Tier, das frei sein möchte, nicht fest.
- Bringen Sie Ihren Kindern bei, keine fremden Hunde zu streicheln, und zwar besonders keine großen. Es könnte sich um einen ausgebildeten Wachhund handeln.
- Vermeiden Sie es, in der Gegenwart von Hunden hektisch zu schreien oder mit den Armen zu fuchteln. Kinder, die das tun, wenn sie Angst haben oder aufgeregt sind, können Hunde dadurch unabsichtlich provozieren.

Es ist auch hilfreich, zu wissen, wie man einen Hund besänftigt, der sich bedrohlich verhält. Um festzustellen, ob ein Hund es ernst meint oder nur im Spiel mit ihnen kämpfen will, müssen Sie ein paar Grundlagen der Hundekörpersprache lernen.

Ein freundlich gesinnter Hund vermeidet direkten Blickkontakt, schaut zur Seite, bietet seine Kehle dar und grinst vielleicht sogar. Er behält die Ohren angelegt, den Schwanz nach unten und den Körper niedrig am Boden. Wenn er seinen Kopf tiefer hält als den Schwanz und sich dabei zusammenkauert, herumspringt oder herumtobt, spielt er wahrscheinlich nur und stellt keine Bedrohung dar.

Ein möglicherweise gefährlicher Hund zeigt dagegen die folgenden Zeichen: aufwärts und nach vorn gerichtete Ohren, Knurren mit gebleckten Zähnen, hochstehende Schulter- und Rückenhaare. Noch bedrohlicher ist die Lage, wenn er die Beine versteift, ein Vorderbein hebt, uriniert, knurrt, Sie anstarrt und langsam seinen erhobenen bogenförmigen Schwanz hin und her bewegt. Ein Tier, das aus Angst beißt, zeigt möglicherweise ein Gemisch aus all diesen Zeichen, so daß Sie das Tier als ganzes sorgfältig beobachten und es vermeiden sollten, Hunde zu bedrohen, die sich Ihnen gegenüber argwöhnisch verhalten.

Ein freundlich gesinnter Hund (oben) meidet den Blickkontakt, läßt die Ohren hängen und grinst vielleicht sogar.

Einen gefährlichen Hund (unten) können Sie daran erkennen, daß er die Ohren nach vorn hält, die Zähne bleckt und die Haare an den Schultern aufstellt. Seien Sie besonders vorsichtig, wenn er die Beine versteift, Sie herausfordernd anblickt oder mit einem erhobenen, gekrümmten Schwanz wedelt.

Wenn ein Hund auf Sie zuläuft, bleiben Sie ruhig, drehen sich etwas zur Seite, sprechen besänftigend auf ihn ein, halten den Kopf etwas gesenkt und die Hände nach unten – alles Botschaften, daß Sie friedliche Absichten haben. Laufen Sie nicht weg, wenn Sie nicht absolut sicher sind, daß Sie sich in Sicherheit bringen können. Stellen Sie sich dem Hund nicht frontal entgegen, oder blicken Sie ihm nicht direkt in die Augen. Manche Tierärzte und Abrichter verwirren Hunde, die sich bedrohlich verhalten, damit, daß sie leise pfeifen oder in freundlichem Ton rufen.

Wenn ein Hund Sie beim Fahrradfahren verfolgt, fahren Sie langsamer, treten langsam weiter, sprechen besänftigend auf ihn ein und steigen ab, wenn Sie können. Gehen Sie ruhigen Schrittes weiter, ohne dem Hund den Rücken zuzuwenden.

Sollte ein Hund Sie beißen, bleiben Sie möglichst ruhig. Geschrei würde den Hund nur ängstigen und zu einem weiteren Biß provozieren. Versuchen Sie, ihm einen Gegenstand (Geldbeutel, Zeitung, Buch oder Jacke) vor die Schnauze zu halten, damit er außer Ihnen noch etwas anderes zum Beißen hat. Melden Sie den Vorfall sofort bei der Gesundheitsbehörde und stellen Sie die Identität des Hundes fest, wenn es geht. Waschen Sie die Wunde möglichst bald mit Wasser und Seife aus. Wenden Sie sich an Ihren Arzt, und zwar besonders, wenn die Möglichkeit besteht, daß der Hund die Tollwut hat.

Gute Hygiene: Eine grundlegende Notwendigkeit

Tiere suchen sich instinktiv abseits ihrer normalen Aufenthaltsorte zu erleichtern, was der Grund dafür ist, daß der Hof des Nachbarn oft als Lieblingstoilette herhalten muß. Sie können einen Hund von dieser Gewohnheit abbringen und dazu Ihrem eigenen Rasen einiges ersparen, indem sie dem Hund beibringen, einen bestimmten Bereich Ihres eigenen Hofes, etwa hinter der Garage oder bei bestimmten Büschen, zu benutzen.

Legen Sie etwas von seinem Kot dorthin und führen Sie ihn zu dieser Stelle, wenn es an der Zeit ist, daß er sein Geschäft erledigt. Loben Sie ihn begeistert, wenn er die Stelle benutzt. Entfernen Sie aus Bereichen, die der Hund nicht verschmutzen soll, sofort alle Exkremente und benutzten Sie notfalls ein hundeabweisendes Deodorant aus natürlichen Bestandteilen wie Zitrone, Zitronenöl, Eukalypteol, Geranienöl, Spanischem Pfeffer und Lavendelöl.

Sorgen Sie für eine regelmäßige Beseitigung angesammelter Tierexkremente. Kompostieren würde ich dazu nicht empfehlen, weil die Temperaturen dabei manchmal nicht hoch genug (60 °C) sind, um schädliche Organismen zu töten.

Sowohl die Gefahr einer Ausbreitung von Krankheiten als auch einfach der normale Anstand verlangen, daß Sie alle festen Abfälle, die Ihr Hund auf jemandes Rasen oder an öffentlichen Stellen hinterläßt, beseitigen. Es gibt verschiedene Apparate, mit denen Sie die Exkremente bequem aufnehmen und beseitigen können. Das ist zwar vielleicht nicht die einladendste Arbeit der Welt, aber für den, der auf der Straße hineintritt, ist es bestimmt auch kein Vergnügen.

Wir sollten davon ausgehen, daß tierische sich in nichts von menschlichen Exkrementen unterscheiden. Dann wird die Zuständigkeit für die Beseitigung viel deutlicher. Wir würden dann nicht mehr auf die andere Seite blicken, wenn ein Tier in der Öffentlichkeit seinen Darm entleert und der Besitzer nicht daran denkt, den Kot zu beseitigen.

Ich ging beispielsweise eines Tages am Ufer entlang, als zwei große Hunde vorbeiliefen. Kurz darauf setzte einer der beiden einen riesigen Haufen direkt am Wasser in den Sand, und zwar ganz in der Nähe von spielenden Kindern. Das Paar, das mit den Hunden spazierenging, lächelte nachsichtig und machte keine Anstalten, den Dreck zu beseitigen. Ein Rettungsschwimmer ging zu den beiden und wies sie darauf hin, daß am Strand Hundeverbot herrschte (wie aus den aufgestellten Schildern deutlich hervorging). Das Paar protestierte entrüstet, und es kam augenscheinlich zu einem Kompromiß. Der Rettungsschwimmer ging weg, und die Leute setzten mit ihren Hunden ihren Spaziergang fort. In der Zwischenzeit wurden die Exkremente nach und nach vom Wasser weggespült.

Was können wir tun, um die Verschmutzung unserer Parks und die sorglose Verbreitung von Krankheiten zu verhindern? Diese Verbreitung findet nämlich wirklich statt! Zum großen Teil aufgrund der wachsenden Zahl von Hunden hat sich in den letzten Jahren ein alarmierender Anstieg solcher Krankheiten gezeigt. Manche Leute mit Haustieren spielen das Problem zwar herunter, aber nach Meinung der Gesundheitsbehörden bilden Krankheiten, die von Tieren auf Menschen übertragen werden können, eine ernsthafte Gefahr. Die beste Behandlung ist die Vorsorge – durch entsprechende Hygiene, Verhütung von Bissen und Kratzwunden und Gesunderhaltung des Tieres. Wenn Sie vernünftige Vorsorgemaßnahmen treffen, breiten sich die Krankheiten nicht aus.

Ansteckungsgefahr durch Tiere kennen und meiden

Die meisten von Hunden übertragenen Krankheiten fallen in drei Gruppen, und zwar nach der Art der Übertragung und daher der Art ihrer Bekämpfung. Wir wollen uns dementsprechend diejenigen Krankheiten ansehen, die (1) durch Kot oder Urin, (2) durch Haut- und Haarkontakt und (3) durch Bisse und Kratzer übertragen werden.

DURCH KOT ODER URIN ÜBERTRAGENE KRANKHEITEN

Hakenwürmer (larva migrans cutana): Hakenwürmer sind Parasiten ähnlich wie der Menschenspulwurm, gelangen aber auf andere Weise in den Körper. Die Larven des Hundehakenwurms durchdringen die Haut an den Stellen, an denen sie mit kotverseuchter Erde oder Sand in Berührung gekommen ist. Die Parasiten geben zwar ihr Bestes, sind aber für das Leben im Menschen nicht so recht geeignet und sterben, nachdem sie ein paar Zentimeter unter die Haut vorgedrungen sind. Die Entzündung wird als Hautmaulwurf bezeichnet und geht nach mehreren Wochen oder Monaten zu Ende.

Leptospirose: Diese ernsthafte bakterielle Erkrankung zieht man sich in der Regel zu, wenn man in mit tierischem Urin verseuchtem Wasser schwimmt oder sonstwie damit in Berührung kommt. Sie findet sich bei vielen Tieren, besonders bei Ratten. Haustiere können sie bekommen, wenn sie verseuchtes Oberflächenwasser trinken (oder von ihrem Fell ablecken) oder etwas fressen, auf das Ratten uriniert haben.

Beim Menschen ähnelt die Erkrankung einer Grippe, mit Fieber, Kopfschmerzen, Erkältung, Müdigkeit, Erbrechen und Muskelschmerzen. Zusätzlich kann es zu Entzündungen der Augen und der Membranen um Gehirn und Rückenmark kommen. Manchmal werden Leber und Nieren geschädigt. Zu Todesfällen kommt es relativ selten, die Patienten fühlen sich aber zwei oder drei Wochen lang ziemlich elend.

Spulwürmer (Toxocara canis, Toxocara cati): Wenn diese häufig anzutreffenden Hunde- und Katzenparasiten von Kindern verschluckt werden, wandern sie durch das Körpergewebe und verursachen unter anderem Lebervergrößerung und Fieber. Diese Symptome können bis zu einem Jahr anhalten. Bei manchen Kindern dringen die Larven ins Auge ein und führen zur Entzündung. Augenveränderungen, die fälschlich für frühe Anzeichen von Krebs gehalten wurden, haben schon zu unnötiger chirurgischer Entfernung des Auges geführt.

Die Ansteckung mit diesen Würmern erfolgt über deren Eier, die sich über mehrere Wochen im Boden entwickeln, wo ein Tier seinen Darm entleert hat. Wenn ein Kind dort spielt und seine schmutzigen Hände in den Mund steckt, verschluckt es die Eier und infiziert sich. Das ist der Grund dafür, daß Spulwürmer am häufigsten bei Kindern im Alter von zwei bis vier Jahren auftreten. Die Krankheit verläuft nur selten tödlich. Sie zeigt sich überwiegend in der abgeschwächten und langdauernden Form.

Bandwürmer (Dipylidium caninum): Haustiere können sich einen Bandwurm holen, wenn sie Flöhe verschlucken, die die infektiöse Form tragen. Bei Kindern kann das gleiche passieren, wenn sie den Kopf im Fell des Tieres vergraben und dabei einen Floh verschlucken oder wenn ein Tier mit einem Floh auf der Zunge ihnen über den Mund leckt. Im Vergleich zu anderen Bandwürmern, die man sich durch nicht ausreichend gekochtes Rind- oder Schweinefleisch holen kann, treten diese Bandwürmer beim Menschen jedoch nur selten auf.

Toxoplasmose: Diese Infektionskrankheit (gegen die viele Menschen eine natürliche Resistenz entwickeln) kann in seltenen Fällen bei Erwachsenen tödlich verlaufen. Häufiger verursacht die Mißbildungen bei Kindern von Frauen, die sich zum ersten Mal während der Schwangerschaft (bevor sie immun dagegen geworden sind) infiziert haben. Toxoplasmose kann nach neueren Erkenntnissen kaum durch Hunde, sondern vorwiegend durch Katzen auf den Menschen übertragen werden.

VERHÜTUNG VON DURCH AUSSCHEIDUNGEN ÜBERTRAGENEN KRANKHEITEN

Außer den Kot Ihres Tieres zu beseitigen, sollten Sie zu Ihrer eigenen Sicherheit ein paar einfache Vorsichtsmaßnahmen treffen. Waschen Sie sich die Hände, wenn Sie mit Erde in Berührung gekommen sind, auf der sich ein Tier erleichtert haben könnte. Gehen Sie auf solcher Erde nicht barfuß, und zwar besonders nicht in warmen Gegenden, wo Hakenwürmer blühen und gedeihen. Bringen Sie Ihren Kindern die gleichen Vorsichtsmaßnahmen bei. Erinnern Sie sie auch daran, sich vor dem Essen die Hände zu waschen und die Finger nicht in den Mund zu stecken, wenn sie mit Tieren oder auf möglicherweise verschmutztem Boden spielen.

Baden Sie Ihren Hund, wenn er in einem möglicherweise mit Leptospirosebakterien verseuchten Teich, Bach oder sonstigem Gewässer geschwommen oder gewatet ist.

ERKRANKUNGEN DURCH HAUT- UND HAARKONTAKT

Flöhe: Der gewöhnliche Floh beißt auch Menschen. Flöhe bevorzugen zwar Tiere, machen sich aber ohne Gewissensbisse auch an Menschen heran. Am schlimmsten ist die Flohplage oft in Häusern, in denen früher Tiere gelebt haben, die aber dann eine Zeitlang leergestanden haben. Viele Jungflöhe, die gerade geschlüpft sind, haben dann Hunger.

Scherpilzflechte (Microsporum canis): Verursacht durch einen Pilz, der Haut und Haare angreift, zeigt sich die Scherpilzflechte beim Menschen oft als kreisrunde, schuppige, rote Stellen. Wenn der Organismus wächst, breiten sich diese Stellen kreisförmig aus – wie die Wellen, die entstehen, wenn man einen Stein ins Wasser wirft. Bei Hunden sind die betroffenen Stellen haarlos, verdickt, schorfig und entzündet. Sie sind in der Regel scheibenförmig und haben einen Durchmesser von etwa 2,5 cm oder mehr. Am häufigsten wird die Scherpilzflechte aber durch Katzen übertragen, die oft nur sehr wenige sichtbare Symptome zeigen (auch Hunde können die Sporen ohne sichtbare Zeichen tragen).

Kinder sind anfälliger für Scherpilzflechte als Erwachsene, obgleich man sie in jedem Alter bekommen kann. Die Krankheit ist im Zunehmen begriffen und mittlerweile die am häufigsten gemeldete Pilzerkrankung.

Die Ansteckung mit Fleckfieber erfolgt am häufigsten durch den Biß einer infizierten Zecke. Tiere bringen diese Zecken schnell ins Haus oder in den Hof, wo Menschen dann später gebissen werden können (alle jungen Zecken sind ebenfalls infiziert). Außerdem können Sie sich infizieren, wenn Sie Ihr Tier von einer Zecke befreien. wenn der Körper zerdrückt oder der Darminhalt freigesetzt wird, kann es zu einer Infektion kommen. Seien Sie also bei der Zeckenentfernung vorsichtig oder tragen Sie Handschuhe dabei.

Scabies (sarcoptische Räude): Bei Hunden tritt diese Form der Räude weniger oft auf als die demodectische (»rote«) Räude. Sie kommt jedoch auch bei Hunden vor und verursacht starken Juckreiz, Entzündung und Verdickung der Haut. Menschen infizieren sich durch Berührung – in der Regel, indem sie das Tier an den Körper halten. Das Resultat ist ein intensives Jucken, und zwar besonders nachts und an den Stellen, die am meisten mit dem Tier in Berührung gekommen sind (wie Innenseiten der Arme, Hüfte, Brust, Hände und Handgelenke). Die tierische Krätzmilbe kann zwar in menschlicher Haut leben, sich dort aber nicht vermehren. Das Problem löst sich also schließlich von allein, wenn es nicht erneut zur Infektion kommt. Sie sollten noch wissen, daß wir Menschen unsere eigenen Krätzmilben haben, die uns lange Zeit Ärger bereiten können.

VERHÜTUNG VON DURCH HAUT- UND HAARKONTAKT ÜBERTRAGENEN KRANKHEITEN

Bei einem gesunden Tier ist die Wahrscheinlichkeit geringer, daß es Parasiten wie Flöhe, Scherpilzflechte und Krätzmilben beherbergt. Richtige Ernährung und Pflege sind daher für Sie und Ihr Tier wichtige Vorsorgemaßnahmen. Außerdem bekommen Sie durch häufige Pflege und regelmäßiges Nachsehen in Verbindung mit Abwehrmitteln auf Kräuterbasis die meisten dieser Probleme frühzeitig in den Griff. Seien Sie besonders auf der Hut, wenn Ihr Tier (1) Kontakt mit anderen Tieren hatte (Flöhe, Scherpilzflechte, Räude), wenn es (2) gestreßt ist (als Folge von Krankheit, emotioneller Verwirrung oder Aufenthalt in einem Zwinger) oder wenn es (3) frei in Wald und Feld gestreunt hat (Zecken).

Tiere zu liebkosen und den Kopf in ihrem Fell zu vergraben, kann viel Spaß machen, aber wenn Sie das häufig tun, gehen Sie ein Risiko ein, falls Ihr Tier diese Krankheitserreger trägt. Waschen Sie sich nach jedem längeren Kontakt die Hände. Berühren Sie ein Tier mit Scherpilzflechte möglichst wenig. Da aktive Scherpilzsporen auch auf ausgefallenen Haaren sitzen können, sollten Sie das Haus sauberhalten, wenn Ihr Tier infiziert ist (oder das Tier im Freien lassen, bis es geheilt ist). Meiden Sie den körperlichen Kontakt mit einem Tier, das von Milben der Familie Sarcoptidae befallen ist, und lassen Sie es nicht auf Ihrem Bettzeug, Ihren Kleidungsstücken oder Ihren Handtüchern schlafen.

ERKRANKUNGEN AUFGRUND VON BISSEN UND KRATZERN

Tollwut: Jeder kennt diese Seuche und die hohe Sterblichkeitsrate unter den Betroffenen (praktisch 100 Prozent, sobald die klinischen Symptome auftreten). Die durch einen Virus im Speichel eines zubeißenden Tieres verursachte Tollwut wandert innerhalb von Tagen oder Wochen von der Bißstelle bis zum Gehirn. Dort verursacht sie schwere Entzündungen mit Symptomen wie Konvulsion, Hysterie und Schaum vor dem Mund. Die häufigsten Verursacher von Tollwut beim Menschen sind Füchse und Hunde, wobei aber fast alle warmblütigen Lebewesen an der Seuche erkranken und sie übertragen können.

Ein Tier mit klinischen Anzeichen für Tollwut zeigt ein eigentümliches und auffälliges Verhalten. Wildtiere nähern sich beispielsweise ohne Scheu oder sind träge und fallen leicht Autos zum Opfer. Hunde können Persönlichkeitsveränderungen zeigen, indem sie sich ungewöhnlich freundlich benehmen oder an dunklen Stellen verstecken. Schließlich kommt es zu taumelndem Gang, glasigen Augen und Aggressivität – dem Klischee des tollwütigen Hundes.

Rufen Sie die Gesundheitsbehörde oder die Polizei an, wenn Sie einen Hund oder ein Wildtier mit solchen Symptomen sehen. Eine Komplikation besteht darin, daß ein Hund mehrere Tage vor dem Auftreten klinischer Zeichen den Virus durch einen Biß (oder einen mit Speichel verschmutzten Kratzer) übertragen kann. Wenn Sie also von einem streunenden Hund oder einem Wildtier gebissen werden, sollten Sie versuchen, es untersuchen zu lassen. Wenn Sie das Tier töten müssen, dürfen Sie den Kopf nicht verletzen. Er wird für die Untersuchung gebraucht.

Bei einem lebenden Tier beginnt die Untersuchung damit, daß es zehn Tage in Quarantäne kommt und von einem Tierarzt beobachtet wird. Wenn Tollwutsymptome auftreten, wird das Tier getötet und sein Gehirn zur Verifizierung des Tollwutverdachts an ein Labor gesandt.

Wenn Sie gebissen werden, waschen Sie die Wunde sorgfältig mit Wasser und Seife aus. Tun Sie das möglichst bald und setzen Sie sich mit Ihrem Arzt in Verbindung. Die Möglichkeit, daß Sie an Tollwut erkranken, ist ziemlich gering. Nur etwa dreißig Prozent der Leute, die von tollwütigen Tieren gebissen und nicht behandelt werden, erkrankten tatsächlich an Tollwut, und Hundebisse sind nur für einen geringen Teil der Tollwutfälle verantwortlich. Jährlich müssen etwa 35 000 Amerikaner auf Tollwut hin behandelt werden.

VERHÜTUNG VON KRANKHEITEN AUFGRUND VON BISSEN UND KRATZERN

Im allgemeinen verringert eine Reduzierung des Kontakts zwischen Ihrem Tier und streunenden sowie kranken Wildtieren die Gefahr, daß Ihr Tier all die verschiedenen Parasiten und Organismen von weniger gesunden Tieren aufnimmt. Was aber noch besser ist, füttern Sie das Tier mit gesunder Kost, bewegen Sie es täglich und halten Sie es insgesamt in einem derartigen Topzustand, daß die meisten Möchtegerninvasoren es sich zweimal überlegen, Ihr Tier zu ihrer Heimat zu machen.

Kapitel 12

Lebensumstände: Tips für besondere Situationen

Das Leben bringt heutzutage oft Umstände mit sich, aus denen sich für Menschen und ihre Tiere besondere Probleme ergeben. Der Streß von Reise und Umzug, die Leichtigkeit, mit der ein Tier im Labyrinth der Stadt verlorengehen kann, oder die Gefahren durch einige im Haus gebräuchliche Apparate sind typische Beispiele dafür. Wir wollen uns ein paar Möglichkeiten ansehen, das Leben für alle Betroffenen etwas einfacher zu machen.

Urlaub und Reise

Seit der Erfindung von Eisenbahn und Auto ist unsere Gesellschaft äußerst mobil. Für die meisten von uns sind lange oder kurze Reisen ein fester Bestandteil des Lebens. Ob Ihr vierbeiniger Freund Sie nun dabei begleitet oder ob er zu Hause bleibt, Sie müssen sich ein paar Gedanken über seine speziellen Bedürfnisse in einer solchen Zeit machen.

Wenn Sie beispielsweise länger als ein paar Tage verreisen, könnte Ihr Tier sich über Ihre Abwesenheit grämen, weil es nicht weiß, daß Sie bald zurückkommen wollen. Eine lange Abwesenheit kann manchmal – besonders bei Hunden – eine derartige emotionelle Verwirrung auslösen, daß das Tier nicht in der Lage ist, auf Ihre Rückkehr mit vollkommener Zufriedenheit zu reagieren, und möglicherweise Wochen braucht, um seine frühere Lebhaftigkeit zurückzugewinnen.

Manche Besitzer fürchten auch, das könnte für ein geschwächtes Tier den Anfang vom Ende bedeuten. Jemand schrieb mir:

> Mein Hund Lassie wird bald 18. In den vergangenen beiden Jahren hatten wir familiäre Sorgen einschließlich Todesfälle, und jetzt planen mein Mann und ich eine zehntägige Reise, die wir unserer eigenen Gesundheit zuliebe machen müssen. Wir müssen Lassie in einen Zwinger geben. In einem Buch habe ich gelesen, daß ein alter Hund, den man für die Zeit seiner eigenen Abwesenheit in einen Zwinger gibt, bei der Rückkehr tot sein kann. Das macht uns fürchterliche Sorgen, weil Lassie so an uns gewöhnt ist. Können Sie uns sagen, was wir mit unserem wundervollen Hund machen sollen, der uns so gut gedient hat?

Ich kann die unerfreuliche Lage dieser Leute nachfühlen. Lassie würde nicht nur ihre Gefährten vermissen, sondern käme auch noch in einen fremden und vielleicht ungemütlichen Auslauf oder Zwinger, umgeben von bellenden und winselnden Tieren, die ihre Ruhe stören würden. Sie würde möglicherweise das ihr angebotene Futter nicht annehmen und könnte aufgrund ihres gestreßten und geschwächten Zustands für Krankheiten wie den »Zwingerhusten« anfällig sein. Selbst jüngeren Tieren bekommt ein Zwingeraufenthalt oft nicht gut. Aber auf der anderen Seite muß der Mensch manchmal aus dem täglichen Trott ausbrechen und kann sein Tier nicht immer mitnehmen.

Obgleich diese Möglichkeit bei mir selbst nicht an erster Stelle käme, lassen sich viele Tiere erfolgreich in einem Zwinger unterbringen, wenn er unter verantwortungsbewußter Leitung steht und wenn der Aufenthalt nicht übermäßig lang dauert. Sie sollten sich die Anlage persönlich genau ansehen, bevor Sie Ihr Tier dort in Pflege geben. Achten Sie auf Dinge wie das Maß an Privatsphäre (hat jedes Tier einen eigenen ruhigen Platz zum Ausruhen?), die Hygiene, den Geräuschpegel sowie das Vorhandensein von Sonnenlicht, Auslauf, frischer Luft, Wasser, gutem Futter und medizinischer Behandlung für den Notfall.

Wenn Ihr Tier geschwächt ist, wenn Sie lange Zeit verreisen wollen oder wenn Sie einfach eine bessere Alternative wollen, gibt es eine andere Möglichkeit, die viele Menschen und Tiere brauchbar finden, nämlich jemanden zu suchen, der Tiere mag und sich freuen würde, für Ihr Tier zu sorgen – entweder in Ihrem Haus (indem er ein oder zwei Mal am Tag vorbeikommt, um das Tier zu füttern, zu pflegen oder zu bewegen) oder bei sich selbst (wenn er ausreichend Platz und keine eigenen Tiere hat, die ihr Territorium gewaltsam gegen Ihr Tier verteidigen würden). Sie müssen sich Ihr eigenes Urteil bilden, wo Ihr Tier aufgrund seiner Persönlichkeit und seiner Gewohnheiten am besten aufgehoben ist. Ein freundlicher und geselliger Hund wird möglicherweise die größere Geselligkeit im Hause eines »Ersatzherrchens« vorzieht.

Ein idealer Urlaubsvertreter für Sie wäre ein guter Freund, Nachbar oder Verwandter, der das Tier bereits kennt und mag und seine Pflege nicht als Zumutung betrachten würde (dieser Aspekt ist wichtig). Sie könnten sich auch an Jugendliche wenden, die einen Ferienjob suchen, an Studenten, die ein Tiermedizinpraktikum absolvieren, an Freiwillige vom Tierschutzverein oder an Rentner, die Sie durch die Altenbetreuungsstellen der Gemeinde ausfindig machen können.

Hier sind noch ein paar Tips, damit der ganze Vorgang ohne Probleme abläuft:

- Bieten Sie Ihrem Urlaubsvertreter eine Bezahlung an, die ausreicht, um ihm eine Vorstellung davon zu vermitteln, welchen Wert das Tier für Sie besitzt.
- Machen Sie den Vertreter und Ihr Tier vor Ihrer Abreise miteinander bekannt (wenn Sie sich nicht schon kennen). Der Betreffende könnte das Tier auf ein paar Spaziergänge mitnehmen, es baden oder für ein paar Stunden besuchen. Besonders alten oder leicht erregbaren Tieren nehmen Sie durch solche Vorbereitungen viel von dem Streß und der Sorge.
- Stellen Sie sicher, daß Ihr Vertreter für ausreichend Futter, Wasser, Bewegung und Aufmerksamkeit sorgt und daß er das Geld und die nötigen Anweisungen bekommt, um das Tier bei Krankheit oder in einem Notfall zum Tierarzt zu bringen. Sie können ein paar Mahlzeiten aus Naturkost vorbereiten und einfrieren, die Ihr Vertreter dann nur aufzutauen braucht. Sie können aber auch vorübergehend auf Fertigfutter ausweichen (vorzugsweise Futter ohne künstliche Zusätze, wie es in Naturkostläden verkauft wird).
- Beginnen Sie etwa eine Woche vor der Reise damit, viele potentielle Probleme aus dem Weg zu räumen, indem Sie dafür sorgen, daß Ihr Tier die folgenden Zusätze erhält, die in jeder Situation mit physischem oder emotionellem Streß hilfreich sind: Eine ganze Vitamin-B-Komplex-Tablette (mit B_2, B_6 und Pantothensäure in einer Menge von 5 bis 15 mg, je nach Größe des Tieres) bzw. reichlich Nährhefe im Futter. Verabreichen Sie außerdem besonders nach der streßbelasteten Periode und über den Tag verteilt 1 bis 2 g Vitamin C. Geben Sie die Zusätze nach Ihrer Rückkehr noch etwa eine Woche lang weiter.

Ob Sie Ihr Tier nun bei einem Urlaubsvertreter lassen oder in einem Zwinger, verabschieden Sie sich ruhig und unbesorgt von ihm, wenn es an der Zeit ist. Tiere spüren die Gefühle von Menschen. Wenn Sie dabei nervös oder beunruhigt sind, beginnt der Aufenthalt des Tieres möglicherweise mit einem Mißklang. Wenn Sie wollen, können Sie dem Tier sogar in die Augen blicken und sich dabei ein glückliches Wiedersehen vorstellen. Sobald Sie gegangen sind, machen Sie sich keine unnötigen Sorgen. Sie haben getan, was Sie konnten.

Gelegentliche Abwesenheit sollte mit ein wenig Nachdenken kein Problem darstellen. Ich habe jedoch eine Reihe von Tieren gesehen, bei denen schwierige gesundheitliche Probleme auftraten, nachdem sie von ihrem Besitzer, der vom Wandertrieb gepackt war oder sich mit anderen Dingen beschäftigte, bei denen er kein Tier gebrauchen konnte, von einem vorübergehenden Heim zum anderen weitergegeben wurden. Ich bin der Meinung, daß das Tier in einigen dieser Fälle besser dran wäre, wenn der Besitzer es in ein dauerhaftes und gutes Heim gäbe.

TIPS FÜR DIE REISE

Wie ist es nun, wenn man ein Tier mit in den Urlaub nimmt? Es steht fest, daß sowohl Hunde als auch Katzen das Abenteuer genießen können. Sie geben sogar ausgezeichnete Reisegefährten ab, wenn sie im Prinzip gesittet und sowohl psychisch als auch physisch gesund sind. Gewisse Vorsichtsmaßnahmen und Überlegungen sollten Sie jedoch anstellen.

□ *Achten Sie darauf, daß Ihr Tier eine gültige Erkennungsmarke trägt.* Sollten Sie aus irgendeinem Grund getrennt werden, brauchen Sie etwas, mit dem man Sie erreichen kann. In vielen Tierhandlungen gibt es wasserdichte Erkennungsmarken in Form von Fäßchen, in die Sie ein kleines Stück Papier einlegen können. Darauf schreiben Sie die Telefonnummer eines Freundes oder Verwandten, über den jemand, der das Tier findet, sich mit Ihnen in Verbindung setzen kann, oder die Telefonnummer, unter der Sie vorübergehend zu erreichen sind.

□ *Verschaffen Sie Ihrem Tier bei langen Autofahrten Bewegung.* Bei Hunden ist täglich mindestens eine halbe Stunde kräftige Bewegung in Form von Stöckchenholen oder gemeinsamem Laufen wichtig. Sorgen Sie dafür, daß die Gegend ungefährlich ist und der Hund auf Kommando zurückkommt, wenn Sie ihn frei laufen lassen.

□ *Lassen Sie ein Tier an heißen Tagen niemals in einem fest verschlossenen Wagen.* In einem geschlossenen Wagen, der wie ein Backofen wirkt, wird es sehr schnell so warm, daß das Tier einen Hitzschlag erleiden kann. Dadurch kann es zu ernsthaften Gehirnschädigungen und sogar zum Tod kommen. Für den Fall, daß dieses Problem jemals auftreten sollte, finden Sie Erste-Hilfe-Maßnahmen im Ratgeber für Notfälle.

□ *Nehmen Sie vertraute Dinge mit.* Durch einen Korb oder ein Stück Bettzeug von zu Hause fühlt ein Tier sich sicherer und wohler. Sie können auch etwas Lieblingsspielzeug mitnehmen, damit das Tier etwas zu tun hat.

□ *Geben Sie Futterzusätze.* Wenn es sich machen läßt, sollten Sie Ihr Tier während der Reise gut zu füttern versuchen. Verwenden Sie fertiges Gesundheitsfutter, wenn es sein muß, aber geben Sie nach Möglichkeit auch die empfohlenen Zusätze. Wie bei den Tieren, die zu Hause bleiben, unterstützen Vitamin C und der Vitamin-B-Komplex auch Tiere auf der Reise gegen Streß.

□ *Treffen Sie Vorbereitungen gegen Reisekrankheiten.* Reisende Tiere leiden oft unter Verstopfung. Die Ursachen dafür sind Mangel an Bewegung oder Wasser, seltene Fahrtunterbrechungen oder Beunruhigung über fremde, neue Gebiete. Hunde sollten Sie (angeleint) aus dem Wagen lassen; zur Benutzung in öffentlichen Parks, Städten, auf Hotelgrundstücken und an Stränden sollen Sie Wegwerfbeutel und eine kleine Schaufel mitführen. Eine vorübergehende Verstopfung bildet kein ernsthaftes Problem und sollte bald vorübergehen. Vorbeugend können Sie Ihr Tier mit Feigen, Pflaumen und Rosinen sowie je nach Jahreszeit mit frischen Beeren und Früchten füttern.

Zwei weitere, häufig anzutreffende Probleme sind Kinetose und Augenreizungen. Manchen Tieren wird es bei Autofahrten oder Flügen sehr übel, und sie erbrechen oder bekommen übermäßigen Speichelfluß oder beides. Vitamin-B-Komplex-Tabletten verhindern die Übelkeit. Außerdem sollte sich das Tier auf den Boden des Wagens legen. Geben Sie ihm etwas Pfefferminztee oder ein paar Pfefferminzkapseln, wenn es zur Kinetose kommt. Gelegentlich erweist es sich als ratsam, ein anfälliges Tier am Tag vor der Abreise und am ersten Reisetag fasten zu lassen. Eine vierundzwanzigstündige Hungerkur vor der Reise erspart einem in öffentlichen Verkehrsmitteln beförderten Tier im allgemeinen auch das Problem, sich mit den eigenen Exkrementen zu verschmutzen.

Zu Augenreizungen kann es bei Hunden kommen, die gern den Kopf aus dem Autofenster halten, um alle die interessanten Gerüche aufzunehmen, die da vorbeifliegen. Bei hoher Geschwindigkeit dringen manchmal Staub und Fremdkörper in die Augen ein, zerkratzen die Hornhaut und reizen empfindliche Membranen. Bei leichten Augenreizungen habe ich gute Erfahrungen gemacht mit einem Tropfen Rizinusöl (oder Olivenöl bzw. Lebertran) je Auge. Wenn die Hornhaut ernsthaft verletzt ist, hat das Tier das Auge die meiste Zeit geschlossen. Wenden Sie sich in einem solchen Fall an den Tierarzt.

□ *Nehmen Sie gegebenenfalls ein Gesundheitszeugnis mit.* Besorgen Sie sich von Ihrem Tierarzt ein Gesundheitszeugnis, aus dem hervorgeht, daß Ihr Tier keine übertragbaren Krankheiten hat, und das Sie bei Bedarf den Gesundheitsbehörden vorlegen können. Ein solches Dokument brauchen Sie bei vielen Auslandsreisen (neben dem Impfpaß).

□ *Respektieren Sie Hotel- und Campingeinrichtungen.* Besitzer wie auch Gäste von Übernachtungseinrichtungen sind eher geneigt, Ihr Tier willkommen zu heißen, wenn Sie Ihre Absicht erklären, sich an die folgenden Grundregeln zu halten, und dann zu Ihrem Wort stehen.

1. Lassen Sie ihren Hund nicht allein in einem Hotelzimmer (er könnte bellen und die Einrichtung anknabbern), sondern im Auto; lassen Sie dabei das Fenster einen Spalt offen, damit sich kein Hitzestau ergibt.
2. Nehmen Sie einen Beutel und eine kleine Schaufel mit, um jeglichen Unrat drinnen und draußen immer beseitigen zu können.
3. Lassen Sie Ihr Tier kastrieren oder sterilisieren. Das verringert nicht nur das Herumstreunen und Markieren von Gebieten, sondern beseitigt auch die Sexualmarkierungen, die Ihr Tier und andere als Reaktion darauf auf dem Grundstück hinterlassen.
4. Leinen Sie das Tier jederzeit an, damit es nicht durch die Blumenbeete saust oder andere Gäste stört.

Diese Richtlinien sollten Sie auch befolgen, wenn Sie Freunde besuchen.

Tiere und Umzug

Neben den gewohnten Hin- und Rückreisen gibt es jährlich viele bedeutsame Reisen, die nur in eine Richtung führen – Umzüge an einen neuen Wohnort. Das bedeutet eine Menge von Tieren, die ihre Wurzeln lösen und wieder ganz von vorn damit beginnen müssen, sich an ein neues Territorium zu gewöhnen und ihre Ansprüche darauf geltend zu machen sowie neuen Herausforderungen zu begegnen.

Durch einen Umzug verliert ein Tier leicht die Orientierung, läuft davon, verirrt sich in seiner Verwirrung und findet den Weg zurück nach Hause nicht mehr. Achten Sie bei einem Umzug also darauf, das Tier jederzeit zu beaufsichtigen, und geben Sie ihm ein paar vertraute Dinge – wie Bettzeug, Spielzeug, Lieblingsteppich oder sein Toilettengefäß – zur Beruhigung. Sperren Sie das Tier während des Hin und Her beim Packen und Auspacken in ein ruhiges Zimmer (oder in einen sicher eingezäunten Hof).

Für manch unglückliches Tier bedeutet ein Umzug den Verlust des Herrchens. Viele Tiere werden bei einem Umzug des Besitzers einfach ausgesetzt, was in der Regel einen langsamen und qualvollen Hungertod, Krankheit, Verwirrung oder (wenn Sie Glück haben) einen schnelleren Tod durch Euthanasie in einem Tierheim bedeutet.

Andere werden vielleicht einem widerstrebenden Empfänger untergeschoben, woraufhin das Tier dann oft vernachlässigt und schließlich getötet oder weitergegeben wird. Bei Tieren, deren Besitzer zu häufig wechseln, kann es zu Unsicherheit und Verhaltensstörungen kommen, durch die sie dann niemand mehr will. Aus den gleichen psychologischen Gründen kann eine hohe Zu- und Abgangsquote von Familienmitgliedern (durch Scheidung, Heirat, Geburt, Tod und Kinder, die das Haus verlassen) das Sicherheitsgefühl eines Tieres belasten; dann muß man sorgfältig darauf achten, das Tier nicht zu vernachlässigen, weil es sonst als Reaktion auf solche Veränderungen krank werden kann.

Leider müssen selbst die hingebungsvollsten Besitzer manchmal feststellen, daß sie ein Tier aufgrund von Platzproblemen, Allergien, Unverträglichkeit mit anderen Tieren oder sonstigen Umständen nicht behalten können. Wenn Sie sich diesem Problem gegenübersehen, helfen Ihnen die folgenden Hinweise, für Ihren vierbeinigen Freund ein schönes neues Heim zu finden. Dazu ist zwar ein wenig Arbeit erforderlich, aber es lohnt sich, weil die einzige humane Alternative die Euthanasie ist.

Ein neues Heim

Sie können die Suche nach einem guten Adoptivherrchen damit beginnen, daß Sie in lokalen Zeitungen Anzeigen aufgeben und an geeigneten Stellen Mitteilungen anbringen. Wenn Sie jemanden finden, überprüfen Sie das potentielle neue Zuhause sorgfältig, bevor Sie Ihr Tier abgeben. Es könnte sonst vernachlässigt, mißhandelt oder als Versuchstier verkauft werden. Leider können solche Dinge passieren und geschehen wirklich, wenn Leute ihre Tiere wahllos weggeben. Das Gleiche gilt natürlich für den Fall, daß Sie einen Wurf Welpen abgeben wollen.

Lassen Sie die Zeitungsanzeigen mehrere Male erscheinen, um möglichst viele Leser anzusprechen. Geben Sie die Eigenschaften des Tieres an (wie »kinderlieb, gesund, ruhig, stubenrein, liebevoll«) und weisen Sie einfach darauf hin, daß es ein Zuhause braucht. Wenn Sie es »gratis« anbieten, sprechen Sie möglicherweise die falschen Leute an.

Bringen Sie an Stellen, an denen verantwortungsbewußte Leute sie sehen können, fotokopierte Mitteilungen an (vorzugsweise mit einem hübschen Foto des Tieres); solche Stellen sind Gemeindezentren, Gesundheitskostläden, Arzt- und Tierarztpraxen, Seniorentreffs und Kantinen.

Wenn jemand anruft, nehmen Sie Ihr Tier mit zu ihm, statt ihn zu sich einzuladen. Auf diese Weise können Sie das neue Heim gleich persönlich überprüfen. Hat es einen sicheren, eingezäunten, ausreichend großen Hof? Gibt es in der Nähe eine gefährliche Straße? Wird das Tier zu oft alleingelassen? Bekennt sich der Betreffende zu den Prinzipien verantwortungsvoller Tierhaltung? Ist jemand in der Familie dagegen, das Tier aufzunehmen? Besteht die Wahrscheinlichkeit, daß der Betreffende öfter mal umzieht? Was passiert mit eventuellen früheren Tieren? Hüten Sie sich vor Leuten, deren Tiere reihenweise entlaufen sind, überfahren wurden oder weggegeben worden sind, weil das wahrscheinlich auch Ihrem Tier blühen wird.

Es mag zwar schwer und sogar traurig sein, wenn Sie Ihren alten Freund in eine neue Umgebung verpflanzen, aber Sie ersparen sich zumindest irgendwelche Schuldgefühle, wenn Sie sich die Zeit nehmen, die Angelegenheit sorgfältig und gut zu erledigen. Einige Zeit später stellen Sie dann vielleicht fest, daß alle mit der neuen Beziehung sehr zufrieden sind.

Entlaufene Tiere

Die Gefahr, daß ein Tier verlorengeht, ist nicht auf Umzüge und Urlaub beschränkt. Die Möglichkeit besteht zu jeder Zeit. Indem Sie Ihr Tier mit einer ordnungsgemäßen Erkennungs- und Steuermarke versehen und es unter Ihrer Aufsicht halten, verringern Sie die Chance, daß es verlorengeht oder gestohlen wird, beträchtlich. Trotz aller sorgfältigen Vorkehrungen kommt es allerdings immer wieder dazu, daß Tiere verlorengehen.

Was tun, wenn ein Tier entlaufen ist?

□ *Besuchen Sie die Tierheime in Ihrer Gegend.* Die meisten Organisationen versuchen, Sie zu finden. Aber wenn ein Tier keine Marke trägt, ist es nahezu unmöglich, seinen Besitzer festzustellen. In diesem Fall liegt die Verantwortung bei Ihnen. Schauen Sie persönlich in allen Zwingern und Räumen nach und lassen Sie sich auch die Tiere in Quarantäne-, Isolier-, Warte- und Aufnahmeräumen zeigen. Rufen Sie Ihr Tier beim Namen, wenn Sie gehen.

Eine kurze Beschreibung am Telefon reicht nicht aus, weil nur Sie allein Ihr Tier mit Sicherheit erkennen und weil dort oft sehr viele Tiere sind. Schauen Sie über einen Zeitraum von einer Woche oder länger bzw. nach den Angaben des Personals jeden Tag nach. Füllen Sie eine Verlustmeldung aus, fügen Sie möglichst Fotos bei und geben Sie besondere Kennzeichen an. Schauen Sie sich auch die Meldungen über zugelaufene Tiere an. Auf diese Weise haben wir erst im vergangenen Jahr einen entlaufenden Hund wieder seinem dankbaren Besitzer zugeführt.

□ *Setzen Sie sich mit der Polizei in Verbindung.* Das ist besonders wichtig, wenn Sie Grund zu der Annahme haben, daß Ihr Tier gestohlen wurde.

□ *Geben Sie eine Anzeige in der Tageszeitung auf.* Lassen Sie die Anzeige in die Spalte »Entlaufen« setzen. Beschreiben Sie das Tier, geben Sie die Gegend an, in der Sie es zuletzt gesehen haben und bieten Sie nach Möglichkeit eine Belohnung.

□ *Verteilen Sie in der Gegend, in der das Tier entlaufen ist, Suchmeldungen.* Die folgende Abbildung zeigt ein gutes Beispiel. Die meisten Fotos lassen sich auf einem guten Kopiergerät gut vervielfältigen. Bringen Sie die Suchmeldungen an Telefonmasten, in Waschsalons und an den Mitteilungstafeln in Supermärkten an. Denken Sie daran, sie zu entfernen, wenn die Angelegenheit geklärt ist.

□ *Fragen Sie herum.* Fragen Sie Briefträger, Kinder und Hausfrauen in der Gegend, ob sie Ihr Tier gesehen haben, denn das sind die Leute, die streunende Tiere in der Regel am ehesten bemerken.

Entlaufen

Datum ____________________

Gegend ____________________

WER HAT DEN HUND GESEHEN?

(Rasse) (Farben) ____________________

(Geschlecht) (Alter) (Kragen) ____________________

(Besondere Merkmale) ____________________

Foto

ZÖGERN SIE NICHT –
DAS TIER FEHLT UNS

Bitte anrufen: (Name und Adresse) ____________________

____

____

(Telefon) ____________________

Gefahren im Haus

Manche Leute glauben zwar gern, daß Tiere beinahe menschlich sind, aber das sind sie ganz sicher nicht. Tiere sind oft nicht in der Lage, gewisse Gefahren aus ihrem menschlichen Umfeld zu erkennen und zu meiden. Manchmal haben sie auch gar keine Wahlmöglichkeit.

Es ist schwer, all die unerwarteten Schwierigkeiten vorwegzunehmen, in die ein Tier geraten kann. Natürlich brauchen wir uns auch keine übermäßigen Sorgen deswegen zu machen, aber auf ein paar grundlegende und häufige Dinge gilt es doch zu achten.

- In den meisten Häusern finden sich giftige Stoffe, und zwar von giftigen Zimmerpflanzen, Frostschutzmitteln, Insektiziden und Medikamenten bis hin zu ätzenden Reinigern und Mottenkugeln. Seien Sie auf der Hut, daß Ihr Tier nicht unbeabsichtigt (durch Hautkontakt oder Hindurchlaufen) oder aus Neugier (durch Kauen oder Schlucken) durch solche Stoffe gefährdet wird. Sie sehen sich dabei fast der gleichen Aufgabe gegenüber wie die Eltern von Kleinkindern. Im Kapitel 8 finden Sie genauere Hinweise zu gefährlichen Stoffen.
- Achten Sie darauf, daß Ihr Tier es sich nicht angewöhnt, Elektrokabel anzuknabbern. Verstauen Sie sie möglichst außer Reichweite des Tieres und lassen Sie das Tier nicht allein in Räumen mit freiliegenden Kabeln. Erteilen Sie ihm einen strengen Verweis, wenn Sie es auf frischer Tat ertappen.
- Sorgen Sie auch dafür, daß Ihr Tier keine ungenießbaren Dinge wie Zeitungen, Bücher, Plastikspielzeug oder Plastiktüten und andere Dinge aus allen möglichen Bestandteilen anknabbert oder schluckt. Ein Kauknochen aus ungegerbtem Leder gibt ein gutes Spielzeug ab.
- Achten Sie sorgfältig darauf, daß ein Kleinkind mit einem Hund nicht zu rauh umspringt und dadurch sich selbst und das Tier gefährdet. Außerdem kann das Kind großen Streß für ein Tier verursachen, wenn es neben dessen empfindlichen Ohren lärmt.
- Wenn Sie ein älteres Kind haben, das für die Versorgung des Tieres verantwortlich ist, achten Sie darauf, daß es die Arbeit genau so erledigt, wie Sie es tun würden, und zwar jeden Tag. Lassen Sie das Tier nicht zum Opfer einer »Erfahrung durch Lernen« werden. Sorgen Sie dafür, daß Ihr Kind sich keiner Verantwortung entzieht, die es übernommen hat.
- Versehen Sie Ihre Fenster mit einem Schutzgitter, wenn Sie in einem Hochhaus wohnen.
- Gestatten Sie es Ihren Tieren nicht, auf oder bei Mikrowellenherden und Farbfernsehern zu liegen, weil beide Arten von Geräten auf kurze Entfernung gefährliche und unsichtbare Strahlen aussenden.

Mit diesen Vorsorgemaßnahmen und mit einer insgesamt aufmerksamen und überlegten Haltung braucht das heutige Leben für Sie und Ihr Tier nicht unbedingt voller Gefahren und Streß zu stecken; stattdessen kann es einzigartige Gelegenheiten für Abenteuer und vollen Lebensgenuß bieten!

Kapitel 13

Abschied: Der Tod eines Tieres

Oft denken wir an den Tod als etwas, vor dem man sich fürchten muß, das man aus seinen Gedanken verdrängen und unter allen Umständen meiden muß. Aber letzten Endes kommt er zu jedem lebenden Wesen. Er kommt zu Ihrem Tier, und eines Tages kommt er mit Sicherheit auch zu Ihnen und zu mir.

Aber wir haben gelernt, daß man den Tod nicht zu fürchten braucht. Wenn man voll darauf eingeht und seine Bedeutung auf sich einwirken läßt, kann eine solche Erfahrung durchaus etwas Schönes sein. Falls wir es nicht bemerkt haben, kann es uns daran erinnern, wie geheimnisvoll und wunderbar das Leben eigentlich ist.

Deshalb betrübt es mich, wenn ich so viele Menschen sehe und höre, die in Erwartung oder Erinnerung an den Tod eines Tieres tief belastet und bestürzt sind. Ihr Kummer ist real – oft genauso groß wie bei Verlust eines menschlichen Freundes oder Verwandten. Aber weil die Menschen sich ihren Gefühlen nicht stellen wollen oder können und deshalb nicht aus ihnen lernen, verschließen sie sich oft nicht nur vor der Qual des Todes, sondern auch vor seiner Schönheit und Bedeutung.

Der Tod eines Tieres kann komplexe Folgen haben. Alle Arten von Emotionen können hochkommen, Traurigkeit, Zorn, Niedergeschlagenheit, Enttäuschung und Furcht. Bei Menschen, für die die Beziehung besonders wichtig ist – Alleinstehende, kinderlose Ehepaare oder Einzelkinder, für die das Tier der »beste Freund« war – kann der Kummer um so größer sein. Und wenn der Tod plötzlich und unerwartet eintrat oder vermeidbar erschien (wie bei Unfällen), kann auch hier das Gefühl des Verlusts und der Enttäuschung besonders intensiv sein.

Mit einem Todesfall verbunden sind oft Erinnerungen an einen nicht verarbeiteten Verlust in der Vergangenheit, Bedauern über Dinge, die man getan oder unterlassen hat, Wiederbewußtwerden der Einsamkeit, die die Beziehung vielleicht überdeckt hatte, und, möglicherweise am schlimmsten, Angst vor dem eigenen Tod, vor dem Nichtswerden. Wenn man sich diesen Emotionen aber unter einem positiven Blickwinkel stellt, bieten sie echte Gelegenheiten, zu lernen und sich weiterzuentwickeln.

Neben den psychischen Wunden, die der Verlust eines menschlichen oder tierischen Lebensgefährten schlägt, bringt der Tod eines Tieres seine eigenen einzigartigen Herausforderungen mit sich. Zum einen kann die Möglichkeit, das Tier einschläfern zu lassen, den Besitzer vor eine schwierige Entscheidung stellen. Ein weiteres Problem besteht darin, daß der Kummer zwar genau soreal sein kann wie beim Verlust eines Familienangehörigen, daß es aber von der Gesellschaft nicht akzeptiert wird, wenn man offen um ein Tier trauert. Oft ist es schwer, einen mitfühlenden Zuhörer zu finden, der einem hilft, die Erfahrung zu verarbeiten. Und selbst der mitfühlendste Arbeitgeber gestattet es nicht, daß man der Arbeit eine Zeitlang fernbleibt, um still zu trauern.

Sobald der Todesfall »abgehakt« ist, findet man es in Ordnung, hinzugehen und sofort Ersatz für das gestorbene Tier zu besorgen. Wenn aber ein Witwer einen Tag nach der Beerdigung seiner Frau wieder heiraten würde, gäbe es entrüstete Blicke. Wenn man ein gestorbenes Tier sofort durch einen Welpen oder ein Kätzchen ersetzt, hat das die Wirkung, daß man der Erfahrung des Kummers aus dem Weg geht, so daß die alte Wunde niemals heilt und die Gefühle nicht verarbeitet werden. Für ein Kind, dessen Eltern schon ein neues Tier kaufen, bevor es sich richtig von dem alten verabschiedet hat, kann die unausgesprochene Botschaft darin bestehen, daß das Leben billig ist und daß Beziehungen willkürlich austauschbar sind.

Umgang mit dem Kummer

Von all diesen Überlegungen ist die wichtigste, daß man weiß, wie man mit dem Kummer und anderen Emotionen fertig wird, die vor, während und nach dem tatsächlichen Tod an die Oberfläche kommen. Wenn Sie damit fertig werden, fällt es Ihnen viel leichter, eine eventuell erforderliche Wahl zu treffen oder nötige Maßnahmen durchzuführen.

Lynne De Spelder, eine Bekannte, die über das Thema Tod und Sterben lehrt, berät und schreibt, betonte diesen Punkt in einer Diskussion darüber, wie man mit dem Tod eines Tieres fertig wird.

»Es ist wirklich wichtig, sich mit dem Kummer zu befassen. Die Wissenschaft hat gezeigt, daß falscher Umgang mit dem Kummer große Kosten verursachen kann, beispielsweise durch Erkrankung des Zurückbleibenden. Durch Verbergen des Kummers wird die Sache nur schlimmer.«

Wie können Sie damit umgehen? Am wichtigsten ist es, den Kummer einfach zu erfahren, sich selbst die Erlaubnis zu geben, bekümmert zu sein. Lynne hat beobachtet, daß »Frauen oft besser mit dem Kummer fertig werden als Männer, weil sie weinen dürfen. Es ist gut, wenn man jemanden findet, der zuhört. Wenn Ihr Partner nicht will, suchen Sie jemanden, der dazu bereit ist. Wenn jemand über Ihren Kummer lacht, tut er es wahrscheinlich aus Angst vor den eigenen Emotionen«.

Ein unserer Meinung nach wesentlicher Aspekt ist die Entwicklung eines Augenblickbewußtseins und eines Einblicks in das, was gerade geschieht und was man fühlt und denkt. Menschen, die unter einem Verlust leiden, regt Lynne auch oft an, sich mit Dingen zu befassen, die aufbauend wirken können. Für den einen sind das vielleicht Yoga oder Wandern, für den anderen Musik oder Sport.

Der Schlüssel liegt darin, daß man lernt, sich von der Vergangenheit zu lösen und jeden Tag des Lebens voll auszukosten.

Wenn sie einem Kind helfen müssen, über den Verlust hinwegzukommen, versuchen Sie am besten zunächst Ihre eigenen Gefühle zu verstehen. Wichtig ist es, ehrlich und offen über das Geschehene zu reden, ohne zu versuchen, das Kind mit einem sofortigen Ersatz oder mit Erklärungen zu trösten, die es falsch verstehen oder zu wörtlich nehmen könnte – wie etwa »er ist weggegangen« oder »sie wurde in den Hundehimmel aufgenommen«. Wenn das Kind das tote Tier vor dem Begräbnis sehen möchte, sollten Sie das als natürliche Neugier betrachten und erlauben, vorausgesetzt, Sie sind selbst emotionell ausreichend gefestigt.

Sprechen Sie mit dem Kind und sorgen Sie dafür, daß es keine unnötigen Mißverständnisse gibt. Achten Sie darauf, daß es nicht sich selbst oder gar Ihnen die Schuld dafür gibt, den Tod des Tieres verursacht oder zumindest nicht verhindert zu haben. Sorgen Sie dafür, daß das Kind es versteht, wenn Sie das Tier einschläfern lassen mußten, weil es sowieso mit Sicherheit und unter Schmerzen gestorben wäre.

DIE ENTSCHEIDUNG

Wenn Sie nicht wissen, ob Sie ein Tier schmerzlos töten lassen sollen, können Sie möglicherweise besser eine Entscheidung treffen, wenn Sie mit dem Verfahren und den Alternativen vertraut sind. Ich werde sie also kurz beschreiben.

Schmerzlose Tötung: Die Vorstellung, »ein Tier von seinem Elend zu erlösen«, ist alt und seit langem akzeptiert, obgleich der Mensch in den meisten Situationen diese Wahl für sich selbst oder seine Verwandten nicht hat. Technisch erfolgt die schmerzlose Tötung durch einen Tierarzt in der Praxis oder der Tierklinik, und zwar durch Einspritzung einer Überdosis eines Barbiturats in eine Vene oder ins Herz. Das Tier verliert innerhalb weniger Sekunden das Bewußtsein und klappt in sich zusammen; kurz danach hören die vitalen Funktionen auf. Der Vorgang wird als schmerzlos angesehen, aber wenn das Tier erregt ist (beispielsweise durch die Anwesenheit seines aufgeregten Besitzers), kann es für den Arzt schwieriger sein, die Injektion ordentlich vorzunehmen.

Persönlich habe ich den ganzen Prozeß immer als recht unangenehm empfunden, und das gilt, glaube ich, für die meisten Tierärzte. In Fällen, in denen das Tier große und andauernde Schmerzen hat und der Tod langsam, aber unausweichlich bevorsteht, kann der Gnadentod jedoch durchaus angebracht sein.

Es dürfte am besten sein, die Entscheidung für eine schmerzlose Tötung nicht hastig in einem Moment des Schmerzes zu treffen – bevor Sie die Überlebenschancen des Tieres und eventuelle andere Möglichkeiten genau kennen und verstehen. Sonst könnte es sein, daß Sie von Zweifeln und Bedauern gequält werden und sich immer die Frage stellen, ob Ihr Tier nicht hätte überleben können.

Stationäre Behandlung in der Klinik: Wenn ein Tier ernsthaft krank ist und Sie daran denken, es in eine Tierklinik zu geben, fragen Sie den Tierarzt, was Sie davon erwarten können und welche realistischen Heilungschancen bestehen. Mit einer speziellen Pflege kommt ein Tier oft durch eine ernste Krise und kann dann noch ein paar Jahre länger leben. Es gibt jedoch einige Erkrankungen wie etwa Krebs oder fortgeschrittene Herz- oder Nierendegeneration, bei denen nur sehr wenig oder gar keine Hoffnung auf Heilung besteht. Heroische, aber vergebliche Mühen, das Leben eines Tieres zu verlängern, können intensive Pflege und hohe Kosten sowie ein in die Länge gezogenes Leiden für das Tier bedeuten. Mit anderen Krankheiten wie etwa einer Lähmung der Hinterbeine kann ein Tier noch ein paar Jahre leben, hat aber eine dauernde Behinderung, durch die der Besitzer viel Zeit und Aufmerksamkeit aufwenden muß. Je nach Gesamtbild und spezifischem Zustand ist eine schmerzlose Tötung langfristig dann vorzuziehen.

Die Pflege und medizinische Versorgung in einer Tierklinik ist nicht so intensiv wie in einem Krankenhaus (wo sich ein ganzes Team mit kompliziertem Gerät ununterbrochen um den Patienten bemüht). In der Regel verabreichen die Tierärzte oder ihre Assistenten Flüssigkeit und Medikamente und achten darauf, daß das Tier Ruhe hat. Wenn es offensichtlich wird, daß das Tier stirbt, schläfern die meisten Ärzte es ein (nachdem sie Ihre Erlaubnis eingeholt haben).

Häusliche Pflege: In Fällen, in denen keine reale Hoffnung auf Heilung besteht und der Tod relativ nah und schmerzlos zu sein scheint, ist es durchaus angebracht, das Tier zu Hause sterben zu lassen. Wenn die Familie bereit und in der Lage ist, sich zeitlich und emotionell mit dem Tod eines Tieres auseinanderzusetzen, kann die Erfahrung für alle Betroffenen einschließlich des sterbenden Tieres sehr wohl positiv sein. Wenn das Tier nicht (wie etwa bei der Chemotherapie gegen Krebs) mit starken Medikamentendosen behandelt worden ist, kann der Tod durch viele ernste Krankheiten vergleichsweise leicht sein. Manche Krankheiten wie beispielsweise Nierenversagen können jedoch sehr qualvoll sein (in diesem Fall durch Vergiftung des Blutes mit Harn) und nach einem gewissen Punkt eine schmerzlose Tötung rechtfertigen.

Wenn das Tier einigermaßen zufrieden und friedlich ist, sollten Sie den Vorgang generell ganz natürlich ablaufen lassen. Was die körperliche Versorgung angeht, sollten Sie ein sterbendes Tier nicht füttern; geben Sie ihm nur Wasser oder Gemüsesäfte und vielleicht Aspirin oder schmerzlindernden Tee wie etwa Kamillen- oder Wintergrüntee. Geben Sie ihm einen warmen, bequemen und ruhigen Platz, an dem es ruhen kann. Gelegentlich müssen Sie ihm vielleicht heraushelfen, damit es sich erleichtern kann. Möglicherweise freut sich das Tier über die sanfte und ruhige Anwesenheit der Menschen, die es liebt, doch schützen Sie es vor zu viel Lärm, Aktivität und Störungen.

Kurz vor dem Ende wird das Tier recht schwach. Die Körpertemperatur sinkt, und die Atmung wird unregelmäßig und keuchend. Die Pupillen vergrößern sich, und das Tier streckt sich oder läßt Urin. Diese letzte Phase dauert meist nur wenige Minuten und selten länger als eine oder zwei Stunden.

In manchen Fällen stirbt ein Tier natürlich so schnell und unerwartet, daß all diese Möglichkeiten überhaupt nicht mehr in Frage kommen. Aber unabhängig davon, wie der Vorgang abläuft, hoffe ich, daß Ihre Trennung friedlich ist, wenn die Zeit gekommen ist.

Kapitel 14

Die holistische Methode und alternative Therapien in der Tiermedizin

»Mein Hund hat Arthritis. Können Sie mir sagen, welches Vitamin oder welcher Mineralstoff ihm hilft?«

Wenn die Leute zu mir kommen und nach einer alternativen, »natürlichen« oder medikamentenfreien Therapie für ein krankes Tier fragen, denken sie oft letzten Endes doch wieder in den gleichen alten Kategorien – als ob es eine einzige einfache Pillenbehandlung gäbe, die bei allen Fällen mit der gleichen Diagnose anwendbar wäre.

Ich freue mich zwar darüber, daß die Leute an einer natürlicheren Methode interessiert sind, habe aber oft ein Gefühl der Frustration, weil sie nicht zu erkennen scheinen, daß ein völlig neues Verständnis erforderlich ist, nicht einfach der Ersatz eines Antibiotikums durch ein Vitamin oder eines Hormons durch einen Mineralstoff. Tatsache ist doch, daß gesundheitliche Probleme nur selten

durch einen einzigen Faktor verursacht werden. In der Regel ergeben sie sich aus einem breiten Spektrum physischer, emotioneller und geistiger Einflüsse und Beziehungen mit anderen. Um wirklich helfen zu können, müssen wir daher all diese Bereiche berücksichtigen.

Wir müssen uns das Gesamtbild einer Krankheit anschauen und Therapien finden, die beim Heilungsprozeß mit dem Körper als Ganzem zusammenarbeiten und ihm nicht entgegenwirken. Nur das ist für mich eine echte Heilbehandlung. Ich verwende oft den Begriff »holistisch«, um diese Methode der Medizin zu beschreiben. Anders als viele andere setze ich diesen Begriff jedoch nicht mit »natürlich« gleich, weil es sicherlich möglich ist, sich natürlicher Mittel wie Kräutern, Vitaminen und körperlicher Bewegung zu bedienen und trotzdem das Gesamtbild des Geschehens nicht zu erfassen.

Wenn wir gesundheitliche Probleme nicht auf holistische Weise angehen, unterdrücken wir wahrscheinlich irgendeine unter der Oberfläche liegende Schwäche, die sich in der einen oder anderen Form später wieder bemerkbar macht. Lassen Sie mich an einem typischen Fall zeigen, was ich meine. »Jessie«, wie wir sie nennen wollen, hat wie so viele Tiere heutzutage chronisch juckende und entzündete Haut.

Jessies Fertigfutter, einer Billigmarke, fehlt es an gewissen Nährstoffen, die für die gute Gesundheit von Haut und Nerven wesentlich sind. Dazu kämpft ihr Körper gegen ein Übermaß an Toxinen aus dieser qualitativ schlechten Kost und von häufigen Fahrten auf der Ladefläche eines Transporters über smogbelastete Autobahnen. Als Resultat dieser physischen Erschwernisse ist ihre Haut übermäßig anfällig und empfänglich für Flöhe, die es in ihrem Quartier und in ihrem Fell reichlich gibt, und zwar teilweise aufgrund der Tatsache, daß ihr Besitzer sie nur selten badet und kämmt und nur etwa einmal im Monat im Haus Staub saugt. Jessie ist an Werktagen allein im Hinterhof, was sie ebenfalls dazu verführt, sich aus reiner Langeweile selbst zu beißen und zu kratzen. Zwischen den Flöhen, der Überempfindlichkeit und der Langeweile nimmt ihr Kratzen ziemlich heftige Formen an.

Um die Sache noch zu verschlimmern, funktioniert Jessies endokrines System nicht richtig, weil ihre Schilddrüse durch eine Ansammlung von Toxinen und aus Mangel an Stimulation durch regelmäßige körperliche Bewegung träge geworden ist. Diese Schilddrüsenstörung fördert ein fettiges und entzündetes Aussehen der Haut. Wenn man all das zusammenzählt, hat sie ein nachhaltiges und ernsthaftes Problem.

Daraufhin bringt ihr Besitzer sie schließlich zum Tierarzt, der ein cortisonähnliches Medikament gegen den Juckreiz sowie ein Medikament mit einem Schilddrüsenhormon verschreibt. Das erste Medikament schwächt die Nebennierendrüsen, das zweite beeinträchtigt die natürliche Hormonprodukte der Schilddrüse und schwächt sie noch weiter. Er empfiehlt weiterhin chemisches Flohpuder, das die Belastung durch Giftstoffe noch vergrößert, und zusätzlich zum normalen Futter täglich etwas Schinkenspeck.

Wenn jetzt die ernährungs- und umweltbedingten Faktoren, die zu der Krankheit beitragen, die gleichen bleiben, Jessie aber derart behelfsmäßig behandelt wird, bekommt man das Problem vielleicht »unter Kontrolle«, löst es aber nicht.

Im Verlauf der folgenden Monate und Jahre führen Giftstoffansammlung, schlechte Ernährung, Langeweile und Mangel an Bewegung schließlich zum Zusammenbruch eines wichtigen Körperorgans – ein Problem, das sich über einen langen Zeitraum entwickelt hat, aber nicht so deutlich sichtbar war wie die Hautentzündung. Diese »neue« Krankheit wird jetzt mit neuen Medikamenten behandelt. Und so geht es weiter. Merken Sie, wie es läuft?

Statt Jessies Gesundheit aufzubauen, hat diese konventionelle Behandlung ihre Probleme vorübergehend überdeckt und letzten Endes noch schlimmer werden lassen. Und wenn es so weit gekommen ist, geht man fälschlicherweise davon aus, daß diese »neue« Krankheit nichts mit der ursprünglichen Erkrankung zu tun hat.

Die Grenzen einer partiellen Methode

Die konventionelle Methode von Diagnose und Behandlung, die ich bei der Ausbildung lernte und jahrelang praktizierte, hat sicherlich manchen bemerkenswerten Erfolg aufzuweisen, und zwar besonders im Hinblick auf akute Infektionen und Verletzungen. Sie ist jedoch so spezialisiert und so materialistisch geworden, daß kein Gefühl mehr besteht für die größeren Schemata und Vorgänge bei Krankheit und Gesundheit. Statt dessen haben wir uns daran gewöhnt, uns überwiegend auf Medikamente und chirurgische Eingriffe zu verlassen, und zwar oft unter Ausschluß eines weiter gefaßten Programms mit gesundheitsbildenden und vorsorgenden Maßnahmen.

Als Resultat ist ein wesentlicher Teil der heutigen Medizin darauf ausgerichtet, Symptome und Störungen unter Kontrolle zu bringen und ihnen entgegenzuwirken. Dabei wird fast völlig ignoriert, daß der Körper eine angeborene Selbstheilungskraft hat, wenn er die richtige Unterstützung erhält. Statt den Patienten zu stärken, bilden die Methoden zum großen Teil nur einen Ausgleich für die Schwäche des Körpers – fast so wie in der modernen Landwirtschaft, wo man Ungeziefer mit chemischen Mitteln bekämpft, statt die Widerstandsfähigkeit der Pflanzen durch organische Bodenanreicherung und sorgfältige Bewirtschaftung zu erhöhen.

Wir sind so versessen auf schnelle und leichte Lösungen, daß wir ziemlich wahllos zu irgendeinem Medikament oder Vitamin greifen. Als Ergebnis bleibt die unentdeckte Ursache bestehen, selbst wenn ihre Wirkung (die ursprünglichen Symptome) überdeckt worden sind.

Leider unterdrücken manche der heutigen Medikamente die Symptome sehr gut. Einige, wie beispielsweise die verschiedenen synthetischen Cortisone, sind so stark, daß sie eine Vielzahl unterschiedlicher Symptome auf der Stelle beseitigen können, aber damit ist die Störung nicht aus der Welt geschafft. Immer wieder beobachten wir Tiere, die mit starken Dosen dieser Medikamente behandelt wurden und sich anscheinend erholen, nur um ein paar Wochen oder Monate später wieder zu erkranken, und zwar in der Regel schlimmer als zuvor. Bei einem Hund wie Jessie, dessen Hautproblem dauernd mit einem cortisonähnlichen Medikament unterdrückt wird, können sich beispielsweise tiefer sitzende

Probleme wie Verkalkung der Wirbelsäule, Entzündung der Bauchspeicheldrüse oder Nierenversagen herausbilden.

Wir tendieren zwar dazu, die neuen Erkrankungen unabhängig von den früheren zu betrachten, aber das sind sie meiner Ansicht nach nicht. Die unterdrückte Störung hat einfach zu einem ernsthafteren Angriff auf den Körper angesetzt und zieht jetzt innere und wichtigere Organe in Mitleidenschaft.

Ein mit einer derartigen Abhängigkeit von starken Medikamenten zusammenhängendes Problem sind die Nebenwirkungen oder gar die iatrogenen (»vom Arzt verursachten«) Krankheiten. Iatrogene Störungen werden in der Humanmedizin zwar als ernstes Problem betrachtet, in der Tiermedizin aber nur wenig beachtet. Meiner Meinung und Erfahrung nach sind sie jedoch in der Tiermedizin genauso häufig. Ich habe viele Tiere gesehen, die sich beträchtlich erholten, als eine langdauernde medikamentöse Behandlung abgesetzt wurde.

Ein paar häufig auftretende Komplikationen im Zusammenhang mit Medikamenten sind Appetitverlust oder Durchfall (durch oral gegebene Antibiotika) sowie Hautausschlag, Zuckungen, Hysterie oder Gehörverlust (durch Beruhigungsmittel oder Antibiotika). Wenn die Symptome direkt nach der Therapie auftreten, hängen sie wahrscheinlich mit dem Medikament zusammen.

In vielen Situationen sind Medikamente absolut nicht angebracht und werden trotzdem gegeben, »um den Klienten zu beschwichtigen« und die Kosten für den Arztbesuch zu rechtfertigen. Ein Beispiel ist die Verwendung von Antibiotika bei Viruserkrankungen, die damit gar nicht bekämpft werden können. Die Schuld an dieser Praxis trägt nicht immer nur der Tierarzt. Viele Leute bestehen auf einer Spritze oder ein paar Pillen, und wenn der Doktor dem Wunsch nicht nachkommt, gehen sie zu einem anderen, der ihn dann erfüllt.

Unglücklicherweise hat man uns allen diese Medikamente als notwendig angepriesen, eine Idee, die ich bezweifle, und zwar aufgrund meiner eigenen Erfolge und derjenigen von anderen, die sich natürlicherer Methoden bedienen, die mit den Heilungskräften des Körpers zusammenarbeiten.

Warum verlassen wir uns so weitgehend auf Medikamente sowie auf chirurgische Eingriffe und andere Ersatzmaßnahmen? Die geschichtliche Entwicklung der westlichen Medizin ist ein komplexes Thema, aber ich glaube, sie läuft letzten Endes auf gewisse gemeinsame kulturelle Denkweisen hinaus, die sich bei den meisten von uns, ob Arzt oder Klient, finden.

Eine dieser Denkweisen besteht darin, daß wir »schnell gesunden« wollen. Wir wollen nicht unser Leben oder unsere Gewohnheiten ändern oder uns die Zeit nehmen, ein gesundheitliches Problem eingehend zu untersuchen. Statt dessen wollen wir schlicht und einfach etwas loswerden, was uns nicht gefällt, je früher, desto besser – selbst wenn wir wissen, daß der Schmerz später oder bei Nachlassen der Medikamentenwirkung zurückkehrt. Wenn wir uns wirklich zu einer Änderung der Gewohnheiten oder des Lebensstils aufraffen, dann geschieht das oft nur, um mit der Schwäche der Krankheit leben zu können. Wenn wir uns aber die Zeit nehmen und die Mühe machen würden, uns etwas intensiver mit dem Verständnis und der Behandlung der Störung zu befassen, wären wir vielleicht in der Lage, sie insgesamt auszuräumen. Mit Hilfe von in die Tiefe gehenden holistischen Methoden haben beispielsweise schon Patienten eine Lebensmittelallergie überwunden, so daß sie bestimmte Dinge jetzt nicht mehr zu meiden brauchen.

Ein weiterer und wahrscheinlich fundamentalerer Stolperstein besteht darin, daß wir sowohl unsere eigenen Körper als auch die unserer Tiere als hauptsächlich oder gar ausschließlich physikalische, materielle Objekte betrachten – beinahe Maschinen. Dementsprechend suchen wir fast ausschließlich nach physischen Krankheitsursachen wie beispielsweise Bakterien oder Parasiten, die »von außen« eindringen, genetischen Defekten oder einfach altersbedingter Abnutzung. Auf gleiche Weise greifen wir als Lösung fast immer auf materielle Mittel zurück.

Obgleich die Ärzte Lippenbekenntnisse ablegen, daß es um die Verhütung von emotionellem Streß geht, und vielleicht bemerken, wie viele Patienten nach psychischen Aufregungen krank werden, greift man bei gesundheitlichen Problemen doch immer wieder zu Medikamenten oder chirurgischen Eingriffen (selbst Psychiater arbeiten zum großen Teil mit Medikamenten, die emotionelle Zustände unterdrücken). Die Realität der geistigen und emotionellen Welt wird also einerseits anerkannt, andererseits bei der Verhütung und Behandlung der meisten Krankheiten aber nicht ernstgenommen.

Von diesem materialistischen Standpunkt aus, der die heutige Wissenschaft (und daher auch die Medizin) beherrscht, wird das Leben von komplexen, miteinander in Wechselwirkung stehenden chemischen Strukturen getragen, die durch eine Art glücklichen Umstand ins Leben gerufen wurden und funktionieren. Weil die innere Intelligenz des Organismus bei diesem Standpunkt größtenteils nicht beachtet wird, ist es nicht überraschend, daß die materialistische Medizin die Symptome im allgemeinen wie einen Feind behandelt, der unter Kontrolle gebracht und niedergehalten werden muß. Aber in den meisten Fällen stehen die Symptome für das Handeln der Lebenskraft, die sich der Störung durch, sagen wir, Durchfall, Erbrechen, Husten, Niesen, Eiterbildung und dergleichen zu entledigen versucht. Holistische Therapien andererseits arbeiten *mit* den Symptomen und unterstützen den Körper sanft bei dem Versuch, die Harmonie wiederherzustellen.

Mit all diesen Argumenten sollen physische Faktoren nicht verneint werden. Natürlich gibt es virulente Mikroorganismen und schädliche Umwelteinflüsse aller Art. Aber Individuen, die diesen Faktoren in gleicher Weise ausgesetzt sind, zeigen ungeheure Unterschiede, was ihre Widerstandskraft angeht. Wie ich es sehe, ist der wichtigste Faktor in der Anfälligkeit für jegliche Art von Krankheit die Stärke des Abwehrsystems. Zum Ganzen gehören nicht nur die von den Immunologen beschriebenen physischen Reaktionen, sondern auch die Gesamtverfassung des Individuums, einschließlich der geistigen und emotionellen Eigenschaften und der nicht so greifbaren Energiefelder im Aufbau des Organismus.

Teilweise aufgrund der materialistischen Haltung sehen wir eine Krankheit häufig als einzelnes, abgesondertes Gebilde, dem wir das richtige Etikett oder die richtige Diagnose aufkleben müssen – was meist auf Interpretation der Ergebnisse umfassender und teurer Laboruntersuchungen beruht. Damit haben wir eine Illusion der Sicherheit, haben das Problem aber gleichzeitig in Grenzen gesetzt, die mit einer offiziellen Definition anfangen und auch damit enden. Medizinwissenschaftler suchen oft inbrünstig nach dem einen Faktor hinter einer gegebenen Krankheit – dem unbekannten Virus, dem fehlenden Enzym, dem schadhaften Gen. Sie nehmen das Problem mittels Teströhrchen und Objektträgern auseinander und versuchen die Ergebnisse dann in den ganzen lebenden Organismus zurückzuverpflanzen.

Im Vergleich dazu befaßt sich die holistische Therapie nicht mit Einzelursachen oder Einzelbehandlungen, sondern mit dem Verständnis und der Behandlung von Störungen im gesamten Individuum. Holistisch eingestellte Praktiker unterteilen Krankheiten nicht in getrennte Gebilde oder Komponenten, wenn sie festzustellen versuchen, wie die verschiedenen Störungen in einem Menschen oder einem Tier miteinander zusammenhängen.

Die Grundlage des materialistischen Prinzips ist die mittlerweile überholte Newtonsche Vorstellung, daß die Welt letztlich aus winzigen Partikeln besteht, aus einzelnen »Grundbausteinen«. Aber, wie viele Physiker heute behaupten, »Partikel sind nur lokale Verdichtungen des Feldes, Energiekonzentrationen, die kommen und gehen und dadurch ihren individuellen Charakter verlieren und in dem zugrunde liegenden Feld aufgehen«. Mit den Worten von Albert Einstein, »In dieser neuen Physik gibt es keinen Platz für das Feld und die Materie, denn das Feld ist die einzige Realität«. Anders ausgedrückt, es ist eine Illusion, Dinge analysieren zu wollen, als wenn es getrennte Gebilde oder Teile wären, denn alle Erscheinungen sind Manifestationen eines Ganzen.

Eine der wichtigsten Folgerungen aus diesem fundamentalen Durchbruch in der Physik besteht darin, daß die aufgesplitterte, spezialisierte, auf Einzelgebiete ausgerichtete Methode, die für einen großen Teil der Wissenschaft (einschließlich der Medizin) typisch ist, von Grund auf falsch ist. Wir müssen lernen, Probleme in Relation zum Ganzen zu sehen und uns nicht in den Unterteilungen künstlicher Etiketten und Definitionen zu verlieren.

Sich in Richtung auf diese neue Art des Verstehens zu entwickeln, ist nicht einfach. Ich habe Jahre gebraucht, um dahin zu gelangen, wo ich jetzt bin, und fühle mich immer noch als Anfänger. Aber ich glaube wirklich, daß eine holistische Einstellung wesentlich ist, wenn wir tatsächlich auf eine optimale Gesundheit und ein optimales Wohlergehen für uns und unsere Tiere abzielen wollen.

Gehen wir davon aus, daß diese Theorie für Sie sinnvoll ist. Die nächste Frage lautet dann: »Wie kann ich meinem kranken Tier helfen?« Bei vielen einfachen Erkrankungen sind ein stützendes Umfeld, etwas von vernünftigem Menschenverstand getragene Pflege und ein wenig Zeit alles, was ein Tier braucht, um sich zu erholen. Die Arbeit wird von der Natur getan, mit uns oder ohne uns. Wenn Ihr Tier aber periodisch oder chronisch krank ist, sind für die Gesundung größere Veränderungen im Lebensstil und spezifische therapeutische Maßnahmen erforderlich.

Beginnen Sie mit der Nahrung. Ist sie frisch und natürlich oder ist sie hochgradig verarbeitet und qualitativ minderwertig? Dient sie der Gesunderhaltung? Betrachen Sie als nächstes die Umwelt. Ist sie friedlich und zuträglich oder streßbelastet und verschmutzt? Ist ausreichend Sonnenlicht, frische Luft und sauberes Wasser vorhanden? Hat das Tier einen bequemen, sicheren und ruhigen Platz, an dem es ruhen kann? Ist die Hygiene gut? Erhält das Tier regelmäßige und richtige Pflege und Bewegung, oder ist es ungepflegt und ohne körperliche Bewegung?

Sehen Sie sich jetzt die Beziehungen an. Ist das Tier viel in freundlicher und zufriedener Gesellschaft mit Menschen oder anderen Tieren? Oder ist es oft allein, gelangweilt und frustriert? Ist Ihre geistige Haltung gegenüber seinem Problem stützend und positiv oder strahlen Sie Beklemmung, Besorgnis und Angst aus? Welches Verhalten wird von ihm erwartet? Wird es beispielsweise zum Wachhund abgerichtet, wenn seine Persönlichkeit sich gegen diese Aufgabe auflehnt? Gibt es in seinem Umfeld Tiere oder Menschen, die sein Wohlergehen bedrohen oder ihm schaden wollen? Hat das Tier jemanden oder etwas verloren, der bzw. das ihm teuer war, als das Problem auftrat?

Zugegeben, es ist nicht immer leicht, das Problem zu entwirren oder bestimmte Umstände zu ändern. Wenn Sie sich nicht sicher sind, beginnen Sie mit dem vorn aufgezeigten natürlichen Fütterungsprogramm, achten Sie darauf, daß Ihr Tier regelmäßige Zuneigung, Bewegung und Pflege bekommt, und warten Sie ab, welche Probleme (wenn überhaupt) dann noch übrigbleiben. Wenn ein gesundes physisches und emotionelles Umfeld nicht ausreicht, um seine Gesundheit wiederherzustellen, dann gibt es noch verschiedene holistische, medikamentenfreie Therapien, die die Heilung oder ein Zurückgewinnen der vitalen körperlichen Energien wirkungsvoll anregen können.

Es würde viele Bände erfordern, all die möglichen Therapien, die Ihrem Tier helfen könnten, ausreichend zu beschreiben. Wir wollen uns aber mit der allgemeinen Philosophie und den Methoden einiger der gebräuchlicheren Therapien beschäftigen, mit denen Tierärzte und andere Leute Tiere heilen. Anschließend beschreibe ich ausführlicher die von mir selbst bevorzugte Methode, die sich auf homöopathische Mittel konzentriert.

Die Therapien sind nicht so voneinander zu trennen, wie es aussieht. Die meisten überlappen sich in gewissem Ausmaß im Hinblick auf die Methoden und Medikamente. In der Praxis wird oft zu einer Kombination verschiedener Methoden geraten. So werden beispielsweise Kräutermedizin und Ernährungsumstellungen häufig in Verbindung mit Akupunktur angewendet.

Naturheilverfahren

Das in einem medizinischen Wörterbuch als »medikamentenfreie Therapie mittels physikalischer Kräfte wie Luft, Licht, Wasser, Wärme, Massage usw.« definierte Naturheilverfahren ist eine umfassende Methode, die darauf ausgelegt ist, die physischen Bemühungen des Körpers um eine Beseitigung der Krankheit zu unterstützen. Naturheilmethoden ergeben sich aus der zentralen Vorstellung, daß eine wesentliche Krankheitsursache in einer übermäßigen Ansammlung von Giftstoffen (aufgrund falscher Ernährung und Mangel an Bewegung) besteht, die die normalen Ausscheidungswege verstopfen.

Zur Entschlackung und Stimulierung des Körpers werden verschiedene Techniken angewandt, die teilweise in verschiedenen Kulturkreisen benutzt werden, seit es eine geschriebene Geschichte gibt. Eine davon ist das Fasten, das dem

Verdauungssystem Ruhe verschafft und es dem Körper erlaubt, eine Art Grundreinigung vorzunehmen. Fastenden Patienten und anderen rät man oft, viel klares Wasser oder Säfte zu trinken, um die Nieren durchzuspülen, und sich Einläufe machen zu lassen, um die unteren Darmwege zu entschlacken.

Heiße und kalte Anwendungen werden manchmal dazu benutzt, den Blutkreislauf anzuregen oder das Schwitzen zu fördern. Zu diesen Anwendungen gehören unter anderem Bäder, Sauna, Packungen, Wickel, Blähungen, Dampfbäder und ähnliches. Weitere Naturheilmethoden sind Bewegung, Sonnenbäder, gute Hygiene sowie verschiedene Massage- und Bürsttechniken. Neben der Entschlackung gibt es für die Patienten unterstützende Programme mit guter Ernährung (oft unter Konzentration auf ungekochte Nahrungsmittel und Säfte), richtiger Essenszusammenstellung (zur Unterstützung der Verdauung) und vernünftiger Verwendung von Nahrungszusätzen, Vitaminen, Mineralstoffen und Kräutern.

Einige dieser Methoden sind bei Tieren nur mit Schwierigkeiten anzuwenden, andere bieten sich ohne weiteres an – insbesondere Bewegung, Sonnenbaden und Körperpflege (eine Art der Massage!). Zu ihnen rate ich in vielen Fällen.

Donald Ogden, D. V. M., wendet seit Jahren intensiv und erfolgreich Naturheilverfahren in der Tiermedizin an. Er behauptet, daß sich neun von zehn Fällen innerhalb von nur zwei Wochen von Hautentzündungen erholen. Er führt seinen Erfolg darauf zurück, daß er die Tiere sorgfältig badet, dann sieben Tage lang nur mit Gemüsebrühe füttert und ihnen anschließend für weitere sieben Tage Gemüse und Suppen verabreicht. Er rät dazu, nach der Fastenkur rohes Fleisch und rohes oder gedünstetes Blattgemüse zu füttern und dann zu einer ausgewogenen Ernährung mit Naturkost überzugehen. Dr. Ogden hat weiterhin festgestellt, daß Ruhe und Fasten über drei bis zehn Tage (bis Körpertemperatur und Symptome wieder normal sind) sich bei vielen Krankheitszuständen als nützlich erweisen; dazu gehören Fettleibigkeit, Rheuma und Arthritis, Verstopfung, chronische Herzinsuffizienz, Bronchialprobleme, Fadenwürmer im Herzen, Nieren- und Blasensteine, Gastritis, Nierenerkrankungen, Pyorrhöe, Diabetes, Leberstörungen (falls sich noch keine Zirrhose entwickelt hat), offene Wunden, Leptospirose und das fiebrige Stadium der Staupe. Er warnt jedoch davor, ein Tier fasten zu lassen, das unter zehrenden Krankheiten wie Krebs, fortgeschrittener Harnvergiftung, Tuberkulose, längerer falscher Ernährung, starkem Hakenwurmbefall und fortgeschrittener Staupe leidet.

Kräuterheilverfahren

Kräuterheilkundler raten zwar oft zu Methoden, die auch in der Naturheilkunde Verwendung finden, doch liegt die Betonung dabei mehr auf der spezifischen Anwendung der Blätter, Wurzeln und Blüten von Kräutern zur Heilungsstimulierung. Die Kräuterheilkunde als Grundlage der Volksmedizin in allen Kulturen seit Urzeiten ist wahrscheinlich das fundamentalste System spezifischer Heilmittel.

Wildlebende Tiere suchen oft instinktiv entsprechende Kräuter, wenn sie krank sind. Bei einer Vielzahl der heutigen pharmazeutischen Präparate handelt es sich faktisch um Verbindungen aus den aktiven Bestandteilen von Kräutern. Um nur ein paar Beispiele zu nennen: Digitalisderivate aus Fingerhut, Atropin aus der Tollkirsche, Koffein aus Kaffee, Theophyllin aus Tee, Arecolin aus der Areka-(Betel-)Nuß und Reserpin aus Rauwolfia serpentina. Kräuterheilkundler behaupten jedoch, daß es zwischen den pharmazeutischen Derivaten und den ganzen Pflanzen, aus denen sie stammen, Unterschiede gibt. Die Stärke von Kräutern liegt in den einzigartigen und komplexen Eigenschaften der ursprünglichen natürlichen Substanz. Auch hier wieder ist das Ganze mehr als die Summe (oder eines) seiner Teile.

Im Vergleich zu ihren pharmazeutischen Entsprechungen wirken Kräuter langsamer und tiefergehend. Sie unterstützen den Heilungsprozeß, indem sie dem Körper helfen, sich zu entschlacken und zu entgiften, und nehmen sich damit des Problems an, das die Symptome ausdrücken. Sie regen beispielsweise physiologische Vorgänge wie Stuhlgang und Urinieren an. Zusätzlich können sie als Stärkungs- und Aufbaumittel dienen, das mit dem Gewebe in bestimmten Körperteilen (oder im ganzen Körper, je nach dem in Frage stehenden Kraut) schwingt und es stärkt. Letztlich sind sie mit ihrem hohen Gehalt an verschiedenen Vitaminen und Mineralstoffen sehr nahrhaft.

Praktiker der Kräuterheilkunde behaupten, daß pflanzliche Arzneimittel, und zwar besonders die an Ort und Stelle gefundenen, die heilende Energie der Umwelt auf den Benutzer übertragen. Alles, so wird gesagt, hat einen Zweck und einen Nutzen, weil alles bestimmte Qualitäten und Eigenschaften hat.

Kräutermittel werden seit Jahrhunderten erfolgreich zur Behandlung vieler Krankheiten bei Tieren angewandt. In den letzten Jahren hat Juliette de Bairacli-Levy diesen Verwendungszweck durch ihre detaillierten Schriften bekanntgemacht (sie betont auch die Bedeutung von Naturkost und Fasten). Nach ihren Angaben hat sie mit Kräutern gute Ergebnisse bei der Behandlung folgender, bei Hunden häufig auftretender Probleme erzielt: Würmer, Flöhe, Hauterkrankungen, Räude, Staupe, Nieren- und Blasenprobleme, Arthritis, Anämie, Diabetes, Leptospirose, Fettleibigkeit, Wunden und Brüche, Verstopfung, Durchfall, Gelbsucht, Herzstörungen, Warzen und grauer Star.

Frau Levy empfiehlt, möglichst frisch gesammelte Kräuter zu verwenden und getrocknete Kräuter jährlich zu ersetzen. Ich stimme dem zu. Im nächsten Kapitel beschreibe ich die Standardmethoden der Zubereitung von Infusionen, Absuden und Tinkturen aus Kräutern. In der „Enzyklopädie“ finden Sie Hinweise zur Verwendung spezifischer Kräuter bei verschiedenen Krankheiten.

Neben der Schwierigkeit, frische Kräuter zu finden, ergibt sich meiner Meinung nach ein Nachteil der Behandlung von Tieren mit einzunehmenden Kräutern aus der Tatsache, daß die Mittel im allgemeinen in beträchtlichen Mengen in relativ kurzen Abständen über lange Zeiträume (Wochen bis Monate) verabreicht werden. Da sie nur selten gut schmecken, müssen sie den Tieren in Kapseln oder irgendwie im Futter versteckt gegeben werden. Wie Sie wahrscheinlich wissen, ist es ziemlich lästig, ein Tier häufig und über längere Zeit Medikamente schlucken zu lassen.

Aus diesem und anderen Gründen habe ich persönlich mich auf homöopathische Mittel konzentriert, die gut schmecken und weniger häufig verabreicht werden. Viele dieser Mittel beruhen auf pflanzlichen Ausgangsstoffen. In diesen Zusammenhang gehören auch die Bachschen Blütenessenzen und vorbereitete Infusionen aus bestimmten Blüten. Beide Methoden sind weiter hinten beschrieben.

Ich habe jedoch gesehen, daß gutgewählte Kräuter ausgezeichnet wirken können und erkenne ihren Wert durchaus an. Am besten sind sie meiner Ansicht nach für die äußerliche Anwendung bei Tieren (in Flohpuder und Spülungen, gegen Milben, bei Hautproblemen und bei Wunden) oder im Falle von kleineren Störungen (wie Kinetose, Verdauungsstörungen u. ä.), die keine langdauernde Behandlung erfordern.

Wer bereit ist, sich die Arbeit mit einem vollständigen und sorgfältigen Behandlungsprogramm zu machen, findet in Kräutern ein ausgezeichnetes Mittel gegen Darmparasiten. Anitra Frazier beispielsweise, die sich beruflich mit Tierpflege befaßt, schrieb über ihren Erfolg in der Behandlung von Bandwürmern mit dem gleichen Programm, das im Abschnitt über Natur- und Kräuterheilverfahren unter dem Stichwort »Würmer« in der »Enzyklopädie« aufgeführt ist. Dabei wird eine Fastenkur mit der Verwendung von Knoblauch, Gartenraute, Wermut, Rizinusöl und Spezialkost kombiniert. Sie schrieb:

> Pulverisierte Kräuter und feuchten, schmierigen, zerstoßenen Knoblauch in leere Kapseln aus Gelatinemasse zu stopfen, war nicht so schwer . . . Am schwersten war es, mich selbst davon abzuhalten, Purr an den Fastentagen zu füttern . . .
>
> Als es vorüber war, untersuchte ich Purrs Stuhl noch zwei Wochen lang jeden Morgen nach Anzeichen für schlängelnde, madenartige Dinger. Als alles weiterhin normal aussah, erzählte ich (dem Tierarzt), daß die Kräuterwurmkur funktioniert zu haben schien. Es ist jetzt vier Monate her . . . und so weit, so gut – es sieht aus, als hätten wir gewonnen.
>
> Purr war nach der Kur viel lebhafter und munterer. Ich möchte die Kräuterwurmkur allen Leuten empfehlen, die ihrem Tier Pillen verabreichen können. Wenn wir dadurch, daß wir ein wenig mehr Zeit aufbringen, vermeiden können, giftige Chemikalien zu verabreichen, ist das meiner Ansicht nach ein sehr kleiner Preis, den wir da bezahlen, weil er im Hinblick auf die Gesundheit eine riesige Dividende bringt.

Chiropraktik und andere manuelle Therapien

Zumindest seit den Zeiten von Hippokrates gibt es auf der ganzen Welt verschiedene Arten von Manipulationstherapien. Einige davon, wie etwa die aus dem 19. Jahrhundert stammende Chiropraktik und die Osteopathie, betrachten viele krankhafte Zustände als das Ergebnis schlecht ausgerichteter oder anomaler körperlicher Strukturen (besonders im Wirbelsäulenbereich), die den normalen Fluß der Lebenskräfte, der Nervenimpulse oder des Blutes stören.

Die Chiropraktik ist zu einem der größten medikamentenfreien Heilberufe der Welt geworden. Mein Interesse an den Möglichkeiten dieser Therapie in bezug auf Tiere wurde geweckt, als ich mit einem Chiropraktiker sprach, der mir erklärte, daß die Chiropraktik Tieren mit vielen unterschiedlichen Krankheiten, einschließlich Epilepsie, geholfen habe.

Später traf ich einen Tierarzt, der mit Hilfe eines ausgebildeten Chiropraktikers und mit Vitamingaben erstaunliche Resultate bei einem Hund erzielte. Das Tier litt unter dem Stolpersyndrom, einer angeborenen Krankheit, bei der die Nackenwirbel Druck auf das Rückenmark ausüben und das Gehen schwierig machen. Vor der Behandlung konnte der arme Hund nur etwa drei Schritte machen, bevor er umfiel; jetzt läuft er herum und springt sogar über Zäune! Außerdem weiß ich von Klienten, deren Hunden chiropraktisch geholfen wurde, als sie durch Bandscheibenprobleme gelähmt waren.

Soweit ich die ursprüngliche Theorie kenne, kann die für die ordnungsgemäße Funktion verschiedener Organe und Gewebe wichtige und durch das Rückgrat fließende Nervenenergie aufgrund einer kaum merkbaren Fehlstellung an bestimmten Austrittspunkten aus dem Rückgrat unterbrochen werden. Durch diese als Subluxation bezeichnete Unregelmäßigkeit soll übermäßiger Druck auf die Rückenmarksnerven ausgeübt werden. Die Behandlung besteht aus einer sorgsamen Manipulation der Wirbel, um die richtige Stellung und die völlige Funktionsfähigkeit wiederherzustellen. Um diese spezielle Fähigkeit und Geschicklichkeit zu erreichen, ist eine jahrelange Ausbildung erforderlich.

Die Theorien eines direkten Drucks auf die Nerven werden in letzter Zeit in Frage gestellt. Meine eigene Einstellung ist die, daß diese Theorie eine etwas begrenzte Erklärung liefert. Ich glaube eher, daß Körper und Geist ein einziges Ganzes bilden und daß lokale Störungen in einem Körperteil sich im gesamten System bemerkbar machen und möglicherweise »resonante« Probleme verursachen, wenn man es mal verallgemeinert sagt.

Dieser Standpunkt wird durch die Tatsache bekräftigt, daß es viele augenscheinlich erfolgreiche Methoden der Diagnose und Manipulationstherapie gibt, die sich auf bestimmte Teile des Körpers konzentrieren, weil diese Teile den Gesamtorganismus widerspiegeln oder darstellen. Ein Iridologe beispielsweise »liest« Störungen an verschiedenen Organen aus der Iris des Auges ab. Reflexologen lokalisieren und behandeln Störungen im Körper durch manuellen Druck auf bestimmte Punkte an Händen und Füßen (diese Technik ist auch schon bei Tieren angewandt worden). Manche Akupunkturspezialisten diagnostizieren und behandeln Probleme einzig und allein an bestimmten Punkten des Ohrs, das angeblich den gesamten Körper widerspiegelt (ich kenne einen Tierarzt, der gesundheitliche Probleme, einschließlich Lahmen, bei Pferden nur durch Akupunktur am Ohr behandelt, und zwar erfolgreich). Die Polaritätstherapie, die manuelle Techniken umfaßt und auch schon bei Tieren angewandt wurde, erkennt und behandelt Störungen mit einer ähnlich holistischen Methode.

Auf gleiche Weise kann es sein, daß Körper-/Geist-Störungen im Rückenmark reflektiert werden, wo sie auch mit anomalen Muskelspannungen und Wirbelverschiebungen einhergehen können. Dementsprechend kann eine korrigierende Manipulation auch dort Hilfe bringen.

Unabhängig von jedem Warum oder Weshalb hat sich die chiropraktische Manipulation als wahre Wohltat für viele Tiere erwiesen, wie die folgenden Fälle zeigen.

Eine Leserin der Zeitschrift »Prevention« schrieb mir über die erstaunliche Reaktion ihrer 18 Jahre alten Katze auf eine chiropraktische Therapie. Zwölf

Jahre vorher hatten sich bei der Katze die ersten Symptome aus starkem Erbrechen, Appetitverlust und heftigem Juckreiz im Gesicht und auf den Schultern gezeigt. Das arme Tier hatte sich geleckt und gekratzt, bis die Haut blutig war. Ihre Besitzerin war bei mehreren Tierärzten gewesen, aber die Behandlung mit Medikamenten hatte, wenn überhaupt, immer nur vorübergehend geholfen.

Zufällig hatte der Chiropraktiker dieser Frau davon gehört und seine Hilfe angeboten. Nach nur einer Behandlung zeigten sich aufsehenerregende Ergebnisse: Die Katze hörte auf, sich zu erbrechen, und begann zu fressen! Insgesamt wurden vier Behandlungen vorgenommen, und die Krankheitssymptome sind in den zwei Jahren seitdem nicht wieder aufgetreten.

Ein anderer Fall, über den in einer veterinärmedizinischen Fachzeitschrift berichtet wurde, betraf einen Terrier mit einem Rückenproblem. Der Tierarzt hatte einen Bandscheibenvorfall mit Schmerzen und Funktionsverlust diagnostiziert. Auf Röntgenaufnahmen zeigten sich Calciumablagerungen in dem betreffenden Bereich sowie eine Verschiebung des Wirbelgelenks. Eine Operation kam wegen der hohen Kosten nicht in Frage. Selbst nach zweiwöchiger Behandlung mit Medikamenten und Ruhigstellung zeigte sich keine Besserung. Zu diesem Zeitpunkt wurde eine Wirbelsäulenkorrektur vorgenommen. Der Hund mußte zwar in die Praxis des Chiropraktikers getragen werden, aber »innerhalb weniger Minuten . . . konnte er wieder laufen, und zwar ohne Schmerzen«. Die Besserung hält bis zum gegenwärtigen Zeitpunkt an. Der Chiropraktiker, der für seine Leistung kein Honorar forderte, erklärte, er habe auch schon andere Tiere erfolgreich behandelt. In einem Fall habe er das Sehvermögen einer Katze wiederhergestellt, indem er den Druck auf ihr Rückgrat beseitigt habe.

Einen Bericht über zwei gleichermaßen beeindruckende Fälle erhielt ich von einer Frau aus Südkalifornien, deren Chiropraktiker zwei neunjährigen Schäferhunden mit Verkrüpplungserscheinungen geholfen hatte. Der eine hatte eine schwere Dysplasie mit einem künstlichen Hüftgelenk. Er war fünf oder sechs Jahre lang mit Cortison behandelt worden und kam höchstens eine Woche ohne das Medikament aus, bevor er fast völlig bewegungsunfähig wurde und vor Schmerzen winselte. Nach nur einer Behandlung beim Chiropraktiker und einer anschließenden Ernährungsumstellung hatte der Hund nach Angaben der Frau in den seitdem vergangenen drei Monaten keinerlei Cortison mehr benötigt und schaffte relativ leicht und ohne sichtbare Mühen zwei Treppen.

Der zweite Schäferhund litt dermaßen unter degenerativer Arthritis, daß er auf einer Matte herumgezogen werden mußte. Nach fünf Behandlungen konnte auch er Treppen steigen.

Die Anwendung von chiropraktischen und verwandten Techniken bei Tieren kommt nur langsam voran, weil nur zugelassene Tierärzte ein Honorar für die Behandlung von Tieren berechnen dürfen und weil sie solche Methoden bei ihrer medizinischen Ausbildung nicht lernen. Trotzdem bemüht man sich sowohl von tierärztlicher als auch von chiropraktischer Seite, durch Austausch von Informationen diese Arbeit voranzubringen.

Persönlich habe ich derartige manuelle Therapien zwar nicht gelernt, aber ich kenne einen Tierarzt und habe von mehreren anderen gehört, die ihre Patienten chiropraktisch behandeln. Ich begrüße die Einführung dieser Methoden in der

Tiermedizin. Ein wichtiger Aspekt einer holistischen Einstellung ist sicherlich eine gewisse Bereitschaft, einige der unnötigen Angewohnheiten abzulegen, mit denen wir die Heilkunst in starre berufliche Bahnen pressen, oft zum Nachteil der Patienten.

Akupunktur und orientalische Medizin

Eine traditionelle holistische Methode, die in der Tiermedizin eine recht weitgehende Bedeutung erlangt zu haben scheint, ist die Anwendung von Akupunktur und anderen Therapien aus der orientalischen Medizin. Man kann Schriften zu diesem Thema finden, und es gibt sogar eine internationale Gesellschaft für Akupunktur in der Tiermedizin. Teilweise weil ich mehrere begeisterte Kollegen kenne, die diese Methode praktizieren, bin ich mit ihren Resultaten besser vertraut als mit anderen holistischen Therapien.

Die grundlegende Theorie hinter diesem umfassenden System lautet, daß sich die fundamentalen Energiefelder, die den Körper (und alle anderen Aspekte des Universums) ausmachen, in Form von zwei Polen manifestieren, die faktisch Ausdruck eines Ganzen sind. Der eine Pol, Yang, wird als konstruktiv, konzentrativ, kontrahiert und positiv beschrieben. Der andere, Yin, wird als disruptiv, distributiv, expandiert und negativ angesehen. Der individuelle Gesundheitszustand hängt von dem richtigen Gleichgewicht zwischen diesen beiden Extremen ab. Ein erfahrener Therapeut kann durch Manipulation bestimmter kritischer Punkte auf den Körpermeridianen (den Kanälen, durch die die Energie fließt) ein Ungleichgewicht korrigieren. Das geschieht mittels Nadeln (Akupunktur), Fingerdruck (Akupressur oder Shiatsu), Verbrennen von Beifuß an diesen Punkten oder, in der heutigen Zeit, elektrischer Stimulierung (Elektroakupunktur). Manifestationen des Energieflusses (Chi) können nicht einfach blockiert werden und nirgendwohin gehen (d. h. unterdrückt werden). Sie müssen vielmehr umgeleitet werden.

Obgleich niemand wirklich weiß, wie die Akupunktur, mit westlichen Augen gesehen, eigentlich funktioniert, wurde empirisch festgestellt, daß sich im Bereich des stimulierten Punkts die weißen Blutkörperchen vermehren und der allgemeine Blutkreislauf beschleunigt. Auch die Produktion von Endorphin, einem schmerzregelnden Hirnhormon, steigt. Außerdem wurde festgestellt, daß Beifuß mindestens zehn verschiedene Chemikalien abgibt, die den Körper anregen, und spezielle Kirliansche Aufnahmen der vom Körper ausgehenden Energiefelder zeigen nach einer Akupunkturbehandlung Veränderungen.

Eine Reihe von Tierärzten beherrscht zwar die grundlegenden Akupunkturtechniken, aber um erfolgreich damit arbeiten zu können, muß der Arzt durch Seminare und Vorlesungen bei erfahrenen Praktikern seine Fähigkeiten verbessern. Da die Akupunktur eine überwiegend mündlich überlieferte Tradition hat, sind diese Praktiker nahezu die einzige Wissensquelle.

Einer dieser hingebungsvollen Praktiker aus meiner Bekanntschaft ist John Ihor Basko, D. V. M., aus San Jose in Kalifornien. Er erzählte mir, daß er bei Erreichen höherer Ebenen der Meisterschaft oft entdeckt, daß »man um so mehr weiß, daß man nichts weiß, je mehr man weiß«! Lächelnd fügte er hinzu, »die orientalische Medizin kommt von der Einsicht, daß wir letztlich nicht wissen, wie der Körper funktioniert, und die Natur läßt sich nicht rational erklären. Man kann sich nicht immer nach fertigen Rezepten richten. Manchmal habe ich das Gefühl, die Nadel in einen bestimmten Punkt stechen zu müssen, ohne zu wissen, warum. Später lese ich dann darüber nach und sehe, ob es angebracht war«.

Was können Akupunktur und orientalische Medizin leisten? Bemerkenswerte Dinge, wie es den Anschein hat. Dr. Basko berichtet, daß die Ergebnisse im allgemeinen ausgezeichnet sind und daß die Akupunktur besonders wirkungsvoll ist bei Problemen, denen mit westlichen Methoden oft nur schwer beizukommen ist – wie etwa Bandscheibenproblemen, Arthritis, Hüftdysplasie bei Hunden, Allergien der Haut, Nierenstörungen und Stoffwechselproblemen. Er war in der Lage, die Verwendung von konventionellen Medikamenten auf etwa 25 Prozent der früher bei herkömmlicher Behandlung verwendeten Menge zu reduzieren. Bei diesen 25 Prozent handelt es sich überwiegend um injizierbare Vitamine und Antibiotika.

Besonders bemerkenswert unter seinen Erfolgen sind Bandscheibenfälle; allen daraufhin behandelten Tieren geht es besser, einigen sogar beträchtlich. Er lachte bei der Beschreibung seiner ersten Reaktion auf angeblich »wundersame« Resultate der Akupunktur bei Rückenproblemen: »Das ist doch wohl ein Scherz.«

Als »erstaunlich« beschrieb er die Wirkung der Akupunktur in einigen Fällen von Harnvergiftung, mit denen er bei seiner Arbeit in einer Klinik zu tun hatte. Dabei hatte er zwar auch die Standardtherapie mit Flüssigkeit angewandt, aber nicht damit gerechnet, daß diese Tiere überleben würden.

Selbst fortgeschrittene Staupe bei Hunden und Leukämie (Krankheiten, gegen die die moderne Tiermedizin nur wenig tun kann) sind mit dieser holistischen Methode schon erfolgreich behandelt worden. Und in Fällen, in denen es mit dem Tier zu Ende geht, hat Basko festgestellt, daß der Tod in der Regel friedlicher ist und weniger Leiden mit sich bringt, als es sonst zu erwarten wäre.

Neben diesen ermutigenden Ergebnissen hat Dr. Basko auch eine bemerkenswerte Besserung des Gesamtzustandes seiner Patienten festgestellt, die nach einer Reihe von Behandlungen oft mehr Energie, größere Munterkeit und ein besseres allgemeines Wohlbefinden zeigten, als sie seit Jahren gehabt hatten. Er schreibt die Besserung einer Wiederherstellung des Gleichgewichts zwischen Körper und Geist zu. Die Akupunktur läßt sich wie die westliche Medizin zwar zur symptomatischen Behandlung verwenden, aber die beste Methode besteht doch darin, die zugrunde liegenden Unausgewogenheiten im Organismus als ganzem zu beseitigen, die die Bedingungen schaffen, unter denen spezifische Krankheiten sich entwickeln.

Wie Sie vielleicht vermuten, läßt sich eine solche holistische Methode auch zur Krankheitsverhütung verwenden – als eine Art »Inspektion und Wartung« für den Körper. Den alten Chinesen, die die Methode über Tausende von Jahren mit Praxis und Beobachtungen entwickelten, ging die Verhütung sogar über alles. Zu Akupunktur und Kräutern griffen sie nur, wenn die bevorzugten Methoden (Meditation, Bewegung, Massage) nicht ausreichten. Die meisten heutigen Akupunkturisten betonen die Bedeutung einer Gesamtbetrachtungsweise der Gesundheit und beziehen in ihre Methoden auch die Anwendung von Nahrung, Kräutern und dergleichen ein.

Eine andere Kollegin, Gloria Dodd, D. V. M., zeigt sich gleichermaßen beeindruckt von den Resultaten der Akupunktur. In einer Diskussion über die medizinischen Möglichkeiten angesichts ernsthafter Krankheiten wie Anämie, schwerer Wehen, starken Infektionen, Schock und Kollaps sowie einer Hautreizung namens »Leckgranulom« erklärte sie mir, daß die Akupunktur bei all diesen Fällen schon erfolgreich angewendet worden sei. Sie beschrieb dann mehrere Fälle im Detail und fügte hinzu: »Ich könnte jede Menge solcher Fälle aufzählen. Ich habe eine ganze Kiste voll davon.«

Eine dramatische Geschichte betraf einen Welpen, der mit einer schweren Lungenentzündung am Rand des Todes stand. Nachdem mehrere andere Ärzte keinen Behandlungserfolg erzielt hatten, wurde er schließlich zu ihr gebracht. Er zeigte starken Nasenausfluß und schnappte nach Luft. Alles deutete darauf hin, daß der Tod unmittelbar bevorstand.

»Er hatte eine Temperatur von 40,5 °C«, erklärte sie. »Ich nahm meine Nadeln, und innerhalb von 20 Minuten hatte sich der dicke, gelbe Ausfluß aus der Nase in eine klare Flüssigkeit verwandelt! Der Hund hob den Kopf (er war hereingetragen worden) und begann leichter zu atmen, die Temperatur fiel auf 40 °C. Nach Abschluß der Anfangsbehandlung war die überschüssige Flüssigkeit fast völlig aus den Lungen verschwunden. Es war wie ein Wunder. Der Besitzer, ein Arzt, hörte die Lunge ab und konnte die Änderung nicht fassen.«

Dr. Dodd verabreichte dann entsprechende Antibiotika und akupunktierte den Hund vier Tage nacheinander (»Man muß die Energie in Schwung bringen und in Schwung halten«). Innerhalb von zwei Wochen war der Hund wieder gesund und zeigte auch keinen Lungenschaden. Sicher ein erstaunlicher Fall!

Während Dr. Dodd dazulernte, dehnte sie ihre Methode auch auf andere holistische Therapien wie Vitamin- und Mineralstoffzusätze, Ernährung und, seit neuestem, verschiedene homöopathische Präparate aus, deren Wirkung bei Reaktionen auf Impfstoffe und Insektizide und selbst bei Leukämie sie festgestellt hat (von sechs Tieren, die unter dieser in der Regel tödlichen Krankheit litten, sind alle mittlerweile klinisch gesund, und vier haben ausreichend Antikörper, um gegen die Krankheit resistent zu sein, sagt sie).

Weil Dr. Dodd eine sehr beschäftigte Frau ist, fand unser Meinungsaustausch in ihrem Behandlungsraum statt und wurde umrahmt von sukzessiven Elektro-Akupunkturbehandlungen eines großen deutschen Schäferhundes mit einer schweren Hüftdysplasie.

»Das ist die zweite Behandlung, und es geht ihm schon besser«, erklärte der lächelnde Besitzer.

Ich erfuhr, daß der Hund aufgrund seines Gebrechens sich nicht mehr mit seinen Hinterbeinen erheben konnte und sie nachziehen mußte, wenn er überhaupt vorwärtskommen wollte. Ich beobachtete, wie Dr. Dodd eine elektrische Platte an das Hinterteil des Hundes hielt und dem Besitzer erklärte, wie er sie für die Dauer der Behandlung an Ort und Stelle halten sollte. Zu dem Zeitpunkt, als unser Gespräch beendet war, war auch die Therapie vorüber, und der große

Schäferhund wurde aus der Halteschlinge befreit. Begeistert darüber, seinen Fesseln zu entkommen, und begierig darauf, den sonnigen Tag draußen zu genießen, machte der einst gelähmte Hund einen Satz aus der Praxis und zog sein erfreutes Herrchen am anderen Ende der Leine hinter sich her.

Nicht schlecht, oder?!

Homöopathie

Wir kommen jetzt zu meiner ganz persönlichen Liebe, der Wissenschaft von der Homöopathie. Bei meiner Suche nach wirkungsvollen holistischen Therapien befaßte ich mich zunächst mit Ernährung und Kräutern (die ich auch jetzt noch verwende, und zwar zusammen mit Naturheilverfahren). Aber für sich genommen, schienen diese Methoden nicht immer auszureichen (oder die zugrunde liegenden Prinzipien für ihre beste Anwendung erschlossen sich mir nicht immer). Daraufhin hielt ich Augen und Ohren für ein Verfahren offen, das effektiver sein könnte. Hier und dort hörte ich immer wieder Gutes über die Homöopathie, und zwar besonders von Menschen, deren Urteilsvermögen ich sehr hoch schätzte. Schließlich beschloß ich, mir selbst ein Urteil zu bilden. Dieser Beschluß war ein Wendepunkt, der meinen Horizont um eine medizinische Methode von einzigartiger Eleganz, Ordnung und Effektivität erweiterte.

Die Homöopathie wird in den meisten Ländern der Erde praktiziert. Für meine Begriffe verdient sie weitaus mehr Aufmerksamkeit, als man ihr bei uns gegenwärtig schenkt. Wegen ihrer vielen guten Seiten hoffe ich, daß sie in Zukunft eine hervorragende Stellung unter den Heilkünsten einnimmt.

Die eigentliche Schönheit der Homöopathie liegt in der Einfachheit ihrer Grundprinzipien und den erschöpfend erforschten Kriterien, die die Wahl eines Heilmittels durch den Homöopathen bestimmen. Während die konventionelle Medizin eine Mischung aus verschiedenen Hypothesen und wechselnden Vorlieben zu sein scheint, gründet sich die Homöopathie auf ein einziges verbindendes Prinzip, das sich nicht geändert hat, seit die Methode zu Beginn des 18. Jahrhunderts von dem deutschen Arzt Samuel Hahnemann eingeführt wurde. Dieses Prinzip, das sich schon im 10. Jahrhundert vor Christus in Hindusagen sowie bei Hippokrates und vielen anderen findet, lautet, daß Gleiches durch Gleiches geheilt wird (Similia Similibus Curentur).

Hahnemann stellte gewisse Ähnlichkeiten zwischen den durch einige Krankheiten hervorgerufenen Symptomen und den auf die verwendeten Medikamente zurückgehenden Symptomen fest. Aus dieser Beziehung entstand seine Theorie: Eine Krankheit läßt sich mit jedem Medikament heilen, das ähnliche Symptome hervorruft, wenn es einem gesunden Menschen verabreicht wird. Die Schönheit dieses sogenannten Gleichheitsgesetzes liegt darin, daß die Behandlung im Gleichklang mit und nicht gegen die Gesundungsanstrengungen des Körpers verläuft.

Ein guter Praktiker kann einen von einer Krankheit ausstrahlenden Satz von Signalen erkennen. Statt ein Medikament gegen Kopfschmerzen, ein zweites gegen einen verdorbenen Magen und ein drittes gegen Depressionen zu verschrei-

SO WERDEN HOMÖOPATHISCHE MITTEL HERGESTELLT

Die meisten Präparate kann man in einer bestimmten Stärke kaufen. Wenn daher für die Behandlung von, sagen wir einmal, Übelkeit Ipecac 3X erforderlich ist, kaufen Sie das Ipecac einfach in dieser Stärke.

Die Zahl hinter dem Namen des Präparats zeigt an, wie oft die Tinktur verdünnt worden ist. 1X heißt beispielsweise, daß ein Tropfen des Mittels in neun Tropfen Alkohol gegeben wurde. Das Mittel hat jetzt $1/10$ seiner ursprünglichen Stärke. Wenn Sie einen Topfen dieser 1X-Mischung in neun Tropfen Alkohol geben, wird die Lösung mit 2X bezeichnet und hat $1/100$ der ursprünglichen Stärke. Also:

1X = $1/10$	5X = $1/100\,000$
2X = $1/100$	6X = $1/1\,000\,000$
3X = $1/1000$	12X = $1/10^{12}$
4X = $1/10\,000$	

Diese Stärkeangaben gelten auch für Pulver, die mit pulverförmigem Milchzucker verdünnt werden.

In seltenen Fällen finden Sie in der Enzyklopädie die Weisung, bestimmte Mittel selbst zu verdünnen. Es könnte beispielsweise heißen, Sie sollten Gelbwurzel verdünnen, indem Sie zwei Teelöffel pulverisierte Wurzel in 30 oder 60 cm^3 Wodka oder Brandy geben und anschließend 120 Tropfen destilliertes Wasser zufügen. Richten Sie sich einfach nach den Anweisungen wie nach einem Kochrezept.

ben, verabreicht er dann ein einziges Mittel gegen den ganzen Satz von Symptomen. Er wählt dabei das eine Medikament, das alle drei Symptome hervorrufen würde, wenn man es einem gesunden Menschen verabreichte.

Die in der Homöopathie als Heilmittel verwendeten, speziell hergestellten Substanzen enthalten winzige Dosen von Kräutern, Mineralstoffen, tierischen Produkten, wie Bienengift und Tintenfischtinte, sowie verschiedener anderer Produkte. Diese Substanzen werden verdünnt, so daß nur winzigste Mengen tatsächlich in den Körper eines Patienten gelangen. Manchmal ist die Verdünnung so extrem, daß sie weit über den Punkt hinaus ist, an dem die Substanz durch molekulare Stärke wirken könnte. Über die Art und Weise, in der diese stark verdünnten Substanzen Wirkung ausüben, gehen die Meinungen weit auseinander; viele Homöopathen glauben, daß sie Informationen der Grundsubstanzen tragen, während andere der Meinung sind, daß magnetische Kräfte ins Spiel kommen.

Aus meiner eigenen Erfahrung kann ich bezeugen, daß homöopathische Heilmittel wirklich funktionieren. Wenn ich – unter Berücksichtigung der geistigen, emotionellen und physischen Aspekte – das einzigartige Symptombild deutlich erkennen und ihm das richtige Mittel zuordnen kann, kann ich sicher sein, daß der Patient darauf reagiert. Es ist zwar nicht immer einfach, eine solche Zuordnung vorzunehmen, aber wenn ich es schaffe, kann ich auf dieses Prinzip zählen, wie ich auf die Schwerkraft zählen kann.

Hier ist ein vereinfachtes Beispiel dafür, wie die Homöopathie arbeitet.

Wir wissen, daß der Stich einer Biene eine bestimmte typische Reaktion hervorruft, nämlich Schwellung, Flüssigkeitsansammlung, Hautrötung, Schmerz und Entzündung, die sich bei Wärme- oder Druckeinwirkung noch verstärkt. Bei empfindlichen Leuten können auch geistige Symptome wie Apathie, Benommenheit, Teilnahmslosigkeit oder, im Gegenteil, Weinen und Traurigkeit auftreten. Wenn jemand mit diesen Symptomen – auch wenn sie nicht auf einen Bienenstich zurückgehen – eine homöopathisch hergestellte Lösung aus verdünntem Bienengift erhält, beginnt sich sein Zustand zu bessern. Wesentlich ist, daß zwischen dem Mittel und dem Zustand eine große Ähnlichkeit herrschen muß, damit die Sache richtig funktioniert.

Welche Krankheiten ein Mittel heilen kann, wird zunächst empirisch von einer Gruppe von Freiwilligen »bewiesen«, die die Substanz in verdünnter Form mehrere Tage oder Wochen lang einnehmen. Jeden Tag notieren sie ihre Symptome – geistig, emotionell und physisch – in einem Tagebuch, mit dessen Hilfe dann ein charakteristisches »Symptombild« der untersuchten Substanz erstellt wird. Wenn die Substanz auf diese Weise untersucht worden ist, wird sie in die Materia Medica aufgenommen, ein Nachschlagewerk, das mehrere hundert Heilmittel und ihre Anwendungsgebiete enthält. Fast alle medizinischen Kräuter wurden auf diese Weise untersucht, so daß jetzt durchgehend genaue Richtlinien für ihre Verwendung zur Verfügung stehen.

Diese Untersuchungen geben manchmal auch interessante Aufschlüsse. Einer davon ist die Entdeckung, daß einige Mittel viele Anwendungsmöglichkeiten haben, die vorher nicht bekannt waren. Eines der von den Versuchspersonen bei Bienengift festgestellten Symptome war beispielsweise eine Harnstörung, die durch konzentrierten, dunklen Urin gekennzeichnet war, der beim Wasserlassen brannte. Später wurde festgestellt, daß einige Formen der Cystitis (Blasenkatarrh), die mit Brennen und Schmerzen beim Urinieren einhergehen, sich durch Verabreichung von homöopathisch hergestelltem Bienengift (Apis mellifica) heilen lassen. Bienengift wirkt zwar nicht bei jedem Fall von Cystitis, aber doch in den Fällen, in denen ähnliche Symptome auftreten (beachten Sie meinen Vorschlag in der Enzyklopädie unter dem Stichwort »Blasenprobleme«, Bienengift zu verabreichen).

So merkwürdig es auch klingen mag, verdünnte Substanzen sind wirkungsvoller als die Rohform oder physiologische Dosis. Ihre Wirkung scheint sich aus zwei Ursachen zu ergeben: (1) Durch die Verdünnung gelangt weniger Wirksubstanz in den Körper, so daß toxische oder chemische Effekte ausgeschaltet sind, und (2) die Verdünnung ist »potenziert« oder auf eine Weise (durch Schütteln oder Mahlen) hergestellt, daß sie augenscheinlich ihre natürlichen elektromagnetischen Kräfte freisetzt und das daraus entstehende Heilmittel wirkungsvoller macht als die unbehandelte Substanz.

Im Hinblick auf die Heilwirkung nimmt man folgendes an: Wenn der Körper gestört (erkrankt) ist, handelt es sich bei den auftretenden Symptomen um den Versuch des Körpers, zu heilen und das Gleichgewicht wiederherzustellen. Wir wissen beispielsweise, daß Entzündungen mit Rötung, Schmerzen und Schwellung Hauptabwehrwaffen des Körpers sind. Deshalb ist der betroffene Körperteil besonders empfindlich gegenüber einem passenden Heilmittel, das wie ein Katalysator oder Verstärker für den Selbstheilungsprozeß wirkt.

Im Vergleich dazu werden Standardmedikamente im allgemeinen eingesetzt, um normale körperliche Vorgänge zu ersetzen (Hormonmedikamente), um körperliche Reaktionen zu unterdrücken (Schmerzmittel, Entzündungshemmer, Antihistamine) oder um Bakterien oder Krebszellen zu schwächen oder zu töten (Antikörper, Chemotherapie, Strahlentherapie). Sie werden daher häufig kombiniert eingesetzt, um unterschiedliche Krankheitserscheinungen, wie etwa Arthritis, Pyorrhöe und Migränekopfschmerz, bei demselben Patienten zu behandeln.

Homöopathen dagegen gehen davon aus, daß der Betreffende nur eine einzige Störung hat, die viele Symptome und idiosynkratische Eigenschaften hervorruft. Daher wird jeweils nur ein Heilmittel zur Zeit verabreicht – und zwar dasjenige, das man als besten Katalysator für die Abwehrreaktion des Körpers betrachtet.

Die Beiträge der Homöopathie zum allgemeinen Verständnis von Gesundheit und Krankheit sind enorm. »The Science of Homeopathy« von George Vithoulkas ist eine wichtige, zeitgemäße Erörterung der homöopathischen Grundsätze und von unschätzbarem Wert für jeden, der an einer holistischen Therapie in irgendeiner Form interessiert ist.

Aber nicht nur in der Theorie zeigt die Homöopathie bei Mensch und Tier ausgezeichnete Ergebnisse, wie Kliniker bestätigen. Eine Untersuchung mit 46 menschlichen Patienten mit rheumatischer Arthritis unterstreicht ihre Wirksamkeit. Die eine Hälfte erhielt homöopathische Mittel und die andere Placebos (wirkstoffreie Tabletten von gleichem Aussehen). Obgleich weder die Ärzte noch die Patienten wußten, ob ein Medikament oder ein Placebo genommen wurde (um Suggestionswirkungen auszuschließen), zeigte sich im Endergebnis bei der behandelten Gruppe eine signifikante Besserung im Hinblick auf subjektiven Schmerz, Gelenkempfindlichkeit, Greifkraft und Morgensteife. Alles ohne irgendwelche toxischen Reaktionen oder Nebenwirkungen (British Journal of Clinical Pharmacology, Mai 1980).

Interessant an der homöopathischen Medizin ist auch die Art und Weise, in der Medikamente erprobt werden. Sie werden an Menschen ausprobiert und nicht an Tieren.

Weil wichtige mentale und emotionale Symptome untersucht werden müssen, bevor die Wirkung einer Substanz völlig klar erkannt wird, kommen nur kluge menschliche Beobachter dafür in Frage, diese inneren Vorgänge aufzuzeichnen und zu berichten. Es handelt sich dabei um Freiwillige, und eventuelle unerfreuliche Symptome, die sich in der Versuchsphase zeigen, verschwinden wieder, wenn die Substanz abgesetzt wird.

Homöopathische Untersuchungen sind etwas völlig anderes als konventionelle Laboruntersuchungen, bei denen Tiere eine »menschliche« Krankheit bekommen. Dabei wird das eigentliche Objekt der Krankheit, das menschliche Wesen, ignoriert. Vom holistischen Standpunkt aus kann eine solche Tierforschung das Problem menschlicher Krankheiten niemals lösen. Das müssen wir selbst tun, und zwar indem wir uns des ungeheuren Potentials direkter Erfahrungen mit den Vorgängen in uns selbst bedienen.

Lassen Sie mich etwas über ein paar Fälle erzählen. Ich behandelte einmal eine Katze, die unter einer seltenen nachoperativen Reaktion litt – Septikämie (Bakterien im Blut) und allgemeiner Zusammenbruch des Blutgerinnungsmechanismus. Sie war in bedauernswertem Zustand, mit hohem Fieber und Erbrechen. Dunkles Blut lief aus ihrem Rücken, ihrem Magen, ihren Beinen, ihren Pfoten, ihrer Schnauze und ihrer Vagina. Weiterhin stellte ich Blutungen unter der Haut fest (dunkelblaue Schwellungen unter Augenliedern und Ohren). Antibiotika schienen zwar angezeigt zu sein, aber ich war mir nicht sicher, ob sie in dieser kritischen Situation schnell genug anschlagen würden. Es schien ihr schlechter zu gehen, während ich sie noch untersuchte!

Als provisorische Maßnahme beschloß ich, ihr Flüssigkeit unter die Haut zu spritzen, um etwas gegen ihren mäßigen Wasserverlust zu tun. Dabei stellte ich sofort fest, daß sie äußerst überempfindlich war und keinerlei Berührung vertragen konnte. Das mag nicht ungewöhnlich klingen, aber ihre Reaktion war heftiger, als zu erwarten stand. An diesem Punkt erkannte ich die Ähnlichkeit zwischen ihren Symptomen und den Wirkungen von Arnika (aus dem Kraut Bergwohlverleih). Unter den charakteristischen Merkmalen bei Arnikagaben sind Fieber, Blutungen, durch Bluten hervorgerufene schwarze und blaue Stellen unter der Haut, Sepsis, Überempfindlichkeit für Schmerz und Aversion gegen Berührung!

Ich verabreichte ihr also eine Arnikatablette und wiederholte das alle paar Stunden. Später am Tag zeigte sie eine deutliche Besserung. Am nächsten Morgen war ihre Temperatur zurückgegangen, und die Blutungen hatten aufgehört. Die Katze war offensichtlich ruhiger – sie fraß zum erstenmal, seit sie krank geworden war. Nach weiteren 48 Stunden war als einziges Zeichen für die kurz zuvor noch lebensbedrohliche Lage etwas trockener Schorf an den Stellen übriggeblieben, an denen sie geblutet hatte. Eine Woche später untersuchte ich sie noch einmal und stellte fest, daß sie sich bei guter Gesundheit befand. Ziemlich beeindruckende Ergebnisse! Ich brauchte zu keiner Zeit auf Antibiotika zurückgreifen.

Ich bin oft erstaunt, wie schnell homöopathische Mittel manchmal anschlagen. In der Regel stelle ich fest, daß sie bei akuten Fällen viel schneller wirken als Medikamente. Aber auch bei vielen chronischen Krankheiten zeichnen sie sich aus. Unter den Krankheiten, die ich mit diesen Mitteln erfolgreich behandelt habe, finden sich demodektische Räude und andere ernsthafte Hauterkrankungen, Blasenkatarrh, Parvovirus, Punktionen und Schußverletzungen, Staupe, Gehirnerschütterungen und eine Unzahl allgemeiner und vager Beschwerden wie Durchfall, Depression, Appetitverlust, Juckreiz und ähnliches.

Aus letzter Zeit fällt mir ein älterer Kater ein, bei dem die Laboruntersuchungen gezeigt hatten, daß er eine infektiöse Bauchfellentzündung hatte – eine endgültige Sache, die sich mit Medikamenten nicht heilen läßt. Als Symptome zeigten sich bei ihm wiederholtes Erbrechen, Durchfall, Appetitlosigkeit und angeschwollener Bauch. Über einen Zeitraum von mehreren Tagen stellten meine Klientin und ich ihn langsam auf selbstgemachtes Futter (wie in diesem Buch beschrieben) um und sorgten mittels Kräutern und Nahrungszusätzen für die Thymusdrüse für eine erhöhte Vitalität. Dann erkannte ich ein geeignetes homöopathisches Mittel, und zwar in diesem besonderen Fall *Arsenicum album* (weißes Arsenik).

Ich verabreichte ihm eine Dosis, woraufhin die Symptome sich ein paar Tage lang verschlimmerten, bis eine lange Periode fortschreitender Besserung kam. Zwei Monate später, als er wieder zu erbrechen begann, erhielt er eine weitere

Dosis. Er wurde schnell wieder gesund, und seine Gesundheit ist seitdem stabil. Obendrein verbesserte sich seine Persönlichkeit, indem er jetzt ruhiger und beständiger ist, und sein Gewicht erhöhte sich von 2,7 auf 5 kg!

Eine erfolgreiche körperliche Behandlung geht oft mit Persönlichkeitsveränderungen zum Guten einher, wie in dem von Dorothy Shepherd, einer Homöopathin aus Großbritannien, beschriebenen Fall. Sie kam eines Tages nach Hause und fand ihren kleinen Hund nahezu bewußtlos, bleich, kaum noch atmend und mit Speichelausfluß in seinem Korb. Seine Nase war zwar warm, der übrige Körper aber eiskalt. Sein Puls war kaum noch zu fühlen. Ich glaube nicht, daß dieser Welpe durch irgendeine medikamentöse Behandlung noch hätte gerettet werden können. Unsere unverzagte Ärztin verabreichte ihm jedoch ein homöopathisches Präparat aus Kampfer (das zu seinen Symptomen paßte) und erzielte eine schnelle Reaktion.

> In bemerkenswert kurzer Zeit öffnete er seine Augen und versuchte fieberhaft, meine Finger abzulecken, die ich in warme Milch mit einem Tropfen Branntwein getaucht hatte. Gern gab ich ihm noch etwas mehr Milch mit Branntwein, der ersten Nahrung seit Stunden. Am nächsten Morgen zeigte sich mir ein ganz anderer Anblick; er war aus seinem Korb gekrochen, lag vor dem Kamin und wedelte fröhlich mit dem Schwanz, wie er es morgens immer tat.
>
> – Magie der Minimaldosis
> (Health Science Press 1979)

Nach nur einer Behandlung war seine Krankheit vorüber. Danach änderte sich seine Persönlichkeit, und aus einem eher unordentlichen Tier wurde »ein stubenreiner und beispielhafter Hund«.

Homöopathische Mittel lassen sich wirklich zur Behandlung von Persönlichkeitsproblemen verwenden. Einmal kam eine Klientin mit einer Katze zu mir, deren Persönlichkeit sich ganz plötzlich zum Schlechteren hin verändert hatte. Während sie vorher freundlich gewesen war, war sie jetzt reizbar, widersetzte sich, wenn sie auf den Arm genommen wurde und hielt ganz allgemein Abstand. Nach einer Behandlung mit *Nux vomica* war sie wieder ihr früheres liebenswertes Selbst.

SALZE

In der »Enzyklopädie« empfehle ich oft Salze und homöopathische Präparate. Die Therapieform mit diesen Salzen wurde im 19. Jahrhundert von Wilhelm Heinrich Schüßler entwickelt. Schüßler, ein Arzt, Biochemiker und Physiker, gründete seine Behandlung auf die Tatsache, daß der menschliche Körper aus einer riesigen Anzahl von Zellen besteht, die Wasser, organische und anorganische Substanzen in einem perfekten Gleichgewicht enthalten. Die anorganischen Substanzen sind zwar nur in sehr kleinen Mengen vorhanden, aber unentbehrlich für lebendes Gewebe, weil sie den Zellaufbau und die Heilung unterstützen.

Diese als Salze bezeichneten Substanzen werden homöopathisch zubereitet. Das heißt, man unterscheidet zwölf verschiedene Salze, von denen jedes einzelne den Körper auf bestimmte Weise stimuliert. Sie sind in der Regel unter ihrer abgekürzten Bezeichnung und oft auch unter einer Nummer bekannt. Es sind:

1. *Calcarea fluorica* (Calc. fluor. oder Calciumfluorid). Seine grundlegende Funktion besteht darin, die Kontraktionsfähigkeit von elastischem Gewebe zu bewahren.
2. *Calcarea phosphorica* (Calc. phos. oder Calciumphosphat). Es wird im allgemeinen zur Unterstützung von Wachstum und Entwicklung, gegen Rachitis, zur besseren Verdauung, zur Verbesserung des Blutkreislaufs und zur beschleunigten Erholung angewandt.
3. *Calcarea sulphurica* (Calc. sulph. oder Calciumsulfat). Es wird im allgemeinen dazu verwendet, das Blut von nichtfunktionellen organischen Stoffen zu reinigen.
4. *Ferrum phosphoricum* (Ferr. phos. oder Eisenphosphat). Dieses Salz ist wie die Kavallerie – es bringt Rettung aus der Not, indem es das Blut und alle Körperteile mit Sauerstoff versorgt. Von Nutzen ist es bei Entzündungen, Schmerzen oder Fieber.
5. *Kali muriaticum* (Kali mur. oder Kaliumchlorid). Es wird oft als Mittel bei Organträgheit und häufig in Verbindung mit anderen Salzen angewandt.
6. *Kali phosphoricum* (Kali phos. oder Kaliumphosphat). Ein Salz, das als Nervennahrung dient.
7. *Kali sulphuricum* (Kali sulph. oder Kaliumsulphat). Es wird oft bei klebrigen, gelben Absonderungen aus Haut oder Schleimhäuten verwendet.
8. *Magnesia phosphorica* (Mag. phos. oder Magnesiumphosphat). Die Hauptfunktion dieses als Antispasmodikum bekannten Salzes liegt in der Behandlung von Nervensystem und Muskelkrämpfen.
9. *Natrum muriaticum* (Nat. mur. oder Natriumchlorid). Das oft als wasserstörend bezeichnete Salz steuert das Auf und Ab der Körperflüssigkeiten. Übermäßige Feuchtigkeit oder Trockenheit in einem Körperteil kann auf einen Mangel an diesem Salz hindeuten.
10. *Natrum phosphoricum* (Nat. phos. oder Natriumphosphat). Dieses Salz neutralisiert Säure und ist wichtig für die ordnungsgemäße Funktion des Verdauungstrakts.
11. *Natrum sulphuricum* (Nat. sulph. oder Natriumsulphat). Dieses Salz beseitigt überschüssiges Wasser aus den Flüssigkeiten, die die Zellen umgeben, und dient als Stärkungsmittel für die Leber.
12. *Silicea* (Siliziumoxid). Dieses Salz ist eine Art Reinigungsmittel, das Eiteransammlungen wie im Falle von Abszessen und Gerstenkörnern auflösen kann. Es wird weiterhin zur Beseitigung von Fremdkörpern wie Dornen oder Splittern verwendet.

BLÜTENESSENZEN

Zur Behandlung von Verhaltensstörungen und physischen Problemen benutze ich außer homöopathischen Mitteln noch etwas Ähnliches – Bachsche Blütenessenzen. Diese verdünnten Infusionen aus Blüten und Knospen sollen zwar hauptsächlich auf den mentalen Zustand wirken, aber eine psychische Besserung bringt oft eine physische Besserung mit sich. Diese Extrakte werden mehrmals täglich oft über mehrere Wochen oral verabreicht.

Ein Fall, in dem ich eine Blütenessenz verwendete, betraf einen Hund mit einer Vielzahl beunruhigender Symptome. Dazu gehörten Appetitverlust, Energiemangel, ungewöhnliches Verhalten, Erbrechen, Kollaps, Fieber, feuchtes Fell, gespannter Bauch und Milzvergrößerung. Außerdem zeigten Laboruntersuchungen, daß das Tier anämisch war, mit anomal geformten roten Blutkörperchen, einer übergroßen Zahl weißer Blutkörperchen, erhöhten Leberenzymwerten (die auf einen Leberschaden hinwiesen), erhöhten Cholesterin- und Gallenwerten, hohem Blutzucker und so weiter. Die Röntgenaufnahmen zeigten keinen Befund. All diese Symptome waren bedrohlich und schienen auf eine ernsthafte physische Störung hinzuweisen. Aber eine frühere Behandlung mit einem synthetischen Cortisonpräparat, Antibiotika und Vitamin-B_{12}-Injektionen hatte bei dem Hund nicht angeschlagen.

Weil ich wußte, daß die Familie unter Streß stand, vermutete ich eine Störung auf psychischer oder mentaler Ebene. Dementsprechend verschrieb ich die Bachsche Lärchenessenz, die eine Woche lang viermal täglich verabreicht werden sollte. In den ersten Stunden nach Beginn der Behandlung verschlimmerten sich die Symptome, aber schon am nächsten Tag zeigte sich eine ausgeprägte Besserung. Eine Woche später waren die Symptome verschwunden und sind seit mehr als einem Jahr nicht wieder aufgetreten. Außerdem änderte sich die Persönlichkeit des Hundes. Er wurde verspielter und ging gegenüber den anderen Tieren in der Familie mehr aus sich heraus. Diese Änderung hält an, obwohl sich die ursprüngliche Behandlung nur über ein paar Wochen erstreckte.

Auch bei manchen Krankheitszuständen, die kurz nach einer traumatischen oder aufregenden Erfahrung auftraten, haben sich die Bachschen Blüten als nützlich erwiesen. Eine Frau brachte beispielsweise eine Katze in die Praxis, die ein paar Wochen vorher von einem großen Hund durchgeschüttelt worden war. Das Tier fühlte sich nicht wohl, war reizbar und hatte Verstopfung. Es hatte Fieber, Gewichtsverlust, Flüssigkeitsansammlung in der Lunge und einen schmerzenden Bauch. Am schlimmsten schien ein verschobener Wirbel im unteren Rückenteil zu sein, der der Katze große Schmerzen bereitete, wenn man ihn berührte.

Ich verschrieb die Bachsche Vogelmilchessenz, und zwar alle zwei Stunden zwei Tropfen. Drei Tage später rief mich die Besitzerin der Katze an und teilte mir mit, daß ihre Katze sich recht gut erholt hätte. Die Tropfen hätten für eine merkliche Entspannung gesorgt. Nach einer Behandlung von ein paar Tagen begann sie sich zu strecken, indem sie die Klauen in ein Stück Kaminholz schlug und von einer Seite zur anderen zog. Dadurch wurde anscheinend auch das Problem mit dem Rücken gelöst.

Wie Sie sehen, können bemerkenswerte Dinge geschehen, wenn wir von der Gesamtheit von Körper und Geist ausgehen und von diesem neuen Standpunkt aus behandeln. Der Erfolg der in diesem Kapitel beschriebenen holistischen Therapien ist abhängig von dem Können des behandelnden Arztes, der Stärke und dem Willen des Patienten, dem Maß an Unterstützung aus dem Umfeld und der Eignung der gewählten Methode.

Kapitel 15

Pflege eines kranken Tieres

Sollte Ihr Tier erkranken, hat die Pflege zu Hause mehrere Vorteile. Vor allem ist das Zuhause vertraut und sicher, frei von dem Streß in einer geschäftigen Tierklinik mit Tieren und Menschen, die Ihrem Tier fremd sind. Zweitens können Sie, wenn Sie die Zeit dazu haben, zu Hause wirklich nützliche Krankenpflege betreiben. Behandlungsmethoden wie Fastenkuren, Spezialnahrung und sorgfältige Reinigung werden in einer Klinik möglicherweise nicht angewandt, und zwar entweder weil sie zeitaufwendig sind oder weil man dort andere Vorstellungen von Krankheitsbehandlung hat. Drittens liegt die Verantwortung zu Hause bei *Ihnen,* so daß alternative oder natürliche Behandlungsformen angewandt werden können, ohne daß es zu Konflikten kommt.

Auf der anderen Seite ist ein Tierarzt ein erfahrener Profi. Jahrelange Ausbildung und Erfahrung versetzen ihn in die Lage, die Schwere einer Erkrankung zu beurteilen und die richtigen Diagnosemethoden anzuwenden. Bei Erkrankungen, die mit sehr viel Schmutz verbunden (starkes Erbrechen oder Durchfall) oder lebensbedrohlich (Autounfall oder schwere Infektion) sind, hat die Tierklinik Möglichkeiten, die Sie zu Hause nicht haben, z. B. Schockbehandlung, intravenöse Ernährung oder Operation.

Ob zu Hause oder in der Klinik, Ihr Tier erholt sich schneller und vollständiger, wenn Sie sich nach den in diesem Buch aufgezeigten allgemeinen Grundsätzen der Gesunderhaltung (gute Ernährung und Nahrungszusätze, Bewegung, gute Beziehung usw.) und nach den Pflegemethoden in diesem Kapitel richten. Wenn Sie Ihrem Tier jedoch ein vom Tierarzt verschriebenes Medikament verabreichen, dürfen Sie die in der »Enzyklopädie« vorgeschlagenen homöopathischen Mittel *nicht* verwenden, weil Medikamente und homöopathische Mittel oft gegeneinander arbeiten. Sie können jedoch einige der Kräuter verwenden, und zwar besonders diejenigen, die hauptsächlich äußerlich angewendet werden oder deren Hauptzweck darin besteht, den Wiederaufbau des Gewebes zu unterstützen.

Ein schwerkrankes Tier hat bestimmte Grundbedürfnisse. Wenn wilde Tiere krank oder verletzt sind, ziehen sie sich an einen sicheren, friedlichen Ort zurück und lassen die Natur die Krankheit heilen. Wir müssen unseren Haustieren eine vergleichbare Möglichkeit bieten. Die meisten kranken Tiere wollen Ruhe, Si-

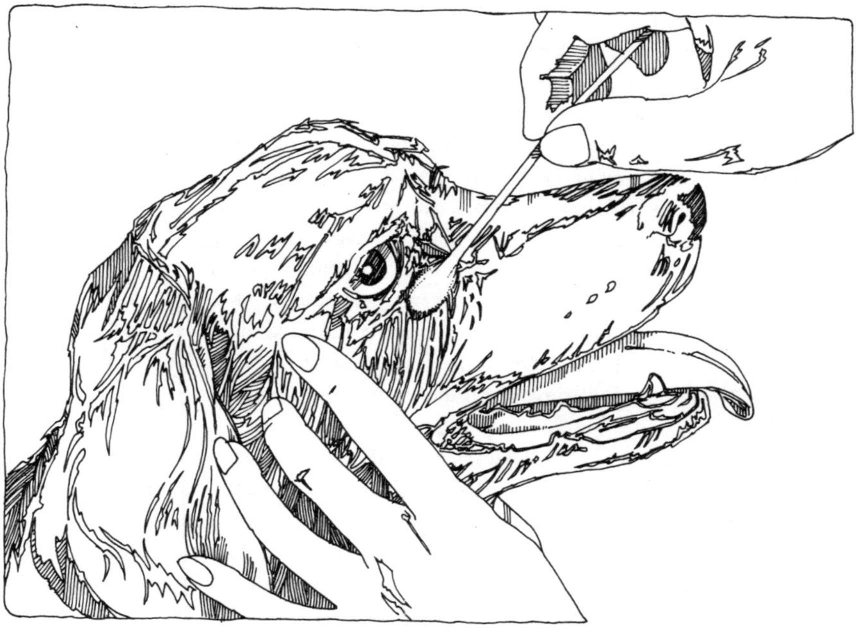

cherheit, Wärme und Zugang zu frischer Luft und Sonnenschein. Außerdem fasten sie oft instinktiv. Der bei den meisten Krankheiten anzutreffende Appetitverlust ist Teil des Heilungsvorgangs und kein Symptom, das es mit Gewalt zu beseitigen gilt.

Sorgen Sie also an einer behaglichen Stelle, an der Ihr Tier friedlich ruhen kann und sich geschützt fühlt, für eine bequeme Unterlage; es muß dort frei von Zugluft, Störungen und Lärm sein. Halten Sie die Stelle sauber, und wechseln Sie Decken oder Handtücher nach Bedarf. Lassen Sie Ihr Tier an die frische Luft, wenn es das will (aber erzwingen Sie es nicht).

Fasten

Im allgemeinen ist es nicht schlecht, ein Tier an den ersten ein oder zwei Tagen einer Krankheit fasten zu lassen, und zwar besonders, wenn es zu Fieber kommt. Eine gute Faustregel lautet, daß man sein Tier fasten lassen soll, bis es wieder normale Temperatur hat – einen oder zwei Tage oder auch vier bis fünf (falls nötig und der Zustand des Tieres es erlaubt).

Fasten ist eine der ältesten und natürlichsten Heilmethoden. Normalerweise scheidet der Körper dauernd Abfallprodukte aus, und zwar zusammen mit verdorbenen oder toxischen Stoffen, die gegessen wurden. Durch Fasten wird die Assimilations- und Ausscheidungsbelastung des Körpers stark verringert, so daß er ältere Abfallprodukte, die sich in Leber und Fettgewebe angesammelt haben, zerlegen und ausscheiden kann. Außerdem bekommt der Körper eine Chance, die Produkte von Entzündungen, Tumoren und Abszessen loszuwerden. Sobald der Körper sich selbst entschlackt hat, können die überarbeiteten Drüsen, Organe und Zellen sich selbst reparieren und erneuern.

Man hat Hunde schon mit ausgezeichneten Resultaten und erstaunlichen Gesundungsvorgängen über Zeiträume zwischen 1 und 50 Tagen fasten lassen. Natürlich sollten Sie es nicht ohne berufliche Erfahrung und Ausbildung mit einer langen Fastenkur versuchen. Schauen Sie im Abschnitt über Naturheilverfahren in Kapitel 14 nach, bei welchen Krankheiten ein Tier im allgemeinen von einer Fastenkur profitiert und wann Fasten nicht in Frage kommt.

Das folgende Programm ist ein guter grundlegender Anhaltspunkt dafür, wie Sie Ihr Tier fasten lassen können. Es kann bei Krankheiten verwendet werden und kann Ihrem Tier bei der Umstellung von seinen alten Freßgewohnheiten auf eine neue Naturkosternährung behilflich sein.

Die Gewöhnungsphase: Gewöhnen Sie Ihr Tier über einen Zeitraum von ein oder zwei Tagen langsam an das Fasten. Füttern Sie es mit leichterer, einfacherer Kost, die bescheidene oder kleine Mengen mageres Fleisch oder Tofu sowie etwas Gemüse und Hafermehl enthält (wenn Ihr Tier plötzlich erkrankt und den Appetit verliert, ist dieser Schritt natürlich nicht erforderlich und angebracht).

Nehmen Sie Gemüse, das gut für Nieren und Leber ist, Organe, die bei der Fastenkur eine wesentliche Rolle spielen. Dazu gehören Broccoli, Grünkohl, Blumenkohl, Kohl, Rote Bete und Steckrüben (mit Kraut), Löwenzahnblätter, Kürbis, Spinat, Mais, Kartoffeln, Gurken, Petersilie und Tomaten, Verfüttern Sie das Gemüse entweder roh und fein gehackt (vorzugsweise) oder leicht gedünstet.

Die Flüssigkeitskur: Gehen Sie als nächstes zum Hauptteil der Fastenkur über, einer Ernährung mit Flüssigkeiten. Setzen Sie bei akuten Problemen die Fastenkur fort, bis das Tier wieder normale Temperatur hat und auf dem Wege der Besserung ist. Bei eher chronischen oder degenerativen Zuständen kann die Länge der Fastenkur zwischen etwa drei und sieben Tagen betragen – bis eine wesentliche Besserung eingetreten und ein herzhafter Appetit zurückgekehrt ist. Wenn Sie wieder mit fester Nahrung beginnen und Ihr Tier keinen Hunger darauf zu haben scheint, bleiben Sie noch etwas länger bei der flüssigen Nahrung.

Geben Sie Ihrem Tier in diesem Zeitraum große Mengen von folgendem:

Wasser: Verwenden Sie sauberes Wasser, zum Beispiel Tafel- oder Mineralwasser, Quellwasser, gefiltertes oder destilliertes Wasser. Nehmen Sie kein Leitungswasser, weil darin Chlor, Fluor und andere ungesunde Chemikalien enthalten sein können.

Gemüsesäfte: Verwenden Sie nur frische Säfte und keine aus der Dose. Nehmen Sie keinen Saft, der älter als 48 Stunden ist. Wenn Sie Ihrem Tier keinen frischen Saft geben können, bieten Sie ihm gehacktes oder geriebenes Gemüse (besonders grünes und saftiges), das Sie mit sauberem Wasser blanchieren und durch ein Sieb streichen. Wenn beide Alternativen nicht möglich sind, verfüttern Sie einfach Wasser und die folgende Brühe.

Gemüsebrühe: Machen Sie aus dem Gemüse, das für die Gewöhnungsphase angegeben ist, eine Brühe, indem Sie es hacken und dann 20–30 Minuten köcheln lassen. Sie können etwas Fleisch oder einen Knochen zugeben, um die Brühe zu würzen, aber keine Gewürze und kein Salz. Gießen Sie die Flüssigkeit für das Tier ab und machen Sie aus dem Rest eine Suppe oder einen Auflauf für sich selbst.

Wenn Ihr Tier jung oder angeschlagen ist und etwas zusätzliche Energie zu brauchen scheint, können Sie ihm gelegentlich etwas Honig geben (ca. 1 Teelöffel).

Wenn Sie feststellen, daß Ihr Tier zu Beginn der Flüssigkeitskur unter Darmträgheit oder Verstopfung leidet, können Sie die Dinge in Gang bringen, indem Sie langsam (in ein bis zwei Minuten) einen Einlauf machen (entsprechende Hinweise finden Sie im folgenden Abschnitt über spezielle Pflege). Wenn das Tier in einigermaßem gutem Zustand ist, ist ein Einlauf bei einer kurzen Fastenkur zwar in der Regel nicht nötig, aber bei chronischen Krankheiten oder akuten Infektionen sind mehrere Einläufe während der Fastenkur durchaus von Vorteil.

Beendigung der Fastenkur: Wenn es an der Zeit ist, das Fasten zu beenden, geben Sie Ihrem Tier ein paar Tage lang eine einfache Kost. Diese Übergangskost sollte pro Woche, die das Tier flüssig ernährt wurde, zwei bis drei Tage verabreicht werden. Geben Sie Wasser, Saft, Brühe und eine bescheidene Menge rohes oder gedünstetes Gemüse (die gleiche Art wie vorher) plus ein wenig rohe Milch oder einfachen Joghurt. Geben Sie nach dieser Periode langsam andere Naturkost zu, und zwar beginnend mit Hafermehl oder Gerstenflocken, Milch, Honig und Feigen oder Pflaumen. Dann, nach einem oder zwei Tagen, kommen etwas rohes mageres Fleisch (oder Tofu oder Hüttenkäse), ein paar andere Kornarten oder Milchprodukte und etwas Nährhefe, bis Sie bei der Standardnaturkost mit Zusätzen angelangt sind.

Es ist sehr wichtig, daß Sie die Fastenkur des Tieres nach und nach beenden und an diesem Punkt jeder Versuchung aus dem Weg gehen, Fertigfutter oder hochgradig verarbeitete Leckerbissen zu verfüttern, denn damit könnten Sie die nützlichen Wirkungen der Fastenkur zunichte machen und ernsthafte Verdauungsstörungen verursachen, indem Sie das System überfordern, bevor die Peristaltik, d. h. verdauungsunterstützende Kontraktionen, wieder voll in Gang gekommen ist.

Bei richtiger Durchführung kann eine Fastenkur dieser Art eine große Wohltat für Ihr Tier sein. Ich hoffe, Sie verstehen den Geist dieser Fastenanweisungen und interpretieren sie nicht falsch. Ich will damit *nicht* sagen, daß Sie Ihren kranken Hund einfach ohne Futter und nur mit etwas Wasser auf die Terrasse verbannen können. Ich will nicht auf eine Nichtbeachtung mit allen Mitteln hinaus, sondern auf eine Haltung des Beistands, bei der man die richtigen Dinge zur richtigen Zeit tut. Nach außen hin mögen die beiden Methoden zwar gleich aussehen, aber der entscheidende Unterschied liegt in Ihrer inneren Absicht und Teilnahme.

Spezielle Pflege

Je nach Zustand und Symptomen Ihres Tieres müssen Sie möglicherweise auch andere Pflegemaßnahmen ergreifen.

EINLÄUFE

Bei manchen Krankheitszuständen, und zwar besonders bei Fastenkuren, Verstopfung, Darmstörungen (durch Knochensplitter oder toxisches Material wie verdorbene Nahrung im Verdauungstrakt), Dehydratation oder übermäßigem Erbrechen, können Tiere von Einläufen profitieren.

Nehmen Sie sauberes Wasser, das warm, aber nicht heiß ist (probieren Sie es an Ihrem Handgelenk aus). Sie brauchen nicht viel, nur etwa bis zu einem halben Liter für einen großen Hund. Selbst eine kleine Menge Flüssigkeit regt den Darm zur Entleerung an. Versetzen Sie das Wasser mit ein paar Tropfen frisch ausgepreßten Zitronensafts und verabreichen Sie die Lösung innerhalb von zwei bis drei Minuten mittels einer Plastik- oder Gummi-Injektionsspritze (oder einer Klistierspritze). Reiben Sie die Spritze vorn zunächst mit Vaseline ein und führen Sie sie dann vorsichtig in das Rektum ein, während ein Helfer das Tier ruhig und sanft auf dem Boden oder in einer Wanne hält. Machen Sie den Einlauf mit sanftem, gleichmäßigem Druck. Wenn die Lösung nicht so ohne weiteres einfließt, drückt die Spritze vorn wahrscheinlich gegen eine feste Kotmasse. In diesem Fall müssen Sie den Winkel etwas verändern. Verabreichen Sie auf diese Weise ein paar Tage lang einmal oder zweimal täglich einen Einlauf. Das reicht in der Regel aus.

Bei unter Wasserentzug leidenden Tieren kann es vorkommen, daß sie die Flüssigkeit einfach zurückhalten. Ich habe das oft erlebt. Dabei wird die Flüssigkeit, die der Körper dringend braucht, vom Dickdarm absorbiert. Somit sind Einläufe eine ausgezeichnete Möglichkeit, zu Hause eine Flüssigkeitstherapie zu verabreichen! Machen Sie unter diesen Umständen etwa alle vier Stunden einen Einlauf – oder bis die Flüssigkeit nicht mehr zurückgehalten wird.

Wenn Ihr Tier viel erbrochen hat und kein Wasser im Magen behalten kann, erhält es durch einen Einlauf die Flüssigkeit und die Salze, die es durch das Erbrechen verloren hat. Versetzen Sie das Wasser für den Einlauf mit etwas Meersalz und einer Prise Kaliumchlorid (KCl, ein Salzersatz, der besonders für Menschen verkauft wird, die nur wenig Kochsalz zu sich nehmen dürfen). Diese Flüssigkeitstherapie mit Salzersatzstoff hilft auch Tieren mit langanhaltendem Durchfall. Verabreichen Sie den Einlauf auch hier wieder alle vier Stunden oder bis die Flüssigkeit nicht mehr zurückgehalten wird.

BAD UND SÄUBERUNG

In manchen Fällen ist ein Tier durch Erbrechen, Durchfall oder Hautabsonderungen so verdreckt, daß ein reinigendes Bad absolut in Ordnung geht. Diese Maßnahme sollten Sie jedoch erst gegen Ende einer Krankheit ergreifen, wenn das Tier schon auf dem Weg zur Erholung und die Temperatur wieder normal ist. Bedienen Sie sich ansonsten der unten beschriebenen Säuberungsmethoden. Selbst dabei müssen Sie aber darauf achten, daß das Tier sich nicht erkältet. Trocknen Sie es gut mit einem Handtuch ab, und lassen Sie es dann ein Sonnenbad nehmen oder trocknen Sie es mit einem auf niedrige Stufe gestellten Fön. Es gibt nur eine einzige Ausnahme von der Regel, daß Sie bis zum Ende der Krankheit warten sollen, nämlich wenn das Tier, und zwar besonders ein Jungtier, dermaßen von Flöhen und Läusen befallen ist, daß es körperlich dadurch geschwächt ist. Dann geht ein Bad mit Wasser und Seife zur Beseitigung dieser Parasiten in Ordnung.

Pflege der Körperöffnungen: Sehr häufig verursacht eine Krankheit Absonderungen und Ausfluß aus verschiedenen Körperöffnungen, und zwar besonders aus Nase, Augen, Ohren und Anus. Kranke Tiere leiden unter Ansammlungen, die sie nicht beseitigen können und die das darunterliegende Gewebe reizen können. Mit ein paar einfachen Reinigungstechniken können Sie Ihrem Tier eine große Erleichterung verschaffen.

Nase: Wenn sich Pfropfen oder Sekretionen gebildet haben, säubern Sie die Nase vorsichtig mit einem Tuch oder einem Stück Gaze, das mit warmem Wasser getränkt ist. Manchmal braucht man Geduld, um die Pfropfen aufzuweichen und nach und nach zu entfernen. Zwei oder drei kurze Sitzungen sind warhscheinlich besser als eine lange.

Sobald die Nase sauber und trocken ist, reiben Sie sie mit einem der folgenden Mittel ein: Vaseline, Vaseline gemischt mit Gelbwurzelpulver, Mandelöl oder Ringelblumenöl (geben Sie zwei Tropfen Ringelblumentinktur in 30 ccm Olivenöl und mischen Sie gut durch). Machen Sie das zwei- oder dreimal täglich.

Augen: Um Verkrustungen und Sekretionen an Augen und Augenlidern zu beseitigen, stellen Sie eine lindernde Salzlösung her, indem Sie einen guten halben Teelöffel Meersalz in einem halben Liter destillierten Wassers auflösen. Säubern Sie die Augen mit dieser Lösung auf gleiche Weise wie die Nase. Wenn die Augen sauber sind, geben Sie in jedes Auge einen Tropfen der folgenden lindernden Mittel: Olivenöl (bei leichten Reizungen), Rizinusöl (bei stärker gereizten und entzündeten Augen) oder Lebertran (bei trockenen oder vereiterten Augen).

Als Alternative können Sie die Augen häufig mit einer der folgenden Kräuterinfusionen auswaschen. Stellen Sie zunächst eine Grundlösung her, indem Sie gut einen halben Teelöffel Meersalz in einem halben Liter destillierten Wassers auflösen und zum Kochen bringen. Für eine Infusion aus Augentrost *(Euphrasia officinalis)* mischen Sie einen gehäuften Teelöffel des Krauts mit einer Tasse Grundlösung. Für einen Gelbwurzelaufguß lösen Sie einen Teelöffel Pulver in einem halben Liter Grundlösung auf. Lassen Sie den Aufguß vor der Anwendung abkühlen. Säubern und behandeln Sie die Augen dreimal täglich oder nach Bedarf mit einer dieser Infusionen. Stellen Sie sie täglich neu her.

Ohren: Wenn sich in den Ohren viel öliges oder wachsartiges Sekret findet, tröpfeln Sie etwa einen Teelöffel Olivenöl in jedes Ohr, und zwar am besten mit einer Pipette. Wärmen Sie das Öl zunächst in einer Tasse oder einem Glas im Wasserbad an. Heben Sie die Ohrmuschel mit festem Griff an. Möglicherweise brauchen Sie jemanden, der den Kopf des Tieres hält, denn wenn Sie loslassen

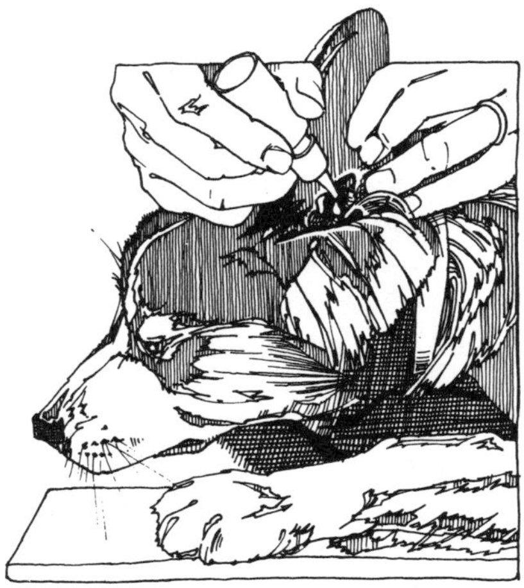

Zur Entfernung von schmalz- oder ölartigen Ansammlungen aus den Ohren tröpfeln Sie etwas vorgewärmtes Olivenöl in das Ohr. Dann massieren Sie den Ohrgang, bis Sie ein schmatzendes Geräusch hören. Wischen Sie alles, was herausgekommen ist, mit einem Papiertuch ab.

oder das Tier den Kopf wegzieht, bevor die Arbeit getan ist, werden Sie von oben bis unten mit Öl bespritzt. Lassen Sie das Olivenöl ein paar Sekunden lang in das Ohr hineinlaufen. Dann halten Sie mit der einen Hand weiter die Ohrmuschel fest und massieren mit der anderen den Ohrgang unten am Ohr. Er fühlt sich wie ein festes Plastikröhrchen an, das Sie bei der Massage zusammendrükken können. Wenn Sie es richtig machen, hören Sie ein »schmatzendes« Geräusch. Diese Behandlung löst das festsitzende Ohrenschmalz und bringt es nach oben. Entfernen Sie überschüssiges Öl und austretendes Schmalz mit einem Papiertuch. Verwenden Sie außer um die Öffnung herum keinen Baumwolltupfer.

Wenn das Ohr sehr rot und entzündet ist, nehmen Sie Ringelblumenöl anstelle von Olivenöl (siehe Säuberungsanweisungen für die Nase). Es reicht im allgemeinen, das Ohr einmal täglich oder alle zwei Tage derart zu behandeln.

Wenn das Ohr dagegen bei Berührung an der Massagestelle schmerzt, aber keine Absonderungen zeigt (mit anderen Worten, Ihr Tier hat Ohrenschmerzen), tröpfeln Sie etwas Wollkrautöl *(Verbascum thapsus)* in beide Ohren. Lassen Sie es den Ohrgang hinunterlaufen, und massieren Sie den Gang sehr sanft, wenn das möglich ist.

Anus: Als Folge von starkem Durchfall, durch den das umliegende Gewebe gereizt und mit Bakterien infiziert wird, kommt es am Anus oft zu heftigen Entzündungen. Um diesen Bereich während der Durchfallphase einer Krankheit zu reinigen, tupfen Sie ihn sanft mit einem feuchten Tuch ab (Reiben kann zu weiterer Reizung führen). Wenn alles trocken ist, bringen Sie etwas Ringelblumensalbe auf, ein linderndes Präparat, das weiter hinten unter den Heilmitteln beschrieben ist. Tragen Sie die Salbe zwei- oder dreimal täglich bzw. nach Bedarf auf.

Kräuter und homöopathische Präparate

In der Beschreibung der spezifischen Krankheiten in der »Enzyklopädie« habe ich viele Stellen vermerkt, an denen Sie verschiedene Kräuter bzw. homöopathische Präparate anwenden können. Für diejenigen Leser, die mit diesen Mitteln nicht vertraut sind, stelle ich jetzt ein paar Möglichkeiten vor, sie selbst herzustellen oder zu besorgen. Lassen Sie uns mit den Kräutern beginnen.

KRÄUTER

Zur Behandlung werden Kräuterpräparate in drei Grundformen verwendet.

Frische Kräuter: Im Idealfall nimmt man Kräuter, die unmittelbar vor der Verwendung frisch gepflückt worden sind. In manchen Landesteilen kann man Heilkräuter auf leeren Grundstücken, am Straßenrand (seien Sie vorsichtig an vielbefahrenen Straßen, die Kräuter könnten durch Autoabgase vergiftet sein), auf Feldern, in Wäldern oder im eigenen Kräutergarten finden. Wer sich mit Kräutern auskennt, kann sie bei Bedarf selbst sammeln.

Für optimale Wirksamkeit sollten Sie Kräuter pflücken, wenn sie ein Höchstmaß an ätherischen Ölen enthalten. Bei über der Erde stehenden Teilen ist das im allgemeinen am Morgen, wenn der Tau getrocknet ist, die heiße Sonne aber noch keine Öle verdampfen konnte. Blätter sammelt man am besten unmittelbar vor Beginn der Blüte, während man Blüten nimmt, kurz bevor sie voll erblüht sind (danach haben sie einen viel geringeren Wert). Wenn Sie auf alle oberirdischen Teile (Blätter, Stengel und alles) aus sind, sollten Sie die Pflanze unmittelbar vor der Blüte pflücken. Wurzeln und Wurzelstöcke sammelt man am besten im Herbst, wenn der Saft in den Boden zurückkehrt, die Blätter sich gerade zu verfärben beginnen und die Beeren oder Samen reif sind.

Weil die meisten von uns den Umgang mit frischen Kräutern schwierig finden, beziehen sich die Anweisungen in diesem Buch in der Regel auf getrocknete Kräuter. Allgemein ist zu sagen, daß Sie, wenn Sie frische Kräuter verwenden wollen, etwa das Dreifache des von mir für Trockenkräuter angegebenen Volumens (oder Gewichts) nehmen sollten.

Getrocknete Kräuter: Die meisten Kräuter, die Sie kaufen, sind getrocknet, gehackt oder pulverisiert und manchmal in Gelatinekapseln verpackt. Sie können allerdings auch selbst frische Kräuter für den späteren Gebrauch trocknen, indem Sie sie waschen und dann bündelweise mit dem Kopf nach unten an einem gut gelüfteten, trockenen und dunklen Platz aufhängen. Wurzeln und Rinde schrubben Sie gut ab, hacken sie klein und trocknen sie auf Drahtgitter direkt in der Sonne. Richtig behandelte Kräuter behalten die meisten ihrer Heileigenschaften. Da diese Eigenschaften durch Wärme, Sonnenlicht und Luft verlorengehen, sollten Sie die getrockneten Kräuter an einem kühlen, dunklen Ort in undurchsichtigen Behältern mit Deckel aufbewahren. Sie halten sich etwa ein Jahr.

Kräutertinkturen: Am besten sind Tinkturen aus frischen Kräutern. Kräutertinkturen sind sehr stark wirkende Heilmittel und müssen vorsichtig in niedrigen Dosen verwendet werden, wie aus den spezifischen Anweisungen in der »Enzyklopädie« hervorgeht. Fest verschlossen halten sie sich drei Jahre.

Um Ihre eigene Tinktur herzustellen, weichen Sie die zerkleinerten Kräuter in ausreichend Wodka oder Branntwein (mindestens 40%ig) ein, so daß die Kräuter gut bedeckt sind. Bewahren Sie die Mischung in einem sauberen, fest verschlossenen Behälter auf, und schütteln Sie sie zwei Wochen lang täglich ein- oder zweimal gut durch. Seihen Sie die festen Stoffe dann mit einem feinen Tuch oder Stück Papier ab und fangen Sie die Flüssigkeit auf – das ist Ihre Tinktur. Lagern Sie sie in fest verschlossenen Glasflaschen an einem kühlen, dunklen Platz (wenn Sie statt frischen getrocknete Kräuter nehmen, rechnen Sie etwa 60 g Kräuter auf eine Tasse Alkohol).

VERABREICHEN VON KRÄUTERN

Frische oder getrocknete Kräuter werden entweder als Aufguß verwendet, indem man sie in kochendem Wasser ziehen läßt (wie bei Tee), oder als Absud, bei dem Wurzeln oder Rinde zwischen ein paar Minuten und einer Stunde in kochendem Wasser sieden. Aufgüsse sollten zugedeckt in einem nichtmetallischen Behälter aus Steingut oder Glas ziehen (um die flüchtigen Substanzen nicht zu verlieren). Absude sollten in einer offenen, nichtmetallischen Pfanne sieden (um das Produkt zu konzentrieren). Verwenden Sie für diese Präparate immer gereinigtes Wasser (destilliert oder gefiltert). Genauere Hinweise finden Sie in der »Enzyklopädie«.

Sie können auch pulverisierte Kräuter mit kaltem Wasser zu einem »Brei« verrühren, der dann oral verabreicht wird. Teurer ist es, pulverisierte Kräuter in Gelatinekapseln zu kaufen (Sie können auch leere Kapseln in der Apotheke kaufen und selbst füllen). Eine »00«-Kapsel enthält etwa 1/2 Teelöffel Pulver.

Tinkturen werden verabreicht, indem man ein oder zwei Tropfen entweder direkt in das Maul des Tieres oder in eine größere Menge gibt. Bedienen Sie sich der folgenden Methode, um die verdünnte Tinktur, einen Kräuterbrei oder andere flüssige Mittel zu verabreichen.

Verabreichen von flüssigen Medikamenten

Öffnen Sie als erstes die Schnauze des Tieres, indem Sie fest mit einer Hand den Oberkiefer des Tieres fassen und mit Daumen und Fingern in die Lücken zwischen den Zähnen greifen (bei Kleinhunden reicht neben dem Daumen ein einziger Finger). Die meisten Tiere öffnen dann die Schnauze etwas, so daß Sie die Flüssigkeit mit einem Löffel oder einer Tropfflasche zwischen die Vorderzähne gießen können. Heben Sie den Kopf des Tieres dabei an, damit die Flüssigkeit die Kehle hinabläuft.

Als Alternative können Sie mit einer Hand die Unterlippe etwas nach außen ziehen, so daß sich eine kleine Tasche bildet, den Kopf nach hinten ziehen und die Flüssigkeit mit der anderen Hand in diese Tasche gießen.

Wenn die Flüssigkeit nicht hineinläuft, liegt es in beiden Fällen daran, daß die Zähne zu fest zusammengepreßt sind. Versuchen Sie, sie leicht mit dem Finger auseinander zu bekommen. Wenn Ihr Tier sich zurückbewegt, bringen Sie es in eine Ecke, so daß es sich bei dem Vorgang nicht bewegen kann, oder lassen Sie es von jemand anderem halten. Seien Sie sanft und positiv, damit Ihr Tier keinen Grund hat, sich zu fürchten und einen Kampf vom Zaun zu brechen.

1.

Verabreichen von flüssigen Heilmitteln:
1. Schritt: Das Maul mit den Fingern offenhalten und die Medizin zwischen die Vorderzähne gießen.

2.

2. Schritt: Den Kopf nach hinten biegen und die Kehle streicheln, damit das Tier schluckt.

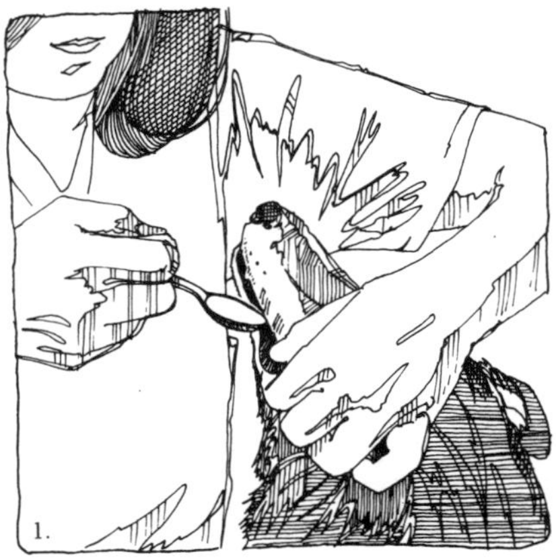

Wenn das Tier sich wehrt:
1. Schritt: Die Unterlippe nach außen ziehen und die Medizin in die so gebildete Tasche geben.

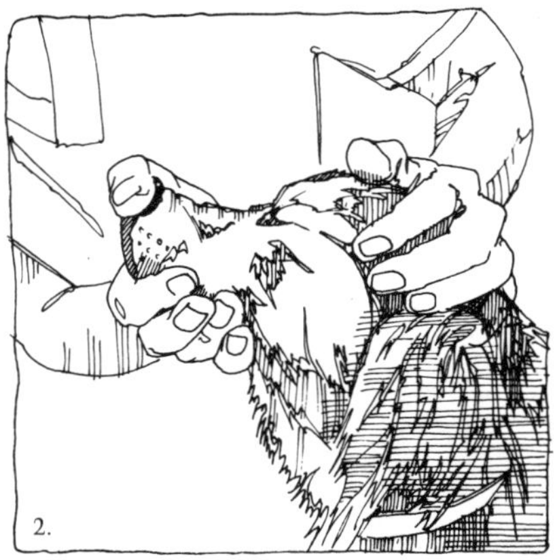

2. Schritt: Dem Tier kurz und sanft den Daumen auf die Nüstern legen, damit es schluckt.

Wenn die Medizin eingeführt ist, halten Sie die Schnauze sanft zu und massieren die Kehle, damit das Tier schluckt. Das gleiche Ergebnis erzielen Sie, wenn Sie kurz Ihren Daumen über die Nasenlöcher halten. Wenn das Tier geschluckt hat, kommt in der Regel die Zunge zwischen den Vorderzähnen hervor.

Verabreichen von Pillen und Kapseln

Bei den meisten festen Medikamenten, wie Kräuterkapseln oder Vitaminpillen, öffnen Sie die Schnauze, indem Sie den Oberkiefer wie vorher beschrieben umfassen. Halten Sie die Kapsel oder Pille zwischen Daumen und Zeigefinger oder zwischen Zeige- und Mittelfinger. Drücken Sie mit den anderen Fingern die unteren Vorderzähne nach unten und öffnen somit die Schnauze.

Führen Sie das Medikament so weit nach hinten in die Kehle ein, wie es geht. Bringen Sie das Tier dann, wie oben beschrieben, zum Schlucken.

Gehen Sie bei homöopathischen oder Salztabletten etwas anders vor. Falten Sie ein kleines Stück sauberes Papier in der Mitte. Schütten Sie die Tablette(n)

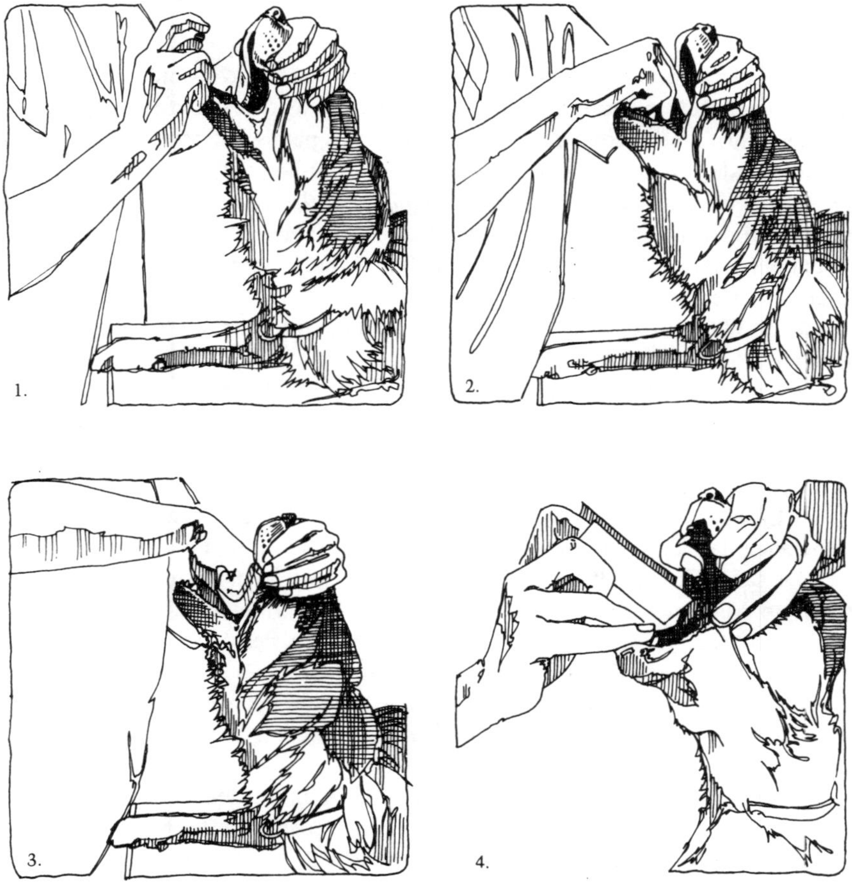

Pillen und Pulver: Das Maul öffnen (1), die Pille auf die Zunge legen (2) und schnell möglichst weit nach hinten in die Kehle stoßen (3). Pulver und zerdrückte Pillen (4) aus einem gefalteten Stück Papier direkt auf die Zunge gleiten lassen.

aus der Flasche auf das Papier. Zerdrücken Sie sie zwischen dem Papier zu einem Pulver (sie sind weich). Reden Sie Ihrem Tier gut zu, daß es das Pulver vom Papier ableckt (es schmeckt süß). Wenn es nicht will, fassen Sie es wie vorher und schütten ihm das Pulver vom Papier auf die Zunge. Mit dieser Methode gehen Sie der Möglichkeit aus dem Weg, daß das Tier die Medizin ausspuckt, und bewahren es außerdem davor, eventuelle Giftstoffe aufzunehmen.

Als Alternative können Sie die homöopathische Tablette auch wie die anderen Pillen ganz verabreichen.

Homöopathische Präparate

Die in der »Enzyklopädie« erwähnten Mittel können Sie größtenteils in Apotheken oder Reformhäusern kaufen. Letzteres gilt überwiegend für die Salze (12 an der Zahl), eine besondere Untergruppe homöopathischer Mittel, die aus den grundlegenden Mineralsalzen im Körper wie Natriumphosphat *(Natrum phosphoricum)* oder Kaliumsulphat *(Kali sulphuricum)* hergestellt werden. Da diese Gruppe von Präparaten leichter erhältlich ist als viele andere homöopathische Präparate, habe ich sie recht häufig zur Behandlung empfohlen.

Die Verwendung homöopathischer Tropfen oder Tabletten hat entschiedene Vorteile. Weil nur eine kleine Anzahl gegeben wird, sind sie leicht zu verabreichen.

Sie werden feststellen, daß bei den Stärkeangaben Begriffe wie 3× oder 6× verwendet werden. Diese Angaben basieren auf dem Dezimalsystem. Das heißt, eine 1×-Potenz entsteht durch Verdünnung von einem Teil Heilstofftinktur in neun Teilen Alkohol. Die Mischung wird dann kräftig geschüttelt, um die besonderen Eigenschaften des Stoffes auf die Flüssigkeit zu übertragen (Potenzierung; siehe auch das Kästchen »So werden homöopathische Mittel hergestellt« in Kap. 14). Dieser Vorgang läßt sich viele Male wiederholen, so daß schließlich hochpotenzierte Mittel entstehen, die nur von erfahrenen Homöopathen eingewandt werden sollten. Diese speziellen Präparate scheinen besser zu wirken, so daß man mit ihnen tatsächlich mehr erreicht als mit dem Kraut oder der Tinktur, die als Ausgangspunkt diente. Trotzdem sind sie frei von unangenehmen Nebenwirkungen, weil nur solch kleine Mengen verwendet werden, was einer der Gründe dafür ist, daß ich sie so gern nehme.

Verdünnungen aus Kräutern und ähnlichen Stoffen werden dann oft zu vorgefertigten Tabletten auf Milchzuckerbasis gegeben, damit sie leichter verabreicht werden können. Somit sind die Tabletten verschiedener Präparate im Aussehen oft nicht zu unterscheiden. Bei bestimmten Stoffen, die nicht in Alkohol gelöst werden können (z. B. Metalle und die Mineralsalze), werden die Verdünnungen direkt mit pulverisiertem Milchzucker vorgenommen. Spezialmaschinen mahlen den Stoff und den Milchzucker ein paar Stunden lang zusammen, um die 1×-Potenz herzustellen. Eine weitere Verdünnung der 1×-Potenz mit neun Teilen Milchpulver ergibt dann 2× und so weiter, wie bei Flüssigkeiten.

Eine Hausapotheke

Warten Sie mit der Besorgung von Grundvorräten nicht, bis Ihr Tier eine Behandlung braucht. Seien Sie allzeit bereit – wie die Pfadfinder. Die Präparate gibt es in Reformhäusern, im Kräuterladen oder vielleicht sogar im Lebensmittelmarkt. Und natürlich können Sie viele Kräuter selbst anbauen oder suchen. Auf jeden Fall ist es aber am besten, eine Gruppe von allgemein nützlichen Stoffen zur Hand zu haben. Die meisten sind recht günstig. Hier sind ein paar, die ich empfehlen würde:

Gelbwurzelpulver (oder -tinktur)
Ringelblumentinktur (gegen Wunden, Blutungen)
Ringelblumen-Hypericum-Salbe (gegen Wunden)
Olivenöl
Knoblauch
Zitronen
Ferr. phos. *(Ferrum phosphoricum)* 6× (gegen Fieber, Entzündungen)
Kali phos. *(Kali phosphoricum)* 6× (gegen Nervosität, Schlaflosigkeit)
Silicea 6× (zur beschleunigten Eiterabsonderung aus Wunden und Abszessen)
Nat phos. *(Natrum phosphoricum)* 6× (bei Neigung zu Wurmbefall)
Nat. mur. *(Natrum muriaticum)* 6× (gegen juckende, fettige Haut)
Arnica 6× (bei Verletzungen, Prellungen, gegen Schmerzen; unübertrefflich)
Ledum 6× (gegen Bisse, Insektenstiche)
Nux vomica 3× (gegen Verdauungsstörungen, Verstopfung)
Ipecac 3× (gegen Übelkeit und Erbrechen)
Podophyllum 3× (gegen Durchfall)

Anmerkung: Von Fall zu Fall brauchen Sie natürlich auch andere Stoffe. Schlagen Sie in der »Enzyklopädie« nach, welche Präparate zur Behandlung spezifischer Krankheiten erforderlich sind.

Teil II

Die Enzyklopädie häufig auftretender Tierkrankheiten und ihrer Bedeutung

Hinweise zur Benutzung der Enzyklopädie

In diesem Teil werden viele gesundheitliche Probleme von Hunden angesprochen und Behandlungsmethoden vorgeschlagen. Manche lassen sich bei Bedarf in Verbindung mit einer veterinärmedizinischen Behandlung anwenden. Homöopathische Mittel sollten jedoch nicht zusammen mit pharmazeutischen Medikamenten verabreicht werden. Wenden Sie sich nach Möglichkeit an einen kooperativen, holistisch orientierten Tierarzt.

Wenn Sie den ersten Teil dieses Buches gelesen haben, wissen Sie bereits, daß der Weg zur Gesundheit nur über eine ganzheitliche Betrachtungsweise führt. Alle ursächlichen Faktoren im Lebensstil, im Umfeld und in der Ernährung müssen erkannt und geändert werden, damit es für die Erholung Ihres Tieres keine externen Hindernisse gibt. Dann wählen Sie, soweit wie möglich, aus den angebotenen Behandlungsmethoden diejenige aus, die in der jeweiligen Situation Ihres Tieres am ehesten in Frage kommt und dem Komplex von Symptomen am genauesten entspricht. Dazu ist von Ihrer Seite aus sorgfältige Beobachtung erforderlich.

Ich habe versucht, Heilmittel vorzuschlagen, die leicht erhältlich sind und gefahrlos zu Hause verabreicht werden können.

Wer mehr über die holistische Betrachtungsweise erfahren möchte, sollte sich in Buchhandlungen und Bibliotheken entsprechende Bücher zeigen lassen. Denn je mehr Sie von der Wirkung bestimmter Kräuter oder anderer Heilmittel verstehen, desto erfolgreicher können Sie sie einsetzen.

Auffinden einer bestimmten Krankheit: Möglicherweise müssen Sie unter einem Oberbegriff nachschlagen. So sind beispielsweise Staupe und Chorea (eine häufige Nachwirkung von Staupe) alle unter »Staupe« aufgeführt. Viele Erkrankungen sind in Verbindung mit dem jeweils betroffenen Körperteil oder Organ genannt, z. B. unter »Magenprobleme«, »Hautprobleme« oder »Ohrenprobleme«. Die Querverweise sollten Ihnen helfen, die richtige Kategorie mit einem Minimum an Schwierigkeiten zu finden.

Beurteilung der Resultate: Außer bei manchen akuten Erkrankungen, die möglicherweise schnell wieder vergehen, ist die Heilung ein Vorgang, der Zeit braucht. Es dauert eine Zeit, bis der Körper aus dem Gleichgewicht gerät, und es dauert eine Zeit, dieses Gleichgewicht wiederherzustellen. Natürlich, wenn wir ein unterdrückendes Medikament wie etwa Cortison oder eine Schmerztablette verabreichen, erleben wir möglicherweise eine schnelle Besserung, aber keine wahre Heilung. Setzen Sie das Medikament ab, und die Symptome kehren früher oder später wieder, und zwar oft schlimmer als vorher. Weil es aber unser Ziel ist, gegen die zugrunde liegenden Schwächen vorzugehen, müssen wir lernen, die Stadien allmählich fortschreitender Heilung zu erkennen. Wenn sich die Symptome dann ändern, können wir sagen, ob es dem Tier besser oder schlechter geht, und wissen damit, ob unsere Methode ihm wirklich hilft.

Viele Naturheilverfahren kennen beispielsweise den Begriff der »Genesungskrisis«, einer kurzen Verschlimmerung der Symptome, unmittelbar bevor der Patient sich wirklich zu erholen beginnt. Ohne die Bedeutung dieses günstigen Zeichens zu kennen, könnte man schnell zu dem Schluß kommen, daß die Lage sich verschlechtert, und daraufhin den Körper mit einer Unzahl stärkster Medikamente belasten, die die Genesung beeinträchtigen könnten.

Viele Ärzte und Heiler haben bestimmte Symptommuster festgestellt, die der Körper bei seinem Versuch zeigt, mit gesundheitlichen Problemen fertig zu werden. Unter Homöopathen wird das als »Herings Genesungsgesetz« bezeichnet. Und so verstehe ich den Vorgang:

Im Körper findet sich eine unter der Oberfläche liegende Intelligenz, die gesundheitliche Störungen korrigiert. Dazu verwendet sie ein paar grundlegende Strategien, um das Problem einzugrenzen und die lebenswichtigsten Teile des Organismus zu schützen. Sie versucht also, (1) Störungen an der Ausbreitung zu hindern (beispielsweise durch Lokalisierung des Problems mittels Entzündung und Schwellung), (2) Reaktionen an der Körperoberfläche zu halten und nicht in vitale Organe vordringen zu lassen, (3) Reaktionen im Bereich der Glieder zu halten und nicht auf den Rumpf übergreifen zu lassen, (4) Reaktionen im unteren Teil des Körpers zu halten, vom Kopf und damit von Gehirn und Sinnesorganen entfernt, und (5) das Problem auf physischem Niveau zu halten und nicht auf emotionelle oder geistige Ebene vordringen zu lassen, wo es die Gesamtfunktion eines Individuums weitaus stärker beeinträchtigen würde.

Sehen Sie das Muster? Der gesunde Menschenverstand sagt uns, daß eine Krankheit sich zum Schlechteren wendet, wenn sie sich ausbreitet oder tiefliegende Organe befällt. Je mehr die Krankheit die Funktion der für das Überleben wichtigsten Körperteile stört, desto schlimmer ist sie.

Das Erkennen einer *Besserung* erfordert ein sorgfältiges Lesen von eher subtilen Zeichen. Es ist beispielsweise ein günstiges Anzeichen, wenn sich bei einem Tier mit einer chronischen degenerativen Erkrankung lebenswichtiger Organe ein leichter Hautausschlag oder -ausfluß zeigt. Dann findet insgesamt eine Besserung statt, und das Problem an der Oberfläche ist im allgemeinen auch bald verschwunden.

Wenn Sie sich mit der oben aufgezeigten Strategie befassen, können Sie sagen, ob es dem *gesamten Individuum,* das Ihr Tier ist, faktisch besser oder schlechter geht. Nehmen wir an, Ihr Hund neigt zu Pilzinfektionen an Pfoten und Unterschenkeln. Nach Monaten anstrengender Behandlung ist die Infektion an den Pfoten beseitigt, aber jetzt erscheinen kleine kahle und gereizte Stellen am Bauch und zwischen den Vorderbeinen (am Rumpf und näher am Kopf). Das Problem wird zwar möglicherweise mit einer anderen Diagnose belegt, aber in Wirklichkeit handelt es sich um das unterdrückte ursprüngliche Problem, dessen Symptome sich von der Peripherie näher an vitale Teile des Körpers heranbewegt haben.

Ein subtileres Anzeichen für eine sich verschlimmernde Krankheit ist folgendes: Die chronische Entzündung der Ohren Ihres Hundes ist schließlich nach vielen Behandlungen und operativen Eingriffen vorbei. Aber jetzt, mehrere Wochen später, bemerken Sie, daß er nicht mehr so freundlich ist wie früher. Er streunt lieber allein herum und knurrt oder beißt vielleicht sogar. Die Störung ist nach innen gewandert, von der physischen auf die emotionelle Ebene. Es könnten zwar verschiedene Medikamente probiert werden, um die Persönlichkeitsveränderung in den Griff zu bekommen, aber dadurch wird das Problem nur schlimmer. Er wird vielleicht umgänglicher (freundlich auf passive Art), aber ist jetzt möglicherweise auf der geistigen Ebene betroffen und verhält sich träge und desorientiert. Er zeigt vielleicht Anflüge von Verwirrung. Die Störung wirkt sich jetzt auf die Kernvorgänge der Informationssystematisierung und Orientierung aus. Das mag sich zwar weit hergeholt anhören, aber ich kann Ihnen versichern, daß es das nicht ist. So etwas passiert nur allzuoft!

Wenn der Hund zu dem Zeitpunkt, als sein Problem emotionell wurde, wirkungsvoll auf heilende Weise behandelt worden wäre, hätten Sie wahrscheinlich erlebt, daß nach einer Besserung seiner Lebensgeister ein physisches Symptom zurückgekehrt wäre – vielleicht ein kurzes Wiederaufflammen der Ohrentzündung. Dann hätte das Ohr oder ein anderes Problem an der Oberfläche auf eine nicht unterdrückende Art und Weise behandelt werden können (die Entzündung hätte sogar von selbst verschwinden können, weil die Richtung zur Heilung abgesteckt war).

Nehmen wir an, Sie haben einen Hund, der einen Abszeß hatte und außerdem emotionelle Symptome zeigte – Depression und Lethargie. Vor kurzem begann er jedoch herumzulaufen und sich lebhaft zu gebärden. Selbst wenn der Abszeß noch eitert, ist die psychologische Besserung ein sehr gutes Zeichen, dem die physische Genesung folgen sollte.

Hier ist ein weiteres Beispiel. Die Räude im Gesicht Ihres Hundes hat sich gebessert, aber jetzt erscheinen neue Flecken an seinen Hinterbeinen. Verzweifeln Sie? Nein! Weil die Erkrankung sich vom Kopf zum Hinterteil bewegt, haben Sie sie »in die Flucht geschlagen«; Ihre Behandlung schlägt an.

Im allgemeinen bedeuten auch die folgenden Zeichen gute Besserungen.

- Vermehrte Energie und Munterkeit
- Ruhiges, gutmütiges Wesen
- Selbstpflege
- Wiederkehrender Appetit
- Normaler Stuhlgang und Wasserlassen
- Gesunder und erholsamer Schlaf.

Wir wollen auch einen sorgfältigen Blick auf die *Methoden* werfen, mit denen der Körper sich selbst heilt. Wenn eine Erkrankung beseitigt wird, sehen Sie im allgemeinen Absonderungen und Ausfluß. Das bedeuteut, daß angesammeltes toxisches Material aus dem Körper ausgeschieden wird. Diese Ausscheidung erfolgt am häufigsten folgendermaßen: (1) Bildung einer Eitertasche und Ausfluß des Eiters aus dem Körper, (2) Ausbildung von Hautausschlägen (sehr häufig), (3) Urin, der dunkel wird oder stark riecht, (4) Dickdarm, in Form von dunklem, stinkendem Kot oder Durchfall, und (5) Erbrechen (besonders bei akuten Erkrankungen).

Wenn Sie sich daher der in diesem Buch vorgestellten holistischen Methoden bedienen, werden Sie diese Absonderungen in der einen oder anderen (meist milden) Form erleben – und zwar besonders, wenn sich das Problem im Körper festgesetzt hat.

Ich sah beispielsweise einmal einen Hund, der sich gerade von einem schweren Staupeanfall erholt hatte. Sein Besitzer hatte ihn mit zufriedenstellendem Erfolg mit Kräutern und Fastenkur behandelt. Jetzt hatte das Tier jedoch eine rote, juckende Haut, aus der eine klebrige Flüssigkeit hervortrat – eindeutig ein Absonderungsphänomen. Nach ein paar Tagen mit stützender Behandlung hatte der Hund sich völlig erholt. Sobald die Genesung vollkommen ist, ist ein Tier viel kräftiger und kann künftigen Erkrankungen besser widerstehen.

Wir wollen noch einmal zusammenfassen, wie Genesungsfortschritte zu erkennen sind. Bei stützenden und nicht unterdrückenden Therapien zeigen sich zwei Vorgänge, und zwar (1) eine Wanderung der Symptome in eine günstige Richtung und (2) Absonderungen in irgendeiner Form. Wenn Sie diese Zeichen sehen, stehen die Chancen sehr gut, daß das Tier auf dem Weg zur Genesung ist, und zwar unabhängig von der Therapieform, derer Sie sich bedienen.

Als warnende Anmerkung sollte ich noch hinzufügen, daß bei Behandlung mit bestimmten Medikamenten, und zwar besonders bei Cortison, ein falsches Gefühl des Wohlbefindens auftreten kann, das bei Absetzen des Medikaments verschwindet. Denken Sie also daran, daß die Reaktion, auf die wir warten, aus dem Tier kommen muß, unterstützt durch das Medikament. Eine solche Reaktion, nicht die Abhängigkeit von einem Medikament, führt zur Erholung und echten Genesung.

Der Hund

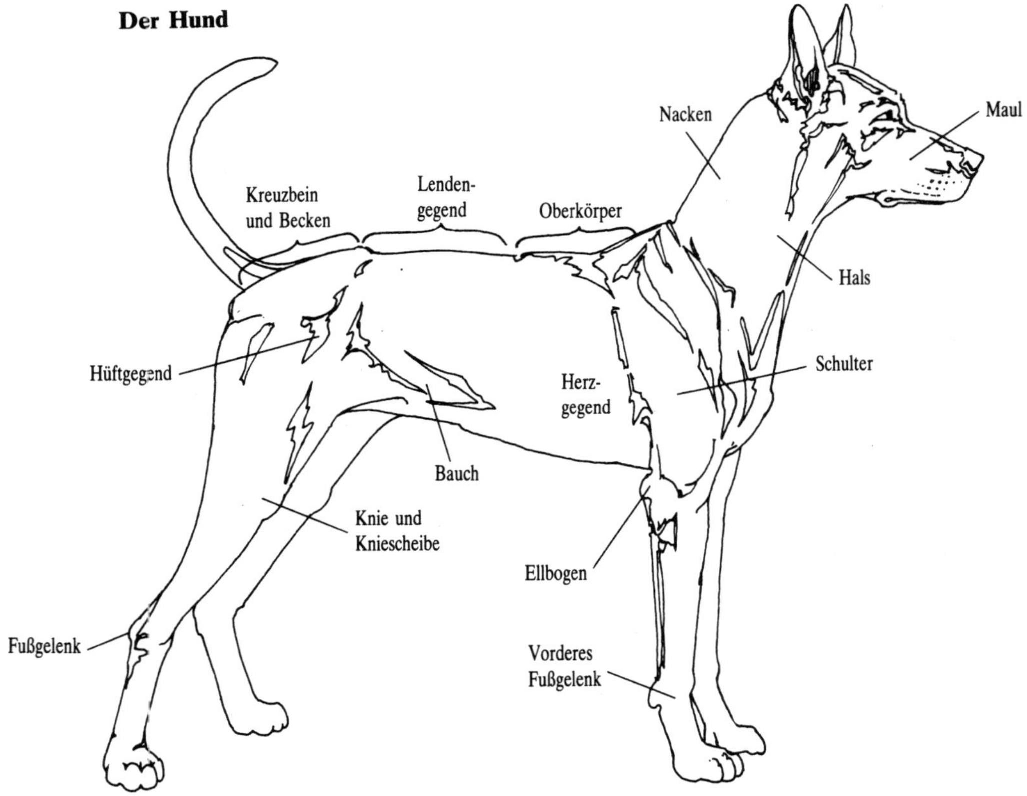
Maul
Nacken
Kreuzbein
und Becken
Lenden-
gegend
Oberkörper
Hals
Schulter
Hüftgegend
Herz-
gegend
Bauch
Knie und
Kniescheibe
Ellbogen
Fußgelenk
Vorderes
Fußgelenk

Häufig auftretende Tierkrankheiten und ihre Behandlung

Abszesse

Abszesse, eine häufige Komplikation nach im Kampf erlittenen Punktionen, treten zuweilen bei Hunden auf. Die Haut wächst sehr schnell wieder zu und bedeckt die Bakterien, Haare oder anderen Schmutz in der Wunde. Zu Abszessen kommt es für gewöhnlich am Kopf, an den Vorderbeinen und an der Schwanzwurzel.

Bei Hunden sind Abszesse aber am häufigsten das Ergebnis von Fuchsschwänzen oder Grannen, die sich im Fell festsetzen und sich dann durch die Haut bohren (besonders zwischen den Zehen, um die Ohren herum und zwischen den Hinterbeinen). Ein Abszeß, der weitereitert und nicht ausheilt (eine Fistel), weist in der Regel auf Fremdkörper irgendwo im Gewebe hin, oft mehrere Zentimeter von der eiternden Stelle entfernt.

Vorbeugung und Behandlung: Versuchen Sie eine Behandlung mit Vitamin C, wenn der Abszeß auf eine Bißwunde zurückgeht. Passen Sie die Menge an Vitamin C der Größe des Hundes an. Verabreichen Sie dreimal täglich etwa 250 mg (kleiner Hund), 500 mg (mittelgroßer Hund) bzw. 1000 mg (großer Hund).

Wenn der Abszeß jedoch durch Pflanzen, Stacheln, Splitter oder andere Fremdkörper verursacht wurde, hört der Ausfluß erst auf, wenn der Fremdkörper beseitigt ist. Da das Gewebe ihn nicht »verdauen« kann, muß er entweder ausgetrieben oder operativ entfernt werden.

Sie können den natürlichen »Austreibungsvorgang« mit dem Salz Silicea 6× unterstützen. Geben Sie dreimal täglich 1 oder 2 Tabletten. Legen Sie außerdem heiße Kompressen mit einer Lösung aus zwei in Quellwasser aufgelösten Silicea-Tabletten an (einmal täglich 5 bis 10 Minuten sollten reichen). Wenn es sich bei dem betroffenen Bereich um eine Pfote handelt, kann die ganze Pfote in eine Schüssel mit der heißen Lösung gestellt werden.

Beim natürlichen Heilungsvorgang tritt Eiter oder Flüssigkeit oft an einer Stelle aus, die unterhalb des Fremdkörpers liegt (damit die Schwerkraft den

Fließvorgang unterstützt). Legen Sie die Kompresse daher nicht an der Austrittsöffnung auf, sondern ein paar Zentimeter höher am wahrscheinlichen Sitz des Fremdkörpers. Die heiße Lösung fördert den Blutfluß an der betroffenen Stelle und hält den Prozeß in Gang. Wenn sich um den Fremdkörper herum genügend Eiter gebildet hat, um ihn zu lösen, tritt er möglicherweise zusammen mit dem Eiter aus. An diesem Punkt hört dann auch die Eiterabsonderung auf.

Anmerkung: Fuchsschwänze und Grannen neigen aufgrund ihrer Form dazu, tief in das Gewebe einzudringen. Wenn Sie nicht innerhalb kurzer Zeit Resultate erzielen, müssen Sie den Übeltäter wahrscheinlich operativ entfernen lassen (genauere Hinweise siehe unter »Fuchsschwänze«).

Aggression (siehe »Verhaltungsstörungen«)

Allergien

Eine Allergie ist eine anomal starke Reaktion auf irgendeine Substanz, und zwar häufig etwas, das auf den ersten Blick für den Körper nicht schädlich ist (wie etwa Weizen- oder Blütenpollen). Ich fürchte nur, daß die Diagnose »Allergie« zu einer Art Mäntelchen geworden ist, unter dem wir unser Nichtwissen verbergen. Die Aussage, daß mein Tier eine außerordentlich starke Reaktion auf Flohbisse zeigt, erklärt zum Beispiel nicht viel und sagt mir auch nicht, woher diese anscheinend anomale Empfindlichkeit kommt.

Ich betrachte eine Allergie schlicht als eines unter vielen Symptomen, die auf eine körperliche Störung hinweisen. Ich sehe auch keinen Grund, warum sich dieses Symptom nicht wie jedes andere auch beseitigen lassen sollte. In meiner eigenen Praxis habe ich beispielsweise bei Flohbissen die Diagnose Allergie völlig außer acht gelassen und erlebt, daß diese Überempfindlichkeit zusammen mit dem Rest der behandelten Hautprobleme verschwand.

Viele in der Forschung tätige Tierärzte bringen Allergien jedoch in Zusammenhang mit einer Reihe von Störungen, wie etwa Gastroenteritis, Dermatitis, chronische Bronchitis, Hepatitis, Pankreatitis, Nephritis, Epilepsie und Persönlichkeitsveränderungen. Bestimmte Forschungsergebnisse deuten darauf hin, daß etwa ein Drittel aller Allergien durch Nahrungsmittel verursacht werden.

Behandlung: Wenn Sie den Verdacht haben, daß Ihr Tier eine Lebensmittelallergie hat, versuchen Sie es einmal mit der folgenden Diät, in der die häufigen Allergene für Mensch und Tier fehlen, nämlich Rindfleisch, Weizen, Milch, Eier, Nüsse, Obst, Tomaten, Karotten sowie verschiedene Gewürze und Zusätze. Wenn das Problem während der Diät verschwindet, beziehen Sie die weggelassenen Lebensmittel eines nach dem anderen wieder in die Nahrung ein, um festzustellen, welches die Ursache für das Problem ist.

Setzen Sie Ihr Tier wenigstens zwei Monate lang auf diese Diät, damit sie eine angemessene Wirkungschance hat. Wenn sich der Zustand des Tieres dann nicht gebessert hat, liegt die Ursache des Problems wahrscheinlich nicht in einer Allergie. Oder es ist immer noch eine falsche Substanz in der Nahrung. In den meisten Fällen handelt es sich dann um das Fleisch. Probieren Sie es daher mit der vegetarischen Kost aus Kap. 5.

Denken Sie daran, daß die unverträglichen Substanzen nicht unbedingt alle aus der Nahrung stammen müssen. Andere mögliche Ursachen sind chemische Reinigungsmittel für Fußböden und Läufer, Futternäpfe aus Kunststoff, Impfungen, bestimmte Pflanzen und Gräser, regelmäßig verabreichte Medikamente gegen Herzfadenwürmer und Flöhe und natürlich Flöhe selbst.

Genau festzustellen, welche Substanzen eine allergische Reaktion hervorrufen, kann schwierig sein. Ich finde es am einfachsten, das Tier auf eine Naturkostdiät zu setzen (die allein schon eine Reihe von Problemen löst) und die Neigung zu Allergien duch eine geeignete holistische Therapie auszulöschen. Die meisten von Ihnen haben diese Möglichkeit jedoch nicht. Sie sollten statt dessen die hier und in Kap. 3 gegebenen Diätratschläge sorgfältig befolgen und tun, was in Ihrer Macht steht, um toxische und möglicherweise unverträgliche Substanzen auszuschalten. Achten Sie besonders auf Kap. 7 und dann auch auf die Kap. 8 und 10.

ALLERGIEDIÄT FÜR HUNDE

1/2 Tasse Lamm-, Hammel- oder Hühnerfleisch
170 g Tofu
1 1/2 Tassen gekochter brauner Reis, Buchweizen, Hirse oder Hafer
1/4 Tasse geriebenes oder gehacktes Gemüse

Tägliche Zusätze nach Empfehlung (aber eine Tablette Vitamin-B-Komplex anstelle der Hefe)
Die Zutaten einfach vermischen und servieren.

Ergibt etwa 3 Tassen

In hoher Dosierung verabreichtes Vitamin C wirkt wie ein natürliches Antihistamin, und der Vitamin-B-Komplex ist auch sehr nützlich. Achten Sie darauf, daß diese Zusätze regelmäßig in der Nahrung enthalten sind. Wenn Sie sich nach diesen Hinweisen richten, bekommen Sie die Allergie mit (niedriger dosierten) Medikamenten viel leichter in den Griff, wenn überhaupt noch welche benötigt werden.

Analdrüsenprobleme

Hunde haben auf beiden Seiten des Anus, unter dem Schwanz, ein Paar Duftdrüsen. Sie enthalten einen stark riechenden Stoff, der zur Gebietsmarkierung oder zum Ausdruck extremer Angst benutzt wird.

Probleme machen sich entweder als Abszesse in den Drüsen selbst oder in Form einer Impaktion bemerkbar, bei der die Drüsen träge arbeiten oder übervoll mit Sekret werden. Im letzteren Fall »rutscht« der Hund oft über den Boden bei dem Versuch, diese Drüsen, deren normale Kapazität überschritten ist, zu leeren. Ich habe das Gefühl, daß die folgenden Faktoren eine wesentliche Rolle bei der Entstehung solcher Probleme spielen:

- Frustration bei dem Versuch, ein Territorium zu errichten; und zwar vielleicht aufgrund der Tatsache, daß zu viele andere Tiere in der Gegend sind oder daß nicht ausreichend Platz zum Auslauf oder zur Erkundung zur Verfügung steht.
- Verstopfung oder seltener Stuhlgang, und zwar besonders als Ergebnis fehlenden Auslaufs; viele Haustiere halten Urin und Kot bis zum Letzten, um das Haus nicht zu verschmutzen und Herrchen oder Frauchen nicht zu verärgern.
- Toxizität aufgrund schlechter Nahrung und mangelnder Bewegung; in diesem Fall kommt es auch oft zu Haut- oder Ohrerkrankungen.

Vorbeugung: Sorgen Sie dafür, daß Ihr Tier genügend Bewegung, Auslauf im Freien und häufigen Stuhlgang sowie einen psychologischen »Freiraum« hat. Wie bei den meisten Erkrankungen ist auch gute Ernährung wichtig. Besonders nützlich sind Nährstoffe, die für eine gesunde Haut sorgen: Zink, Vitamin-B-Komplex, Vitamin A, Lecithin und ungesättigtes Pflanzenöl. Olivenöl ist reich an ungesättigten Fettsäuren und hat den Vorteil, daß es durch Förderung der Muskelkontraktion in den Eingeweiden als mildes Abführmittel wirkt.

ANALDRÜSENABSZESS

Behandlung: Wie unter »Abszesse« aufgezeigt behandeln, mit Ferrum phosphoricum (Ferr. phos.) 3× in der akuten (frühen) Entzündungsphase und dann mit Silicea 6× zur Förderung der Eiterabsonderung und Abheilung. Tragen Sie außerdem zweimal täglich für jeweils mindestens 5 Minuten warme oder heiße Ringelblumenlösung auf (siehe »Abszesse«). Normalerweise erstreckt sich die Behandlung mit dieser Lösung über drei Tage, sie kann aber bei Bedarf verlängert werden.

IMPAKTIERTE ANALDRÜSEN

Behandlung: Da diese Erkrankung mit Gewebeträgheit und oft auch mit Toxizität und Fettleibigkeit (siehe »Gewichtsprobleme«) einhergeht, ist kräftige körperliche Bewegung ein wesentlicher Aspekt der Behandlung. Zugabe von Gemüse, Kleie und Olivenöl zum Futter reguliert die Darmtätigkeit und führt zu kräftigem Stuhlgang. Ausgiebiger Stuhlgang stimuliert die natürliche Entleerung der Drüsen.

Außerdem stimuliert ein heißer Umschlag mit Ringelblumenlösung oder Rotkleeaufguß die Drüsen und erweicht ihren Inhalt. Üben Sie unmittelbar anschließend einen sanften, »melkenden« Druck aus, um die Entleerung der Drüsen manuell zu unterstützen. Ich betrachte die manuelle Entleerung als provisorische Maßnahme, nicht als etwas, das man dauernd tun sollte. Es ist viel besser (und dem werden Sie sicher zustimmen), wenn die Drüsen sich auf natürliche Weise leeren.

Eine nützliche Ergänzung zu den obigen Maßnahmen ist die Verabreichung von Calcarea phosphorica (Calc. phos.) 6× (10 Tage lang dreimal täglich eine Tablette) und anschließend Natrum muriaticum (Nat. mur.) 6× (10 Tage lang dreimal täglich 1 Tablette).

Anämie

Anämie entsteht oft durch Blutverlust aufgrund von Wunden oder Parasiten wie Flöhen und Würmern. Kennzeichnend für das Problem sind weiße Gaumen und schneller Pulsschlag. Gelegentlich weist eine Anämie auf schwerere Krankheiten wie Leukämie oder Toxizität aufgrund von medikamentöser Behandlung hin. Wir wollen uns hier jedoch nur mit der häufigeren und einfachen Anämie durch Blutverlust befassen, und zwar unter dem Gesichtspunkt einer Vermehrung der roten Blutkörperchen.

Behandlung: Wichtig ist eine Ernährung mit viel Eisen, Proteinen und Vitamin B_{12}. Die folgenden Nahrungsmittel eignen sich besonders:

Rinderleber (Protein, B-Komplex, B_{12} und Eisen)
Nährhefe mit B_{12}-Zusatz (gleicher Nutzen wie Leber)
Grüngemüse (Eisen und andere Mineralstoffe)
Kelppulver (Jod und andere Spurenelemente)
Vitamin C – je nach Größe des Tieres 500 bis 2000 mg täglich (fördert die Eisenabsorption)

Verabreichen Sie außerdem täglich:

Salz – *Calcarea phosphorica* (Calc. phos.) 6×: 2 Wochen lang dreimal täglich 1 Tablette als Tonikum und als Stimulans für die Bildung neuer Blutkörperchen.
Salz – *Natrum muriaticum* (Nat. mur.) 6×: 3 Wochen lang dreimal täglich 1 Tablette, wenn das Tier Depressionen, wenig Energie oder Verstopfung hat.

Nehmen Sie jeweils das eine oder das andere Salz. Wenn jedoch beide angebracht erscheinen, weil das Tier in ziemlich schlechtem Zustand ist, geben Sie abwechselnd alle vier Stunden eine Tablette des einen und eine Tabltette des anderen Salzes.

Wenn die Anämie durch Parasiten verursacht wird, müssen Sie diese natürlich auch in den Griff bekommen (siehe »Hautparasiten« oder »Würmer«). Richten Sie sich in einem solchen Fall nach den Ernährungsrichtlinien bei Anämie, aber befolgen Sie, statt die vorgeschlagenen Salze zu verwenden, die ernährungstechnischen und spezifischen Hinweise unter »Hautparasiten« oder »Würmer« (unterziehen Sie ein Tier mit Anämie jedoch niemals einer Fastenkur).

Flöhe beseitigen Sie (am gefahrlosesten) durch häufiges Baden mit einer nicht toxischen Seife, durch Verwendung des Zitronentonikums aus dem Abschnitt »Natürliche Körper- und Hautpflege« in Kapitel 7 und durch Beseitigung der Flöhe im Umfeld des Tieres. Wenn das Tier kräftiger ist, können Sie nötigenfalls rigorosere Flohbekämpfungsmethoden anwenden, aber ich rate von giftigen Chemikalien ab, weil sie auf lange Sicht nicht wirklich effektiv und für Mensch und Tier sehr giftig sind.

Manchmal werden sehr junge Welpen dermaßen von Flöhen befallen, daß sie fast kein Blut mehr haben. Obgleich die Versuchung in einem solchen Fall groß ist, darf kein Flohpuder oder -spray verwendet werden. Die jungen Tiere sind viel zu klein und schwach, um mit einem solchen Angriff fertigzuwerden. Baden Sie sie stattdessen häufig und nehmen Sie die Zitronenspülung. Trocknen Sie sie anschließend sorgfältig mit einem auf niedrige Stufe gestellten Föhn oder in der warmen Sonne, damit sie sich nicht erkälten. Halten Sie sie warm und ruhig, lassen Sie sie an die frische Luft und in die Sonne, wenn das Wetter es erlaubt. Verfüttern Sie nur Naturkost – kein Fertigfutter – und befolgen Sie das vorgeschlagene Behandlungsprogramm. Sie werden überrascht sein, wie schnell diese kleinen Wesen darauf reagieren!

Arthritis

Arthritis ist bei Hunden häufiger anzutreffen und nimmt in der Regel eine der folgenden Formen an:

Hüftdysplasie: Eine Mißbildung der Hüftgelenkpfanne, die eine übermäßige Bewegung im Gelenk gestattet, chronische Entzündung verursacht und damit zu weiterer Zerstörung und Calciumablagerung führt. Tritt häufig bei größeren Rassen auf (siehe »Hüftdysplasie«).

Dislokation der Kniescheibe: Eine Mißbildung der Beinknochen, bei der die Kniescheibe wiederholt aus der Normallage gebracht wird, hin und her gleitet und dadurch eine ständige leichte Entzündung verursacht. Tritt bei kleinen Rassen auf und geht zum großen Teil auf schlechte Züchtung und minderwertiges Futter zurück.

Degeneration des Schultergelenks: Knorpelzerfall im Gelenk, der zu Entzündung und Bewegungsschmerz führt. Tritt am häufigsten bei mittleren bis großen Rassen auf.

Ellenbogenarthritis: Wird durch anomale Knochenbildung verursacht und als erblich betrachtet. Tritt im allgemeinen beim deutschen Schäferhund auf. Ich glaube, daß die Ernährung ein wichtigerer Faktor ist.

Schwellungen und Schmerzen in den Beingelenken: Eine Erkrankung, die bei Jungtieren (von ein paar Monaten) der großen Rassen anzutreffen ist und offensichtlich auf mangelnde Vitamin-C-Bildung, schlechte Ernährung und Erbanlagen zurückgeht.

Vorbeugung: Die meisten dieser Erkrankungen ließen sich durch eine richtige Ernährung des weiblichen Tieres in der Trächtigkeit verhindern. Die Zeit des Wachstums im Uterus ist kritisch im Hinblick auf die Ausbildung des Knochenbaus und wesentlicher Gewebe. Eine unzureichende Ernährung ist in dieser Zeit am schädlichsten (siehe »Trächtigkeit, Wurf und Pflege von Neugeborenen«). Verzicht auf Fertigfutter und Fütterung mit natürlicher, gesunder Kost ist die beste und einzige echte Vorbeugungsmaßnahme.

Außerdem lassen sich die meisten dieser Erkrankungen durch regelmäßige Gaben von Vitamin C minimieren oder verhindern. Verabreichen Sie je nach Größe und Alter des Tieres täglich zwischen 250 und 2000 mg. Ein kleiner Welpe bekäme beispielsweise 250 mg, ein großer (wie Schäferhund) 500 mg. Wenn der Hund wächst, erhöhen Sie die Dosis bei den meisten Rassen von 500 auf 1000 mg und auf bis zu 2000 mg bei Riesenrassen (Dogge, Bernhardiner).

Bei Arthritis ist Vorbeugung sehr wichtig, denn wenn die Gelenke erst einmal deformiert sind, ist der Schaden nicht mehr rückgängig zu machen.

Behandlung: In der Annahme, daß Sie Ihr Tier natürlich ernähren (sonst erzielen Sie mit den folgenden Vorschlägen keine Wirkung), können Sie verschiedenes tun, um ihm das Leben möglichst zu erleichtern.

Verfüttern Sie möglichst wenig Fleisch und Hefe. Konzentrieren Sie sich auf die vegetarische Kost in Kapitel 5 und ersetzen Sie die Nährhefe bei den Zusätzen durch eine B-Komplex-Tablette. Verwenden Sie einen vollständigen, natürlichen B-Komplex für den menschlichen Gebrauch und verabreichen Sie bei kleinen Tieren etwa 10 mg und bei größeren Tieren etwa 20 mg der wesentlichen B-Vitamine. Diese Einschränkung in der Kost soll die Bildung von Harnsäure und Harnstoff, Abfallprodukten, die eine bestehende Krankheit verschlimmern können, möglichst gering halten. Da Sie durch das Weglassen der Hefe das Volumen der Hundepulvermischung reduziert haben, rechnen Sie jetzt etwa mit der Hälfte der in Kapitel 3 für die verschiedenen Größen empfohlenen täglichen Mengen. Denken Sie aber an die empfohlenen Mengen an Knochenmehl (oder erhöhen Sie sie sogar etwas), weil Calcium bei Arthritis sehr wichtig ist.

Geben Sie außer den regelmäßigen Zusätzen Vitamin C in das Futter, und zwar je nach Größe des Tieres zwischen 500 und 3000 mg täglich. Am besten verabreichen Sie die Tagesmenge in zwei Rationen. Weitere besonders wichtige Vitamine und Zusätze sind Vitamin E und Lebertran (Vitamin A und D), die bereits mit dem normalen Fütterungsprogramm abgedeckt sind.

Achten Sie darauf, daß das Futter rohes geriebenes Gemüse enthält, und zwar besonders Karotten, Rüben und Sellerie.

Zusätzlich zu dieser Ernährung können Sie zu einem der folgenden Mittel greifen. Wählen Sie dasjenige, das der Lage Ihres Tieres am besten entspricht.

Kräuter – Luzerne (Medicago sativa): Angezeigt für dünne, nervöse Tiere mit einer Neigung zu Verdauungsproblemen und Arthritis. Geben Sie je nach Größe des Tieres 1 bis 3 Eßlöffel gemahlene Luzerne in die Tagesration. Sie können Luzerne auch als Tee verabreichen, indem Sie 1 bis 2 Eßlöffel des Krauts 20 Minuten in einer Tasse Wasser ziehen lassen. Eine dritte Möglichkeit besteht darin, daß Sie Ihrem Tier täglich zwei bis sechs Luzernentabletten verabreichen.

Kräuter – Knoblauch (Allium sativum): Knoblauch eignet sich für übergewichtige Tiere mit Hüftbeschwerden und ist besonders nützlich bei Tieren, die mit viel Fleisch ernährt worden sind. Geben Sie je nach Größe des Tieres ½ bis 3 Knoblauchzehen in jede Mahlzeit.

Homöopathisches Mittel – Rhus toxicodendron (Rhus tox.) 6× (Giftsumach): Sie dürfen natürlich nicht die Kräuterform verwenden, sondern müssen das ungefährliche homöopathische Präparat in Tablettenform nehmen. Rhus tox. ist angezeigt für Hunde mit chronischer Arthritis, Schmerzen und Steifheit, die sich besonders nach langer Ruhe (über Nacht) bemerkbar macht. Das betroffene Tier zeigt Unbehagen oder Steifheit, wenn es sich zu bewegen beginnt, scheint sich aber nach ein paar Minuten zu lockern und besser zu fühlen. Wenn es gleichzeitig zu roter, geschwollener und juckender Haut neigt, ist ebenfalls Rhus tox. angebracht (siehe »Hautprobleme«).

Verabreichen Sie 10 bis 14 Tage lang zweimal täglich eine Tablette. Stellen Sie die Behandlung ein, sobald sein Zustand sich bessert. Verabreichen Sie weitere Tabletten nur, wenn die Symptome wieder auftreten. Das ist wichtig, und zwar nicht, weil das verdünnte Präparat giftig ist, sondern weil die Behandlung so besser anschlägt.

Homöopathisches Mittel – Bryonia alba 6×: Das ist ein weiteres Kraut, das im Urzustand stark wirkt, als homöopathisches Präparat aber gezähmt ist. Geben Sie eine oder zwei Wochen lang morgens und abends jeweils eine Tablette. Setzen Sie wie bei Rhus toxicodendron das Mittel ab, wenn Besserung eintritt, und verabreichen Sie danach jeweils eine Tablette zur Zeit, wenn die Symptome es erforderlich machen.

Bryonia (Zaunrübenwurzel) eignet sich am besten für Tiere, die auf einem oder auch mehreren Beinen lahm sind und bei denen sich (im Gegensatz zu Rhus toxicodendron) bei Bewegung keine Besserung zeigt. Die Tiere zeigen vielmehr einen Widerwillen gegen jegliche Bewegung. Wenn sie sich trotzdem bewegen, verschlechtert sich der Zustand. Die Tiere sind oft eher jung als alt und zeigen nach außen hin nicht unbedingt große Schmerzen.

Salz – Natrum phosphoricum (Nat. phos.) 6× und Natrum sulphuricum (nat. sulph.) 6×: Diese Salze helfen in einem leichten Stadium ohne klare Symptome, die die obigen Mittel angezeigt erscheinen lassen. Sie tragen zur Normalisierung des Säuregehalts des Blutes sowie zur Stärkung der Leberfunktion und zur Ausscheidung bei, und zwar besonders bei Tieren, die mit reichhaltiger oder fetter Nahrung überfüttert worden sind. Verabreichen Sie mehrere Wochen lang dreimal täglich je 1 Tablette (zur gleichen Zeit).

Augenprobleme

Im Hinblick auf die Augen gibt es bei Tieren drei Hauptprobleme, nämlich Katarakte, Hornhautgeschwüre und Einwärtskehrung des Lidrandes (Entropium). Wir wollen uns der Reihe nach damit befassen.

KATARAKTE

Bei diesem Zustand wird die runde, durchsichtige Linse im Augeninnern, die das Licht überträgt und bündelt, getrübt oder weiß (milchig). Katarakte treten häufiger bei älteren Hunden auf; üblich sind sie auch bei Tieren mit Diabetes mellitus (Zuckerruhr), und zwar selbst bei Insulinbehandlung. Die Ursache ist oft unbekannt, und die Behandlung (wenn überhaupt eine angebracht ist) besteht in der Regel aus einer operativen Entfernung der Linse. Aber in manchen Fällen sind mit Naturheilverfahren schon beträchtliche Erfolge erzielt worden.

Behandlung: Auf einen Artikel hin, den ich für das Magazin »Prevention« geschrieben hatte, schrieb mir eine Leserin, die erklärte, sie hätte ausgerechnet mit Eukalyptushonig einen wunderbaren Behandlungserfolg bei den Katarakten ihres Hundes erzielt. Später regte ich diese Behandlung gegenüber anderen Klienten an, die ebenfalls ausgezeichnete Resultate vermeldeten. Die Linsentrübungen gingen bis auf etwa 15 Prozent des anfänglichen Ausmaßes zurück. Die Methode ist einfach genug. Geben Sie vorsichtig mit dem stumpfen Ende eines

Zahnstochers mehrere Wochen lang einmal täglich einen kleinen Klecks Eukalyptushonig auf die Innenseite des Unterlids; Sie können auch mit einer Tropfflasche in beide Augen jeweils einen Tropfen geben. Wenn Sie eine andere Methode vorziehen oder benötigen, versuchen Sie es mit der folgenden:

Verabreichen Sie im Frühstadium, wenn sich der Katarakt gerade ausbildet, mehrere Wochen lang viermal täglich 1 bis 2 Tabletten Natrum muriaticum (Nat. mur.) 6×. Wenn die Augenoberfläche oder die Lider entzündet sind, waschen Sie sie mit einem Aufguß aus Augentrost (Euphrasia officinalis) aus. Gießen Sie 1/2 l kochendes Wasser über etwa 30 g Augentrost und lassen Sie es zwanzig Minuten ziehen; seihen Sie das Kraut ab, geben Sie einen halben Teelöffel Meersalz zu und wenden Sie den Aufguß an, wenn er kalt geworden ist. Erhöhen Sie außerdem den in Kap. 3 empfohlenen Vitamin-E-Zusatz um das Vierfache.

Geben Sie in den späteren Stadien, wenn der Katarakt bereits eine Zeitlang vorhanden ist, mehrere Wochen lang viermal täglich 1 bis 2 Tabletten Silicea 6×. Verabreichen Sie außerdem wie im Frühstadium hohe Dosen an Vitamin E.

HORNHAUTGESCHWÜRE

Hornhautgeschwüre sind in der Regel das Ergebnis einer Verletzung wie beispielsweise eines Kratzers. Wenn die Augenoberfläche durchbrochen ist, schmerzt und tränt das Auge. Die Verletzung selbst ist vielleicht so klein, daß Sie sie nur sehen können, wenn von der Seite her Licht darauf fällt oder ein spezieller Farbstoff verwendet wird. Der Kratzer kann durch Bakterien infiziert werden, aber gesunde Tiere erholen sich meist ohne Komplikationen.

Behandlung: Bei einer tiefen Wunde oder wenn Schmutz oder Splitter im Auge stecken, ist eine vorsichtige, unter Betäubung vorgenommene Behandlung durch den Tierarzt erforderlich. Oberflächliche Verletzungen bluten nicht. Wenn Blut zu sehen ist, müssen Sie davon ausgehen, daß empfindliche Teile im Augeninnern beschädigt sind. Diese Art von Verletzung kann sehr ernsthaft sein.

Die folgenden Empfehlungen gelten für leichte Reizungen, flache Geschwüre und nicht infizierte Kratzer.

Erhöhen Sie den Lebertran in der Nahrung auf das Doppelte der normalen Menge, bis das Auge geheilt ist. Verdoppeln Sie außerdem die tägliche Menge Vitamin E. Geben Sie alle vier Stunden einen Tropfen Lebertran direkt in das Auge oder auf das Unterlid. Der Lebertran hat Schutzwirkung, und das darin enthaltene Vitamin A regt die Heilung an. Statt Lebertran in das Auge zu tröpfeln, können Sie auch eine Infusion aus Augentrost verwenden. Bereiten Sie einen Aufguß wie für Katarakte (denken Sie dabei an das Salz); wenn er abgekühlt ist, geben Sie 1 oder 2 Tropfen in das Auge und wischen sanft mit einem mit dem Aufguß angefeuchteten Tuch um das Lid herum. Machen Sie das dreimal täglich.

EINWÄRTSKEHRUNG DES LIDRANDES (Entropium)

Bei diesem Zustand dreht sich das Lid nach innen und drückt die Wimpern gegen die Hornhautoberfläche. Das dauernde Reiben der Haare führt zu einem großen (manchmal weißen) und langanhaltenden Geschwür. Dieses Problem ist nicht so leicht zu entdecken, wie Sie vielleicht annehmen. Ziehen Sie die Lider vorsichtig vom Auge weg und lassen Sie sie mehrmals zurückschnellen. Dabei sollten Sie sehen können, wie sich die Lider einwärts drehen, wenn Sie sie loslassen. Manche Hunde werden mit diesem Defekt geboren, so daß er sich bereits in recht frühem Alter feststellen läßt. Andere entwickeln ihn nach einer langen Zeit mit niedriggradiger Konjunktivitis. Durch die wiederholte Entzündung und Kontraktion drehen sich die Lider nach innen.

Behandlung: In der Regel wird ein chirurgischer Eingriff vorgenommen, der relativ einfach und normalerweise erfolgreich ist. Wenn die eigentliche Ursache jedoch in einer chronischen Entzündung liegt, müssen Sie sich natürlich damit befassen. Versuchen Sie es in einem solchen Fall abwechselnd mit Magnesia phosphorica (Mag. phos.) 3× (alle vier Stunden 1 bis 2 Tabletten) und Calcarea phosphorica (Calc. phos.) 6× (alle vier Stunden 1 bis 2 Tabletten). Das heißt, daß das Tier alle zwei Stunden Tabletten der einen oder der anderen Art erhält. Setzen Sie diese Behandlung mehrere Tage lang fort, bis sich eine Besserung zeigt.

Wenn die Lider durch Narbenbildung verhärtet sind, können Sie auch mehrere Wochen lang viermal täglich 1 bis 2 Tabletten Silicea 6× verabreichen.

Verdoppeln Sie für den gleichen Zeitraum außerdem die Menge an Vitamin E in der Grundkost.

Bandscheibenvorfall (siehe »Paralyse«)

Bandwürmer (siehe »Würmer«)

Blasenprobleme

Blasen- und Harnröhrenentzündungen sowie die Bildung von Mineralablagerungen und Steinen in den Harnorganen sind zu häufigen Problemen bei Haustieren geworden. Als Symptome zeigen sich in der Regel häufigeres Wasserlassen, Blut im Urin und – in schweren Fällen – extreme Schmerzen, Urinzwang und teilweiser oder vollständiger Blasenverschluß.

Die orthodoxe Veterinärmedizin geht zwar davon aus, daß die ursächlichen Faktoren in bakterieller Infektion oder übermäßigem Aschegehalt (Mineralstoffgehalt) des Futters zu suchen sind, aber ich bin nicht davon überzeugt, daß diese Faktoren irgendwie von Bedeutung sind. Es werden zwar oft Bakterien festgestellt, aber ich habe das Gefühl, daß sie für die Erkrankung nur eine sekundäre

Rolle spielen – sie nutzen einfach nur den geschwächten Zustand des Tieres aus. Bei einem Rüden mit schwerer Entzündung und Harnröhrenverschluß besteht die normale Behandlung darin, einen Katheter einzuführen und Flüssigkeiten, Antibiotika, krampflösende Mittel und andere Medikamente zu verabreichen. Diese Methoden können sich zwar als lebensrettend erweisen, wenn das Tier an einer Harnvergiftung zu verenden droht, aber sie heilen die Erkrankung nicht richtig, so daß sie trotz aller vorbeugenden Maßnahmen immer wieder auftritt. Oft erhält der Besitzer den Rat, das Futter anzufeuchten und Salz zuzugeben (damit das Tier mehr trinkt) sowie Nahrung mit wenig Asche zu verfüttern, aber ich konnte bis jetzt nicht feststellen, daß diese Maßnahmen in signifikantem Ausmaß vorbeugend wirken.

Für mich ist klar, daß die meisten dieser Probleme in minderwertigem Futter mit einer daraus resultierenden Toxizität und übermäßigen Belastung des Harnsystems begründet liegen. Der erste Anfall folgt nahezu unweigerlich, nachdem das Tier eine lange Zeit Fertigtrockenfutter erhalten hat. Ich habe festgestellt, daß sich mit Ernährungsumstellung und Naturheilmethoden sehr gute Ergebnisse erzielen lassen, die zu einer Stabilisierung und nicht nur zu einer vorübergehenden Erleichterung führen.

Behandlung: Stellen Sie als erstes und vor allem die Ernährung um. Wenn Sie weiterhin Fertigfutter als wesentlichen Bestandteil der Nahrung verfüttern, tritt die Erkrankung fast immer erneut auf. Verabreichen Sie dem Tier im akuten Stadium der Erkrankung mehrmals täglich eine Brühe (aus Gemüse wie etwa Kartoffeln, Kürbis, Brokkoli, Karotten usw. mit etwas Fleisch und Knochenmehl). Dabei können Sie etwas Tamari-Sojasauce als Gewürz und Lieferant leicht verdaulicher Aminosäuren zugeben. Sorgen Sie außerdem dafür, daß Ihr Tier jederzeit sauberes Wasser hat.

Verfüttern Sie nach Besserung oder Erholung die Naturkost aus Kap. 3 und 4, allerdings mit folgenden Änderungen:

Verfüttern Sie einen Monat lang kein Fleisch von Organen und keine Hefe, um das Purin im System (das überschüssige Harnsäure erzeugt) zu verringern.

Verabreichen Sie täglich eine B-Komplex-Tablette, die etwa 10 mg aller wesentlichen B-Vitamine enthält.

Verabreichen Sie zweimal täglich 250 bis 500 mg Vitamin C, um bakterielle Infektionen in den Griff zu bekommen und den Urin im sauren Bereich zu halten, was die Mineralsalze löslicher macht und der Bildung von Kristallen entgegenwirkt.

Erhöhen Sie die Vitamin-E-Gaben, um eine Vernarbung des heilenden Gewebes zu verhindern.

Blasenprobleme treten zwar häufiger bei Katzen auf, aber auch Hunde können sie bekommen. Dabei handelt es sich am häufigsten um eine Cystitis oder um Steinbildung. Wenn bei einer Cystitis die entsprechenden Symptome auftreten – häufigeres Wasserlassen, Schmerzen, Blut im Urin –, gehen Sie vor wie beschrieben, passen aber dabei die Nährstoffmengen der Größe Ihres Hundes an. Verwenden Sie die gleichen Heilmittel (bei den gleichen Indikationen), aber verabreichen Sie großen Hunden statt einer zwei Tabletten. Erhöhen Sie bei Verwendung von Schachtelhalm die angegebenen Mengen auf dreimal täglich 1 Teelöffel.

Was ist mit Blasensteinen? Sie treten in zwei Formen auf – kleine, pillengroße Steinchen, die sich in der Blase bilden und dann die Harnröhre verstopfen, und sehr große Steine, die die Blase ausfüllen.

Kleine Steine sind am unangenehmsten für männliche Tiere. Sie wandern durch die Harnröhre und setzen sich an der Stelle fest, an der sie durch den Knochen in den Penis führt. Wenn das passiert, versucht das unglückliche Tier häufig zu urinieren, allerdings ohne Erfolg, oder läßt nur kleine Spritzer Urin anstelle eines vollen Strahls. Wenden Sie in solchen Fällen sofort die Tinktur Thlaspi bursa pastoris an. Wenn das nicht hilft, muß der Stein jedoch möglicherweise operativ entfernt werden. Das Mineralsalz Magnesia phosphorica (Mag. phos.) 6× in Verbindung mit der Kräutertinktur trägt zu einer Verringerung von Harnröhrenkrämpfen bei. Geben Sie alle zwei Stunden 1 bis 2 Tabletten.

Große Steine sind etwas anderes. Zahlreiche große Steine (als Konkremente bezeichnet) wachsen, füllen die Blase aus und führen schließlich zu Reizungen der Blasenauskleidung, Blutungen und wiederholt auftretenden bakteriellen Infektionen. Diese Krankheit tritt bei Hunden häufiger auf. Die Steine können operativ entfernt werden. Sie bilden sich jedoch in immer kürzeren Zeitabständen neu und machen wiederholte chirurgische Eingriffe erforderlich.

Es ist nur schwer zu sagen, ob die Steine das Ergebnis einer bakteriellen Infektion sind oder umgekehrt. Auf jeden Fall ist dem Tier mit einer besseren Ernährung geholfen, die den Harntrakt kräftigt, die Leberfunktion normalisiert und den Stoffwechsel in Ordnung bringt.

Denken Sie sowohl bei kleinen als auch bei großen Steinen besonders an die folgenden Nahrungszusätze. Verwenden Sie sie in Verbindung mit der unter »Nierenversagen« empfohlenen Kost mit geringen Rückständen.

Vitamin A: Der Lebertranzusatz aus Kap. 3 reicht aus; Sie können aber auch Kapseln mit natürlichem Vitamin A verabreichen, und zwar 5000 I. E. für Katzen und kleine Hunde, 5000 bis 10 000 I. E. für mittelgroße Hunde und 10 000 bis 12 000 I. E. für große Hunde.

Vitamin C: Verabreichen Sie dieses Vitamin zur Entgiftung und zur Harnansäuerung; letzteres wirkt gegen bakterielle Infektionen. Geben Sie kleinen Hunden zweimal täglich 250 mg und mittelgroßen Hunden zweimal täglich 500 mg. Große Hunde bekommen dreimal täglich 500 mg.

B-Komplex: Die wichtigsten B-Vitamine bei dieser Krankheit sind B_2 (Riboflavin) und B_6 (Pyridoxin). Verabreichen Sie sie jedoch nicht allein. Nehmen Sie immer einen natürlichen B-Komplex, damit alle B-Vitamine im richtigen Verhältnis stehen. Verabreichen Sie täglich eine Tablette, die bei kleinen Hunden etwa 10 mg und bei mittelgroßen und großen Hunden etwa 20 mg der wichtigsten B-Vitamine (einschließlich B_2 und B_6) enthält.

Magnesium: Dieses Mineral trägt dazu bei, die Neubildung von Steinen zu verhindern. Verabreichen Sie je nach Größe des Tieres täglich 50 bis 300 mg Magnesiumchlorid oder andere Magnesiumchelate.

Außer diesen ernährungstechnischen Maßnahmen würde ich bei Neigung zu Steinbildung eines der folgenden Behandlungsprogramme anwenden:

Salz – Calcarea phosphorica (Calc. phos). 6× und Magnesia phosphorica (Mag. phos.) 6×: Das erste verhindert die Steinneubildung und normalisiert den Calcium- und Phosphorstoffwechsel (geben Sie dreimal täglich 1 bis 2 Tabletten). Das zweite regelt den Magnesiumstoffwechsel (verabreichen Sie morgens und abends 1 bis 2 Tabletten gleichzeitig mit dem ersten Salz). Setzen Sie die Salze nach einem Monat ab. Sie können diese Behandlung später bei Bedarf oder nach Maßgabe der Urinanalyse wiederholen. Sie ist kein Ersatz für die Ernährungstherapie.

Kräuter – Sauerdorn (Berberis vulgaris): Dieses Kraut hilft Tieren, die außer zur Blasen- oder Nierensteinbildung zu Arthritis oder Rheuma neigen. Kochen Sie 1 Teelöffel frische oder getrocknete Wurzelrinde kurz in 1 Tasse Wasser auf; lassen Sie den Aufguß 5 Minuten ziehen und seihen Sie ihn ab. Verabreichen Sie dreimal täglich folgende Mengen: 1 Teelöffel bei kleinen Hunden, 2 Teelöffel bei mittelkleinen Hunden, 1 Eßlöffel bei mittelgroßen Hunden, 2 Eßlöffel bei großen Hunden und 3 Eßlöffel bei Riesenrassen.

Kräuter – Sarsaparilla (Smilax officinalis): Für Fälle, in denen Grieß und kleine Steinchen im Urin sind und Blasenentzündung und Schmerzen auftreten. Das Wasserlassen kann schmerzhaft sein, und möglicherweise ist Blut im Urin. Oft haben Tiere, für die dieses Kraut geeignet ist, auch trockene, juckende Hautstellen, die meistens im Frühjahr auftreten. Lassen Sie 1 Teelöffel des Wurzelstocks in einer Tasse kurz vor dem Kochen stehenden Wassers ziehen, bis der Aufguß kalt ist. Seihen Sie die festen Stoffe ab und verabreichen Sie dreimal täglich die folgenden Mengen: 2 Teelöffel bei kleinen Hunden, 4 Teelöffel bei mittelkleinen Hunden, 2 Eßlöffel bei mittelgroßen Hunden, 4 Eßlöffel bei großen Hunden und 6 Eßlöffel bei riesigen Hunden.

Brennende Stellen (siehe »Hautprobleme«)

Bronchitis (siehe »Infektionen der oberen Atemwege«)

Brusttumore

Brusttumore treten meistens bei älteren Hündinnen auf, die nicht sterilisiert worden sind. Die Sterilisierung (bei der Eierstöcke und Uterus entfernt werden) wirkt im allgemeinen vorbeugend gegen diese Krankheit. Vielleicht führt die unnatürliche Situation mit regelmäßiger Läufigkeit ohne darauffolgende Trächtigkeit zu einer Art Zellfrustration und anomalem Zellwachstum. Ich empfehle Ihnen, Ihr Tier sterilisieren zu lassen, und zwar sowohl aus diesem Grund als auch um zu verhindern, daß noch mehr Welpen in eine Welt hineingeboren werden, die nicht einmal den bereits vorhandenen ein Heim bieten kann.

Behandlung: Brusttumore sind in vielen Fällen bösartig und werden zusammen mit den entsprechenden Lymphknoten radikal operativ entfernt. Wenn sich bei Ihrer Hündin solche Tumore entwickeln, lassen Sie sie vom Tierarzt untersuchen. Wenn die Tumore nicht bösartig sind, können Sie es mit einer der folgenden Behandlungen versuchen:

Homöopathisches Mittel – Phytolacca decandra (Kermesbeere): Dieses Kraut ist bekannt für seine Anwendungsmöglichkeit bei Störungen im Brustbereich, und zwar besonders bei Vergrößerungen und Tumoren. Besorgen Sie sich die Tinktur. Stellen Sie eine Verdünnung von 1:100 her, indem Sie zuerst zwei Tropfen der Tinktur in eine neue saubere Tropfflasche von 30 cm^3 Inhalt geben. Mischen Sie dann 60 Tropfen Branntwein (1 randvoller Teelöffel) und 120 Tropfen destilliertes Wasser (2 Teelöffel) in einem sauberen Glas. Gießen Sie diese Mischung in die Flasche mit der Tinktur und schütteln Sie alles kräftig durch, indem Sie die Flasche zwanzig- bis dreißigmal gegen die Handfläche schlagen, bis sich Schaum bildet. Unverdünnt und in großen Mengen kann dieses Kraut sehr giftig sein, in den hier angegebenen Mengen ist es ungefährlich. Verabreichen Sie kleinen und mittelgroßen Hunden zweimal täglich 1 Tropfen und großen Hunden zweimal täglich 2 Tropfen.

Als Alternative zu dieser Behandlung (die einfacher ist, als es sich anhört) können Sie Mineralsalze verwenden. Wenn es angezeigt ist, können Sie zwei Salze gleichzeitig nehmen. Verabreichen Sie als Primärbehandlung dasjenige, das am besten geeignet ist. Das zweite Salz können Sie morgens oder abends jeweils vor und nach dem Schlafen geben.

Salz – Kali muriaticum (Kali mur.) 3×: Für Fälle, in denen die Tumore druckempfindlich sind und sich weich anfühlen. Geben Sie dreimal täglich 1 bis 2 Tabletten.

Salz – Kali phosphoricum (Kali phos.) 6×: Für Fälle, in denen die Tumore ein übelriechendes Sekret absondern und das Tier nervös, ermüdet, reizbar oder erschöpft ist. Verabreichen Sie dreimal täglich 1 bis 2 Tabletten.

Salz – Silicea 6×: Für Fälle, in denen eitriger Ausfluß vorhanden ist oder Anzeichen dafür sprechen, daß es dazu kommt (Empfindlichkeit, Schmerz, Fieber). Ist auch bei harten Schwellungen geeignet. Geben Sie dreimal täglich 1 bis 2 Tabletten.

Anmerkung: Wie bei allen Krankheiten ist auch hier die Ernährung wichtig. Verabreichen Sie neben der Naturkost große Mengen Vitamin C (500 mg bis 5 g täglich) sowie Vitamin E (die doppelte Menge wie normal) und Vitamin A (in dem empfohlenen Lebertranzusatz enthalten). Alle drei Vitamine dienen der Entgiftung.

Chorea (siehe »Staupe und Chorea«)

Cystitis (siehe »Blasenprobleme«)

Demodektische Räude (siehe »Hautparasiten«)

Dermatitis (siehe »Hautprobleme«)

Diabetes

Die in der Regel bei Hunden auftretende Diabetes entspricht im wesentlichen der Zuckerkrankheit beim Menschen. Weil durch mangelhafte Insulinbildung in der Bauchspeicheldrüse der Blutzucker nicht richtig genutzt werden kann, treten Probleme auf. Statt das Körpergewebe zu erreichen, gelangen wachsende Mengen Blutzucker in den Urin und gehen dem Körper verloren. Damit ist das Gewebe trotz ausreichender Kalorienaufnahme die ganze Zeit in einem Zustand des Halbverhungertseins.

Die sich daraus ergebenden Symptome sind teilweise nicht schwer zu verstehen. Das Tier frißt eine Menge, wird aber trotzdem immer dünner. Das dauernde Vorhandensein von Zucker im Urin verursacht einen Flüssigkeitsverlust, da der Zucker zur Ausscheidung in Wasser gelöst werden muß (er führt also das Wasser praktisch mit sich aus dem Körper). Dadurch ist das Tier anomal durstig und läßt große Mengen Wasser.

Augenscheinlich geht es bei diesem Zustand aber nicht nur um einen Mangel an Insulin, denn selbst wenn der Insulinbedarf mittels Hormonspritzen gedeckt wird, kommt es zu allmählichen Veränderungen und zu einer möglicherweise anhaltenden Schwäche. Manchmal bedeutet das wiederholte Bauchspeicheldrüsenentzündungen, Katarakte und erhöhte Infektionsanfälligkeit (besonders im Darmtrakt).

Die Behandlung besteht in der Regel aus strikt geregelter Nahrungsaufnahme und täglichen Insulininjektionen (das Insulin wird aus den Drüsen anderer Tiere gewonnen). Die Fütterung beschränkt sich in der Regel auf einmal Dosenfutter am Tag, und zwar etwa zwölf Stunden nach der Insulinspritze (wenn dessen Wirkungsgrad am höchsten ist).

Ich habe das Gefühl, daß ein wesentlicher ursächlicher Faktor für diese Erkrankung das Fertigfutter ist, dem es an genügend Vitaminen, Mineralstoffen und Spurenelementen mangelt. Besonders in Verdacht habe ich das weichfeuchte hamburgerähnliche Hundefutter, das ungekühlt in Zellophanverpackung verkauft wird. Diese Produkte enthalten sehr viele Kohlehydrate wie etwa Zukker zur Konservierung sowie künstliche Farbstoffe und andere Konservierungsmittel. Das Prinzip ist das gleiche wie bei Marmelade, die eingemacht wird, indem man das Obst mit viel Zucker versetzt.

Behandlung: Die von mir behandelten zuckerkranken Hunde sind im allgemeinen mit der (ein wenig abgeänderten) grundlegenden Naturkost in Form von mehreren kleinen statt einer großen Mahlzeit am Tag recht gut gefahren. Ihr Insulinbedarf scheint sich zu stabilisieren und nicht mehr dem unberechenbaren Auf und Ab zu unterliegen. Sie müssen mit Ihrem Tier möglicherweise etwas experimentieren, um die beste Fütterungsfrequenz festzustellen; dabei sollten Sie auch die Ratschläge Ihres Tierarztes beachten.

Achten Sie neben der Ernährung auch darauf, daß Ihr Tier viel Bewegung bekommt, denn dadurch wird der Insulinbedarf herabgesetzt. Unregelmäßige Bewegung könnte den Insulinbedarf allerdings destabilisieren, so daß ein regelmäßiges Bewegungsprogramm am besten ist. Hilfe bringen auch möglicherweise die

Salze Natrum muriaticum (Nat. mur.) 6× und Natrum sulphuricum (Nat. sulph.) 6×, und zwar dreimal täglich jeweils 1 bis 2 Tabletten (zusammen verabreicht). Diese Salze können Sie bei Bedarf über einen langen Zeitraum anwenden.

Diätrichtlinien: Das Hauptziel einer Spezialdiät gegen Diabetes besteht darin, die Belastung der Bauchspeicheldrüse zu verringern. Das bedeutet einen strikten Verzicht auf zuckerhaltige Nahrungsmittel sowie eine möglichst geringe Fettaufnahme (weil die Bauchspeicheldrüse eine Reihe von Enzymen produziert, die besonders an der Fettzerlegung beteiligt sind). Die folgenden Rezepte ergeben eine fettarme Kost.

Bestimmte Nahrungsmittel sind bei Diabetes besonders nützlich; legen Sie also darauf besonderen Wert. Gute Getreidearten sind Hirse, Reis, Hafer, Maismehl und Roggenbrot. Ausgezeichnete Gemüsesorten sind grüne Bohnen (deren Hülsen dem Insulin engverwandte Hormonsubstanzen enthalten), Winterkürbis, Löwenzahnblätter, Luzernenkeimlinge, Mais, Petersilie, Zwiebeln, Topinambur und Knoblauch (der den Blutzucker bei Diabetes verringert). Knoblauch stimuliert auch die Bauchorgane und verstärkt die Funktion der Verdauungsorgane. Verwenden Sie ihn regelmäßig in irgendeiner Form (frisch oder in Kapseln). Milch und Milchprodukte sind hilfreich, weil sie (wie Gemüse und das meiste Obst) alkalisierend wirken und der Übersäuerung aufgrund des bei Diabetes gestörten Stoffwechsels entgegenarbeiten. Wie Fleisch, Eier, Obst und einige Gemüsearten werden sie am besten ungekocht verfüttern, weil ungekochte Nahrung die Bauchspeicheldrüse viel stärker stimuliert. Obst der Saison ist in Ordnung, solange Ihr Tier es akzeptiert; natürlicher Fruchtzucker kann von zuckerkranken Tieren verarbeitet werden. Füttern Sie Obst getrennt von anderer Nahrung.

Anmerkung: Zuckerkranke Hunde können Sie auch mit Pommes au Canine oder dem Fleisch-Bohnen-Reis-Gericht (siehe Kap. 4) füttern, weil beide Gerichte fettarm sind. Verabreichen Sie Hunden regelmäßig alle in Kap. 3 beschriebenen Zusätze, allerdings unter Beachtung folgender Hinweise:

Verringern Sie die Fettaufnahme des Tieres, indem Sie für die Ölmischung nur 1/4 Tasse Pflanzenöl und 1/4 Tasse Lebertran nehmen und täglich nur 1/2 Teelöffel der Mischung verabreichen. Nehmen Sie die normale (oder eine größere) Menge Vitamin E, das zur Entgiftung beiträgt und eine Narbenbildung an der Bauchspeicheldrüse verhindert.

Verabreichen Sie eine Spurenelementtablette, die Mangan und Zink enthält.

DIABETES-DIÄT FÜR HUNDE

1 mittelgroßes Ei
1/2 Tasse mageres Fleisch oder Organfleisch
2 3/4 Tassen gekochter brauner Reis oder anderes Getreide
1/4 Tasse geriebenes oder gehacktes Gemüse
Tägliche Zusätze nach Empfehlung

Alle Zutaten vermischen und servieren.

Ergibt etwa 3 1/2 Tassen.

Verwenden Sie Vitamin C, und zwar (je nach Größe des Tieres) täglich 500 mg bis 3 g, aufgeteilt in zwei oder mehr Portionen. Es senkt augenscheinlich den Insulinbedarf.

Verabreichen Sie dem Tier Lecithin in Form von Granulat oder Flüssigkeit, um die Leberfunktion zu stimulieren: Täglich $1/2$ Teelöffel bis 1 Eßlöffel.

Vergessen Sie die anderen Standardzusätze nicht, und zwar besonders die Nährhefe, die wegen ihres Chromgehalts wichtig ist (Chrom wird für den Zukkerstoffwechsel gebraucht).

Durchfall und Ruhr

Durchfall tritt zwar häufig auf, ist aber keine sehr spezifische Krankheit. Das heißt, Durchfall kann viele Ursachen haben, und doch ist das klinische Erscheinungsbild (häufiger weicher oder flüssiger Stuhl) in etwa das gleiche. Es ist eine kleine Hilfe, wenn man den allgemeinen Zweck von Durchfall kennt, der darin liegt, daß der Magen-Darm-Trakt im wesentlichen nur eine Abwehrmöglichkeiten gegen Reizstoffe vieler Art hat – nämlich seinen Inhalt schneller als normal fortzubewegen. Ursache des Reizzustandes können unter anderem Würmer, Bakterien, Viren, verdorbene oder toxische Nahrung, Überempfindlichkeit (siehe »Allergien«), Knochensplitter und unverdauliches Material wie Haare, Stoff oder Plastik sein. Die Hauptreaktion auf dieses Material besteht in vermehrter Kontraktion (Peristaltik), um das System durchzuspülen. Weil der Darminhalt so schnell weiterbewegt wird, nimmt der Dickdarm nicht die Menge Wasser auf, die er normalerweise absorbiert. Dadurch wird der Stuhl anomal flüssig.

Je nachdem, welcher Teil des Trakts gereizt ist, treten bestimmte zusätzliche Symptome auf. Wenn es im oberen Teil des Dünndarms, in der Nähe des Magens, zu Entzündung und Blutungen kommt, ist der Stuhl aufgrund des verdauten Blutes sehr dunkel oder schwarz. Möglicherweise bildet sich auch vermehrt Gas, das zu Rülpsen, aufgetriebenem Magen oder Flatulenz führt. Bei diesem Muster ist die Ausscheidung nicht besonders erschwert.

Ein anderes Bild zeigt sich, wenn die Entzündung weiter unten im Dickdarm liegt. Blähungen treten im allgemeinen nicht auf. Der Durchfall »schießt« mit Macht und offensichtlichem Druck aus dem Rektum. Bei Blutungen im Dickdarm zeigt sich das Blut in einer frischen roten Farbe, vermischt mit dem Stuhl. Der Stuhlgang ist häufiger als bei Störungen im Dünndarm. Oft ist übermäßig viel Schleim festzustellen, der wie klare Gallerte aussieht.

Weil Durchfall so viele Ursachen haben und mit so vielen anderen Störungen zusammenhängen kann, kann ich nicht einfach ein paar Behandlungsmethoden vorschlagen, die für alle Situationen gelten. Meistens wird Durchfall jedoch durch falsche oder verdorbene Nahrung, Überfressen, Parasiten (besonders bei Jungtieren) oder Virusinfektionen hervorgerufen. Die folgenden Richtlinien gelten für einfache oder milde Fälle, die in die obigen Kategorien fallen. Wenden Sie sich an Ihren Tierarzt, wenn der Durchfall nicht aufhört, wenn der Zustand ernst ist oder wenn es sonstwie geboten erscheint.

Behandlung: Am wichtigsten ist es, in den ersten 24 bis 48 Stunden keinerlei feste Nahrung mehr zu verfüttern. Eine Fastenkur mit Flüssigkeiten gibt dem Darmtrakt die Chance, sich auszuruhen und sich zu entleeren. Stellen Sie dem Tier jederzeit viel sauberes Wasser zur Verfügung und sorgen Sie dafür, daß es trinkt. Eine Gefahr bei heftigem Durchfall besteht darin, daß der Körper durch Wasser-, Natrium- und Kaliumverlust austrocknet. Gleichen Sie die Verluste an diesen Stoffen also durch eine Brühe aus Gemüse, Reis und etwas Fleisch oder einem Knochen aus. Sie können auch etwas natürlich hergestellte Sojasauce zugeben, um den Geschmack zu verbessern und das Tier mit leicht assimilierten Aminosäuren und Natrium zu versorgen. Verwenden Sie nur die Suppenflüssigkeit, die Sie dem Tier während der Fastenkur mehrmals täglich bei Raumtemperatur vorsetzen.

Bei leichtem Durchfall oder bei einem plötzlichen Anfall nach Verzehr von verdorbener Nahrung reicht diese Behandlung möglicherweise aus. In schwereren Fällen allerdings ist die zusätzliche Verwendung eines der folgenden Mittel anzuraten:

Kaopektat-Lösung: Dieses frei erhältliche Arzneimittel aus fein gemahlener Erde und Pektin absorbiert störende Substanzen und beruhigt entzündetes Gewebe, ohne die Darmtätigkeit zu verlangsamen. Verabreichen Sie ein paar Tage lang alle vier Stunden je nach Körpergröße 1 Teelöffel bis 3 Eßlöffel.

Aktivkohle: Die aus pflanzlichen Stoffen hergestellte und in Drogerien als Pulver oder in Tablettenform verkaufte Aktivkohle hat die Fähigkeit, Toxine, Medikamente, Gifte und andere reizerzeugende Stoffe zu absorbieren. Besonders nützlich ist sie für die Behandlung von Durchfall durch verdorbene Nahrung oder toxische Stoffe. Vermischen Sie sie mit Wasser und verabreichen Sie über einen Zeitraum von 24 Stunden (abgesehen von der Schlafenszeit) oral alle zwei oder drei Stunden 1/2 bis 1 Teelöffel Pulver oder 1 bis 3 Tabletten je nach Größe des Tieres. Weil zuviel Aktivkohle sich nachteilig auf die Verdauungsenzyme auswirkt, ist eine kurze Kur am besten.

Geröstetes Johannisbrotpulver: Diese häufig als Schokoladeersatz verwendete und in Reformhäusern erhältliche pflanzliche Substanz ist auch ein beliebtes und linderndes Mittel gegen Durchfall. Mischen Sie sie mit Wasser und vielleicht etwas Honig und verabreichen Sie drei Tage lang dreimal täglich oral 1/2 bis 2 Teelöffel.

Kräuter – Knoblauch (Allium sativum): Knoblauch stimuliert die Verdauungsorgane, regelt die Leber- und Gallenblasentätigkeit und ist besonders nützlich, wenn dem Durchfall Infektion, Parasiten oder Überfressen zugrunde liegen. Verabreichen Sie drei Tage lang zwei- oder dreimal täglich 1/4 bis 1/2 Teelöffel frischen, mit Wasser verdünnten Knoblauchsaft. Sie können auch einen deodorierten Extrakt (flüssig, in Tablettenform oder in Kapseln) verwenden, der Ihrem Tier (oder Ihnen selbst) vielleicht sympathischer ist. Verabreichen Sie von einem solchen Extrakt die gleiche Menge wie oben. An Tabletten oder Kapseln verabreichen Sie drei Tage lang zwei- oder dreimal täglich 1 bis 3 Stück.

Homöopathisches Mittel – Hyland's homöopathisches Kombi-Präparat Nr. 16: Dieses besondere Präparat aus Kräutern und anderen Stoffen hilft besonders bei Durchfall, bei dem unter großem Zwang frisches Blut und Schleim ausgeschieden werden. Geben Sie jede Stunde 1 bis 2 Tabletten, bis sich eine Besserung zeigt; reduzieren Sie dann die Gaben auf alle drei Stunden, dann alle vier Stunden, so daß die Behandlung langsam ausklingt. Wenn sich nach einem oder zwei Tagen eine deutlich positive Reaktion bemerkbar macht, wenden Sie die Tabletten nur noch an, wenn sich die Symptome wieder verschlimmern.

Salz – Die folgenden Mittel können Sie entweder für sich oder zusammen mit der Kaopektat-Lösung oder dem Knoblauch anwenden. In schweren Fällen können sie sehr wirkungsvoll sein. Wählen Sie das am besten geeignete oder bei entsprechender Indikation auch zwei zusammen, die Sie abwechselnd alle zwei Stunden verabreichen. Geben Sie mehrere Tage lang oder bis zur Besserung oral 1 bis 3 zerdrückte Tabletten, und zwar in akuten Fällen alle zwei Stunden am ersten Tag und in chronischen Fällen viermal täglich. Anschließend verringern Sie die Gaben ein paar Tage lang auf zweimal täglich. Die Indikationen sind wie folgt:

Ferrum phosphoricum (Ferr. phos.) 6×: Hilft bei den meisten Fällen von Durchfall, weil es Entzündungen lindert. Besonders gut ist es für junge Tiere und Tiere mit Fieber.

Natrum phosphoricum (Nat. phos.) 6×: Gut bei Durchfall, der mit Würmern bei Jungtieren zusammenhängt, oder in Fällen, in dene eine Verstopfung von Durchfallattacken unterbrochen wird. Achten Sie auf die richtige Ernährung, da dieser Zustand mit übermäßiger Azidität des Blutes zusammenhängt.

Natrum muriaticum (Nat. mur.) 6×: Eignet sich bei längerdauerndem wässerigem, schaumigem und schleimigem Durchfall. Das betroffene Tier neigt zu Dehydratation (das Gewebe hält keine Flüssigkeit). Nat. mur. trägt zur Regulierung des Wasserhaushalts im Körper bei.

Salzkombination C (aus Magnesia phosphorica, Natrum phosphoricum, Natrum sulphuricum und Silicea): Bei chronischem oder längerdauerndem Durchfall mit Magenverstimmung, Leberträgheit und Blähungen.

Allgemeiner Hinweis. Es ist wichtig, während der Behandlung auf die Möglichkeit zu achten, daß gewisse ursächliche Faktoren beseitigt werden, beispielsweise ein Reizstoff (neuer Flohkragen?), Milch (vertragen manche Tiere nicht), unsauberes Wasser, verdorbene Nahrung in jemandes Abfalleimer, ein Komposthaufen usw. Denken Sie auch an Würmer und Infektionskrankheiten und behandeln Sie das Tier entweder zu Hause oder mit Hilfe Ihres Tierarztes.

Sobald das Tier auf dem Weg zur Genesung ist, füttern Sie es mit kleinen Mengen Magerjoghurt, um den Bestand an Bakterien im Darmtrakt aufzufrischen. Geben Sie immer Joghurt, wenn eine Behandlung mit Antibiotika stattgefunden hat, da diese die normalen Darmbewohner töten und Platz schaffen für unangenehme Dinge wie Hefe und Pilze. Joghurt und azidophile Milch schützen davor.

Wenn Sie die Fastenkur des Tieres (nach ein paar Tagen) beenden, beginnen Sie mit Brühe unter Beigabe des Gemüses, aus dem sie gemacht wurde. Nach 24 Stunden können Sie Joghurt dazunehmen und langsam wieder mit der normalen Ernährung beginnen; als Getreide nehmen Sie dabei Reis, der im allgemeinen gut gegen Durchfall ist.

Einwärtskehrung des Lidrandes (siehe »Augenprobleme«)

Eklampsie (siehe »Trächtigkeit, Geburt und Pflege von Neugeborenen«)

Ekzeme (siehe »Hautprobleme«)

Enzephalitis (siehe »Staupe, Chorea«)

Epilepsie

Bei Hunden ist Epilepsie schon fast normal. Oft ist es sehr schwer, mit Sicherheit zu sagen, wodurch sie verursacht wird. In manchen Fällen scheint die Veranlagung für Epilepsie von Generation zu Generation weitergegeben zu werden, so daß die intensive Inzucht wahrscheinlich *ein* Faktor ist.

Im allgemeinen kann man sagen, daß die Gesundheit von Nervensystem und Gehirn beeinflußt wird durch Vererbung, Ernährung während der Trächtigkeit des Muttertieres und Ernährung des betroffenen Tieres seit der Geburt. Auch bestimmte Gehirnkrankheiten oder schwere Verletzungen können zu Epilepsie führen. Bei den meisten Tieren ist es aber schwierig, eine offensichtliche Ursache festzustellen. Die Konvulsionen können ohne Vorwarnung beginnen und sich mit vermehrter Häufigkeit fortsetzen. Der erste Anfall tritt sowohl bei jungen als auch bei alten Tieren auf. Ich nehme an, daß das Problem bei jüngeren Tieren angeboren ist, während es bei älteren wahrscheinlich auf angesammelte Toxine und Hirnreizstoffe zurückgeht.

Epilepsie wird in der Regel nur diagnostiziert, wenn andere Möglichkeiten – Würmer, Hypoglykämie und Gifte – ausgeschlossen werden können. Es handelt sich also um eine Art »Versäumnis«-Diagnose, und die Epilepsie geht in Wirklichkeit vielleicht auf eine Mischung aus verschiedenen Ursachen zurück.

Behandlung: Meine Behandlungsmethode besteht in der Anwendung einer natürlichen Kost zur optimalen Ernährung des Hirngewebes, in der Ausschaltung eventueller Toxine aus der Umwelt und (wenn möglich) in der Verwendung natürlicher Kräuter und anderer Stoffe gegen epileptische Anfälle.

Die Ernährung sollte darauf ausgerichtet sein, die Aufnahme von Substanzen, die das Hirngewebe reizen könnten, zu verhindern. Untersuchungen an hyperaktiven Kindern haben auf die Wahrscheinlichkeit hingewiesen, daß Additive in der Nahrung das Gehirn auf diese Weise beeinträchtigen. Deshalb empfehle ich Ihnen, Ihr Tier strikt auf eine Diät zu setzen, die keinerlei Fertigfutter, Snacks oder Nahrungsmittel mit Additiven oder Farbstoffen enthält.

Verwenden Sie die in Kap. 3 und 4 beschriebene Grundnahrung, die Sie folgendermaßen modifizieren. Verabreichen Sie Fleisch von Organen (besonders Leber und Nieren) nur einmal in der Woche, weil die Organe eher mit Pestiziden, Antibiotika, Schwermetallen und hormonellen Substanzen belastet sind. Weil vielen menschlichen Epileptikern schon beträchtlich geholfen ist, wenn sie kein Fleisch essen, sollten Sie es sich außerdem überlegen, Ihren Hund nur mit den vegetarischen Gerichten zu füttern. Versuchen Sie es damit mindestens zwei Monate lang, um zu sehen, ob es hilft.

Bestimmte Nahrungszusätze verdienen Beachtung. Da die B-Vitamine sehr wichtig für das Nervengewebe sind, sollten Sie einen natürlichen B-Komplex mit allen B-Vitaminen verabreichen, und zwar (je nach Körpergröße) 20 bis 50 mg von den wichtigsten. Der Niacin- oder Niacinamidgehalt sollte bei etwa 25 mg liegen. Außerdem geben Sie 1/4 bis 2 Teelöffel Lecithin und 10 bis 30 mg Zink (am besten als Chelat). Verabreichen Sie täglich etwa 250 bis 1000 mg Vitamin C zur Entgiftung und ersetzen Sie etwa die Hälfte des Knochenmehls aus den Standardzusätzen durch Dolomit (das Magnesium enthält).

In Hinsicht auf Umweltfaktoren geht es darum, die Einwirkung von Zigarettenrauch, Autoabgasen (bei Fahrten auf der Ladefläche von Transportern), Chemikalien (besonders Flohmittel, die das Nervensystem angreifen) und übermäßigem Streß und Überanstrengung zu meiden (regelmäßige körperliche Bewegung in bescheidenem Umfang ist jedoch durchaus von Nutzen). Lassen Sie Ihr Tier wegen der Röntgenstrahlen nicht direkt vor einem in Betrieb befindlichen Farbfernseher oder nah an einem eingeschalteten Mikrowellenherd liegen.

Die Hilfsmittel konzentrieren sich auf die Kräftigung des Nervensystems. Bedienen Sie sich der unter »Verhaltensstörungen« vorgeschlagenen Kräuter, und zwar unter besonderer Beachtung von Gemeinem Hafer, Verbene und Helmkraut. Alternativ können Sie auch das Salz Kali muriaticum (Kali mur.) 6× verwenden. Geben Sie je nach Gewicht des Tieres mehrere Wochen lang viermal täglich 1 bis 3 Tabletten. Wenn Sie keine Ergebnisse erzielen, versuchen Sie es mit einem der folgenden Mittel:

Salz – Kali phosphoricum (Kali phos.) 6×: Ziehen Sie dieses Salz in Betracht, wenn auch noch andere nervöse Störungen wie Schlaflosigkeit, Reizbarkeit oder übermäßige Nervosität vorliegen. Wirkt sehr kräftigend auf das Nervensystem. Geben Sie viermal täglich 1 bis 3 Tabletten.

Salz – Ferrum phosphoricum (Ferr. phos.) 6×: Am besten für Anfälle, die mit Blutandrang zum Kopf einhergehen (d. h., der Kopf fühlt sich heiß an, und das Weiße im Auge ist blutunterlaufen). Geben Sie jede Stunde 1 bis 3 Tabletten, bis der Anfall und seine Auswirkungen vorüber sind; gehen Sie für den längerfristigen Gebrauch zu einem der anderen Mittel über.

Salz – Natrum sulphuricum (Nat. sulph.) 3× oder 6×: Wenden Sie dieses Mittel an, wenn die Epilepsie nach einer Kopfverletzung begann. Geben Sie über eine lange Zeit viermal täglich 1 bis 3 Tabletten.

Salz – Silicea 6×: Angezeigt für Anfälle während des Schlafs oder in der Nacht. Geben Sie mehrere Wochen lang viermal täglich 1 bis 3 Tabletten.

Wenn Sie die Epilepsie mit einem dieser Mittel nicht völlig in den Griff bekommen, ziehen Sie eine homöopathische Behandlung in Betracht. Dabei müssen Sie für das einzelne Tier sorgfältig das richtige Mittel aussuchen, um eine reale Wirkung zu erzielen. Sie können es jedoch mit den folgenden Mittel versuchen und möglicherweise die Häufigkeit und Schwere der Anfälle erfolgreich verringern. Wählen Sie dasjenige, das für Ihr Tier am besten geeignet ist.

Homöopathisches Mittel – Artemisia vulgaris 3× (Gewöhnlicher Beifuß): Geeignet bei Petit mal (leichten Anfällen), bei denen das Tier zittert, stolpert und fällt oder ein paar Sekunden wie betäubt dasteht. Möglicherweise kommt es kurz nacheinander zu mehreren Konvulsionen. Vor dem Anfall ist das Tier gereizt oder aufgeregt. Der Anfall kann durch extreme Furcht oder einen Schlag auf den Kopf herbeigeführt worden sein. Geben Sie alle acht Stunden 1 bis 2 Tabletten, bis Erleichterung eintritt; setzen Sie das Mittel dann ab.

Homöopathisches Mittel – Bufo rana 6× (Krötensekret): Angebracht für nervöse, ungeduldige Tiere. Als Symptome im Zusammenhang mit der Epilepsie zeigen sich unter anderem Erregung, Heulen und die Neigung, zu beißen. Das Tier versteckt sich möglicherweise auch gern oder ist gern allein. Nützlich bei schon lange bestehender Epilepsie. Geben Sie sofort nach Ende eines Anfalls 1 bis 2 Tabletten. Dadurch wird ein Wiederauftreten möglicherweise verhindert.

Homöopathisches Mittel – Cicuta virosa 6× (Wasserschierling): Zu den Symptomen gehören Delirium und stupides Verhalten nach den Anfällen. Es kommt zu heftigen Konvulsionen mit Verrenkung der Glieder und Rückwärtsbiegen von Kopf und Hals. Geben Sie nach einem Anfall 1 bis 2 Tabletten.

Homöopathisches Mittel – Oenanthe crocata 3× (Gelbe Rebendolde): Angezeigt für heftige Konvulsionen mit starrem Körper, zusammengepreßten Kiefern und Schaum vor der Schnauze. Der Kopf kann zurückgebogen sein. Dosieren Sie wie bei Bufo rana.

Allgemeine Hinweise zu homöopathischen Mitteln: Hier sind nur ein paar mögliche Mittel aufgeführt. Wenn Sie feststellen, daß sie die Häufigkeit der Anfälle verringern, fassen Sie Mut! Behandeln Sie den nächsten Anfall mit dem gleichen Mittel wie vorher. Möglicherweise werden die Zeitabstände zwischen den Anfällen immer größer. Schließlich hören sie vielleicht sogar ganz auf.

Manchmal kommt es jedoch schneller als erwartet zu einem neuen Anfall (oder mehreren hintereinander) – vielleicht innerhalb weniger Stunden oder Tage. Wenn das der Fall ist, bedeutet es, daß die Medizin wahrscheinlich richtig war. Nach der anfänglichen Stimulierung der Symptome folgt in den nächsten Wochen die Besserung. Geben Sie bei diesen früher als erwartet auftretenden Anfällen das Mittel *nicht* noch einmal. Wenn nach einer Periode der Besserung (Tage oder Wochen) wieder Anfälle auftreten, verabreichen Sie das Mittel einmal wie beschrieben nach jedem Anfall.

Wenn Sie absehen können, daß ein Anfall bevorsteht, können Sie ihn vielleicht abwenden, wenn Sie zu diesem Zeitpunkt das Mittel verabreichen. Das ist eine gute Art und Weise, diese Mittel zu verwenden, wenn sie nur vorübergehend wirken.

Erbrechen

Erbrechen ist eines der Symptome einer versteckten Krankheit, das nur selten ganz von selbst auftritt. Am häufigsten hängt es mit einer Magenverstimmung zusammen, kann aber auch infolge von Vergiftung, Nierenversagen, Reaktion auf Medikamente, Schmerzen oder Entzündungen in anderen Körpergegenden (wie Bauchfell, Bauchspeicheldrüse oder Gehirn) oder nach Operationen und anderen Erkrankungen auftreten. Es ist daher immer erforderlich, über dieses eine Symptom hinauszusehen, um festzustellen, was dahintersteckt und die Behandlung dann darauf auszurichten.

Es kommt jedoch auch vor, daß alles andere in Ordnung zu sein scheint oder daß Erbrechen bei weitem das größte Problem ist. Wenn nichts dagegen unternommen wird, kann längerdauerndes Erbrechen zu schwerem Flüssigkeitsverlust und zum Verlust bestimmter Salze, und zwar besonders Natriumchlorid und Kaliumchlorid, führen.

Behandlung: Das Problem bei der Behandlung liegt darin, daß nichts, was oral verabreicht wird, lange genug im Magen bleibt, um zu wirken; deshalb verwendet man am besten zerdrückte homöopathische Tabletten, die durch Absorption im Maul fast sofort wirken.

Erste Wahl ist *Ipecac* 3× (Brechwurzel). Das Mittel hilft bei anhaltender Übelheit und dauerndem Erbrechen sowie starker Speichelbildung aufgrund der Übelkeit. Geben Sie viermal im Abstand von einer Stunde 1 Tablette, dann nur noch, wenn es wieder zu Erbrechen kommt. Wenn *Ipecac keine Wirkung zeigt, versuchen Sie es in der gleichen Dosierung mit Ferrum phosphoricum* (Ferr. phos.) 6×.

Geben Sie dem Tier außerdem keine Nahrung und kein Futter und lassen Sie es nur gelegentlich an Eiswürfeln lecken, solange das Erbrechen anhält. Machen Sie alle paar Stunden einen kleinen Einlauf nach den Hinweisen in Kap. 15, um Flüssigkeiten und Salze zu ersetzen. Nehmen Sie für den Einlauf 1/4 Teelöffel Meersalz (oder Kochsalz als Ausweichmöglichkeit) und 1/4 Teelöffel Kaliumchlorid (als Salzersatz in vielen Läden zu haben) auf 1/2 l Wasser. In Form eines Einlaufs behält ein ausgetrocknetes Tier die Flüssigkeit bei sich und absorbiert sie.

Fadenwurm (siehe »Würmer«)

Fettleibigkeit (siehe »Gewichtsprobleme«)

Flöhe (siehe »Hautparasiten«)

Fuchsschwänze (siehe auch »Ohrenprobleme«)

Die zahlreichen Fuchsschwänze, Grannen und Wildhafersamen, die sich in Haaren und Körperöffnungen festsetzen, könnte man getrost als einen Hauptfeind von Hunden und Katzen bezeichnen. Aufgrund ihrer Struktur lassen sich diese Fremdkörper nicht einfach entfernen. Sie dringen vielmehr durch die Haut oder durch Körperöffnungen (Augen, Ohren, Nase, Schnauze, Anus, Vagina, Scheide) ein, wo sie fürchterliche Probleme verursachen können. Wenn sich ein Fuchsschwanz durch die Haut arbeitet, kann der Körper ihn nicht verdauen; noch Jahre später sieht er bei der chirurgischen Entfernung ganz frisch aus.

Obwohl der Körper also alles mögliche unternimmt, um den Fremdkörper auszuscheiden, haftet er hartnäckig am Gewebe. Das Resultat ist ein dauernd entzündeter Trakt, der eiterähnliche Flüssigkeit absondert und nie völlig ausheilt. Das pflanzliche Material kann 30 cm oder tiefer in den Körper eindringen, wodurch es, wenn überhaupt, nur schwer zu finden ist. Hunde sind schon durch solche Fremdkörper getötet worden, die bis in das Gehirn vorgedrungen waren. Beliebte Ansatzpunkte sind die Zehen sowie die Ohren (siehe »Ohrenprobleme«) und Augen – dort können sie hinter das »dritte Lid« gelangen und eine starke Reizwirkung ausüben.

Vorbeugung: Untersuchen Sie Ihr Tier jedesmal, wenn es auf Feldern, leeren Grundstücken oder an anderen mit Unkraut bestandenen Orten herumgelaufen ist. Sehen Sie alle Körperöffnungen nach und kämmen oder bürsten Sie sein Fell durch. Achten Sie darauf, auch zwischen den Zehen nachzuschauen. Wenn Sie das Haar dort in der entsprechenden Jahreszeit kurzhalten, erleichtern Sie sich die Arbeit und dem Tier das Leben. Lassen Sie langhaarigen Hunden außerdem das Fell kurzschneiden, auf etwa $2^1/_2$ cm oder kürzer, und schneiden Sie alle Haare um den Ohreingang herum und in der Ohrmuschel ab. Bei Hunden mit Schlappohren gelangen viel eher Fremdkörper in die Ohren. Schlagen Sie dazu und zur Behandlung von festsitzenden Fuchsschwänzen auch unter »Ohrenprobleme« und »Abszesse« nach.

Behandlung: Wenn sich bei Ihrem Tier bereits ein Fuchsschwanz unter der Haut festgesetzt hat und sich ein chronischer Ausfluß aus einer kleinen Öffnung zeigt und Ihr Tierarzt den Fremdkörper nicht finden und beseitigen kann, hilft möglicherweise die folgende Behandlung.

Salz – Silicea 6×: Geben Sie zwei oder drei Wochen lang zweimal täglich 1 bis 3 Tabletten. Wenn der Fremdkörper nicht austritt, muß Ihr Tierarzt weiterhin versuchen, ihn chirurgisch zu entfernen (lassen Sie ihn versuchen, die Fuchsschwänze möglichst bald zu entfernen; die obige Behandlung dient als letzte Möglichkeit, wenn chirurgische Eingriffe keinen Erfolg bringen). Denken Sie daran, daß bei Fuchsschwänzen Vorbeugen besser als Heilen ist!

Gastritis (siehe »Magenprobleme«)

Gebißprobleme

Die Schnauze und alles, was damit zusammenhängt, sind für Tiere sehr wichtig, und zwar nicht nur zum Fressen, sondern auch zur Pflege und zum Tragen von Gegenständen. Der Bereich enthält viele Nerven und ist reichlich mit Blut versorgt, wodurch Gebißprobleme schwerwiegender sind, als man erwarten würde. Schmerzen in der Schnauze können ein Tier davon abhalten, ausreichend zu fressen oder sich ordentlich zu pflegen. Am häufigsten treten drei Probleme auf, und zwar durch Unfall beschädigte Zähne oder Zahnfleisch, angeborene oder erworbene Störungen und Periodontitis (Zahnstein und damit zusammenhängende Zahnfleischerkrankung). Wir wollen sie der Reihe nach betrachten.

Unfälle: Wenn ein Tier von einem Auto angefahren wird, werden ihm oft die Zähne abgebrochen oder ausgeschlagen. Nach Rückgang der anfänglichen Entzündung fühlt das Tier sich in den meisten Fällen eigentlich nicht unwohl. Da Hunde nur sehr selten Löcher in den Zähnen bekommen, verfaulen selbst die abgebrochenen Zähne nicht. Manchmal bildet sich jedoch ein Abszeß an der Wurzel, die dann entfernt werden muß. Im allgemeinen kann ein abgebrochener Zahn an Ort und Stelle bleiben, zumindest bis sich eine passende Gelegenheit zur Extraktion ergibt, z. B. wenn das Tier wegen eines anderen Eingriffs betäubt werden muß.

Was Zahnfleischverletzungen angeht, so ist Ringelblumentinktur ein ausgezeichnetes Sofortmittel, um Blutungen zu stoppen und die rasche Heilung zu fördern. Legen Sie ein mit der Tinktur getränktes Baumwolläppchen direkt auf das blutende Zahlfleisch oder verdünnen Sie die Tinktur mit zehn Teilen Wasser und machen Sie mittels einer Spritze eine Spülung.

Angeborene oder erworbene Störungen: Probleme dieser Art sind bei manchen Hunderassen so häufig, daß sie fast schon normal sind.

Bei manchen Hunden, und zwar besonders bei den Zwergrassen, stehen die Zähne einfach zu eng und oft übereinander. Manchmal ist der Kiefer zu lang oder zu kurz. Am schlimmsten ist das Schicksal von Rassen wie der Bulldogge und des Boston-Bullterriers, die sehr kurze Kiefer haben, in denen die Zähne eng zusammengedrängt, seitlich verdreht und falsch sitzen. Sie haben im wahrsten Sinne des Wortes ein Maul voller Probleme.

Was können Sie dagegen tun? Ich würde empfehlen, ein paar bleibende Zähne im Entwicklungsstadium ziehen zu lassen, und zwar am besten, solange der Hund noch jung ist. Unbehandelt können Enge und schlechter Sitz zu Zahnfleischkrankheiten und lockeren Zähnen führen. Manche Hunde haben relativ gerade, nicht zu eng stehende Zähne, aber der eine Kiefer ist länger oder kürzer als der andere. Das führt dazu, daß die Zähne nicht richtig aufeinanderpassen, wodurch es zu Schmerzen und vorzeitigem Zerfall von Zähnen und Gaumen kommt. Wenn der Unterschied zwischen den Kiefern nicht mehr als etwa 5 mm beträgt, kann durch Entfernen von ein paar Milchzähnen vor Ausbildung der bleibenden Zähne die richtige Ausrichtung wiederhergestellt werden. Bei einem größeren Unterschied läßt sich präventiv nur wenig tun.

Weitere Strukturprobleme sind überzählige Zähne, die entfernt werden sollten, damit sich keine Nahrung und Futterreste ansammeln, und festsitzende Milchzähne, die dazu führen, daß die bleibenden Zähne neben oder vor ihnen wachsen (wodurch sich Essensreste festsetzen und möglicherweise Kiefermißbildungen verursacht werden). Auch diese sollten gezogen werden.

Periodontitis: Das ist die häufigste Zahn- und Zahnfleischerkrankung. Sie entsteht durch einen Zahnbelag aus Calciumsalzen, Nahrung, Haaren und Bakterien, der Druck auf das Zahnfleisch ausübt und zu Entzündungen, Schwellungen und Zahnfleischrückgang führt. Zwischen Zahnfleisch und Zähnen öffnet sich eine Tasche, in der sich noch mehr Reste sammeln und das Problem weiter verschlimmern. Schließlich lockern sich die Zähne und fallen aus.

Natürlich werden die Zähne durch Periodontitis nicht über Nacht zerstört. Das kann Monate oder Jahre dauern. Eine sehr schwerwiegende Komplikation besteht darin, daß um die Zähne herum Bakterien wachsen, die möglicherweise in das Blut und damit in andere Teile des Körpers gelangen. Wie auch andere Tierärzte habe ich festgestellt, daß viele Hunde mit Herzbeschwerden lange Zeit unter infiziertem Zahnfleisch und Zähnen litten. Vielleicht spielen die Bakterien dabei eine Rolle. Ein Spezialist für Tiermedizin hat außerdem festgestellt, daß viele Erkrankungen der Verdauungsorgane, des Harntrakts und der Genitalien durch solche Zahn- und Zahnfleischleiden verursacht werden.

Bei Periodontitis zeigt Ihr Tier die folgenden Symptome: Zahnfleischbluten, übelriechender Atem, übermäßiger Speichelfluß, Schmerzen beim Kauen und möglicherweise Appetit- oder Gewichtsverlust. Sie können starke braune Ablagerungen auf den Zähnen sehen, und zwar besonders auf den hinteren. Außerdem sind die Zähne möglicherweise locker. Die Ursachen für die Bildung dieses Zahnsteins sind in der Regel falsche Ausrichtung der Zähne, Überfütterung, minderwertiges Futter, Fehlen von harten Gegenständen, auf denen das Tier herumkauen kann, und häufiges »Knabbern«. Sobald sich Zahnstein gebildet hat, ist er steinhart und kann nur mit einem Ultraschallgerät (unter Betäubung) ausreichend entfernt werden. Oft müssen die infizierten und lockeren Zähne gezogen und Blutungen zum Stillstand gebracht werden.

Nach jeder Zahnbehandlung in der Tierklinik können Sie mit anschließenden Pflegemaßnahmen eine Menge dazu beitragen, eine schnelle Heilung zu fördern und ein Wiederauftreten zu verhindern. Das Zahnfleisch ist nach der Behandlung sehr wund und entzündet. Bestimmte Kräuter bilden dann eine große Hilfe. Wählen Sie eines der folgenden Käuter, und zwar dasjenige, das am besten geeignet erscheint (bei entsprechender Indikation können Sie auch Gelbwurzel und Myrrhe zusammen verwenden).

Kräuter – Echinacea (Roter Igelkopf – Echinacea angustifolia): In Fällen, in denen die Zähne infiziert sind und das Tier dünn und in schlechtem Zustand ist. Kochen Sie 1 Teelöffel frischen Wurzelstock 10 Minuten in 1 Tasse Wasser. Lassen Sie den Aufguß zugedeckt eine Stunde ziehen. Seihen Sie die festen Stoffe ab und legen Sie einen mit dem Aufguß getränkten Wattebausch direkt auf das Zahnfleisch (oder machen Sie eine Spülung). Es regt den Speichelfluß an, so daß Sie sich keine Sorgen zu machen brauchen, wenn das Tier zu sabbern beginnt.

Kräuter – Gelbwurzel (Hydrastis canadensis): Dieses Kraut wirkt antiseptisch und unterstützt das Wachstum des Zahnfleischgewebes. Lassen Sie 1 Teelöffel Pulver in 1/2 l kochendheißem Wasser ziehen, bis es kalt ist. Gießen Sie die klare Flüssigkeit ab und spülen Sie damit Schnauze und Zahnfleisch.

Kräuter – Myrrhe (Commiphora myrrha): Myrrhe ist für lockere Zähne angezeigt. Lassen Sie 1 Teelöffel Harz ein paar Minuten in 1/2 l kochendheißem Wasser ziehen. Seihen Sie den Aufguß durch und streichen Sie ihn auf das Zahnfleisch oder spülen Sie es mittels einer Spritze.

Kräuter – Breitblättriger Wegerich (Plantago major): Dieses Kraut hilft, wenn der Zustand noch nicht ernst genug ist, um eine größere Reinigungsaktion erforderlich zu machen, wenn sich aber kleinere Ablagerungen auf den Zähnen gebildet haben und das Zahnfleisch entzündet ist. Lassen Sie 1 Eßlöffel Blätter fünf Minuten in 1/2 Tasse kochendheißem Wasser ziehen. Abseihen und als Spülung verwenden.

Allgemeine Anweisungen zu Kräutern: Welches Kraut Sie auch wählen, wenden Sie es 10 bis 14 Tage lang zweimal täglich an. Sie können auch abwechselnd morgens das Kraut nehmen und abends Vitamin E (frisch aus der Kapsel) mit den Fingern auf das Zahnfleisch auftragen (wirkt stark lindernd).

Auch die Nahrung ist in der Zeit nach der Zahnreinigung sehr wichtig. Ohne die richtige Ernährung kann sich das Zahnfleisch nicht regenerieren und behält nicht die notwendige Elastizität. Legen Sie besonderen Wert auf Gemüse, das reich ist an Niacin, Folsäure und Mineralstoffen – grünes Blattgemüse, Brokkoli, Spargel, Limabohnen, Kartoffeln und Kopfsalat. Verabreichen Sie außerdem zweimal in der Woche frische Leber wegen ihres hohen Gehalts an Folsäure, Vitamin A, Eiweiß und anderen Nährstoffen. Viel Folsäure ist außerdem in Eiern und ungesalzenen Erdnüssen enthalten.

Geben Sie außer den Zusätzen aus Kap. 3 1/8 bis 1/2 Teelöffel Dolomitpulver (für zusätzliches Calcium und Magnesium), zweimal täglich 100 bis 1000 mg Vitamin C und eine B-Komplex-Tablette oder -Kapsel mit je etwa 10 bis 20 mg von den wichtigsten B-Vitaminen (je nach Größe des Tieres). Verabreichen Sie diese Extrazusätze ein paar Wochen lang.

Damit tragen Sie dazu bei, ein Wiederauftreten in der Zukunft zu verhindern oder möglichst gering zu halten. Geben Sie Ihrem Tier außerdem seine eigene natürliche »Zahnbürste« – entweder Knochen oder hartes rohes Gemüse wie Karotten. Hunde sollten an einem Tag in der Woche außer einem großen ungekochten Knochen kein Futter erhalten. Ein besseres natürliches Zahnputzmittel gibt es nicht. Meiden Sie aber gekochte Knochen sowie kleine und leicht splitternde Knochen von Hühnern und Truthähnen. Die sind gefährlich. Manche Hunde, die bei Knochen Verdauungsprobleme haben, bekommen Darmverstimmung und Verstopfung, und zwar in der Regel, weil ihre Magensäure durch ungeeignete Ernährung zu schwach ist. Das Problem läßt sich mit guter Ernährung und einem B-Komplex-Zusatz lösen. Lassen Sie Ihren Hund in den ersten Wochen höchstens dreißig Minuten täglich auf seinem Knochen herumkauen.

Eine letzte Bemerkung: Wenn Sie sich ein neues Tier anschaffen wollen, nehmen Sie eines mit ordnungsgemäß ausgebildeten Zähnen und Kiefern (das gilt auch für die Elterntiere). In Kap. 9 finden Sie Hinweise zu Erbkrankheiten.

Geburt (siehe »Trächtigkeit, Wurf und Pflege von Neugeborenen«)

Gelbsucht

Zu Gelbsucht, die sich als Gelbverfärbung des Gewebes zeigt, kann es auch ohne Leberentzündung kommen. Wenn eine schnelle Zersetzung roter Blutkörperchen vorliegt, kann die Leber all das freigesetzte Hämoglobin nicht schnell genug verarbeiten. Das Ergebnis ist eine Ansammlung dieses Farbstoffs, durch die das Gewebe gelb wird. Zu den Ursachen einer solchen schnellen Zersetzung der roten Blutkörperchen können unter anderem Blutparasiten, bestimmte Chemikalien oder Medikamente, verschiedene Infektionen und giftige Schlangenbisse gehören. Ihr Tierarzt muß feststellen, ob es sich um eine durch derartige Faktoren verursachte oder um die mit einer Lebererkrankung einhergehende Gelbsucht handelt. Bei Lebererkrankung ist der Stuhl oft hell oder blaß. Wenn die Gelbsucht jedoch auf die Zersetzung roter Blutkörperchen zurückgeht, ist der Stuhl in der Regel durch zusätzlich freigesetzte Galle sehr dunkel.

Der plötzliche Verlust an intakten roten Blutkörperchen führt zu einer Art von Anämie, obwohl kein Blut aus dem Körper ausgeschieden wird. Richten Sie sich nach den Hinweisen unter »Anämie«, um die Bildung neuer Blutkörperchen zu fördern. Abgesehen von irgendwelchen tieferliegenden Ursachen (gegen die möglicherweise auch etwas getan werden muß) läßt sich eine derartige einfache Gelbsuch ohne Entzündung sehr einfach dadurch behandeln, daß man das Tier ein paar Tage lang mehrere Stunden direktem Sonnenlicht aussetzt (wenn es zu heiß ist, reicht auch indirektes Licht). Das Sonnenlicht stimuliert die Ausscheidung der für die Gelbsucht verantwortlichen Pigmente. Lesen Sie dazu auch noch einmal das, was in Kap. 8 über natürliches Licht gesagt wurde. Zusätzlich kann es helfen, ein paar Tage lang wie bei Leberentzündung das Natrum sulphuricum (Nat. sulph.) zu verabreichen, um die Leberfunktion anzuregen und eine Rückkehr zum Normalzustand zu fördern.

Geschwüre am Auge (siehe »Augenprobleme«)

Gewichtsprobleme

In einer Befragungsaktion im Jahr 1975 bezeichneten 41 Prozent der Befragten ihre Tiere als übergewichtig. Fettleibigkeit wird in der Regel durch Überfütterung, falsche Nahrung und Mangel an Bewegung verursacht. Übergewicht ist nicht gesund. Starkes Übergewicht belastet das Herz, macht den Kreislauf träge und kompliziert andere Störungen ernsthaft.

Die folgenden Diätvorschläge enthalten etwa zwei Drittel des normalen Kalorienbedarfs von Hunden und Katzen (bei Anwendung der gleichen Gewichtsrichtlinien und Multiplikationsfaktoren wie in Kap. 4). Gleichzeitig enthalten sie einen höheren Prozentsatz an Eiweiß, um die insgesamt geringere Nährstoffaufnahme wettzumachen. Wegen des geringen Kaloriengehalts und des großen Volumens füllen sie den Magen Ihres Tieres und stellen den Appetit einigermaßen zufrieden. Dadurch nimmt Ihr Tier allmählich und auf ungefährliche Weise ab, erhält aber gleichzeitig die Grundnährstoffe, die es braucht.

Verfüttern Sie die Zusätze, wie es weiter vorn empfohlen wird. Bei einer Abmagerungskur besonders nützliche Gemüsesorten sind Blattgemüse, Brokkoli, Blumenkohl, Sellerie, Speiserotalge, Zitrone, Zwiebel und Petersilie.

Widerstehen Sie der Versuchung, Ihr Tier mit Zwischenmahlzeiten und Leckereien zu füttern, die das Tier nur dicker machen. Manchmal hat es psychologische Ursachen, daß Leute ihre Tiere absichtlich zu dick werden lassen – weil sie selbst das gleiche Problem haben, weil sie das Tier gern fressen sehen und so weiter. Lesen Sie in Kap. 10 nach, wenn diese Beschreibung auf Sie zutrifft.

Wenn Ihr Tier das gegenteilige Problem hat und *untergewichtig* ist, brauchen Sie eine andere Methode. Verwenden Sie die Grundnahrung aus Kap. 3 und 4 und behandeln Sie zusätzlich mit folgenden Mitteln:

Kräuter – Luzerne *(Medicago sativa):* Geben Sie dreimal täglich kleinen Hunden zwei Tropfen und großen Hunden sechs Tropfen von der Tinktur, bis die gewünschte Wirkung eintritt – größerer Hunger und Zunahme.

Für ältere, gesundheitlich heruntergekommene Tiere eignet sich die folgende Behandlung:

Salze – *Calcarea phosphorica* (Calc. phos.) 6×: Besonders gut bei augenscheinlich schlechter Nährstoffverwertung. Geben Sie drei oder vier Wochen lang zweimal täglich 1 Tablette.

Bei plötzlichem Gewichtsverlust kann eine Infektion oder eine andere Ursache vorliegen, um die Sie sich zuerst kümmern müssen. Lassen Sie Ihren Tierarzt diese Möglichkeit überprüfen.

ABMAGERUNGSDIÄT FÜR HUNDE

1/2 Tasse mageres Fleisch
1/4 Tasse magerer Hüttenkäse
1 Tasse gekochtes Hafermehl
1/2 Tasse geriebenes oder gehacktes Gemüse
1/2 Tasse Kleie
Tägliche Zusätze nach Empfehlung

Zutaten vermischen und leicht angewärmt servieren.

Ergibt etwa 2 3/4 Tassen

Haarausfall (siehe »Hautprobleme«)

Hakenwürmer (siehe »Würmer«)

Hautparasiten

Parasiten scheinen sich am meisten von denjenigen Tieren angezogen zu fühlen, deren Gesundheitszustand schlecht ist. Ich habe viele Tiere erlebt, die außen Flöhe, innen Würmer und dazu noch andere Probleme wie etwa chronischen Hautausschlag hatten. Weiterhin habe ich beobachtet, daß die Anzahl an Flöhen und anderen Parasiten beträchtlich zurückgeht, wenn ein Tier damit beginnt, Naturkost zu sich zu nehmen und außerdem andere positive Veränderungen in seinem Umfeld erfährt, wie sie in diesem Buch erörtert wurden. Das soll nicht heißen, daß die Parasiten vollständig verschwinden, sondern daß sie kein Problem mehr darstellen. Weitere Gegenmaßnahmen, wenn sie noch erforderlich sind, sind dann viel leichter und wirkungsvoller.

Wenn ich versuche, den Gesundheitszustand eines Tieres abzuschätzen, hilft mir ein Blick auf die Art eventuell vorhandener Parasiten. Zecken scheinen am harmlosesten zu sein, dann kommen Flöhe, gefolgt von Läusen und schließlich

Krätzmilben oder Scherpilzflechte – in dieser Reihenfolge. Das heißt, ich sehe einen Hund mit Läusen als kranker an als einen mit Flöhen, und ein Hund mit Räude ist schlechter dran als einer mit Zecken und so weiter.

Wir wollen uns jetzt der Reihe nach mit allen befassen und uns ein paar Alternativen zu chemischen Gegenmitteln anschauen. Machen Sie sich klar, daß die vorgeschlagenen Maßnahmen allein langfristig keine Wirkung zeigen. Das gilt auch für chemische Insektizide. Die besten Ergebnisse erzielen Sie, wenn das Tier Naturkost bekommt, in einem positiven Umfeld lebt, ausreichend Sonne bekommt und regelmäßig bewegt und gepflegt wird. All diese Faktoren wurden schon angesprochen.

Anmerkung: Ohrmilben sind unter »Ohrenprobleme« aufgeführt.

ZECKEN

Zecken sind keine Dauergäste. Sie heften sich vielmehr an, saugen etwas Blut und fallen später wieder ab, um Eier zu legen. Die ausschlüpfenden jungen Zekken krabbeln auf Zweige und Gräser und warten geduldig (notfalls wochenlang), bis etwas Warmblütiges und Gutschmeckendes vorbeikommt und an den Pflanzen vorbeistreift. Dann lassen sie sich darauf fallen und suchen sich ein nettes, gemütliches Plätzchen.

Vorbeugung: Bevor Sie sich mit Ihrem Tier in eine Gegend begeben, in der wahrscheinlich Zecken zu finden sind, unterziehen Sie es einer sorgfältigen Fellpflege. Entfernen Sie lose Haare und Verfilzungen und bestäuben Sie das Fell mit einem insektenabweisenden Puder aus Kräutern (mischen Sie dazu gleiche Mengen von pulverisiertem Rosmarin, Gartenraute und Wermut). Achten Sie darauf, das Pulver nicht in Augen oder Nase zu bekommen, und arbeiten Sie es sorgfältig mit den Fingern in das Fell ein, und zwar besonders an Hals, Rükken und Beinen sowie unter dem Schwanz und den Ohren.

Behandlung: Suchen Sie nach Rückkehr Ihr Tier nach eventuellen unentwegten Zecken ab, die es trotz der vorbeugenden Maßnahmen geschafft haben, »an Bord« zu kommen. Mit einem feingezähnten Flohkamm können Sie möglicherweise diejenigen erwischen, die sich noch nicht festgesetzt haben (jetzt ist auch der geeignete Zeitpunkt zur Entfernung von Fuchsschwänzen). Sehen Sie besonders an Nacken und Kopf sowie unter den Ohren nach. Festsitzende Zecken können Sie folgendermaßen entfernen: Fassen Sie mit den Nägeln von Daumen und Zeigefinger (oder einer Pinzette) möglichst nahe an der Hautoberfläche um die Zecke; keine Angst, sie beißt nicht! Sie wollen sie schließlich ganz entfernen und nicht nur den Körper abreißen und den Kopf in der Haut lassen. Ziehen Sie langsam und gleichmäßig (10 bis 20 Sekunden) und holen Sie die Zecke – Kopf, Körper und alles – mit einer leichten Drehung heraus. Sie müssen kräftig ziehen, aber nicht schnell. Wenn Sie Erfolg haben, sehen Sie bei einer genauen Untersuchung den winzigen Kopf der Zecke, an dem noch etwas Gewebe haftet. Damit die Zecke ihren Biß lockert, kann man auch ein Streichholz anzünden, ausblasen und das heiße Ende an die Zecke halten (passen Sie auf, Ihr Tier nicht zu verbrennen). Waschen Sie sich die Hände, wenn Sie es geschafft haben.

Wenn der Kopf trotz aller Sorgfalt steckenbleibt, kann die Stelle eine Zeitlang eitern, als säße ein Splitter unter der Haut. Das ist aber nur ein geringfügiges Problem, das sich mit Ringelblumenlotion oder -tinktur behandeln läßt. Dieses Mittel ist unter »Abszesse« beschrieben.

Manchmal kriechen kleine Zecken in die Ohren. Wenn Ihr Hund nach einem Ausflug in Zeckenland häufig den Kopf hin und her schüttelt, lassen Sie Ihren Tierarzt mit einem entsprechenden Instrument den Ohrgang untersuchen.

FLÖHE

Hier haben wir die Plage aller Hunde. Und hier ist das meiner Ansicht nach beste Gegenmittel: Der Lebensstil als ganzes! Mit Lebensstil meine ich natürlich Ernährung, viel Sonne, regelmäßige Bewegung, häufige Pflege (auch mit dem Flohkamm), abweisendes Kräuterpuder und gewissenhafte Reinigung der Unterkunft des Tieres (Staubsaugen, Waschen usw.; siehe Kap. 7). Als zusätzliche Maßnahme können Sie die tägliche Kost mit viel Bierhefe versetzen; verdoppeln Sie die empfohlene Menge, wenn es Probleme mit Flöhen gibt. Versuchen Sie es weiterhin mit frischem, rohem Knoblauch (gerieben oder zerdrückt) im Futter. Waschen Sie die Haut notfalls täglich mit einer Zitronenspülung (siehe Kap. 7) ab, damit sie für Flöhe weniger Anziehungskraft besitzt.

Wenn Ihr Tier trotz all dieser löblichen Maßnahmen noch ein Problem mit Flöhen hat (nicht nur ein paar, sondern zehn, zwanzig und mehr), brauchen Sie ein spezifisches Mittel (außerdem sollten Sie festzustellen versuchen, ob Ihr Tier Bandwürmer hat, die von Flöhen übertragen werden und an der Energie Ihres Tieres zehren; siehe »Würmer«). Ich habe schon mit Erfolg homöopathische Präparate angewandt, die manchmal aus Flöhen selbst und in anderen Fällen aus bestimmten Mineralstoffen hergestellt waren. Diese Methode wird unter »Hautprobleme« behandelt. Akupunktur ist vielleicht genauso wirkungsvoll. Auf jeden Fall habe ich den Eindruck, daß diese besonders anfälligen Tiere etwas brauchen, das ihre gesamte Konstitution verbessert, und nicht etwas, mit dem einfach nur die Flöhe getötet werden.

Eine Anmerkung zu Flohhalsbändern: Sie funktionieren nicht. Sie sind giftig. Anderen Tieren fällt aufgrund »allergischer« Reaktionen für immer das Haar an Hals und Nacken aus, und zwar besonders, wenn das Halsband zu eng sitzt.

Hüten Sie sich auch vor »Anhängern«, die am Halsband hängen und ein toxisches Gas ausströmen, das das Nervensystem angreift. Verzichten Sie darauf. Sie beeinträchtigen Ihre Gesundheit, die Ihrer Familie und jedes anderen, der das Gas einatmet.

Wie schon in Kap. 7 gesagt wurde, sind auch chemische Insektizide in Shampoos, Seifen, Pudern und Sprays gefährlich. Denken Sie an die warnenden Hinweise auf den Etiketten, daß man Handschuhe tragen und Berührung mit der Haut vermeiden soll usw. Wie können solche Mittel für Sie so gefährlich und für Ihr Tier ungefährlich sein? Denken Sie einmal darüber nach.

LÄUSE

Diese kleinen Parasiten sind relativ selten, befallen aber gelegentlich einen Hund in gesundheitlich heruntergekommenem Zustand. Sie sind etwas schwer zu erkennen, aber bei genauem Hinsehen entdeckt man sie und ihre Eier (an den Haaren). Sie bewegen sich nicht schnell und springen nicht wie Flöhe, haben aber etwa die gleiche Größe. Beginnen Sie die Behandlung mit einem guten Shampoo, das ein Kraut wie Flohkraut oder Rosmarin enthält (siehe Kap. 7). Verwenden Sie außerdem das in Kap. 7 beschriebene abweisende Kräuterpuder oder die Zitronenspülung – und zwar täglich. Wichtig bei der Bekämpfung von Läusen ist es, die Gesundheit mit einer natürlichen Ernährung zu kräftigen. Zögern Sie also nicht. Beginnen Sie sofort mit hausgemachtem Futter und legen Sie dabei viel Wert auf Bierhefe und Knoblauch, wie vorher für Flöhe beschrieben.

Im Prinzip bedienen Sie sich des Programms gegen Flöhe (einschließlich der Pflegemaßnahmen) und beseitigen dabei auch die neu ausschlüpfenden Läuse. Indem Sie Ihr Tier gesundheitlich aufbauen, machen Sie seine Haut zu einem weniger wünschenswerten Aufenthaltsort für Läuse.

Anmerkung: Wir sind stark an sofortige Ergebnisse gewöhnt, wie wir sie mit Hilfe von Chemikalien erzielen. Die Läuse werden durch Pestizide zwar fast sofort getötet, aber der gesundheitliche Zustand des Tieres, auf den das Problem in erster Linie zurückzuführen ist, ändert sich durch eine solche äußerliche Behandlung nicht. Die toxische Wirkung dieser Mittel kann das Tier sogar weiter schwächen. Mit der Natur zu arbeiten heißt, daß man Geduld haben muß.

RÄUDE

Die häufigste Form der Räude ist die demodektische Räude, die durch mikroskopisch kleine Milben verursacht wird, die in Haarfollikeln leben. Die andere Form wird als sarkoptische Räude bezeichnet und durch Milben verursacht, die in die Haut eindringen und bei Mensch und Tier zu Juckreiz führen (siehe auch Kap. 11).

Die demodektische Räude macht sich zunächst in Form von kleinen, haarlosen Stellen in der Nähe des Auges oder am Kinn bemerkbar. Der Juckreiz ist im allgemeinen nur gering, und die Räude kann unbemerkt vorübergehen. Die Milbe, die die Krankheit verursacht, ist sehr weit verbreitet und faktisch bei den meisten »normalen« Hunden und auch im Gesicht von Menschen anzutreffen. Bei manchen Hunden verursacht sie jedoch Probleme. Selbst dann verschwindet die Räude spontan ohne Behandlung, wenn der Hund zwölf bis vierzehn Monate alt ist.

Bei einem kleinen Prozentsatz der betroffenen Tiere breitet sich die Milbe jedoch weiter aus und bedeckt schließlich einen Großteil des Körpers – Haarausfall, Hautreizungen und -verdickung sind die Folge. Außerdem können sich Bakterien (Staphylokokken) festsetzen, die weitere Komplikationen wie »Pusteln« und eiterähnlichen Ausfluß an den Pfoten verursachen. Diese abnorm anfälligen Tiere haben offensichtlich einen Fehler im Immunsystem, so daß sie die Milbe nicht richtig beseitigen können.

Behandlung: Die orthodoxe Behandlungsmethode ist grob, giftig und im allgemeinen vergeblich (in leichten Fällen verschwindet die Räude sowieso von selbst). Nachdem alle Haare abgeschnitten sind, wird die Haut mit starken Insektiziden »eingestrichen«. Diese Mittel sind dermaßen toxisch, daß jeweils nur ein Teil des Körpers zur Zeit behandelt werden kann. Leider werden in der Regel weder antitoxische Kost noch Vitaminzusätze empfohlen, so daß sich der Gesundheitszustand des Hundes von schlecht zu schlechter verändert. Selbst bei Hunden, die sich nach wochen- oder monatelanger Behandlung anscheinend erholen, kann die Räude wieder auftreten bzw. können sich andere, ernsthaftere Probleme zeigen, die »nichts damit zu tun haben«.

Unter keinen Umständen sollten cortisonhaltige Medikamente verwendet werden. Sie unterdrücken das Immunsystem noch weiter und bilden damit fast eine Garantie dafür, daß das Tier sich nicht (im eigentlichen Sinn des Wortes) erholt!

Ich habe nur mit natürlicher Ernährung und homöopathischen Mitteln gute Resultate erzielt, wobei allerdings die Behandlung individuell abgestimmt und der Krankheitsverlauf genau überwacht werden muß. Hier sind ein paar allgemeine Anhaltspunkte für eine natürliche Behandlungsmethode.

Lassen Sie den Hund (wenn Gewicht und Gesundheitszustand es erlauben) 5 bis 7 Tage fasten, wie in Kap. 15 beschrieben. Verabreichen Sie ihm danach die Naturkost mit Zusätzen (Kap. 3 und 4), und zwar unter Verdoppelung der Mengen an Lebertran und Bierhefe. Geben Sie dem Tier außerdem Zink (gemahlener Kürbissamen oder eine Zinkchelattablette von 20 bis 30 mg täglich), Vitamin C (zweimal täglich 250 bis 1000 mg Ascorbat) und Lecithin (1/2 bis 3 Teelöffel am Tag). Vergessen Sie das Vitamin E nicht, das bereits in dem regulären Speiseplan enthalten ist. Schränken Sie jedoch die Verwendung von Pflanzenölen und Milch vorübergehend ein, bis die Räude verschwunden ist.

Reiben Sie die betroffenen Stellen jeden Tag mit frischem Zitronensaft ein oder verwenden Sie die Zitronenspülung aus Kap. 7.

Als homöopathisches Präparat eignet sich in vielen Fällen Sulphur 6×. Geben Sie jeden Morgen und jeden Abend 1 Tablette (20 Minuten vorher und nachher nicht füttern). Ich würde dieses Mittel zehn Tage lang verabreichen. Wenn sich keine negative Reaktion zeigt, können Sie Sulphur bis zu einem Monat lang geben. Bei dieser Behandlung kommt es wahrscheinlich einige Male zu einem Hoch, dem jedesmal wieder ein Tief folgt. Über einen Zeitraum von Wochen sollten Sie jedoch eine allmähliche Besserung feststellen. Setzen Sie das Sulphur langsam ab, wenn die Räude verschwindet.

Hunde, die außer der Räude auch noch eine Staphylokokkeninfektion der Haut haben, profitieren von der Anwendung von Echinacea-Tinktur (Roter Igelkopf). Geben Sie je nach Größe des Tieres dreimal täglich 3 bis 10 Tropfen. Sie können die Tinktur oder den Absud aus Echinacea auch in Wasser geben und jeden Tag mit einem Schwamm auf die betroffenen Hautstellen auftragen. Wenn die bakterielle Infektion der Haut verschwunden ist oder sich beträchtlich gebessert hat, gehen Sie zu Sulphur über.

SCHERPILZFLECHTE

Diese Krankheit wird (ähnlich wie Fußdermatophytose) durch einen Pilz verursacht. Der Pilzwuchs beginnt an einem Punkt und breitet sich dann ringförmig aus – wie die Wellen, wenn man einen Stein ins Wasser wirft. Da der Pilz in den Hautzellen und in den Haaren wächst, wird die Haut gereizt, dick und gerötet, und die Haare brechen ab, so daß nur kurze Stoppeln zurückbleiben.

Scherpilzflechte ist auf Menschen (besonders Kinder) und andere Tiere übertragbar; vorbeugende Maßnahmen finden Sie in Kap. 11. Wie bei Räude weist eine ausgedehnte Scherpilzflechte darauf hin, daß das Tier gesundheitlich nicht gerade in Topform ist; denn in der Regel sind es die gestreßten, kranken und geschwächten Tiere, die am stärksten davon heimgesucht werden.

Behandlung: Schneiden Sie zuerst das Haar etwa 1½ cm um die betroffene Stelle herum kurz und achten Sie dabei darauf, die Haut nicht zu verletzen. Durch das Scheren wird die Ausbreitung der Scherpilzflechte unterbunden und die lokale Behandlung leichter. Infiziertes Haar müssen Sie verbrennen oder sorgfältig beseitigen. Wenn Sie ein Tier mit Scherpilzflechte haben, müssen Sie jederzeit sorgfältig und häufig saugen, um ausgefallene Haare zu beseitigen. Waschen Sie außerdem Bettzeug und Utensilien oft mit heißem Wasser und Seife.

Die Behandlung der betroffenen Stelle beschleunigt die Heilung und schützt andere davor, sich die Scherpilzflechte zuzuziehen. Wählen sie eines der drei folgenden Kräuter:

Kräuter – Wegerich (Plantago major): Machen Sie einen Absud aus der ganzen Pflanze (ein gewöhnliches Unkraut), indem Sie pro Tasse Quellwasser oder destillierten Wassers etwa ¼ Tasse Wegerich in ein Glas- oder Emaillegefäß geben. Lassen Sie das Ganze vier Minuten kochen und dann zugedeckt drei Minuten ziehen. Abseihen und erkalten lassen. Massieren Sie den Absud ein- oder zweimal täglich in die Haut ein, bis die Flechte verschwindet.

Kräuter – Gelbwurzel (Hydrastis canadensis): Bereiten Sie einen starken Aufguß aus 2 gehäuften Teelöffeln Wurzelpulver auf ½ l kochendes Wasser. Lassen Sie ihn stehen, bis er kalt ist. Gießen Sie vorsichtig die klare Flüssigkeit ab und massieren Sie sie ein- oder zweimal täglich ein.

Kräuter – Lavendel (Lavendula vera oder L. officinalis): Streichen Sie einmal am Tag Lavendelöl auf, bis die Haare wieder zu sprießen beginnen.

Zur übergreifenden Behandlung beginnen Sie mit einer Fastenkur von zwei oder drei Tagen (siehe Kap. 15); daran schließt sich die grundlegende natürliche Ernährung mit Zusätzen an. Verdoppeln Sie die normalen Mengen Lebertran und Bierhefe, bis der Zustand des Tieres sich deutlich gebessert hat. Geben Sie außerdem (je nach Größe des Tieres 5 bis 20 mg Zinkchelat und ½ bis 2 Teelöffel Lecithingranulat in das Futter.

Wenden Sie außer der lokalen Kräuterbehandlung und dem Ernährungsprogramm zehn Tage lang die für Räude vorgesehene Behandlung mit Sulphur 6× an. Beginnen Sie notfalls nach einem Monat von vorn.

Hautprobleme

(Räude und Scherpilzflechte werden unter »Hautparasiten« behandelt)

Die arme Haut bekommt es von zwei Seiten. Zu einen benutzt sie der Körper zur Ausscheidung von toxischen Stoffen, und zwar besonders, wenn die Nieren dazu nicht in der Lage sind, und zur gleichen Zeit wird sie aus der anderen Richtung von Umweltschadstoffen oder chemischen Produkten angegriffen.

Eines ist sicher – Hautprobleme sind das Problem Nummer 1 bei Hunden. Auf der positiven Seite ist zu vermerken, daß Sie sich glücklich schätzen können, wenn Hautstörungen das einzige gesundheitliche Problem Ihres Tieres sind. Erst wenn Hautausschläge wiederholt mit Medikamenten unterdrückt werden und nicht mehr sichtbar sind, kann es zu einer schwereren Erkrankung kommen (das Problem der Unterdrückung wird im Abschnitt über Behandlung und in Kap. 14 näher behandelt).

Die Symptome einer Hautstörung sind mit am leichtesten zu entdecken. In der Regel handelt es sich um eines oder mehrere der folgenden Anzeichen: Sehr trockene Haut; weiße Schuppen, die Kopfschuppen ähneln; große braune Schuppen, Rötung und Reizung; Juckreiz (leichtes Jucken bis schweres Kratzen mit Blutaustritt); fettiges Haar; übler Geruch von Haut und Hautabsonderungen (wird von vielen Menschen fälschlich für normal gehalten); Pusteln und Blasen zwischen den Zehen mit Blut- und Eiterabsonderung; Hautverfärbungen (braun, schwarz oder grau); Schorf- und Krustenbildung und Haarausfall. Ich zähle auch chronische Ohrentzündungen (im Ohrgang und unter der Ohrmuschel), Analdrüsenprobleme und Schilddrüsenschwäche zu den verwandten Symptomen.

Die moderne Medizin ordnet diese vielen Symptome in verschiedene Kategorien ein und betrachtet sie als getrennte Krankheiten. Ich bin der Meinung, daß diese Betrachtungsweise das Bild nur verfälscht und nicht zu einem Verständnis des Problems im holistischen Sinne führt. In einem größeren Rahmen betrachtet scheint es sich bei diesen Symptomen um ein einziges Grundproblem zu handeln, das sich im einzelnen Tier unterschiedlich manifestiert, und zwar in Abhängigkeit von Faktoren wie etwa Erbanlagen, Umwelt, Ernährung, Parasiten und so weiter. Das heißt, daß der eine Hund schwer entzündete, nässende und juckende Stellen in der unteren Rückengegend nahe der Schwanzwurzel (»brennende Stellen«) hat, während der andere auf dem ganzen Rücken eine verdickte, juckende Haut mit fettigen, übelriechenden Absonderungen zeigt.

Wie heißt das Hauptproblem, das all dem zugrundeliegt? Toxizität – wahrscheinlich überwiegend durch minderwertige Nahrung und außerdem durch andere Ursachen wie Umweltschadstoffe, Pestizide, Impfungen und unzureichend behandelte, unterdrückte Krankheiten. Auch psychologische Faktoren und Frustrationen spielen in vielen Fällen eine (allerdings eher sekundäre) Rolle.

Somit läßt sich das Problem größtenteils auf einfache Weise durch Fasten, richtige Ernährung und das in diesem Buch vorgeschlagene Gesundheitsprogramm verkleinern oder sogar ganz aus der Welt schaffen. Homöopathische Mittel können zwar funktionieren, erfordern aber eine individuelle Diagnose, die über den Rahmen dieses Buches hinausginge.

Am schwierigsten zu behandeln sind diejenigen Fälle, die vorher viel Cortison oder synthetische Formen dieses Medikaments erhalten haben. Diese Mittel unterdrücken Symptome wie Entzündung und Juckreiz, wirken aber in keinerlei Hinsicht heilend. Möglicherweise wissen Sie gar nicht, ob Ihr Tier Cortison bekommen hat, denn der Tierarzt hat vielleicht Begriffe wie »Anti-Juck-Spritze“ oder »Flohallergiepillen« benutzt. In der Regel handelt es sich dabei um wässrig-klare oder milchig-weiße Injektionsflüssigkeiten bzw. kleine, rosafarbene oder weiße Tabletten. Fragen Sie Ihren Tierarzt nach Möglichkeit, ob er Ihrem Tier Cortison verabreicht. Die natürliche Heilbehandlung schlägt im allgemeinen nicht an, wenn die Cortisontherapie gleichzeitig fortgesetzt wird.

Eine weitere typische Behandlungsmethode mancher Tierärzte besteht aus einer Reihe von Desensibilisierungsspritzen mit einer Lösung aus gewöhnlichen Flöhen. Eine solche Lösung ist in einer mehr homöopathischen Form jedoch weitaus wirkungsvoller; Hinweise dazu finden Sie am Ende des folgenden Abschnitts über Behandlungsmethoden.

Behandlung: Bei Tieren mit akuter Hautentzündung und -reizung (»brennende Stellen«), die sich ansonsten aber in gutem Zustand befinden, beginnen Sie mit einer Fastenkur nach den Hinweisen in Kap. 15. Die Dauer der Kur sollte bei Hunden 5 bis 7 und bei Katzen 3 bis 5 Tage betragen. Durch dieses Fasten wird die Situation wildlebender Tiere nachgeahmt, deren Körper sich zwischen den Beutezügen (wie etwa bei Wölfen) entschlacken kann und dadurch des Zwangs entledigt ist, gleichzeitig Nahrung zu verdauen und sich mit der Störung zu befassen.

Anschließend verabreichen Sie dem Tier die Naturkost aus Kap. 3 und 4, um die erforderlichen Nährstoffe bereitzustellen und geschädigtes Gewebe wieder aufzubauen. Achten Sie darauf, nur frische und hochwertige Zutaten zu verwenden und möglichst viel Rohkost zu füttern.

Die folgenden Standardzusätze sind bei Hautproblemen besonders zu empfehlen: Bierhefe, Lebertran, kaltgepreßtes ungesättigtes Pflanzenöl und Vitamin E (oder Weizenkeimkapseln). Wertvoll sind auch Zinkchelat (täglich 5 bis 20 mg) und Lecithingranulat (täglich 1/2 Teelöffel bis 1 Eßlöffel).

Hilfreich ist es, das Haar an schwer entzündeten Stellen abzuschneiden und das Tier mit einer nicht reizenden Seife (keine Flohseife!) zu baden. Wenn die Haut trocken ist, machen Sie einen Umschlag oder waschen die betroffene Stelle häufig mit sehr starkem schwarzen oder grünen Tee. Die darin enthaltene Gerbsäure trägt dazu bei, die nässenden Stellen zu trocknen. Als Alternative können Sie auch einen starken Aufguß aus Gelbwurzel (Hydrastis canadensis) verwenden. Nehmen Sie 2 Teelöffel auf 1/2 l Wasser. Außerdem können Sie Vitamin-E-Öl und frisches Aloe-Gel auftragen.

Wenden Sie außerdem die folgenden Mittel an:

Salz – Ferrum phosphoricum (Ferr. phos.) 6×: Verabreichen Sie in der akuten Phase alle vier Stunden 1 bis 2 Tabletten gegen Entzündung, Schmerz und Rötung.

Salz – Natrum phosphoricum (Nat. phos.) 3×: Geben Sie alle vier Stunden 1 bis 2 Tabletten, und zwar jeweils zwei Stunden nach dem Ferr. phos.

Wenn das Tier sehr reizbar und nervös ist und unter der Erkrankung zu leiden scheint, geben Sie statt Nat. phos. Kali phosphoricum (Kali phos.) 6× in der gleichen Dosierung.

Ein Tier mit einer langanhaltenden, niedriggradigen Erkrankung an juckender, fettiger oder trockener und schuppiger Haut (das möglicherweise zudem eine Schilddrüsenunterfunktion hat) lassen Sie an einem Tag in der Woche bei Gemüsebrühe fasten (siehe Kap. 15). Verabreichen Sie ihm an den anderen sechs Tagen nur Naturkost mit Zusätzen. Geben Sie ihm kein Fertigfutter und keine Fertigzusätze mit fragwürdigen Bestandteilen, weil das Problem teilweise in einer Überempfindlichkeit oder Allergie gegenüber industriell verarbeiteten Zutaten oder künstlichen Additiven liegen kann.

Sorgen Sie dafür, daß Verstopfung oder träger Stuhlgang nicht auch noch zu dem Problem beitragen. Wenn das der Fall ist, geben Sie eines der beiden folgenden Mittel:

Kräuter – Knoblauch (Allium sativum): Geben Sie täglich 1/4 bis 1 frisch geriebene oder ausgedrückte Zehe oder 1 bis 3 kleine Knoblauchkapseln (das können Sie monatelang machen – es schreckt auch Flöhe ab).

Homöopathisches Mittel – Nux vomica 3×: Verabreichen Sie vor jeder Mahlzeit 1 Tablette, bis sich der Stuhlgang normalisiert hat.

Bei fettiger und übelriechender Haut baden Sie Ihr Tier bis zu einmal wöchentlich, wie in Kap. 7 beschrieben. Bei trockener Haut baden Sie es nicht so oft. Tun Sie auch etwas gegen eventuelle Flöhe (siehe »Hautparasiten«), und zwar mittels der Zitronenspülung aus Kap. 7.

Nehmen Sie eines der folgenden Mittel, und zwar das am besten geeignete, wenn keine Verstopfung zu behandeln ist:

Salz – Kali phosphoricum (Kali phos.) 6×: Besonders angezeigt für ein nervöses Tier oder ein Tier mit fettigem Haar, üblem Geruch und Juckreiz. Geben Sie ihm ein paar Wochen lang (oder bis zur Besserung) zweimal täglich 1 oder 2 Tabletten.

Salz – Natrum muriaticum (Nat. mur.) 6×: Eignet sich für Tiere mit fettiger, öliger Haut ohne viel Reizung oder Juckreiz. Möglicherweise besteht auch eine Neigung zu Schilddrüsenfehlfunktion. Dosieren Sie wie bei Kali phos.

Salz – Silicea 6×: Angezeigt für ein Tier mit kleinen Pusteln, eiterähnlichem Ausfluß oder Entzündungen um die Nägel herum. Dosieren Sie wie bei Kali phos. und Nat. mur.

Homöopathisches Mittel – Sulphur 6×: Gut für Hunde mit trockener, schuppiger Haut, die juckt, und vielen Flöhen. Geben Sie zehn Tage lang einmal täglich 1 Tablette; schlagen Sie die Hinweise über Räude unter »Hautparasiten« nach.

Anmerkung: Im allgemeinen erfordern diese tiefverwurzelten Hauterkrankungen Geduld und Ausdauer. In der Regel machen sich die positiven Wirkungen des Behandlungsprogramms innerhalb von sechs bis acht Wochen oder auch früher bemerkbar. Eine kleine Anzahl hartnäckiger Fälle erholt sich allerdings nicht völlig, zeigt aber eine gewisse Besserung. In diesen Fällen ist eine individuellere Behandlung mit einer der holistischen Methoden aus Kap. 14 erforderlich. Wenden Sie sich dazu an einen erfahrenen und fähigen Tierarzt.

Bei Tieren mit Haarausfall versuchen Sie es mit einer etwas anderen Methode. Oft fallen einem Tier ohne augenscheinliche andere Probleme einfach die Haare aus oder der Haarausfall ist eine Folge von Hautentzündungen, bei denen das Tier die Haare durch häufiges Knabbern und Kratzen selbst ausreißt. Haarausfall kann auch auf eine Vergiftung zurückgehen – nicht notwendigerweise eine absichtliche Vergiftung, sondern vielmehr eine Ansammlung von toxischen Substanzen, auf die empfindliche Tiere negativ reagieren. In diesem Zusammenhang sind Fluor (aus Trinkwasser und Fertigfutter, siehe Kap. 8) und Aluminium (aus Freßnäpfen oder Kochgeräten) zu nennen. Die Empfindlichkeit gegenüber Aluminium scheint unterschiedlich zu sein, und nicht alle Tiere zeigen diese Reaktion.

Außerdem kann Haarausfall eine Störung der endokrinen Drüsen oder einen Mangel an bestimmten Nährstoffen widerspiegeln. Die Behandlungsmethode ist in allen Fällen die gleiche.

Füttern Sie das Tier nur mit Naturkost und Zusätzen; Kelppulver ist besonders wichtig, weil das darin enthaltene Jod die Schilddrüse anregt. Geben Sie außerdem zweimal täglich Vitamin C (250 bis 1000 mg, je nach Größe des Tieres) zur Entgiftung und Zinkchelat (5 bis 30 mg täglich) zur Förderung der Ausscheidung von Schwermetallen. Verwenden Sie kein Aluminium und kein mit Fluoriden versetztes Wasser mehr (stellen Sie beim zuständigen Wasserwerk fest, ob Ihr Leitungswasser derart behandelt wird; nehmen Sie Mineralwasser, wenn es der Fall ist).

Versuchen Sie es außerdem mit einem der folgenden Mittel:

Salz – Calcarea phosphorica (Calc. phos.) 6×: Angezeigt für Tiere, die in der Vergangenheit nicht gut ernährt worden sind. Geben Sie einen Monat lang zweimal täglich 1 oder 2 Tabletten.

Salz – Silicea 6×: Für überempfindliche, reizbare Tiere mit einer Neigung zu Hautinfektionen oder für Tiere, bei denen das Problem kurz nach einer Impfung auftrat. Dosieren Sie wie bei Calc. phos.

Hepatitis (siehe »Leberprobleme«)

Herzprobleme

Herzstörungen sind in den späteren Lebensjahren sowohl bei Hunden als auch bei Katzen relativ häufig. Die Tiere bekommen allerdings keine Arteriosklerose und »Herzanfälle«, wie es beim Menschen der Fall ist. Das Problem liegt vielmehr in einer Herzmuskelschwäche und einer Dilatation (Erweiterung) einer oder beider Herzseiten. Manchmal funktionieren die Herzklappen nicht richtig, oder der Herzrhythmus ist zu schnell oder zu langsam.

Die folgenden Symptome sind typische Anzeichen für ein Herzproblem: Schnelle Ermüdung bei körperlicher Bewegung, bläuliche Verfärbung von Zunge und Zahnfleisch bei Bewegung, plötzlicher Kollaps oder Prostration (Erschöpfung), schwere Atmung oder Keuchen, anhaltender trockener Husten mit wenig Auswurf und Flüssigkeitsansammlung in Beinen oder Bauch.

Behandlung: Die normale Therapie umfaßt Digitalis, harntreibende Mittel und eine natriumarme Ernährung. Dabei wird vorausgesetzt, daß die Erkrankung fortschreitet, und die Behandlung dient dazu, die Symptome in den Griff zu bekommen, statt zu heilen.

Ich bevorzuge eine alternative Methode, und zwar unter Betonung von Ernährung und homöopathischen Mitteln aus Kräutern und Mineralstoffen. Eine vollständige Genesung ist mit diesen Maßnahmen zwar vielleicht nicht möglich, aber sie tun mehr, als nur den Symptomen entgegenzuwirken; sie kräftigen das betroffene Gewebe. Wie sehr eine Behandlung helfen kann, hängt natürlich davon ab, in welchem Ausmaß das Gewebe geschädigt ist und wie alt das Tier ist. Am besten ist die Vorbeugung in Form eines gesunden Lebens mit nahrhaftem Futter und regelmäßiger Bewegung. Für den Fall, daß sich bereits Symptome zeigen, schlage ich folgendes vor:

Konzentrieren Sie sich bei der Ernährung auf die grundlegende Naturkost (Kap. 3 und 4) mit bestimmten Änderungen. Verfüttern Sie nur kleine Mengen Fleisch, täglich oder mehrmals wöchentlich vielleicht 15 bis 30 g rohe Rinder-, Puten- oder Hühnerleber. Als Eiweißquelle nehmen Sie Eier, Milchprodukte und Tofu (siehe vegetarische Kost in Kap. 5). Verwenden Sie viel Getreide und Gemüse. Versetzen Sie das Futter nicht mit Salz, Sojasauce, Schinkenspeck oder anderen salzhaltigen Nahrungsmitteln und Gewürzen. Verwenden Sie Quellwasser oder anderes Wasser ohne Chlor und Fluor.

Wenn das Tier Übergewicht hat, lassen Sie es mit Hilfe der Diät unter »Gewichtsprobleme« abnehmen. Die Gewichtsreduzierung ist wichtig, weil das Herz mehr Kraft braucht, um das Blut durch all das Fett zu pumpen.

Was die Nahrungszusätze angeht, so verabreichen Sie eine B-Komplex-Tablette mit allen B-Vitaminen, und zwar besonders Niazin und Pyridoxin. Diese Tablette sollte (je nach Größe des Tieres) 20 bis 50 mg der wichtigsten Komponenten enthalten. Nehmen Sie statt Knochenmehl Dolomitpulver (etwas mehr als die empfohlene Menge für Knochenmehl), einen Spurenelementzusatz mit Chrom und Selen (berechnen Sie die Dosis für Ihr Tier nach den Angaben für Menschen auf dem Etikett) und ein Zinkchelat (täglich 5 bis 20 mg).

Weitere wichtige Maßnahmen sind regelmäßige tägliche Bewegung, die nicht zu anstrengend oder aufregend ist (Spazierengehen), und Meiden von Zigarettenrauch. Bei empfindlichen Tieren können viele Symptome einer Herzerkrankung – unregelmäßiger Puls, Schmerzen in der Herzgegend, schwere Atmung, Husten, Schwindelgefühl – durch Zigarettenrauch verursacht werden.

Auch spezifische Mittel können helfen. Versuchen Sie es mit einem der folgenden Mineralsalze, wenn die Erkrankung nicht zu schwer ist:

Salz – Calcarea fluorica (Calc. fluor.) 6×: Trägt zur Kräftigung des Herzmuskels bei, und zwar besonders, wenn er erweitert ist und schwach ist. Geben Sie viermal täglich 1 bis 2 Tabletten.

Salz – Kali phosphoricum (Kali phos.) 6×: Geeignet bei Problemen, die eher funktioneller Art zu sein scheinen (und nicht das Resultat von Gewebeveränderungen oder pathologischen Veränderungen). Das heißt, die Symptome gehen auf Ursachen wie Nervosität und physische oder emotionelle Aufregung zurück. Geben Sie viermal täglich 1 bis 2 Tabletten.

Bei schwereren oder anhaltenden Symptomen, die Sie mit dem Ernährungsprogramm und den anderen Maßnahmen nicht in den Griff bekommen, wählen Sie eine der folgenden Therapien (ohne jedoch die anderen Maßnahmen außer acht zu lassen!):

Homöopathisches Mittel – Crataegus oxycantha (Scharlachdornbeeren): Angezeigt für Tiere mit Herzerweiterung, Herzmuskelschwäche, schwerer Atmung, Flüssigkeitsverhaltung und (oft) Nervosität und Reizbarkeit. Verabreichen Sie zwei- bis dreimal täglich 1 bis 3 Tropfen der homöopathischen Tinktur (die Sie auch selbst zubereiten können, wenn Sie frische Beeren bekommen können).

Homöopathisches Mittel – Strophantus hispidus (Strophantussamen): Bei Herzschwäche mit Klappenproblemen. Der Puls ist schwach, schnell und unregelmäßig, und die Atmung ist schwer. Es kann außerdem zu Flüssigkeitsverhaltung, Appetitverlust und Erbrechen kommen. Auch Fettleibigkeit und chronisches Hautjucken lassen dieses Mittel angezeigt erscheinen. Verwenden Sie die Tinktur oder das homöopathische 3×-Präparat. Geben Sie zweimal täglich 1 bis 2 Tropfen (oder Tabletten).

Homöopathisches Mittel – Digitalis purpirea 6× (Fingerhut): Geben Sie nach einem durch Ohnmacht oder Prostration nach Verausgabung charakterisierten »Anfall«, bei dem die Zunge blau wird oder das Tier kollabiert, 1 Tablette der 6×-Verdünnung. Oft ist der Puls oder Herzschlag anomal langsam. Es können Herzerweiterung und Flüssigkeitsverhalten vorliegen. Leberstörungen sind aus einem weißen, breiartigen Stuhl ersichtlich. Wenn Sie nach jedem Anfall eine Tablette verabreichen, treten die Anfälle weniger häufig auf.

Homöopathisches Mittel – Spongia tosta (gerösteter Schwamm): Für Tiere mit schnellem Puls, schwerer Atmung und Angstzuständen in der Krisis. Sie haben möglicherweise Schwierigkeiten beim Hinlegen und atmen leichter, wenn sie aufrecht sitzen. Zusätzlich tritt oft trockener, anhaltender Husten oder Asthma auf. Geben Sie zwei- bis dreimal täglich 1 bis 2 Tropfen Tinktur.

Als allgemeiner Hinweis zu den homöopathischen Mitteln ist zu sagen, daß die Behandlung zu unterbrechen ist, wenn eines dieser Präparate zu helfen scheint und eine offensichtliche Besserung eintritt. Setzen Sie später, wenn die Besserung nachläßt oder die Symptome wieder auftreten, die Behandlung mit dem gleichen Mittel fort.

Herzwürmer

Der Herzwurm lebt tatsächlich im Herzen, wo er fast 30 cm lang werden kann und zu anhaltendem Husten, schwerer Atmung, Schwäche, Ohnmachtsanfällen und manchmal sogar Herzversagen führt. Die ausgewachsenen Herzwürmer produzieren Nachwuchs (sogenannte Mikrofilaria), die in großen Mengen während der »Essens-«Zeit (abends) und im Sommer im Blut des Hundes zirkulieren. Wenn eine Stechfliege einen Hund beißt, kann das Insekt Mikrofilaria aufnehmen. In ihrem neuen Wirt gelangen die kleinen Herzwürmer in das Stadium ihres Lebens, in dem sie durch einen Stechfliegenbiß auf einen anderen Hund übertragen werden können.

An diesem Punkt machen Sie unter der Haut des Hundes zwei weitere Entwicklungsstadien durch. Wenn sie bereit sind, dringen sie durch nahegelegene Venen in den Blutstrom ein. Nach Erreichen des Herzens nisten sie sich in ihrem neuen Heim ein, wo sie reifen und sich fortpflanzen – etwa sechs Monate nach dem Biß. Der Zyklus beginnt dann wieder von vorn.

Wenn ein Tierarzt die jungen Mikrofilaria im Blut feststellt, wird das Tier als befallen betrachtet. Sobald sich klinische Symptome zeigen, ist die Behandlung sehr aufwendig und fast immer nur in der Klinik durchzuführen. Die bei der Behandlung angewendeten Medikamente sind sehr toxisch und belastend für das Tier. Deshalb bedient man sich vorzugsweise vorbeugender Maßnahmen, in deren Rahmen die Tierärzte Diäthylcarbamazin verschreiben, das die Weiterentwicklung der Mikrofilaria unmittelbar unter der Haut hemmt. Die meisten Ärzte empfehlen tägliche Dosen, und zwar im Zeitraum von mehreren Wochen vor Sommerbeginn bis zwei Monate nach ihrem Ende. In manchen Gegenden bedeutet das das ganze Jahr über.

Diäthylcarbamazin wird zwar im allgemeinen als nicht toxisch angesehen, aber ich bin der Meinung, man sollte mit einem solchen chemischen Mittel so lange vorsichtig umgehen, wie seine Ungefährlichkeit nicht hundertprozentig feststeht. Aus einer pharmakologischen Abhandlung geht hervor, daß dieses Mittel anscheinend Nebenwirkungen wie Kopfschmerzen, allgemeines Unwohlsein, Schwäche, Gelenkschmerzen, Appetitlosigkeit, Übelkeit und Erbrechen hat. Da es sich dabei überwiegend um subjektive Symptome handelt, sind sie bei Tieren nur schwer festzustellen. Was nicht heißt, daß sie nicht vorhanden sind.

Ich zögere an diesem Punkt jedoch etwas, generell von der Verwendung dieses Mittel, besonders in stark befallenen Gegenden, abzuraten, und zwar weil es an wirkungsvollen Alternativen fehlt. Für diejenigen Leser, die sich einer natürlichen, chemikalienfreien Methode bedienen wollen, möchte ich jedoch ein paar Tips geben.

Was Parasiten, gleich welcher Art, angeht, so zeigen sich bei Tieren starke Unterschiede in der Widerstandsfähigkeit. Nicht alle, die ihnen ausgesetzt sind, werden befallen, und nicht alle, die befallen werden, werden auch krank. Warum dieser Unterschied? Sicherlich liegt er in der unterschiedlich ausgeprägten Gesundheit und Vitalität, die für die Stärke des Immunsystems bestimmend sind. Bei jeder Erkrankung versucht der Körper Widerstand zu leisten, und im Falle von Herzwürmern zeigt sich diese Abwehrreaktion wahrscheinlich folgendermaßen: Lokale Gewebereaktionen wie etwa Entzündungen gegen die Mikrofilaria, direkte Angriffe weißer Blutkörperchen gegen die Eindringlinge und Produktion von Antikörpern, die gemeinsam mit anderen Blutbestandteilen und weißen Blutkörperchen gegen Nahrungsaufnahme, Atmung und Bewegungen der Mikrofilaria vorgehen.

Was erhält diese Abwehrkräfte in Topform? Genau das, worum es in diesem Buch geht – Ernährung, ein gutes Umfeld, körperliche Bewegung und so weiter. Ich habe keine Beweise im statistischen Sinn, aber nach meiner Meinung und auch der anderer Beobachter wirkt eine gute Ernährung, die auch regelmäßig rohen Knoblauch umfaßt, schützend. Viel Hefe und Knoblauch im Futter trägt auch zur Moskitoabwehr bei. Um die Möglichkeit von Moskitobissen noch weiter einzuschränken, können Sie den Hund abends im Hause halten und seine Schnauze und den Bereich zwischen Anus und Genitalien (beliebte Bißstellen für Stechfliegen) mit Eukalyptusöl einreiben (1 Tropfen Öl auf eine Tasse warmes Wasser). Achten Sie darauf, das Öl nicht auf das empfindliche Gewebe an den Augen und auf Schleimhäute zu reiben.

Behandlung: Denken Sie daran, daß das Vorhandensein von einem oder zwei Herzwürmern an sich keine schwere Krankheit ist. Aber Tiere mit einer großen Anzahl von Herzwürmern und sekundären Herzproblemen sind gefährdet. Die Behandlung bereits bestehenden, schweren Herzwurmbefalls erfordert Erfahrung, weil es bei einem solchen Tier auch zu Herzversagen kommen kann. Ich schlage deshalb vor, daß Sie das Tier vorübergehend konservativ mit Herzstimulantien und Diuretika behandeln lassen und gleichzeitig die Ernährung verbessern (siehe Ernährungsrichtlinien unter »Herzprobleme«). Sie können sich auch einen Tierarzt suchen, der mit Kräutern, Akupunktur und homöopathischen Mitteln arbeitet. Dr. Donald Ogden berichtet von guten Behandlungserfolgen mit vorsichtigen Fastenkuren und einer gesunden Ernährung mit viel Rohkost. Achten Sie auch darauf, große Mengen frischen, rohen Knoblauch zu verwenden, wie er auch zur Vorbeugung empfohlen wird.

Zur orthodoxen Behandlung dieser Krankheit rate ich nicht, und zwar weil dabei starke Gifte wie etwa Arsenverbindungen intravenös gespritzt werden und weil die Behandlung oftmals schlimmer ist als die Krankheit. Viele Hunde sterben bald nach dieser Behandlung oder sind anschließend auf Dauer gesundheitlich ruiniert.

Wichtig ist es, zu verstehen, daß der Körper mit derartigen Problemen fertigwerden kann, wenn er durch eine aufbauende und nicht zerstörende Behandlung nur den Hauch einer Chance erhält.

Hornhautgeschwüre (siehe »Augenprobleme«)

Hüftgelenksdysplasie

Dieser Begriff umschreibt ein schlecht ausgebildetes Hüftgelenk. Unter Tiermedizinern wird die Hüftgelenksdysplasie im allgemeinen als genetisches Problem angesehen, das durch eine Reihe von Umweltfaktoren kompliziert wird. Leider trifft es bei Hunden sehr häufig auf. Die Hüftgelenksdysplasie ist als Mißbildung noch nicht bei der Geburt vorhanden, sondern macht sich während des Wachstums bemerkbar. Das Hüftgelenk wird dabei so lose ausgebildet, daß der Oberschenkelknochen zu viel Spielraum in der Gelenkpfanne hat. Es kommt zu Reizungen und Narbenbildung, weil die schwachen Bänder und das umliegende Gewebe das Gelenk nicht ausreichend stabilisieren können. Jahre später kann daraus eine schwere Arthritis entstehen.

Vorbeugung und Behandlung: Die orthodoxe Behandlungsmethode besteht im wesentlichen aus einer Reihe von chirurgischen Eingriffen, bei denen man be-

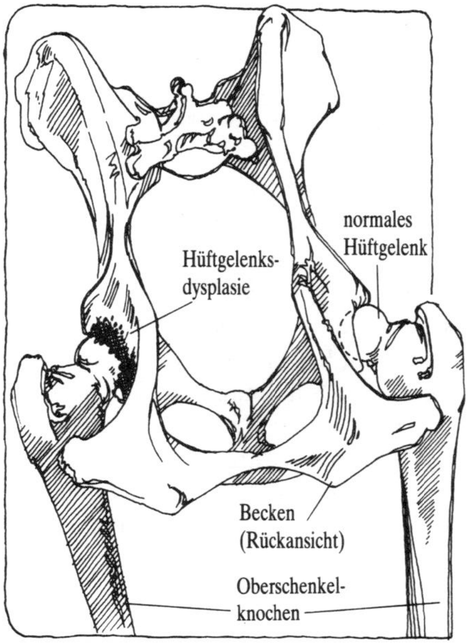

Bei der Hüftgelenksdysplasie bildet sich das Kugelgelenk der Hüfte nicht richtig aus. Schwere Arthritis kann die Folge sein.

stimmte Muskeln durchtrennt, das Gelenk neu einrichtet, den Kopf des Oberschenkelknochens entfernt oder das gesamte Hüftgelenk durch ein künstliches Gelenk ersetzt. Es gibt aber andere Möglichkeiten, die vielversprechender sind.

Eine gute Ernährung zur Vorbeugung ist ein guter Ansatzpunkt. Wie ich es sehe, ist die Hüftgelenksdysplasie eine degenerative Erscheinung, die auf Generationen mit schlechter Ernährung zurückgeht. Die Auswirkungen einer schlechten Ernährung machen sich von Generation zu Generation stärker bemerkbar. Wenn es sich vermeiden läßt, sollten Sie als erstes einmal keinen Hund mit dieser Krankheit anschaffen (siehe Richtlinien für die Wahl eines gesunden Tieres, Kap. 9). Davon abgesehen beginnt die Vorbeugung damit, daß Sie das trächtige Muttertier oder den neu angeschafften Welpen mit der in diesem Buch aufgezeigten gesunden, frischen und ausreichend mit Zusätzen versehenen Kost versorgen. Achten sie darauf, daß das Futter viel Knochenmehl enthält. Geben Sie zur Vorbeugung außerdem viel Vitamin C (Ascorbat), und zwar besonders, wenn ein Elterntier die Krankheit hatte oder wenn es sich um einen Welpen aus einer häufig betroffenen Rasse wie deutschem Schäferhund oder anderen reinrassigen Großhunden handelt.

Es weist in der Tat einiges darauf hin, daß Hüftgelenksdysplasie durch chronischen, subklinischen Skorbut (Vitamin-C-Mangel) verursacht wird, der zu einer sekundären Hüftmißbildung aufgrund von Bänder- und Muskelschwäche um das Gelenk herum führt (Ascorbat ist für dieses Gewebe lebenswichtig). In »Veterinary Medicine/Small Animal Clinician« (Oktober 1976) berichtete Wendell Belfield, D. V. M., von der hunderprozentigen Verhütung von Hüftgelenksdysplasie bei acht Würfen deutscher Schäferhunde, deren Eltern entweder selbst Hüftgelenksdysplasie hatten oder früher Nachwuchs mit diesem Leiden produziert hatten. Er hatte sich folgender Methode bedient:

Vier Schritte zur Verhütung von Hüftgelenksdysplasie

- Das trächtige Tier bekommt täglich mit dem Futter 2 bis 4 g Natriumascorbat (1/2 bis 1 Teelöffel Pulver).
- Von der Geburt an erhalten die Welpen täglich oral 50 bis 100 mg Ascorbat in flüssiger Form.
- Im Alter von drei Wochen erhalten die Welpen bis zum Alter von vier Monaten täglich 500 mg Natriumascorbat (es könnte auch Ascorbinsäure gegeben werden).
- Zu diesem Zeitpunkt wird die tägliche Dosis auf ein oder zwei Gramm erhöht und beibehalten, bis die Welpen 18 bis 24 Monate alt sind.

Für ältere Tiere, die das Problem bereits haben, habe ich mehrere Vorschläge. Verabreichen Sie die Naturkost mit den normalen Nahrungszusätzen einschließlich etwa 500 mg bis 2 g Vitamin C am Tag. Schauen Sie bei Fällen mit Arthritis nach, ob sich unter diesem Stichwort ein geeignetes Mittel findet. Möglicherweise erfährt Ihr Hund mit Akupunktur oder chiropraktischer Behandlung eine ausgeprägte Besserung. In Kap. 14 finden Sie ein paar interessante Fallbeispiele.

Hyperaktivität (siehe »Verhaltensstörungen«)

Impfungen

Die Vorbeugung gegen eine Krankheit mittels »abgeschwächter« Formen des Organismus, der sie verursacht, ist eine sehr beliebte und stark befürwortete Methode. In den meisten Fällen wächst der zur Schutzimpfung verwendete Organismus im Gewebe weiter (wenn es sich um einen »lebenden« Impfstoff handelt) und ruft eine Art »Minikrankheit« hervor, durch die die Bildung von Abwehrstoffen angeregt wird. Durch diese Reaktion soll der Körper für einen veränderlichen Zeitraum – Monate oder Jahre – vor der wirklichen Erkrankung geschützt werden. Klingt wunderbar, oder?

Auch auf die Gefahr hin, als Ketzer bezeichnet zu werden, muß ich jedoch darauf hinweisen, daß mit Schutzimpfungen ein paar Probleme verbunden sind, die jeder kennen sollte, der an einer holistischen Betrachtungsweise der Gesundheit interessiert ist. Zwei Dinge gilt es zu überlegen, und zwar erstens, daß Impfstoffe nicht immer wirken, und zweitens, daß sie langanhaltende gesundheitliche Störungen verursachen können.

WIRKUNGSLOSIGKEIT DES IMPFSTOFFS

Viele Menschen gehen einfach davon aus, daß Impfstoffe hundertprozentig wirksam sind. Dieser Glaube kann so unerschütterlich sein, daß ein Tierarzt Ihnen durchaus erklären kann: »Ihr Hund kann keine Staupe (Parvovirus, Hepatitis oder was auch immer) haben, weil er dagegen geimpft worden ist. Es muß etwas anderes sein.« Aber wenn ich in meinen Immunologievorlesungen etwas gelernt habe, dann ist es das, daß Impfstoffe weit davon entfernt sind, hundertprozentig wirksam zu sein. Offensichtlich ist es nicht nur die Injektion des Impfstoffs, die das Tier immun macht; der kritische und wichtige Faktor ist die individuelle Reaktion des Tieres.

Die ideale Reaktion des Körpers (Bildung von Antikörpern und Immunität) kann durch mehrere Faktoren verhindert werden. Dazu gehören unter anderem eine Impfung, wenn das Tier noch zu jung oder krank, geschwächt und falsch ernährt ist, eine Verabreichung des Impfstoffs auf dem falschen Weg oder nach einem falschen Zeitplan und die Impfung eines Tieres, dessen Immunsystem durch eine vorhergegangene Krankheit, Erbanlagen oder medikamentöse Behandlung geschwächt ist.

Bei der unseligen Praxis beispielsweise, Impfungen zur gleichen Zeit vorzunehmen, zu der Anästhetika verabreicht oder Operationen durchgeführt werden, gelangen die Impfstoffe zu einem Zeitpunkt in den Körper, zu dem das Immunsystem mehrere Wochen lang geschwächt ist. Die gleichzeitige Anwendung von corticosteroiden Medikamenten (beispielsweise gegen Juckreiz) kann ebenfalls zu einer Schwächung des Abwehrsystems und der Widerstandsfähigkeit gegen Krankheiten führen.

Selbst wenn Ihr Tier gut zu reagieren scheint, ist das keine Garantie dafür, daß die Krankheit nicht auftritt. Die Immunität kann sehr kurz sein (bei der Parvovirusimpfung beispielsweise nur ein paar Monate), oder der Erreger tritt in mutierter Form auf, der die gebildeten Antikörper nichts anhaben können. Auch wenn das Immunsystem später geschwächt wird, kann es nicht mehr voll reagieren, und die Krankheit kann sich möglicherweise einnisten. Zu diesen schwächenden Faktoren gehören unter anderem die Dinge, um die es im ganzen Buch geht, nämlich Streß, schlechte Ernährung, Vitaminmangel, Toxizität, Medikamentenwirkung und so weiter.

Wir sehen also, daß die Wirksamkeit von Schutzimpfungen ein komplexes Phänomen ist und von vielen Faktoren abhängt, nicht zuletzt von dem allgemeinen Gesundheitszustand, wie er von den Gesamtlebensumständen bestimmt wird.

MÖGLICHE SCHÄDLICHE AUSWIRKUNGEN EINER SCHUTZIMPFUNG

Außer manchmal wirkungslos zu sein, können Impfstoffe gelegentlich akute Erkrankungen oder chronische gesundheitliche Probleme verursachen. Ich habe oft festgestellt, daß Tiere ein paar Tage nach einer Impfung kank wurden. Klinisch gesprochen unterscheidet sich diese Krankheit in keinster Weise von derjenigen, vor der die Impfung eigentlich schützen sollte. Möglicherweise war das Tier in einem geschwächten Zustand, und der Impfstoff führte daher zu einer schwereren Reaktion als der beabsichtigten »Minikrankheit«. Was auch der Grund dafür sein mag, am häufigsten habe ich diese Probleme nach Impfungen gegen Staupe und Parvoviruserkrankung bei Hunden erlebt.

Langfristige Wirkungen sind die schlimmere Möglichkeit. Im Verlauf der Jahre haben Ärzte, die Homöopathie praktizieren, Informationen über die nicht so offensichtlichen, dafür aber hartnäckigen Probleme aufgrund von Schutzimpfungen gesammelt. Um George Vithoulkas, einen zeitgenössischen Autor, zu diesem Thema zu zitieren: »Aus der Erfahrung homöopathischer Beobachter geht überzeugend hervor, daß Schutzimpfungen in einem hohen Prozentsatz von Fällen tiefgehende negative Auswirkungen auf die Gesundheit eines Individuums haben, und zwar besonders in bezug auf chronische Krankheiten.«

Diese Störung, die einem Individuum durch Injektion einer fremden Krankheit »aufgepfropft« wird, wird als »Vakzinose« bezeichnet und geht beim Menschen mit einem breiten Spektrum von Krankheitszuständen in verschiedensten Teilen des Körpers einher. In vielen Fällen sahen Homöopathen sich gezwungen, vor der völligen Genesung ein Gegenmittel gegen die Impfstoffe zu verabreichen.

Tritt diese Reaktion auch bei Tieren auf? Ich bin davon überzeugt. Tiere werden häufiger geimpft als Menschen. In mehreren Fällen, in denen ich zugezogen wurde, ging es den Tieren nach einer Impfung unweigerlich schlechter. Ich vermute, daß viele Hautprobleme zumindest teilweise die Reaktion des Körpers auf häufige Impfungen widerspiegeln. Wenn ein Tier sich nach der homöopathischen Behandlung einer tiefersitzenden Krankheit erholt, sehe ich bei ihm manchmal vorübergehend kleine Pusteln am Bauch, wie bei Welpen, die die Staupe haben. Ich interpretiere das als Ausscheidung der Fremdstoffe, die durch die Impfung in den Körper gelangt sind.

Schließlich kommt es in der Natur kaum vor, daß sich ein Tier wiederholt mit der Vielzahl von Krankheiten infiziert, gegen die es in der Regel geimpft wird. In der Natur ist das Tier möglicherweise häufig Erregern ausgesetzt, die auf normalem Weg in den Körper gelangen, aber nicht einer derart massiven Invasion über das Blut, wie es bei einer Impfung der Fall ist.

WAS IST ZU TUN?

Da in der Praxis die meisten Menschen nur wenig mit in die Tiefe gehenden holistischen Alternativen in Berührung kommen, sollten Schutzimpfungen gegen die schwereren Krankheiten verabreicht werden. Ich würde jedoch vorschlagen, erstens nur wenige Impfstoffe zu verwenden (je nachdem, welche Krankheiten in Ihrer Gegend am häufigsten vorkommen), zweitens die Impfungen nicht häufig wiederholen zu lassen und drittens statt eines modifizierten lebenden (der im Körper wächst) lieber einen toten oder inaktivierten Impfstoff zu verwenden. Hier sind noch ein paar spezifische Empfehlungen:

Die Impfung gegen *Tollwut* sollte alle zwei Jahre erfolgen. Weil die Krankheit so gefährlich für Mensch und Tier ist, sollten Sie dieser Forderung ohne Vorbehalt nachkommen, es sei denn, es findet sich eine akzeptable Alternative. Die erste Impfung erfolgt im Alter von frühestens vier Monaten.

Staupe- und *Hepatitis*-Impfungen sollten im Alter von acht und zwölf Wochen vorgenommen und nach einem Jahr aufgefrischt werden. Für die restliche Lebenszeit des Hundes bietet eine Staupe-Impfung alle drei Jahre ausreichend Schutz. Der dabei oft mit verabreichte Leptospirose-Impfstoff ist nicht sehr wirksam, weil die Immunität nur wenige Monate anhält.

Unter bestimmten Umständen kommt noch eine *Parvovirus*-Impfung in Betracht. Sie ist beispielsweise erforderlich, wenn Ihr Hund viel Kontakt mit (möglicherweise kranken) Tieren hat. In diesem Fall sollten vorher im Abstand von zwei Wochen zwei Injektionen erfolgen. Eine wiederholte und dauernde Impfung aller Tiere empfehlen ich nicht, weil die Schutzwirkung nur ein paar Monate lang anhält und die langfristigen Auswirkungen zur Zeit noch nicht bekannt sind.

Infektionen der oberen Atemwege

Die oberen Atemwege mit Nase, Hals, Kehlkopf und Luftröhre sind eine der beliebtesten »Einfallstraßen« für Krankheitserreger, die den Körper von innen kennenlernen wollen. Viele Mikroorganismen und Viren trocknen aus und maskieren sich als Staub. Andere stammen von Sekreten und Krusten, die trocknen und in kleine Teilchen zerbrechen, die dann in die Luft gelangen und durch Nase und Hals eingeatmet werden.

Bei Tieren beginnen und bleiben Infektionen häufig in den oberen Atemwegen, wo sie Symptome wie laufende Nasen und tränende Augen, Halsweh, Husten, Maulentzündungen und Niesen verursachen. Diese Infektionen ähneln in vielerlei Hinsicht der menschlichen Erkältung, weichen aber auch häufig davon ab und rufen ihre eigenen Symptome hervor.

Wir wollen uns mit einer der häufigsten Erkrankungen der oberen Atemwege bei Hunden befassen, und zwar mit der infektiösen Tracheobronchitis.

INFEKTIÖSE TRACHEOBRONCHITIS BEI HUNDEN

Man nimmt an, daß diese als »Zwingerhusten« bezeichnete Krankheit durch eine Reihe von Viren verursacht und möglicherweise durch Bakterien kompliziert wird. Sie tritt auf, wenn viele gestreßte Hunde, und zwar besonders Jungtiere, in engem Kontakt miteinander leben, z. B. in Hundepensionen, Tierheimen, Pflegeeinrichtungen, Tierkliniken, bei Hundeausstellungen und in Zoogeschäften.

Klinisch tritt die Krankheit etwa acht bis zehn Tage nach der Ansteckung mit folgenden Symptomen in Erscheinung: Trockener, fürchterlich klingender Husten, möglicherweise in Verbindung mit einem klaren, wässerigen Ausfluß aus Auge und Nase und teilweisem Appetitverlust. Im allgemeinen ist die Erkrankung nicht gefährlich, obwohl bei einem winzigen Prozentsatz von Hunden Komplikationen eintreten können. Ich habe nur selten welche erlebt.

Die normale Behandlung besteht aus Hustenmitteln, Antibiotika und vielleicht einem synthetischen Cortisonpräparat. Damit lassen sich zwar die Symptome bekämpfen, aber es ist allgemein anerkannt, daß die Krankheit einfach »ihren Weg gehen muß«, bis das Tier sich nach zwei oder drei Wochen erholt hat.

Behandlung: Sie können den Heilungsvorgang unterstützen, indem Sie Ihr Tier fasten lassen, ihm Vitamine verabreichen und ein Hustenmittel aus Kräutern anwenden.

Die Flüssigfastenkur sollte erst dann beginnen, wenn die Symptome auftreten und drei Tage lang anhalten. Befolgen Sie die Hinweise in Kap. 15 und achten Sie darauf, vorsichtig und langsam wieder feste Nahrung zu verabreichen.

Vitamine helfen auf verschiedene Weise. Vitamin C ist ein gutes Mittel gegen Viren. Verabreichen Sie es nach den Hinweisen unter »Staupe, Chorea«. Vitamin E stimuliert die Immunreaktion. Geben Sie je nach der Größe des Hundes dreimal täglich 50–100 I.E. frisches d-alpha-Tocopherol aus der Kapsel. Machen Sie ein kleines Loch in die Kapsel und drücken Sie dem Tier das Öl direkt in das Maul. Verringern Sie bei Genesung die Dosis allmählich. Auch Vitamin A stärkt die körpereigene Abwehr und trägt dazu bei, dem Streß entgegenzuwirken und die Schleimhäute der Atemwege zu kräftigen. Geben Sie (je nach Größe des Tieres) dreimal täglich 1/4 bis 1 Teelöffel frischen Lebertran. Verringern Sie die Dosis allmählich, während das Tier sich erholt. Zur Kräuterbehandlung können Sie einen Hustensirup aus Kräutern oder ein homöopathisches Präparat nehmen. Passen Sie die Dosis dem Gewicht Ihres Tieres an. Sie können es auch mit einem der folgenden Kräuter versuchen.

Anmerkung: Hustenpräparate aus Kräutern enthalten in der Regel folgendes: Wildkirschenrinde, Lakritze, Schmerzwurz, Huflattich, Wollkraut, Ulme und weißer Andorn.

Kräuter – Pfefferminze (Mentha piperita): Am besten geeignet für Hunde mit rauher »Stimme« und Husten, der durch das Bellen schlimmer wird. Eine Berührung am Hals übt Reizwirkungen aus und führt zum Husten. Lassen Sie drei Eßlöffel getrocknete Blätter 15 Minuten lang (zugedeckt) in zwei Tassen kochendem Wasser ziehen. Abseihen und 1 oder 2 Teelöffel Honig zugeben. Verabreichen Sie alle 3 oder 4 Stunden 1/2 Teelöffel bis 1 Eßlöffel.

Kräuter – Wollkraut (Verbascum thapsus): Besonders angezeigt, wenn der Husten tief und rauh ist und sich nachts verschlimmert. Auch bei berührungsempfindlichem Hals oder Schluckbeschwerden geeignet. Lassen Sie gut einen Teelöffel getrocknete und zerkleinerte Blätter in einer Tasse kochendem Wasser ziehen. Nach zwanzig Minuten abseihen und einen Teelöffel Honig zugeben. Wie oben dosieren.

Wenn er sich erholt hat, sollte Ihr Hund für die nächsten ein oder zwei Jahre relativ immun sein. Ein ähnlicher Virus könnte jedoch »die gleiche« Krankheit verursachen. Denken Sie daran, daß das Tier um so anfälliger ist, je größerem Streß es ausgesetzt ist.

Juckreiz (siehe »Hautprobleme«)

Kastration (siehe »Sterilisierung und Kastration«)

Katarakte (siehe »Augenprobleme«)

Krebs

Der gefürchtete Krebs ist in unseren Tagen immer häufiger anzutreffen. Die Forschung hat ergeben, daß Umweltschadstoffe der Hauptfaktor in der Entstehung und Weiterentwicklung dieser Gruppe von Krankheiten sind. Wie ich es sehe, gibt es viele »ursächliche« Faktoren für Krebs, die aber nur dann ihre volle Wirkung entfalten, wenn das Tier in einem geschwächten, anfälligen Zustand ist. Der Zustand der Thymusdrüse sowie des damit zusammenhängenden Lymphgewebes und der immunologischen Funktionen ist von großer Bedeutung. Wenn das Tier durch gute Ernährung, ausreichende Bewegung, Aufenthalt im Freien und ein stabiles emotionelles Umfeld bei ausgezeichneter Gesundheit gehalten werden kann, ist dieses Immunsystem stark und kräftig. Während ein schwächeres Tier den Auswirkungen von Karzinogenen (krebserregenden Stoffen) möglicherweise erliegt, kann das kräftigere Tier ihnen besser widerstehen und sie unschädlich machen. Vorbeugung ist nahezu alles, was wir tun können. Eine gute Gesundheit ist durch keine Medizin und keine Impfung zu ersetzen!

Vorbeugung: Gewisse Einflüsse im Leben von Tieren können zu einer erhöhten Einwirkung von Karzinogenen führen, und Sie sollten Ihrem Tier möglichst weitgehend dabei helfen, diese Karzinogene zu meiden. Dazu gehören unter anderem Zigarettenrauch, Fahrten auf einer offenen Ladefläche (und Einatmen von Abgasen), Ruheplätze neben Farbfernsehern (Röntgenstrahlen), Wasser aus Pfützen (das Kohlenwasserstoffe und Asbeststaub enthalten kann), häufige Röntgenaufnahmen (sämtliche Strahlung wirkt kumulativ), Langzeitverwendung starker giftiger Chemikalien (wie gegen Flöhe und Zecken) und der Verzehr von Futter mit einem hohen Gehalt an Organen und Fleischmehl (in denen sich krebsfördernde Pestizide und Hormone sammeln) sowie an Konservierungs- und künstlichen Farbstoffen, die bei Versuchstieren Krebs verursacht haben. Für ein Tier, das bereits Krebs hat, ist es für Vorbeugungsmaßnahmen leider zu spät. Indem es diese Toxine meidet, fügt das Tier dem bereits belasteten Körper jedoch keinen weiteren Streß zu.

Neben diesen vorbeugenden Maßnahmen ist eine frische, natürliche Ernährung unabdingbar. Ergänzen Sie sie durch Vitamin C, A und E sowie Hefe und frisches rohes Gemüse (besonders Keimlinge und Gräser, die viel Vitamin B und Spurenelemente enthalten).

Behandlung: Eine erfolgreiche Krebsbehandlung ist, wie Sie sich vorstellen können, in den meisten Fällen schwierig und zeitaufwendig. Die Komplexität der Krankheit macht eine Pflege zu Hause außerdem problematisch. Ich bin jedoch der Meinung, daß bei einer natürlichen Behandlung für manche Tiere die Möglichkeit einer Besserung oder Genesung besteht, wenn sie nicht mit Medikamenten gegen Krebs oder mit Cortison behandelt worden sind und wenn die Krankheit nicht zu weit fortgeschritten ist. Aber die Wahrscheinlichkeit ist nicht so groß wie bei anderen Krankheiten.

Ich rate nicht zu Röntgenbestrahlung, Anti-Krebs-Medikamenten oder Cortison. Bei diesen Methoden wird unweigerlich das Immunsystem als solches unterdrückt, das so sehr zum Kampf gegen die bösartigen Zellen benötigt wird. Meiner Erfahrung nach reduzieren diese Methoden außerdem die Lebensqualität für das Tier und führen zu einem in die Länge gezogenen und schweren Ende.

Leider stehen den meisten Menschen jedoch keine Alternativen zur orthodoxen Behandlungsmethode zur Verfügung. Wenn Sie sich also doch für diese orthodoxe Methode entscheiden, schlage ich die folgenden Maßnahmen vor, um den Körper während der Therapie zu unterstützen:

- Verzichten Sie vollkommen auf Fertigfutter; füttern Sie nur frische, unverarbeitete Nahrung und soviel Rohkost, wie das Tier will.
- Verabreichen Sie viel Vitamin C (2 bis 6 g täglich), Vitamin A (das Doppelte der empfohlenen Menge an Lebertran) und Vitamin E (das Vierfache der normalen Menge).
- Verabreichen Sie dreimal täglich 2 bis 6 Tabletten Bioplasma, ein Präparat mit allen zwölf Mineralsalzen.
- Verabreichen Sie Hafertinktur, wie unter »Verhaltensstörungen« beschrieben.

Wenn Sie auf eine ortodoxe Behandlung verzichten wollen, schlage ich folgende Maßnahmen vor:

- Meiden Sie alles Fertigfutter und füttern Sie Naturkost unter Konzentration auf zusätzliches, qualitativ hochwertiges Protein. Rohe Rinderleber wird oft akzeptiert und ist vom ernährungstechnischen Standpunkt ausgezeichnet gegen Krebs. Das gilt auch für rohe Thymusdrüse (Bries).
- Verwenden Sie höhere Vitamindosen als oben angegeben.
- Verabreichen Sie Bioplasma oder befassen Sie sich mit den einzelnen Mineralsalzen. Nehmen Sie die zwei oder drei Salze, die am besten geeignet sind.
- Nehmen Sie nur Quellwasser, destilliertes oder anderes sauberes Wasser, kein Leitungswasser.
- Verabreichen Sie verdünnte Gelbwurzeltinktur (erhältlich in Kräuterläden oder als Hydrastis canadensis in homöopathischen Apotheken). Verdünnen Sie das Mittel im Verhältnis 1:100, wie für Phytolacca (Kermesbeere) unter »Brusttumore« beschrieben. Achten Sie darauf, alles sorgfältig durchzuschütteln. Geben Sie zweimal täglich folgende Dosis: 1 Tropfen für kleine Hunde, 2 Tropfen für mittelgroße Hunde, 3 Tropfen für große und riesige Hunde. Weil das Tier in einem gebrechlichen und geschwächten Zustand ist, müssen Sie diese Anweisungen genauestens befolgen. Sobald sich irgendeine Reaktion zeigt (Schwächerwerden, Verschlimmerung der Syptome oder Appetitverlust), unterbrechen Sie die Behandlung vorübergehend. In der Regel erholt sich das Tier etwas, wobei allerdings einige der früheren Symptome wiederkehren. An diesem Punkt fangen Sie wieder mit der Gelbwurzelbehandlung an, aber sobald sich eine Verschlimmerung der Symptome zeigt (selbst nach nur einer Dosis), hören Sie wieder auf. Wenn sich auf der anderen Seite nur nach den ersten Gaben eine Besserung zeigt (was häufiger vorkommt), fahren Sie mit der Behandlung fort, solange die Besserung anhält. Bei Erreichen eines Stillstands, d. h., wenn es weder besser noch schlechter wird, verdünnen Sie die erste Verdünnung noch einmal im Vehältnis 1:100 und machen von dort aus unter Beachtung aller ursprünglichen Anweisungen weiter.

Leberprobleme

Die Leber ist möglicherweise das wichtigste Organ im Körper. Sie ist an zahllosen Vorgängen beteiligt, und zwar unter anderem an der Herstellung von Bluteiweiß, Fetten und Eiweiß für die Blutgerinnung, an der Energiespeicherung (in Form von Glycogen) zur Produktion von Blutzucker für den körpereigenen Bedarf, an der Speicherung von fettlöslichen Vitaminen und Eisen, an der Entgiftung von Medikamenten, Chemikalien und anderen nicht verwertbaren Substanzen, an der Inaktivierung nicht mehr benötigter Hormone und an der Absonderung von Galle und anderen Stoffen für eine ordnungsgemäße Verdauung. Als ob sie mit diesen Aufgaben nicht genügend zu tun hätte, muß die Leber auch noch das Blut aus dem Verdauungstrakt filtern, damit keine möglicherweise schädlichen Bakterien in andere Teile des Körpers gelangen. Sie ist dasjenige Organ, das toxische Stoffe und Abfallprodukte für die anschließende Ausscheidung durch die Nieren vorbereitet.

Wie Sie sich vorstellen können, sind Leberentzündung (Hepatitis) und andere Störungen in diesem lebenswichtigen Organ daher sehr ernste Angelegenheiten. Zu den Symptomen bei Leberproblemen gehören unter anderem Übelkeit, Erbrechen, Appetitlosikgiet, Gelbsucht (Gelbfärbung des Gewebes, bei Tieren am besten am Weißen im Auge festzustellen) und eventuell ein heller oder »fettig« aussehender Stuhl (durch Mangel an Gallenflüssigkeit und schlechte Verdauung) oder Anschwellen des Bauches aufgrund von Flüssigkeitsansammlung.

Eine Leberstörung kann viele Ursachen haben. Häufig handelt es sich um Virusinfektionen oder verschluckte Giftstoffe. Aber in den meisten Fällen kann man nur schwer sagen, was die genaue Ursache des Problems ist.

Behandlung: Weil die Leber eine so zentrale Rolle bei dem ganzen Vorgang der Nahrungszerlegung und -verwertung spielt, besteht die Behandlung unter anderem darin, ihr die Arbeit durch Fastenkuren oder kleine, häufige und leicht verdauliche Mahlzeiten zu erleichtern. In der frühen akuten Phase einer Leberentzündung ist eine Fastenkur am besten, und zwar besonders, wenn es auch zu Fieber kommt. Richten Sie sich nach den Hinweisen zu Fastenkuren in Kap. 15. Ernähren Sie Ihren Hund ein paar Tage lang flüssig, bis er wieder Normaltemperatur hat oder bis sich eine gewisse Besserung zeigt. Verabreichen Sie ihm in dieser Zeit die folgenden Mittel.

Vitamin C: Viermal täglich 500 bis 2000 mg. Sie lösen dazu am besten Natriumascorbatpulver in etwas Wasser auf (1/4 Teelöffel entspricht etwa 1000 mg).

Salz – Natrum sulphuricum (Nat. sulph.) 3× oder 6×: Geben Sie alle zwei Stunden 1 bis 3 Tabletten. Verabreichen Sie zuerst das Vitamin C und ein paar Minuten später das Nat. sulph. Wenn das Ascorbat zu vermehrtem Erbrechen führt, setzen Sie es für einen Tag ab und versuchen es dann noch einmal (oder Sie verwenden Ipecac 3×; siehe »Erbrechen«). Sobald das Erbrechen vorüber ist, versuchen Sie es wieder mit Vitamin C.

Wenn das Nat. sulph. nach 24 Stunden noch nicht geholfen hat, versuchen Sie es mit dem homöopathischen Mittel Bryonia 6× (rotbeerige Zaunrübe). Geben Sie alle zwei Stunden 1 bis 2 Tabletten. Bryonia ist angezeigt, wenn das Tier sehr durstig ist, sich (aufgrund von Schmerzen) nicht bewegt und erbricht, wenn es warme Flüssigkeiten getrunken hat.

Wenn es dem Tier besser geht und die Symptome verschwinden, gewöhnen Sie es langsam an eine ähnliche Diät wie bei Nierenversagen. Reduzieren Sie jedoch den Fettgehalt der Diätgerichte, indem Sie statt rahmigem entrahmten Hüttenkäse und statt fettem mageres Fleisch nehmen und das zusätzliche Öl ganz weglassen. Hüttenkäse und Eier sowie Getreide werden von Leberpatienten in der Regel recht gut vertragen. Füttern Sie jeweils nur kleine Mengen, und zwar viermal täglich je ein Viertel des auf Zimmertemperatur erwärmten Gerichts. Verwenden Sie die in Kap. 3 aufgezeigten Zusätze, aber halten Sie sich bei dem Pflanzenöl zurück, bis sich der Zustand des Tieres normalisiert hat. Dann können Sie es in kleinen Mengen wieder zugeben.

Nach einem oder zwei Monaten der Erholung können Sie langsam und vorsichtig wieder auf die erweiterten Gerichte aus Kap. 4 übergehen. Verwenden Sie in dieser Heilungsphase möglichst viel Rohkost (Hüttenkäse, Eier, Fleisch und fein geriebenes Gemüse). Bestimmte Nahrungsmittel (wie Getreide und Bohnen) müssen natürlich gut gekocht werden. Vermengen Sie die Nahrungsmittel erst, wenn die gekochten Zutaten erkaltet sind. Dann erhält das Tier die optimale Menge an naturbelassenen Nährstoffen, die es für eine möglichst schnelle Genesung braucht. Wenn dieses Futter angenommen wird, versuchen Sie jeden Tag rohe geriebene Bete (etwa 1 bis 3 Eßlöffel) als Kräftigungsmittel für die Leber unterzumischen. Nützlich sind auch 1 bis 2 Eßlöffel frisch gehackte Petersilie.

Geben Sie in der Erholungsphase auch weiterhin Vitamin C. Wenn eine Besserung eintritt, setzen Sie die Gaben an Nat. sulph. und Bryonia allmählich auf zweimal und dann auf einmal täglich herab. Verwenden Sie diese Mittel schließlich nur noch, wenn die Symptome (wie Appetitlosikeit oder Übelkeit) wieder aufzuflackern scheinen.

Leukämie (siehe »Krebs«)

Magenprobleme

Der Magen bekommt seinen Anteil an Problemen mit. Ursache einer Magenstörung ist in der Regel das falsche Futter (verdorben, vergiftet, unverdaulich) oder zu viel Futter. Gefräßigkeit macht krank! Magenprobleme können aber auch auf eine Vielzahl anderer Störungen hinweisen – Infektionskrankheiten, Nierenversagen, Hepatitis und viele andere. Weil Probleme in anderen Körpergegenden oft Symptome wie Erbrechen, Übelkeit und Appetitlosigkeit verursachen, könnten Sie fälschlicherweise zu der Ansicht gelangen, daß nur der Magen betroffen ist. Lassen Sie Ihren Tierarzt eine Diagnose erstellen, und zwar besonders, wenn es zu langanhaltendem oder schwerem Erbrechen kommt.

Wir wollen uns hier mit drei häufig auftretenden Erkrankungen befassen, die ihren Ausgangspunkt im Magen selbst haben: akute Gastritis (plötzliche Verstimmung), chronische Gastritis (niedriggradige, anhaltende Verstimmung) und Magenerweiterung (Aufblähung, durch die sich der Magen manchmal verdreht und schließt). Bei den Vorschlägen handelt es sich um alternative Behandlungsmethoden für Tiere, bei denen diese Probleme diagnostiziert wurden und die diese Probleme wiederholt haben.

AKUTE GASTRITIS

Der Begriff Gastritis bedeutet Magenentzündung. Akut zeigt an, daß der Anfall plötzlich, innerhalb weniger Minuten oder Stunden, auftritt. Am häufigsten leiden darunter Hunde, die gern Abfalleimer durchwühlen. Hunde, die im Hinblick auf ihre Freßgewohnheiten oft nicht sehr wählerisch sind, stibitzen oft die Essensreste anderer Leute und konsumieren dann eine außerordentliche Mischung aus (oft verdorbenen) Nahrungsmitteln, die ihnen schwer im Magen liegen. Komposthaufen sind eine weitere häufige Quelle verdorbener Schätze.

Bei dem darauf folgenden Erbrechen (und möglicherweise Durchfall) handelt es sich um den Versuch des Körpers, den Fehler zu berichtigen, indem er sich des schädlichen Materials entledigt. Manche Hunde überfressen sich auch und fressen anschließend instinktiv Gras, das Erbrechen hervorruft. Dieses Verhalten können Sie auch bei Tieren mit leichten Magenreizungen erleben.

Eine weitere Ursache für eine akute Gastritis ist unverdauliches Material wie große Knochenstücke (überwiegend bei Hunden, die nicht an Knochen gewöhnt sind, oder wenn gekochte Knochen verfüttert wurden) oder Stoff, Kunststoff, Metall, Gummispielzeug, Golfbälle und ähnliches. Wenn das Problem in Knochen begründet liegt, füttern Sie Ihr Tier einfach weniger mit rohen Knochen und geben ihm zusätzlich B-Vitamine, um für ausreichend Magensäure zu sorgen. Große unverdauliche Fremdkörper müssen oft operativ entfernt werden, lassen sich aber manchmal durch einen Magenschlauch herausholen.

Sorgen Sie dafür, daß Ihr Tier keine derartigen Objekte verschluckt. Lassen Sie es nicht mit Spielzeug oder anderen Gegenständen allein, die zu Problemen führen könnten. Wenn Sie den Verdacht haben, daß Ihr Tier etwas Gefährliches verschluckt hat, gehen Sie innerhalb weniger Stunden zum Tierarzt; es könnten sonst ernsthafte Komplikationen eintreten.

Wenden Sie die Behandlungsmethode gegen Erbrechen oder Magenverstimmung nicht vor dem Besuch beim Tierarzt an, es sei denn, das Tier erbricht übermäßig stark. Wenn der verschluckte Gegenstand klein ist, keine scharfen Kanten hat und nicht unregelmäßig geformt ist, kommt er durch das Erbrechen vielleicht aus dem Magen heraus. Bei scharfen, spitzen und sehr großen Objekten wäre es jedoch zu gefährlich, wenn sie heraufkämen. Solche Objekte müssen chirurgisch entfernt werden. Wenden Sie in einem solchen Fall ein Mittel gegen Erbrechen an, bis Sie zum Tierarzt gehen können. Führen Sie im Zweifelsfall kein Erbrechen herbei.

Behandlung: Die folgende Behandlung hilft bei einer einfachen akuten Gastritis, die nicht durch Fremdkörper verursacht worden ist. Es zeigen sich folgende Symptome: Schmerzen im Bauch (es tut weh, wenn Sie auf den Magen drücken;

das Tier windet sich vor Krämpfen und wirkt depressiv), Erbrechen und übermäßiges Wassertrinken.

Als erstes geben Sie mindestens 24 Stunden lang keinerlei Futter, dann fangen Sie mit kleinen Mengen langsam wieder an. Lesen Sie die Hinweise zu Fastenkuren in Kap. 15 durch. Stellen Sie jederzeit frisches, sauberes Wasser bereit oder – bei Erbrechen – geben Sie dem Tier ein oder mehrere Eiswürfel, an denen es alle paar Stunden lecken kann (Sie wollen doch nicht, daß Erbrechen und Magenreizung durch zu viel Wasser noch schlimmer werden). Zusätzlich können Sie ihm noch Kamillentee machen. Gießen Sie eine Tasse kochendes Wasser über einen Eßlöffel Kamillenblüten; lassen Sie den Aufguß 15 Minuten ziehen, seihen Sie ihn durch und verdünnen Sie ihn mit der gleichen Menge Wasser. Wenn das Tier den Tee nicht will, stellen Sie ihm nur die Eiswürfel hin.

Die obige Behandlung reicht bei leichten Magenverstimmungen. Bei schwereren Störungen greifen Sie zu einem der folgenden Mittel:

Kräuter – Pfefferminze (Mentha piperita): Gießen Sie eine Tasse kochendes Wasser über zwei Teelöffel Pfefferminzblätter. Zehn Minuten ziehen lassen, abseihen und einen Teelöffel Honig zugeben. Verabreichen Sie alle zwei Stunden 1 bis 2 Eßlöffel von diesem Tee.

Kräuter – Ginseng (Panax schinseng oder P. quinquefolius): Lassen Sie eine Kapsel pulverisierte Ginsengwurzel 15 Minuten in ½ Tasse heißem Wasser ziehen. Rühren Sie um und verabreichen Sie alle zwei Stunden 1 bis 2 Eßlöffel.

Salz – Natrum muriaticum (Nat. mur.) 6×: Geeignet in Fällen, in denen eine Verdauungsstörung mit übermäßiger Speichelbildung einhergeht. Geben Sie jede Stunde 1 oder zwei Tabletten, bis sich Erleichterung zeigt.

Salz – Magnesia phosphorica (Mag. phos.) 6×: Angezeigt, wenn alle paar Minuten Krämpfe auftreten. Lösen Sie zwei Tabletten in ½ Tasse heißem Wasser auf. Geben Sie von dieser Lösung alle 15 Minuten einen Teelöffel, bis Erleichterung eintritt, anschließend alle zwei Stunden eine Dosis, bis die Symptome verschwunden sind.

CHRONISCHE GASTRITIS

Diese Erkrankung macht sich bei manchen Tieren in Form einer langfristigen Neigung zu Verdauungsstörungen bemerkbar, und zwar häufig nach dem Fessen und gelegentlich alle paar Tage einmal. Sie kann auf eine nicht vollständige Genesung von einer schweren akuten Gastritis folgen oder durch emotionalen Streß, minderwertiges oder nicht vertragenes Futter, Medikamente oder Infektionen wie infektiöse Peritonitis und Hepatitis ausgelöst werden. Manchmal gibt es keine augenscheinliche Ursache. Die Symptome sind schlechte Verdauung, Neigung zu Erbrechen, Depression oder Verkriechen unmittelbar oder im Abstand von einer Stunde nach dem Fressen, Appetitlosigkeit und Blähungen.

Behandlung: Am allerwichtigsten ist es zunächst, das Tier auf Naturkost zu setzen. Ich kann die Bedeutung der Ernährung gar nicht stark genug betonen, denn die Krankheit könnte das Ergebnis genau der Nahrung sein, die Ihr Tier bekommt. Lesen Sie außerdem unter »Allergien« nach, ob im Hinblick auf die

Ernährung weitere Einschränkungen erforderlich sind. Was die Nahrung angeht, sind B-Vitamine (in der Bierhefe), ungesättigtes Pflanzenöl (besonders Olivenöl) und Lecithin (als Granulat oder in Form von Eidotter) besonders hilfreich. Mit einem Calciumzusatz (Knochenmehl) können Sie außerdem die Reizanfälligkeit der Magenmuskeln verringern.

Zur weiteren Behandlung kommt eines der folgenden Mittel in Frage:

Kräuter – Gelbwurzel (Hydrastis canadensis): Gut bei schwacher Verdauung, schlechtem Appetit und Gewichtsverlust. Rühren Sie einen Teelöffel pulverisierte Wurzel in 1/2 l kochendes Wasser. Lassen Sie den Aufguß erkalten und gießen Sie die klare gelbe Flüssigkeit ab. Geben Sie mehrere Tage lang dreimal täglich 2–4 Teelöffel, danach nur noch, wenn die Symptome wieder auftreten.

Kräuter – Knoblauch (Allium sativum): Besonders nützlich für Tiere, die einen guten und kräftigen Appetit zeigen, bei nicht gewohnter Kost aber Magenverstimmung bekommen oder zu Blähungen und Verstopfung neigen. Weichen Sie 4–6 kleingeschnittene Zehen acht Stunden lag in 1/2 Tasse kaltes Wasser ein. Abseihen. Geben Sie dreimal täglich 1–2 Teelöffel, bis das Problem beseitigt ist.

Salz – Calcarea phosphorica (Calc. phos.) 6×: Angezeigt für Tiere mit Schmerzen nach dem Fressen (sie hören zu fressen auf und verkriechen sich) und übermäßiger Gasbildung im Magen (Rülpsen, Anschwellen des Bauches). Verabreichen Sie mehrere Tage oder Wochen lang dreimal täglich 1 Tablette.

Salz –Natrum phosphoricum (Nat. phos) 3×: Hilft bei Schmerzen, die ein bis zwei Stunden nach dem Fressen auftreten, bei Neigung zum Erbrechen und bei Verdauungsstörungen nach reichhaltiger oder fetter Kost. Ist auch bei Magenproblemen im Zusammenhang mit Würmern zu empfehlen. Geben Sie mehrere Wochen lang zweimal täglich 1–2 Tabletten.

MAGENERWEITERUNG

Dieses schwerwiegende Problem tritt überwiegend bei den größeren Hunderassen auf. Seine Ursache ist unbekannt, hat aber nach Meinung von Tierärzten etwas mit der Verwendung von Fertigfutter zu tun.

Die Symptome einer Magenerweiterung bestehen darin, daß sich der Magen (obere Bauchgegend) nach dem Fressen durch Flüssigkeit und Gas vergrößert und manchmal wie ein festes Faß anfühlt. Es kommt im allgemeinen zu übermäßigem Speichelfluß, erfolglosen Entleerungsversuchen durch Erbrechen und extremer Ruhelosigkeit und extremem Unbehagen. Das ist eine Notsituation, weil durch den erhöhten Druck auf die Magenwände Flüssigkeiten aus dem Blutstrom in den Magen eindringen, was innerhalb weniger Stunden zu körperlicher Austrocknung, Schock und Tod führen kann. Eine weitere Komplikation besteht darin, daß der Magen sich möglicherweise um sich selbst dreht, wodurch Magenein- und -ausgang völlig verschlossen werden. An diesem Punkt ist häufig eine Notoperation erforderlich.

Vorbeugen: Eine natürliche, hausgemacht Kost scheint das beste vorbeugende Mittel gegen dieses Problem zu sein. Verfüttern Sie statt einer großen Mahlzeit am Tag zwei oder drei kleinere Portionen.

Behandlung: Wenn eine Magenerweiterung zum ersten Mal auftritt, ist das eine recht überraschende und alarmierende Situation. Gehen Sie möglichst schnell mit dem Tier zum Tierarzt. In der Klinik läßt sich die Erweiterung vorübergehend beseitigen; sie neigt jedoch dazu, wieder aufzutreten. Die Anfälle kommen jedesmal in schnellerer Reihenfolge und schwererer Form. Schließlich wird das Tier wegen der augenscheinlichen Hoffnungslosigkeit der Lage und wegen der hohen Kosten wiederholter medizinischer Maßnahmen eingeschläfert.

Diese Überlegungen veranlassen mich, trotz der Schwere einer Magenerweiterung eine alternative Behandlung vorzuschlagen. Sobald der Besitzer einen Anfall erlebt hat, kann er die Symptome frühzeitig erkennen und schnell zu einem der folgenden Mittel greifen. Wenn sich nicht kurz danach Erleichterung zeigt, besteht immer noch die Möglichkeit einer Notoperation.

Wegen der Erbrechensgefahr und des Drucks, der den Mageneingang verschließt, schlage ich in diesem Fall nur homöopathische Präparate vor. Selbst wenn die Tabletten nicht geschluckt werden, wirken sie dadurch, daß sie sich im Maul des Tieres auflösen. Sie müssen allerdings vorausplanen und die Mittel im voraus besorgen.

Homöopathisches Mittel – Nux moschata 3× (Muskatnuß): Angezeigt für Hunde mit stark erweitertem Bauch, Rülpsen oder Blähungen, erfolglosen Versuchen zu Erbrechen, trockenem Maul oder dickflüssigem Speichel, Beinen, die sich bei Berührung kalt anfühlen, Desorientierung, Schwindelgefühl oder Schläfrigkeit. Geben Sie bis zur Erleichterung alle 15 Minuten und dann bis der Anfall vorbei ist alle ein oder zwei Stunden 2 Tabletten. Zerdrücken Sie die Tabletten in einem gefalteten, sauberen Papier und lassen Sie das Pulver aus dem Stück Papier auf die Zunge oder in den Hals rutschen. Wenn Sie das Mittel nicht zur Hand haben, können Sie es in einem Notfall auch mit einem Quentchen Muskat aus Ihrer Gewürzsammlung versuchen; das ist wahrscheinlich nicht so wirksam wie das homöopathische Präparat, aber es ist ein Versuch wert.

Homöopathisches Mittel – Nux vomica 3× (Brechnuß): Angezeigt für Tiere mit starker Ruhelosigkeit, schmerzhafter Bauchschwellung, fruchtlosem Erbrechen und Sabbern. Geben Sie alle 15 Minuten wie bei Nux moschata 2 Tabletten.

Homöopathisches Mittel – Carbo vegetabilis 3× (Holzkohle): Von diesem Mittel profitieren Hunde, die einen weniger schweren Anfall haben, bei denen aber in der Vergangenheit schon mindestens einmal eine schwere Magenerweiterung aufgetreten ist, von der sie sich nicht vollständig erholt haben. Es kommt also wiederholt zu Verdauungsstörungen und Blähungen mit periodischer Aufblähung des Magens, die Atemschwierigkeiten verursacht. Dieser Zustand einer chronischen Erkrankung führt zu allmählich fortschreitender Schwächung, geringer Energie und körperlicher Kälte. Geben Sie während eines Anfalls alle Stunde 2 Tabletten, bis Erleichterung eintritt; Sie können aber auch eine generelle Behandlung einleiten, indem Sie zwei oder drei Wochen lang dreimal täglich 2 Tabletten verabreichen (sobald das Tier genesen ist, geben Sie das Mittel nur noch, wenn die Symptome zu einem späteren Zeitpunkt wieder auftreten).

Anmerkung: Wenn Sie mit einem dieser Mittel gute Ergebnisse erzielen, denken Sie daran, daß eine Verwendung von Medikamenten wie Beruhigungsmitteln, Antibiotika, Stimulantien und Sedativa unmittelbar nach einer positiven Reaktion auf ein homöopathisches Mittel diese Reaktion möglicherweise zunichte macht und zu einem Rückfall führen kann (in Kap. 14 können Sie über solche Wechselwirkungen nachlesen). Verzichten Sie aus diesem Grund möglichst ganz auf derartige Medikamente, wenn die homöopathischen Mittel anschlagen.

Metritis (siehe »Probleme an Fortpflanzungsorganen«)

Milben (siehe »Ohrprobleme« und »Hautparasiten«)

Nasenprobleme (siehe »Fuchsschwänze« und »Infektionen der oberen Atemwege«)

Nephritis (siehe »Nierenversagen«)

Nierenversagen (siehe »Blasenprobleme« bei Steinen)

Weil die Nieren die lebenswichtige Aufgabe haben, das Blut zu reinigen, bedeutet alles Unverwertbare, das in den Körper gelangt und ausgeschieden werden muß, schlicht und einfach mehr Arbeit für sie. Somit sind Chemikalien in der Nahrung (wie Konservierungsstoffe, Farbstoffe und künstliche Geschmacksstoffe) und in der Umwelt (durch Wasser-, Luft- und Bodenverschmutzung) eine direkte Belastung für die Nieren und spielen bei der Entstehung der Krankheit wahrscheinlich eine Rolle. Zusätzlich erschweren Mangel an Bewegung und natürlicher Umwelt das Problem einer unzureichenden Ausscheidung und eines trägen Stoffwechsels. Während körperlicher Bewegung spielen Lunge und Haut beispielsweise eine größere Rolle in der Ausscheidung.

Die Haut, ein weiteres wichtiges Ausscheidungsorgan, scheint insofern mit den Nieren zu tun zu haben, als langanhaltende Hautreizungen und -ausschläge oft einem Nierenversagen im Alter vorauszugehen scheinen. Diese Beziehung gilt ganz besonders, wenn die Hautstörungen wiederholt mit Cortison oder corticosteroiden Mitteln unterdrückt werden.

Wenn Sie ein aufmerksamer Beobachter sind, können Sie die Anzeichen eines Nierenversagens schon frühzeitig feststellen. Diese Anzeichen sind Durst, häufiges Wassertrinken, häufiges Wasserlassen mit großen Mengen an hellem Urin, Unfähigkeit zur Urinverhaltung über Nacht und gelegentliche Perioden mit Energiemangel, Appetitlosigkeit und Übelkeit, die ein paar Tage lang anhalten.

Wenn sie nicht behandelt werden, entwickeln sich die Symptome zu einer schwereren Form des Versagens, die gekennzeichnet ist durch Lethargie, häufiges Erbrechen, Dehydratation, völligen Appetitverlust, übelriechenden Atem und möglicherweise Entzündungen oder Geschwüre in der Schnauze. An diesem Punkt muß das Tier intravenös große Mengen Flüssigkeit erhalten, wenn es am Leben bleiben soll. Die Flüssigkeiten werden verabreicht, um essentielle Salze zu ersetzen, die durch die geschädigten Nieren verlorengehen, und um toxische Stoffwechselabfälle aus dem Blut zu spülen. Dieses schwerere Stadium der Krankheit wird als Urämie bezeichnet.

Wenn diese Intensivbehandlung Erfolg zeigt, erhalten Sie Ihr Tier in mehr oder weniger normalem Zustand zurück. Aber diese Normalität ist eine heikle Angelegenheit, denn in vielen Fällen sind achtzig bis neunzig Prozent des Nierengewebes zerstört und können sich nicht mehr regenerieren.

Normalerweise haben gesunde Nieren jede Menge Zeit, um alles durchfließende Blut zu filtern. Außerdem führen sie notwendige Salze in das Blut zurück und beseitigen überschüssiges Wasser aus dem Urin. Wenn aber nur noch so wenig funktionelles Gewebe übrig ist, werden die Flüssigkeiten viel schneller durch die Nieren gedrückt, was zu einem Verlust an essentiellen Salzen und Wasser führt. Das Endergebnis ist Dehydratation, Verlust von wasserlöslichen Vitaminen und Ansammlung von Stoffwechselabfällen – das meiste in Form von Harnstoff, einem Nebenprodukt der Eiweißverdauung.

Behandlung: An jedem Punkt der Krankheit können sie den Nieren viel Arbeit ersparen, wenn Sie sorgfältig auf Ernährung und Umweltfaktoren achten.

Da das Hauptziel darin besteht, die Belastung der Nieren zu verringern, und da die meisten Stoffwechselabfälle aus Protein entstehen, besteht unsere Aufgabe darin, qualitativ hochwertiges Protein in einer gerade noch vertretbaren Menge zu verfüttern. Dadurch kann der Körper es wirkungsvoll nutzen, und es bleibt nur wenig Abfall zurück. Die Nierendiät ist außerdem rückstandarm, so daß sie auch für Tiere geeignet ist, die zu Steinbildung und Verstopfung der Harnwege neigen.

Die folgenden Rezpete ergeben eine solche protein- und rückstandarme Diät. Verwenden Sie sie als Grundlage.

NIERENDIÄT NR. 1 FÜR HUNDE

2 mittelgroße Eier
1/2 Tasse mageres Fleisch oder Organfleisch
2 Tassen gekochte Gerste oder brauner Reis
Tägliche Zusätze nach Empfehlung
2 Eßlöffel geriebener Pastinak oder anderes Gemüse
1 Eßlöffel Honig

Die ersten vier Zutaten zum Hauptgericht vermischen. Pastinak und Honik zu kleinen Bällchen formen und als Nachtisch servieren.

Ergibt etwa 2 1/2 Tassen.

NIERENDIÄT NR. 2 FÜR HUNDE

1/3 Tasse mittelfettes Hamburger- oder anderes fettes Fleisch
1/3 Tasse gekochte Feuer- oder Azukibohnen
1 3/4 Tasse gekochte Gerste oder brauner Reis
1 Eßlöffel Milch aus fettfreiem Pulver (oder 1/3 Tasse entrahmte Milch)
1/4 Tasse gehackte Petersilie oder anderes Gemüse
Tägliche Zusätze nach Empfehlung

Die Zutaten einfach vermischen und servieren.

Ergibt etwa 3 Tassen.

Reduzieren Sie die normale Menge Pulvermischung (Hefe, Kelp, Knochenmehl) in den Zusätzen auf die Hälfte. Vitamin A (in dem Standardlebertranzusatz) und die wasserlöslichen Vitamine (B und C) sind besonders wichtig. Versetzen Sie das Futter außerdem mit einem natürlichen B-Komplex-Präparat. Dieses Präparat sollte für kleine Hunde etwa 10 mg, für mittelgroße Hunde etwa 20 mg und für große Hunde etwa 20 bis 50 mg von den wichtigsten B-Vitaminen enthalten. Verabreichen Sie außerdem zweimal täglich folgende Mengen Vitamin C: 250 mg für kleine Hunde, 500 mg für mittelgroße Hunde und 1000 mg für große Hunde.

Bestimmte Nahrungsmittel, die Sie in die Diätgerichte einbeziehen sollten, sind bei Nierenproblemen besonders gut, nämlich Pastinak, Petersilie, Kohl, Azuki- und Feuerbohnen, Gerste, Karotten, Blattgmüse, Brunnenkresse, Zwiebeln, Knochenmark und rotes Fleisch. Füttern Sie nicht zu viel Fleisch. Einmal in der Woche etwas rohe Rinderleber oder -nieren ist jedoch durchaus ratsam. Als Nachtisch können Sie Preiselbeersaft, Erdbeeren, Wassermelone, Äpfel und Honig verabreichen.

Im Hinblick auf weitere therapeutische Maßnahmen geht es darum, Zigarettenrauch, gechlortes Wasser, hochgradig verarbeitete, verkochte, verdorbene oder fertige Nahrung, Streß, übermäßige Hitze und die unnötige Einwirkung von chemischen Produkten, Autoabgasen und Umweltverschmutzung ganz allgemein zu meiden.

Natürlich ist es auch, Fell und Haut regelmäßig kräftig zu bürsten und das Tier einmal in der Woche mit einem milden, nicht austrocknenden Shampoo zu baden. Verschaffen Sie ihm regelmäßig leichte körperliche Bewegung im Freien und Zugang zu frischer Luft und Sonnenschein. Sorgen Sie dafür, daß das Tier jederzeit einen Platz hat, an dem es ohne Schwierigkeiten Wasser lassen und Stuhlgang machen kann. Stellen Sie ihm immer viel sauberes Trinkwasser zur Verfügung, und verabreichen Sie die Tagesration Futter nicht in einer, sondern in zwei Portionen.

Nachfolgend sind Kräuter und Mineralsalze zur Stärkung des Nierengewebes aufgeführt; wählen Sie eines davon aus.

Kräuter – Luzerne (Medicago sativa): Verabreichen sie die Tinktur dreimal täglich, und zwar 1 bis 2 Tropfen für kleine Hunde, 2 bis 4 Tropfen für mittelgroße Hunde und 4 bis 6 Tropfen für große Hunde. Geben Sie das Mittel, bis sich Besserung zeigt, und reduzieren Sie die Anwendung dann auf einmal täglich oder bei Bedarf. Als Alternative können Sie Luzernentabletten verwenden, und zwar (je nach Größe des Tieres) zweimal täglich 1 bis 4 Tabletten. Zerkleinern Sie sie und mischen Sie sie in das Futter.

Kräuter – Althee (Althaea officinalis): Bereiten Sie einen Aufguß aus 2 Eßlöffeln Blüten oder Blätter auf 1 Tasse kochendes Wasser, den Sie fünf Minuten ziehen lassen. Sie können auch einen (kräftigeren) Absud bereiten, indem Sie 1 Teelöffel von der Wurzel zwanzig bis dreißig Minuten in einer Tasse kochendem Wasser sieden lassen. Verabreichen Sie kleinen Hunden 1/2 Teelöffel, mittelgroßen Hunden 1 Teelöffel und großen Hunden 1 Eßlöffel, und zwar zweimal täglich. Mischen Sie das Mittel unter das Futter. Machen Sie das mehrere Wochen lang und reduzieren Sie die Gaben dann auf zweimal wöchentlich.

Salz – Calcarea phosphorica (Calc. phos.) 6× und Natrum muriaticum (Nat. mur.) 6×: Geben Sie mehrere Wochen lang morgens und abends jeweils 1 Tablette von beiden Mitteln. Reduzieren Sie dann auf zweimal wöchentlich. Als Alternative können Sie morgens und abends 2 Tabletten der Mineralsalzkombination G verabreichen.

KRISENTHERAPIE

In einer ernsten Krise ist ein Tier mit Nierenschwäche oder -versagen am besten beim Tierarzt aufgehoben. Oft ist die intravenöse Verabreichung von Flüssigkeiten lebenswichtig, weil alles, was oral verabreicht wird, sofort wieder erbrochen wird. Für den Fall, daß Sie keinen Tierarzt erreichen, schlage ich die folgende Behandlung vor, die im wesentlichen der von der Kräuterspezialistin Juliette de Bairacli-Levy angewandten Methode entspricht.

Geben Sie keinerlei feste Nahrung, bis die Krise vorüber ist. Verwenden Sie stattdessen folgendes:

Kalter Petersilientee: Lassen Sie einen Eßlöffel frische Petersilie zwanzig Minuten in einer Tasse heißes Wasser ziehen. Verabreichen Sie dreimal täglich 1 Teelöffel bis 2 Eßlöffel.

Gerstensaft: Gießen Sie drei Tassen kochendes Wasser über eine Tasse Gerste. Abdecken und über Nacht ziehen lassen. Am nächsten Morgen seihen Sie den Aufguß durch ein Stück Musselin oder Stoff. Geben Sie je zwei Teelöffel Honig und reinen Zitronensaft zu. Geben Sie Ihrem Tier zweimal täglich 1/4 bis 2 Tassen von dieser Flüssigkeit (bereiten Sie gegebenenfalls größere Portionen vor).

Pastinakbällchen: Formen Sie aus rohem, geriebenem Pastinak, der zur Entgiftung der Nieren beiträgt, und etwas dickflüssigem Honig (als Energiequelle) kleine Bällchen und verabreichen Sie sie nach Bedarf.

Sauberes Wasser: Stellen Sie jederzeit sauberes Wasser zur Verfügung. Möglicherweise kann Ihr Tier nichts im Magen behalten. Wenn das der Fall ist, verabreichen Sie ihm täglich 1 bis 3 Einläufe gegen Austrocknung und zur Entgiftung, bis das Erbrechen aufhört. Lösen Sie pro 9 kg Gewicht 1/2 Teelöffel Meersalz, 1/2 Teelöffel Kaliumchlorid (ein Salzersatz), 1 Teelöffel Zitronensaft und 500 mg Vitamin C in gut einem halben Liter warmes Wasser auf. In Kap. 15 finden Sie Hinweise zur Verabreichung. Wenn ein Tier dehydriert ist, behält es den Einlauf bei sich.

Nach der Krise können Sie das Tier wieder langsam an feste Nahrung gewöhnen, und zwar unter Anwendung des beschriebenen Programms. Denken Sie daran, das wichtigste ist die Verabreichung großer Mengen Flüssigkeit (unter Zusatz von Salz), um das Gewebe wieder zu versorgen und die Nieren durchzuspülen. Ohne genügend Flüssigkeit hat die Behandlung keinen Erfolg. Bei schwerem und anhaltendem Erbrechen richten Sie sich nach den Vorschlägen unter »Erbrechen«. Versuchen Sie es insbesonders mit dem homöopathischen Mittel Ipecac 3×.

Notfälle (siehe Notfälle und Erste Hilfe, Seite 285)

Ohrenprobleme

Nach meiner Erfahrung gibt es für Ohrenprobleme bei Hunden eine Hauptursache und drei Nebenursachen. Die Hauptursache ist anatomisch bedingt und bei vielen Rassen zu finden. Die anderen und damit zusammenhängenden Schwierigkeiten sind (1) Wasser im Ohr, das zu Infektionen führen kann, (2) festsitzende Fuchsschwänze oder andere Grannen und (3) Ohrmilben (eine Parasitenart). Lassen Sie uns der Reihe nach vorgehen.

ANATOMISCHE PROBLEME

Wölfe und Kojoten haben aufrecht stehende Ohren. Diese natürlich entstandene Form hat sich als äußerst funktionell für die Gesunderhaltung und natürlich die sehr gute Hörfähigkeit erwiesen. Wie Sie aus der Zeichnung ersehen können, wirkt der obere Teil des Ohres wie ein Trichter, der den Schall auffängt und direkt in den Ohrgang weiterleitet. Ein natürlich aufrecht stehendes Ohr erlaubt außerdem den Luftaustausch zwischen dem Ohrgang und der Außenluft und damit die Feuchtigkeitsregelung. Wenn Wasser in das Ohr gelangt, wird die Feuchtigkeit durch Kopfschütteln und unbehinderten Luftstrom schnell auf das richtige Maß reduziert.

Aber zu irgendeinem Zeitpunkt in der Evolution des Haushundes trat eine Mutation auf, die dazu führte, daß das Ohr einfach nach unten hing. Wahrscheinlich war das keine alleinstehende Mutation, sondern eher das Ergebnis einer absichtlichen Zuchtwahl durch den Menschen, der auf abgebogene und herunterhängende Ohren achtete. Diese Ohren sind außerdem größer, schwerer und stärker behaart (beim Pudel wächst das Haar sogar innen im Ohrgang).

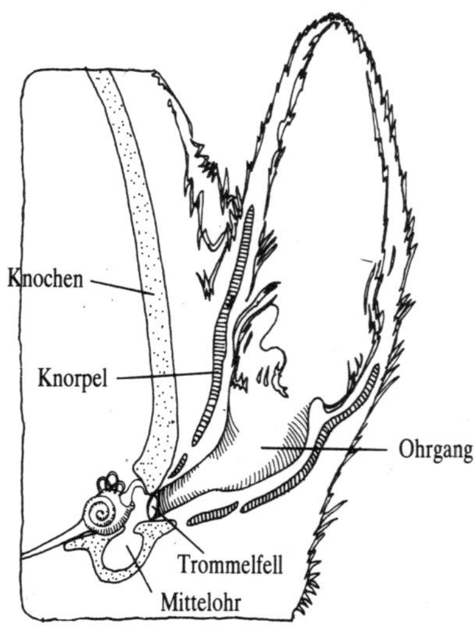

Das aufrecht stehende Ohr soll den Schall auffangen. Dadurch, daß es so offen ist, kann Feuchtigkeit entweichen.

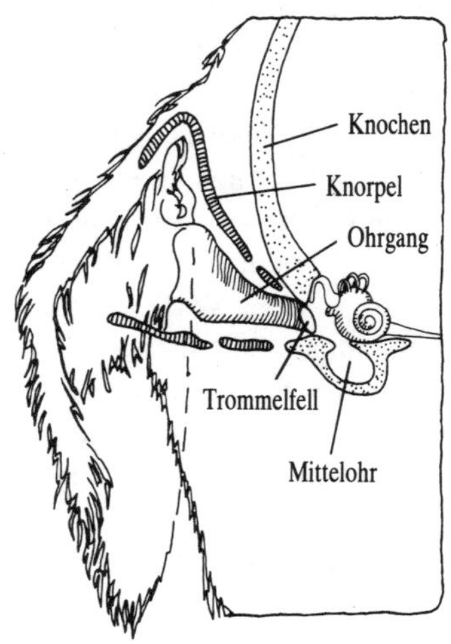

Das Schlappohr schließt die Feuchtigkeit ein und den Schall aus.

Vom gesundheitlichen Standpunkt aus sind diese Mutationen durch selektive Züchtung eine unglückliche Angelegenheit. Schlappohren mögen zwar für manche Leute anziehend wirken (der dadurch runde Kopf ähnelt vielleicht dem eines Kindes), führen aber zu viel unnötigem Leid für die Tiere. Und zu finanziellen Belastungen für ihre Besitzer.

Mit einem Blick auf die Abbildung können Sie feststellen, welch eine wirkungsvolle »Falle« das Schlappohr bildet. Der Ohrgang ist verschlossen, es kann keine Feuchtigkeit austreten, und der unbehinderte Luftaustausch ist gleich Null. Unter Berücksichtigung dieses anatomischen Problems (natürlich haben nicht alle Hunde solche Ohren) wollen wir uns jetzt die drei anderen Ursachen für Ohrenprobleme ansehen.

WASSER IM OHRGANG

Viele Hunde laufen und schwimmen gern in Bächen, Teichen und anderen Gewässern herum. Unweigerlich bekommen sie dabei Wasser in die Ohren, und dieses Wasser ist manchmal nicht unbedingt sauber. Diese überschüssige Feuchtigkeit kann zu einem Zustand führen, der in vielem der »Badeotitis« (Schwimmerohr) beim Menschen ähnelt, einer geringgradigen Reizung, die sich gelegentlich zu einer ernsthafteren Infektion entwickelt.

Wenn Ihr Hund diese Neigung hat, können Sie ihr mittels einer leicht sauren Waschung entgegenwirken, die die Möglichkeit einer bakteriellen oder Pilzinfektion verringert und heilend auf das Ohrgewebe wirkt. Immer wenn Ihr Tier im Wasser gewesen ist, spülen Sie seine Ohren mit einer warmen Lösung aus Wasser und Zitronensaft (rechnen Sie etwa eine halbe kleine, frisch ausgepreßte Zitrone auf eine Tasse Wasser). Sie können auch Wasser und weißen Essig nehmen (etwa 1 Eßlöffel Essig auf 1 Tasse Wasser). Wenn die Lösung zu »brennen« scheint, verdünnen Sie sie weiter mit warmem Wasser. Füllen Sie den Ohrgang mittels einer Tropfflasche oder kleinen Tasse und massieren Sie ihn dann von außen (siehe die Hinweise zu Ohrenpflege in Kap. 15). Lassen Sie anschließend das Tier seinen Kopf kräftig schütteln (es ist schwer, es davon abzuhalten!). Tupfen Sie alle überschüssige Feuchtigkeit in der Ohrmuschel mit einem Papiertuch ab und trocknen Sie das Ohr unmittelbar hinter der Ohröffnung mit einem Baumwolltupfer. Denken Sie daran, daß Sie nur die Feuchtigkeit beseitigen wollen und reiben Sie nicht an der Haut.

Als weitere Vorbeugungsmaßnahme können Sie die Ohren mit einem Tuch hochbinden, damit sie weiter austrocknen können. Nehmen Sie dazu jedoch nicht die Ohren selbst, sondern nur die Haare an der Spitze. Wenn in den Ohren Ihres Hundes Haare wachsen, bitten Sie Ihren Tierarzt oder die Pflegerin im Hundesalon, Ihnen zu zeigen, wie Sie sie von Zeit zu Zeit entfernen können.

FESTSITZENDE FUCHSSCHWÄNZE

Bei Hunden mit Schlappohren setzen sich viel eher Fuchsschwänze und andere Pflanzen im Ohrgang fest. Die Ohrlappen wirken wie Falltüren, die die Fuchsschwänze unmittelbar in den Ohrgang dirigieren. Gegen Fuchsschwänze und ähnliches an sich können Sie zwar (außer das Unkraut im Garten niedrig zu halten und zu kontrollieren, wohin Ihr Tier läuft) nur wenig tun, aber Sie können etwas unternehmen, wenn sie sich in den Ohren Ihres Hundes festgesetzt haben.

Inspizieren Sie nach jeder Exkursion über die Felder oder durch hohes Gras sofort die Ohren und außerdem die Pfoten. Ziehen Sie alle Fuchsschwänze heraus, die Sie sehen. Wenn Sie nichts sehen können, aber vermuten, daß tief im Ohr etwas steckt, versuchen Sie es nicht selbst zu entfernen. Dabei kommt es schnell zu Verletzungen am Ohr, oder der Fuchsschwanz wird direkt durch das Trommelfell gedrückt. Drücken Sie sanft auf den Ohrgang, der sich wie ein kleines Plastikröhrchen anfühlt und, wie in der Zeichnung, unter dem Ohr sitzt. Wenn der Hund dabei vor Schmerz winselt, besteht eine große Chance, daß sich im Innern ein Fuchsschwanz oder ähnliches festgesetzt hat.

Wenn in einem solchen Fall keine sofortige tierärztliche Hilfe zur Verfügung steht, tröpfeln Sie etwas warmes Olivenöl in das Ohr. Dadurch wird das pflanzliche Material erweicht und übt weniger Reiz aus. Sehr selten kommt es vor, daß ein Hund einen mit Öl gesättigten Fuchsschwanz herausschüttelt, aber damit sollten Sie nicht rechnen. Bringen Sie Ihren Hund möglichst bald zum Tierarzt. Der Fremdkörper muß (manchmal unter Betäubung) mit den richtigen Instrumenten entfernt werden, oder es kommt zu sehr ernsten Schäden. Wenn er im Ohr bleibt, kann er fürchterliche Infektionen verursachen.

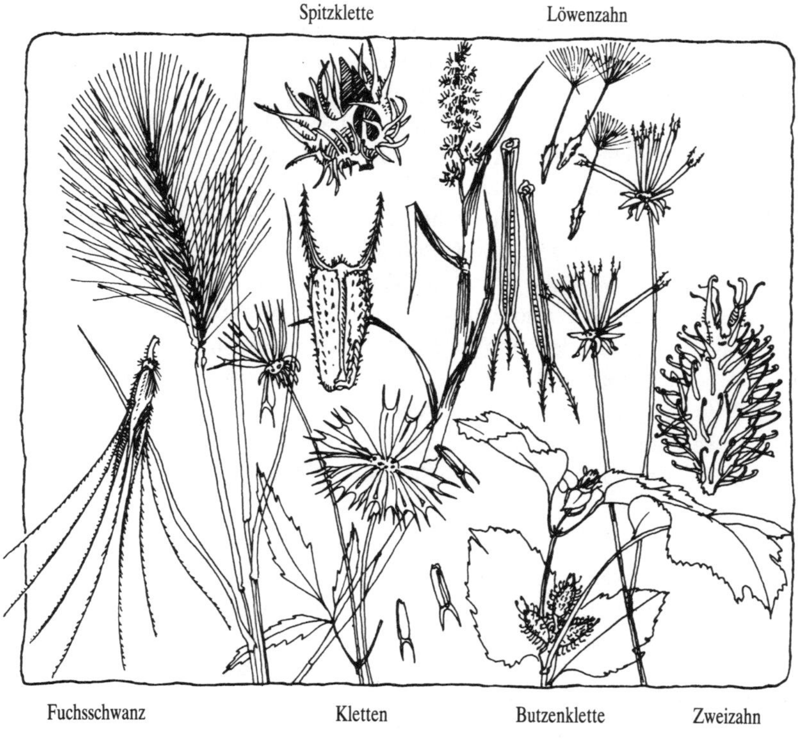

Achten Sie auf Samen, Kletten oder ähnliches, das in Ohren, Augen oder Haut Ihres Tieres eindringen könnte.

OHRMILBEN

Ohrmilben finden sich sehr häufig bei Katzen, und Hunde bekommen sie in der Regel von diesen. Weil ein Allgemeinzustand geringer Vitalität praktisch eine Einladung zu einem Befall bildet, trägt eine verbesserte Ernährung indirekt zu Vorbeugung und Genesung bei (siehe Ernährungshinweise in Kap. 3). Knoblauch und Bierhefe sind besonders nützlich. Bei Hunden ist ein Befall mit Ohrmilben durch häufiges Kopfschütteln und Ohrenkratzen gekennzeichnet. Schlechter Geruch oder Ausfluß treten in der Regel nicht auf, aber bei einer Untersuchung durch den Tierarzt sieht der Ohrgang gerötet und entzündet aus. Wahrscheinlich müssen Sie eine solche Untersuchung vornehmen lassen, denn die Milben sind fast mikroskopisch klein und mit unbewaffnetem Auge nur schwer zu sehen. Wenn Sie jedoch eine Katze mit Ohrmilben haben und Ihr Hund plötzlich auch diese Symptome zeigt, besteht eine große Aussicht, daß er sie ebenfalls hat.

Eine milde Heilbehandlung beginnt mit etwa 15 cm^3 Olivenöl und 400 I. E. Vitamin E (aus der Kapsel). Vermischen Sie beides in einer Tropfflasche und bringen Sie die Mischung im Wasserbad auf Körpertemperatur. Halten Sie das Ohr hoch und geben Sie in beide Ohren jeweils einen oder zwei Tropfen. Massieren Sie den Ohrgang so, daß Sie ein fließendes Geräusch hören. Lassen Sie nach ein paar Minuten das Tier den Kopf schütteln. Säubern Sie anschließend die Öffnung (nicht zu tief im Ohr) mit Baumwolltupfern von Schmutz und restlichem Öl. Die Olivenölmischung erstickt viele Milben. Sie leitet außerdem im Ohr einen Heilungsprozeß ein, der es für die kleinen Parasiten weniger bewohnbar macht. Wenden Sie diese Behandlung drei Tage lang einmal täglich an; bewahren Sie die Mischung zwischendurch festverschlossen im Kühlschrank auf.

Lassen Sie das Ohr nach der letzten Behandlung drei Tage lang in Ruhe. Bereiten Sie in der Zwischenzeit die nächste Medizin vor, nämlich einen Kräuterextrakt, der die Milben direkt angreift und abtötet. Nehmen Sie dazu eines oder mehrere von den folgenden Kräutern: Thymian (Thymus vulgaris), Rosmarin (Rosemarinus officinalis) und Gartenraute (Ruta graveolens). Zerstoßen Sie etwa 30 g getrocknete oder 60 g frische Kräuter in einem Mörser oder Mixer. Geben Sie sie zusammen mit 1/2 Tasse Olivenöl in ein sauberes Gefäß. Stellen Sie das Gefäß für die dreitägige Pause zwischen den Behandlungen an einen warmen Ort wie etwa eine sonnige Fensterbank oder auf einen Boiler. Schütteln oder rühren Sie die Mischung mehrmals täglich durch, um die essentiellen Öle zu extrahieren.

Wenn die Mischung fertig ist, seihen Sie sie durch ein Tuch. Füllen Sie sie in eine 30-cm^3-Tropfflasche und geben Sie zur Konservierung und Erhöhung der Heileigenschaften 400 I. E. Vitamin E zu. Geben Sie in den nächsten drei Tagen wieder einmal täglich je 1 bis 2 Tropfen vorgewärmtes Kräuteröl in beide Ohren. Massieren Sie den Ohrgang und entfernen Sie überschüssiges Öl. Unterbrechen Sie dann die Behandlung für die folgenden zehn Tage. Danach wiederholen Sie die dreitägige Behandlung mit dem Kräuteröl (das Sie zwischendurch im Kühlschrank aufbewahren). Diese Wiederholung dient dazu, die inzwischen aus Eiern im Ohrgang oder im Haar am Ohreingang ausgeschlüpften Milben zu töten. Waschen Sie zwischen den Behandlungsperioden Kopf und Ohren mit einem guten Shampoo.

Wenn nötig, können Sie diese Kräuterbehandlung nach einer Pause von zehn Tage noch einmal wiederholen. Wenn der Befall jedoch anhält oder wieder auftritt, kann das auf einen allgemein schlechten Gesundheitszustand hinweisen, der das Tier anfällig macht. In solchen Fällen kommt es in der Regel auch zu Floh- und Wurmbefall.

Pankreatitis

Bei der Pankreatitis (Bauchspeicheldrüsenentzündung) handelt es sich um eine plötzliche schwere Erkrankung, die in der Regel bei übergewichtigen Hunden mittleren Alters auftritt, die sich lange Zeit an fettreicher Nahrung gütlich getan haben oder zu oft Abfallbehälter geplündert haben. Zu den Symptomen gehören unter anderem völlige Appetitlosigkeit, schweres und häufiges Erbrechen, Durchfall mit Blut im Stuhl, Widerwillen gegen Bewegung, Schwäche und Schmerzen (Winseln und Ruhelosigkeit).

Die Schwere der Erkrankung kann zwischen einer leichten, nahezu unbemerkten Entzündung und einem schweren, schockähnlichen Zusammenbruch schwanken, der zum Tode führen kann. Das Zentrum des Problems liegt im Verdauungstrakt, und zwar besonders in der Bauchspeicheldrüse. Es ist das Resultat einer langanhaltenden schlechten Ernährung mit fett- und zuckerreicher Kost, die der Bauchspeicheldrüse übermäßig viel Verdauungsenzyme und Insulin abverlangt.

Vorbeugung und Behandlung: Die Vorbeugung besteht schlicht und einfach aus einer ausgewogenen Ernährung in Verbindung mit regelmäßiger und ausreichender Bewegung. Die Bewegung ist wichtig, weil sie die Verdauung und die Peristaltik des Darmtrakts verbessert und damit den Stuhlgang reguliert. Außerdem dient sie dazu, das Gewicht zu halten. Überfüttern Sie Ihren Hund nicht, weil Fettleibigkeit ein prädisponierender Faktor ist. Viele Leute sitzen schließlich mit einem fetten Hund da, weil es ihnen Freude macht, das Tier herzhaft fressen zu sehen. Wenn Sie sich angesprochen fühlen, lesen Sie in Kap. 10 und unter »Gewichtsprobleme« nach.

Zur Behandlung muß das Tier in der Regel in die Klinik, wo es flüssig ernährt wird, wenn es unter extremem Erbrechen und Durchfall leidet. Bei leichter, aber wiederholt auftretender Erkrankung sollten die folgenden Maßnahmen dazu beitragen, einen ausgewogenen Gesundheitszustand wiederherzustellen.

Füttern Sie die grundlegende Naturkost mit Zusätzen (Kap. 3 und 4), allerdings mit Ausnahme von Pflanzenölen oder Butter sowie anderen fettreichen Nahrungsmitteln, die die Bauchspeicheldrüse reizen könnten. Verwenden Sie aber den Lebertran oder an dessen Stelle eine Kapsel mit Vitamin A und D. Achten Sie darauf, das Vitamin E zu verwenden (das hier dem Weizenkeimöl vorzuziehen ist); es trägt dazu bei, eine Vernarbung der Bauchspeicheldrüse zu verhindern. Im Hinblick auf Gemüse sollten Sie sich auf rohen, geriebenen Kohl und Mais (am besten roh) konzentrieren, aber auch anderes Gemüse einbeziehen. Meiden Sie Obst.

Verabreichen Sie statt einer großen häufig kleine Mahlzeiten. Alle Nahrungsmittel sollten Zimmertemperatur haben, damit sie am besten verdaut werden.

Geben sie regelmäßig Vitamin C und Bioflavonoide, möglichst dreimal täglich. Verabreichen Sie je nach Größe des Hundes bei jeder Dosis 250 bis 1000 mg Vitamin C. Natriumascorbatpulver ist möglicherweise besser verträglich als Ascorbinsäure, die manchmal Reizwirkung auf den Verdauungstrakt ausübt (1 Teelöffel Ascorbatpulver entspricht etwa 4000 mg). Verabreichen Sie 25 bis 50 mg Bioflavonoid (Vitamin P), um die Wirkung des Ascorbats zu steigern.

Lassen Sie alle Nahrungsmittel und Zusätze beiseite, die den Verdauungstrakt zu reizen oder die Symptome zu verschlimmern scheinen. Suchen Sie einen Ersatz für alle Zusätze, die Sie absetzen.

Versuchen Sie es außer mit der obigen Ernährung mit einem der folgenden aufbauenden Mittel:

Kräuter – Gemeine Schafgarbe (Achillea millefoilium): Bereiten Sie einen Tee aus der ganzen Pflanze. Geben Sie etwa 30 g frische, saubere Schafgarbe in 1/2 l kochendes Wasser (oder 1 Teelöffel getrocknete Schafgarbe in 1 Tasse Wasser). 10 Minuten ziehen lassen und abseihen. Geben Sie dem Tier (je nach Größe) dreimal täglich 1 Teelöffel bis 2 Eßlöffel. Schafgarbe kräftigt die Bauchspeicheldrüse und wirkt gegen innere Blutungen. Sie ist angezeigt bei Durchfall mit dunklem, schokoladefarbenem Stuhl, der schwarz wird (und vielleicht Blut enthält) und übel riecht.

Homöopathisches Mittel – Iris versicolor 3× (blaue Schwertlilie): Dieses Mittel ist besonders gut geeignet bei Bauchspeicheldrüsenentzündung und möglicherweise wirkungsvoller als Schafgarbe: allerdings bekommt man es nicht so leicht. Geben Sie bei einem Anfall alle drei Stunden 1 Tablette. Reduzieren Sie die Dosis, wenn die Symptome nachlassen (erst dreimal täglich, dann zweimal täglich).

Salz – Natrum phosphoricum (Nat. phos.) 3× oder 6× und Ferrum phosphoricum (Ferr. phos.) 6×: Geben Sie bei Bedarf abwechselnd alle zwei Stunden 1 oder 2 Tabletten Nat. phos. und 1 oder 2 Tabletten Ferr. phos. Diese Behandlung ist besonders in der Entzündungsphase sehr nützlich. Auf lange Sicht kann später Nat. phos. allein verabreicht werden, um das Verdauungssystem zu kräftigen. Verabreichen Sie dreimal täglich 1 bis 2 Tabletten.

Paralyse

Die Ursachen einer Paralyse reichen von Unfällen mit Rückenmarksschädigung über Blutgerinsel in Hirnarterien bis hin zu Bandscheibenvorfall und vielen anderen. Wir wollen uns hier mit den beiden häufigsten Ursachen befassen, nämlich Bandscheibenvorfall und Spondylose (Calciumablagerungen auf der Wirbelsäule).

In gewissem Umfang lassen sich diese beiden Leiden zusammen behandeln, weil es sich jeweils um degenerative Vorgänge handelt, die die Wirbelsäule betreffen. Bei Bandscheibenvorfall rutscht das weiche, gelatineähnliche Material zwischen den Wirbeln (Knochen, die das Rückenmark umschließen) aus seiner normalen Lage und übt Druck auf das Rückenmark aus. Augenscheinliche Ursache dafür ist eine Schwächung der Bänder, die dieses Material an Ort und Stelle halten. Der Zustand ist schlimmer bei Rassen, die, wie der Dackel, im Verhältnis zu ihren Beinen einen langen Rücken haben.

Spondylose tritt häufiger bei großen Hunden wie etwa dem deutschen Schäferhund auf. Sie hängt zusammen mit einer langfristigen Entzündung der Wirbel, die der Körper dadurch zu heilen versucht, daß er die Wirbelsäule mittels Calciumablagerungen ruhigstellt. Diese Ablagerungen greifen schließlich auf die Nerven über, die vom Rückenmark ausgehen, und beeinträchtigen deren Funktion. Für das ungeübte Auge sind die Symptome nicht ohne weiteres ersichtlich. Achten Sie auf eine gewisse Rückensteifheit und auf Schwierigkeiten oder Schmerzen beim Aufstehen. Eine Diagnose erfolgt in der Regel nur nach einer Röntgenaufnahme. Spondylose geht auch oft mit Hüftgelenksdysplasie einher, so daß Sie auch unter diesem Begriff nachschlagen sollten.

Vorbeugung: Ich bin der Meinung, daß beiden Leiden gemeinsame Ursachen zugrunde liegen – schlechte Ernährung, unzureichende körperliche Bewegung und Streß. Man kann ihnen besser vorbeugen, als sie behandeln. Ihre beste Versicherung besteht darin, daß Sie die Empfehlungen und Ratschläge zu einer natürlichen Ernährung in Kap. 7 befolgen. Lesen Sie auch noch einmal in Kap. 9 nach; wählen Sie keine Rasse, die aufgrund einer modifizierten Anatomie für Bandscheibenvorfall und andere Rückenprobleme anfällig ist.

Behandlung: Wenn Ihr Tier bereits Bandscheibenprobleme hat, die gelegentlich aufflackern, können Sie folgendes tun.

Konzentrieren Sie sich auf die richtige Ernährung. Meiden Sie Fertigfutter und Naschereien und verwenden Sie nur die in diesem Buch beschriebene Naturkost mit Zusätzen. Achten Sie darauf, regelmäßig Bierhefe in das Futter zu geben, weil sie gegen dieses Problem hilft. Das Vitamin E trägt dazu bei, Entzündungen zu verringern.

Geben Sie außer den normalen Zusätzen zweimal täglich 500 bis 1000 mg Vitamin C, um das betroffene Bindegewebe zu kräftigen und dem Streß entgegenzuwirken.

Zur spezifischen Behandlung können Sie das homöopathische Mittel Nux vomica 3× (Brechnuß) verwenden. Es ist am wirkungsvollsten bei Rückenschmerzen und Schwäche oder Lähmung der Hinterbeine. Geben Sie das Mittel besonders zu Anfang und bei Anfällen dreimal täglich und verringern Sie die Gaben, wenn eine Besserung eintritt. Wenn es nach mehrwöchiger Behandlung mit diesem Mittel zu Verstopfung kommt, setzen Sie es ab, bis es wieder benötigt wird.

Wenn Sie das Problem frühzeitig erkennen, kann Nux vomica dazu beitragen, Schmerzen, Muskelverhärtungen und Symptome an den Hinterbeinen, für die es angezeigt ist, zu verhüten. Hunde, die bereits lange Zeit gelähmt sind, reagieren möglicherweise nicht so schnell. Versuchen Sie es in diesem Fall mit den Mineralsalzen Kali phosphoricum (Kali phos.) 6× oder Magnesia phosphorica (Mag.

phos.) 6×, und zwar entweder allein oder abwechselnd. Geben Sie mehrere Wochen lang dreimal täglich 1 bis 2 Tabletten. Sie können diese Mittel statt oder nach Nux vomica verabreichen.

Ein gelähmtes Tier profitiert von Rücken- und Beinmassage und passiver Gliederbewegung, weil sich die Muskeln dann nicht zurückbilden. Wenn leichte, willkürliche Beinbewegungen vorliegen, können Sie dem Tier Bewegung verschaffen, indem Sie es in einer Badewanne »schwimmen« lassen. Fangen Sie dabei den größten Teil seines Gewichts mit einem Handtuch auf.

Auch Akupunktur und Chiropraxis haben bei einem solchen Problem schon geholfen.

Zum Problem der Spondylose ist leider zu sagen, daß sie nur schwer zu behandeln ist, wenn sie erst einmal besteht. Bei einem bereits gelähmten Hund ist die Aussicht auf Besserung geringer als bei einem nur geschwächten Tier. Eine kurze Fastenkur (siehe Kap. 15), gefolgt von der grundlegenden natürlichen Ernährung mit Zusätzen, kann hilfreich sein. Besonders wichtig sind Lebertran (Vitamin A und D), Knochenmehl (Calcium), Vitamin E (oder Weizenkeimöl) und Vitamin C (siehe »Arthritis«).

Außer Bewegung und Massage kommt noch eine Behandlung mit den Mineralsalzen Kali phosphoricum (Kali phos.) 6× (jeden Abend 2 bis 4 Tabletten) und Silicea 6× (jeden Morgen 2 bis 4 Tabletten) in Frage.

Führen Sie diese Behandlung mehrere Wochen lang oder bis zur Besserung durch. Wenn sich positive Ergebnisse zeigen, erhöhen sie allmählich das Maß an Bewegung, damit sich die Muskeln wieder ausbilden.

Probleme mit den Fortpflanzungsorganen

Die beiden häufigsten Probleme mit den Fortpflanzungsorganen, Pyometra und Metritis, betreffen das weibliche Tier. In beiden Fällen sitzt die Störung in der Gebärmutter und muß behandelt werden, bevor sie zu weit fortschreitet. Wir wollen uns mit diesen beiden und anschließend mit der Mastitis (Brustdrüsenentzündung) befassen.

PYOMETRA

Die sich langsam über Monate oder Jahre hinweg entwickelnde Pyometra kann man daran erkennen, daß sich unregelmäßige Läufigkeitsperioden einstellen und rötlicher Schleim aus der Vagina abgesondert wird. Dieser Ausfluß tritt zwischen den Läufigkeitsperioden auf. Eine nicht erkannte und unbehandelte Pyometra schreitet bis zu dem Punkt vor, an dem sich folgende Symptome zeigen: schwere Depression, Appetitverlust, Erbrechen, Durchfall, farbloser Ausfluß aus der Vagina (nicht immer vorhanden), übermäßiges Wassertrinken und übermäßiges Wasserlassen. Die Aufnahme großer Mengen Flüssigkeit kann wie Nierenversagen aussehen, aber die anderen Symptome – insbesondere der Ausfluß aus der Vagina und dessen Auftreten bei nicht sterilisierten Tieren im Alter von mehreren Jahren – unterscheiden eine Pyometra von Nierenproblemen.

Anfällig dafür sind nicht sterilisierte Hündinnen, die immer wieder läufig werden, ohne gedeckt zu werden. Eine wahrscheinliche Nebenursache liegt in einer Nahrung, die Rindermasthormone und natürliche Hormone enthält. Diese Hormone finden sich in Fleischmehl und anderem Tierfutter in konzentrierter Form und machen die Gebärmutter anfällig für Störungen. Die Vorbeugung ist daher einfach – Sterilisation des jungen weiblichen Tieres.

Behandlung: Die Behandlung besteht in der Regel in der operativen Entfernung der Gebärmutter, die zu diesem Zeitpunkt wahrscheinlich recht groß und durch Flüssigkeit angeschwollen ist. Die Operation ist im Prinzip die gleiche wie bei einer Sterilisation, aber viel ernster und komplexer. Bei Hündinnen entwikkelt sich die Pyometra plötzlich zu einer Krise, die einen derartigen Eingriff durch einen Tierarzt erforderlich macht.

Nicht so stark betroffenen Tieren kann man mit dem homöopathischen Mittel Helonias 3× (Sumpflilie) helfen, von dem mehrere Tage lang alle zwei Stunden 1 bis 2 Tabletten verabreicht werden. Am ehesten profitiert davon eine Hündin mittleren Alters, die depressiv ist und ruhig liegen möchte. Sie hat Ausfluß aus der Vagina in Verbindung mit übermäßigem Trinken und Wasserlassen sowie bei Druck Schmerzen im Rücken (über den Nieren).

METRITIS

Direkt nach dem Wurf und gelegentlich unmittelbar nach dem Deckvorgang ist die Gebärmutter anfällig für bakterielle Infektionen. Sollte es dazu kommen, zeigen sich ernsthafte Symptome. Das Tier hat Fieber und Depressionen, sorgt nicht für die Jungen und hat einen übelriechenden Ausfluß aus der Vagina. Normalerweise ist der Vaginalausfluß nach einer komplikationsfreien Geburt dunkelgrün bis braun und geruchlos. Wenn alle Jungtiere und Nachgeburten ordnungsgemäß ausgestoßen worden sind, sieht der Ausfluß innerhalb von zwölf Stunden mehr wie ein farbloser Schleim aus (er kann aber mit Blut durchsetzt sein). Wenn aber 12 bis 24 Stunden nach dem Wurf der dunkelgrüne bis rötlichbraune dickflüssige und in der Regel übelriechende Ausfluß noch anhält, ist die Gebärmutter wahrscheinlich infiziert.

Vorbeugung und Behandlung: Eine Metritis ist fast immer eine ernste Angelegenheit. Sie sollten sich um tierärztliche Hilfe bemühen. Sie können ihr aber möglicherweise vorbeugen, wenn Sie dem Tier zur Zeit der Geburt und anschließend Ferrum phosphoricum (Ferr. phos.) 6× verabreichen, wie es im Abschnitt über Dystokie unter »Trächtigkeit, Geburt und Pflege von Neugeborenen« beschrieben ist.

Wenn das Tier schwere Wehen gehabt hat, kann es zu Metritis kommen. Geben Sie zur Vorbeugung Echinacea (Echinacea angustifolia oder E. purpurea). Beginnen Sie damit, wenn Sie das Ferr. phos. dreimal im Abstand von vier Stunden verabreicht haben. Geben Sie alle zwei Stunden 2 bis 6 Tropfen Kräutertinktur (oder Absud). Auch im Frühstadium einer Metritis können Sie diese Behandlung anwenden.

MASTITIS

Wenn die Brustdrüsen Milch absondern, sind sie für Infektionen anfälliger als zu anderen Zeiten. Eine infizierte Zitze ist hart, empfindlich, schmerzhaft und verfärbt (rötlich-violett). Es kann auch zu Abszessen und Ausfluß kommen. Der Tierarzt verschreibt in der Regel Antibiotika. Ein homöopathisches Mittel, das ich schon erfolgreich angewandt habe, ist Phytolacca 3× (alle vier Stunden 1 bis 2 Tabletten, bis die Zitzen wieder normal aussehen, und anschließend ein paar Tage lang zweimal täglich 1 bis 2 Tabletten).

Räude (siehe »Hautparasiten«)

Ruhr (siehe »Durchfall und Ruhr«)

Scherpilzflechte (siehe »Hautparasiten«)

Sinusitis (siehe »Infektionen der oberen Atemwege«)

Staupe, Chorea

Wir wollen der Reihe nach beide Krankheiten betrachten, da sie miteinander verwandt sind (Chorea tritt häufig als Folge von Staupe auf).

HUNDESTAUPE

Die Staupe ist eine so häufige Krankheit, daß, wenn überhaupt, nur wenige Hunde davor gefeit sind. Man nimmt an, daß der Hauptfaktor bei der Staupe ein Virus ist, der durch die Luft (durch Ausatmen oder Niesen) oder durch Kontakt mit infizierten Objekten (Schüsseln, Spielzeug, Knochen usw.) übertragen wird.

Die Staupe durchläuft verschiedene Stadien. Nach einer sechs- bis neuntägigen Inkubationszeit (die in der Regel nicht bemerkt wird) kommt es für kurze Zeit zu Fieber und Unwohlsein. Danach geht es dem Hund ein paar Tage oder eine Woche lang wieder normal, bis sich plötzlich die typischen Staupesymptome zeigen: Fieber, Appetit- und Energieverlust und möglicherweise ein klarer Ausfluß aus der Nase. Innerhalb kurzer Zeit schreitet die Krankheit fort, und der Hund zeigt zusätzlich eines oder mehrere der folgenden Symptome: schwere Konjunktivitis (Bindehautentzündung) mit einer dickflüssigen Absonderung, die die Lider verklebt, starke Schleim- oder Eiterabsonderung aus der Nase, Durchfall und Hautausschlag am Bauch oder zwischen den Hinterbeinen.

Ich habe zwar viele Staupefälle nach der orthodoxen Methode mit Antibiotika, Flüssigkeiten und anderen Medikamenten behandelt, dabei aber nicht viele Erfolge erlebt. Manchmal scheint diese Behandlung sogar schädlich zu sein. Ich sage das, weil eine typische Komplikation der Staupe in einer augenscheinlichen Besserung oder Genesung besteht, der dann später eine schwere Gehirnentzündung (Enzephalitis) oder eine Entzündung in kleineren Bereichen des Rückenmarks folgt. In diesem Stadium werden die Tiere in der Regel eingeschläfert, weil jede orthodoxe Behandlung nahezu immer wirkungslos ist. Ich bin davon überzeugt, daß eine medikamentöse Behandlung die Wahrscheinlichkeit einer Enzephalitis erhöht, während Naturheilverfahren diese Wahrscheinlichkeit herabsetzen. Ich habe erlebt, wie viele Staupefälle mit einer Reihe alternativer Methoden erfolgreich behandelt wurden.

Behandlung: Um die obigen Komplikationen auszuschließen, ist es unbedingt erforderlich, in der akuten Phase mit Fieber keinerlei feste Nahrung zu verabreichen. Die normale Rektaltemperatur sollte 39 °C nicht übersteigen. Lassen Sie den Hund, wie in Kap. 15 beschrieben, bei Gemüsebrühe und sauberem Wasser bis mindestens einen Tag nach Wiedererreichen der Normaltemperatur fasten. Sollte das Fieber zurückkehren, lassen Sie ihn wieder fasten. Schreiben Sie morgens und abends die jeweilige Körpertemperatur auf, damit Sie einen Überblick über den Fieberverlauf haben und sagen können, wann es wirklich vorbei ist.

Falls Sie sich fragen, wie lange der Hund ohne feste Nahrung auskommt, ohne zu verhungern – ein normales gesundes Tier hält es ohne weiteres mehrere Wochen lang aus. Ein staupekranker Hund mit normalem Gewicht und normalem Allgemeinzustand (kein Welpe) profitiert von Fastenkuren von bis zu sieben Tagen. So lange brauchen jedoch nur wenige Tiere. Achten Sie darauf, daß jederzeit frisches, sauberes Wasser zur Verfügung steht.

Vitamin C zur ergänzenden Behandlung ist sehr wichtig. Ich habe viele an Staupe erkrankte Hunde gesehen, die sich nur durch Vitamin-C-Gaben und eine Fastenkur erholt haben. Dosieren Sie folgendermaßen: Alle zwei Stunden 250 mg für Welpen und kleine Hunde, alle zwei Stunden 500 mg für mittelgroße Hunde und alle drei Stunden 1000 mg für große oder riesige Hunde. Unterbrechen Sie die Behandlung während der Nacht, weil Ruhe ebenfalls wichtig ist. Sobald das akute Stadium und das Fieber vorüber sind, können Sie den Zeitabstand zwischen den Vitamingaben verdoppeln. Setzen Sie die Behandlung bis zur endgültigen Genesung fort.

Pflege der Augen ist erforderlich, weil es zu heftigen Entzündungen der Lider kommen kann. Baden Sie die Augen, wie in Kap. 15 beschrieben, mit einer Salzlösung und geben Sie dann in beide Augen jeweils einen Tropfen Rizinusöl, Lebertran oder Olivenöl zur Heilung und zum Schutz.

In den Frühstadien der Staupe kann die Behandlung mit einem der folgenden Mittel beträchtlich helfen:

Homöopathisches Mittel – Distemperinum 30×: Dieses aus dem Staupevirus hergestellte Mittel ist das wirkungsvollste, das ich jemals in den Frühstadien der Krankheit angewandt habe. Ich habe erlebt, daß es in nur einem oder zwei Tagen zur Genesung führte. Verabreichen Sie morgens und abends jeweils 1 Tablette, bis sich eine Besserung zeigt, anschließend nur noch, wenn die Symptome wieder aufflackern.

Salz – Ferrum phosphoricum (Ferr. phos.) 3× oder Natrum muriaticum (Nat. mur.) 6×: Möglicherweise nehmen Sie lieber diese Salze, weil sie leichter zu bekommen sind als Distemperinum. Verwenden Sie Ferr. phos. im Frühstadium mit Fieber und Nat. mur. im Frühstadium mit heftigem Niesen.

Homöopathisches Mittel – Hyland's homöopathisches Kombi-Präparat Nr. 11: Als weitere Alternative enthält dieses besondere Produkt drei Kräuter und ein Salz in homöopathischer Form, die im Frühstadium mit Fieber als dominierendem Symptom nützlich sind. Dosierung: 1 bis 2 Tabletten im auf dem Etikett angegebenen Zeitabstand.

In den späteren Stadien der Staupe nehmen Sie eines der folgenden Mittel (wenn Sie nicht schon früher mit der Behandlung begonnen haben oder wenn die Krankheit trotz der Behandlung bis zu diesem Punkt fortgeschritten ist):

Kräuter – Gelbwurzel (Hydrastis canadensis): Die für Tiere mit weiter fortgeschrittener Staupe mit gelblichen Schleimabsonderungen aus der Nase, Depressionen und Hautausschlägen angezeigte Gelbwurzel kann auf zwei Arten angewandt werden.

1. Bei der ersten Art bereiten Sie sorgfältig eine Mischung aus 7 Teilen Gelbwurzelpulver, 2 Teilen Süßholzwurzelpulver und 1 Teil Ingwerpulver. Sie können die Mischung in Kapseln füllen, sie läßt sich aber leichter als »Brei« aus Pulver und etwas Wasser verabreichen. Dosieren Sie folgendermaßen: zweimal täglich knapp 1/8 Teelöffel für Welpen und sehr kleine Hunde, dreimal täglich 1/8 Teelöffel für kleine Hunde, zweimal täglich 1/4 Teelöffel für mittelgroße Hunde und dreimal täglich 1/4 Teelöffel für große Hunde.

2. Eine weitere Möglichkeit besteht darin, eine Gelbwurzeltinktur zu besorgen. Bereiten Sie aus 2 Tropfen Tinktur, 60 Tropfen (1 randvoller Teelöffel) Branntwein oder Wodka und 120 Tropfen (2 Teelöffel) destilliertem Wasser in einer sauberen, neuen Tropfflasche eine homöopathische Verdünnung zu. Mischen Sie die Zutaten sorgfältig durch, indem Sie die verschlossene Flasche mindestens zwanzigmal kräftig gegen die Handfläche schlagen (so daß sich Schaum bildet). Verabreichen Sie je nach Größe des Tieres alle zwei Stunden oral 1 bis 3 Tropfen. Setzen Sie das Mittel ab, wenn sich eine widrige Reaktion (erhöhte Lethargie oder Verbergen in einer Ecke oder an einem dunklen Platz) zeigt; setzen Sie die Behandlung ansonsten mehrere Tage lang fort, solange sie zu helfen scheint.

Salz – Kali muriaticum (Kali mur.) 6× und Calcarea sulphurica (Calc. sulph.) 6×: Diese Mittel helfen in dem Stadium mit starker Schleimabsonderung und Entzündung von Nase und Hals und sollten abwechselnd alle zwei Stunden verabreicht werden (jeweils 1 bis 2 Tabletten).

Homöopathisches Mittel – Hyland's homöopathisches Kombi-Präparat Nr. 14: Dieses Produkt aus drei Kräutern und einem Jodsalz in homöopathischer Form hilft in Fällen, in denen das Tier über die Fieberphase hinaus ist und Symptome am Kopf zeigt, z. B. Augenreizungen und laufende Nase. Dosierung: 1 oder 2 Tabletten gemäß Angaben auf dem Etikett.

Genesung: Bei richtiger Behandlung ist die Staupe eigentlich eine nicht zu schwere Krankheit, bei der man davon ausgehen kann, daß die Genesung in wenigen Tagen bis einer Woche eintritt. Im Einzelfall scheinen der anfängliche Gesundheitszustand des Tieres und (bei Welpen) der Grad der vom Muttertier erworbenen Immunität wichtige Faktoren für die Schwere der Krankheit zu sein.

Wenn die Genesung nur schwer vonstatten geht, nicht vollständig ist oder das

Tier in geschwächtem Zustand zurückläßt, sollten die folgenden Maßnahmen helfen. Verfüttern Sie die proteinreiche Rekonvaleszenznahrung aus Kap. 5, und zwar unter besonderer Berücksichtigung von Hafer (der das Nervensystem stärkt) und B-Vitaminen (geben Sie ein paar Wochen lang täglich eine natürliche B-Komplex-Tablette im Bereich von 10 bis 50 mg).

Gegen körperliche Schwäche nach der Krankheit und als Nerventonikum verabreichen Sie eine Tinktur aus Gemeinem Hafer (Avena sativa). Geben Sie zweimal täglich 2 bis 4 Tropfen bei kleinen Hunden oder Welpen, 4 bis 8 Tropfen bei mittelgroßen Hunden und 8 bis 12 Tropfen bei großen Hunden.

Wenn das Tier nach der Krankheit ein geschwächtes Verdauungssystem, Restdurchfall oder Beschwerden im Brustbereich hat, verabreichen Sie dreimal täglich frisch geriebenen Knoblauch (Allium sativum). Nehmen Sie 1/2 kleine Zehe für kleine Hunde und Welpen, 1/2 große Zehe für mittelgroße Hunde und 1 Zehe für große Hunde. Geben Sie den Knoblauch in das Futter oder formen Sie »Pillen« aus Knoblauch, Honig und Mehl.

CHOREA

Chorea tritt in der Regel als Nachwirkung der Virusinfektion bei der Staupe auf, und zwar als Resultat einer teilweisen Schädigung des Rückenmarks oder des Gehirns. Chorea ist eine Krankheit, bei der alle paar Sekunden irgendein Muskel im Körper zuckt (in der Regel ein Bein-, Hüft- oder Schultermuskel). Manchmal geht diese Muskelkontraktion sogar im Schlaf weiter. Die Krankheit wird als unheilbar angesehen, und die meisten dieser Tiere werden eingeschläfert; manchmal (selten) kommt es jedoch zur spontanen Genesung. Ich glaube, es lohnt sich, es einmal mit einer alternativen Therapie zu versuchen; vielleicht stellt sich ein Erfolg ein. Lesen Sie den Abschnitt über »Verhaltensstörungen«, da einige der darin enthaltenen Informationen über Ernährung und Kräuter auch hier zutreffen. Versuchen Sie es zusätzlich mit folgender Sonderbehandlung:

Verabreichen Sie mehrere Wochen lang dreimal täglich 1 bis 3 Tabletten der folgenden Mittel: Hyland's Nerventonikum, Hyland's biochemische Phosphate oder Luyties' biochemische Tabletten »E«. Es gibt sie oft in Reformhäusern.

Steine (siehe »Blasenprobleme«)

Sterilisation und Kastration

Bei diesen Operationen werden die Fortpflanzungsorgane entfernt. Bei der Sterilisation handelt es sich um eine Ovariohysterektomie, eine Entfernung von Eierstöcken und Gebärmutter; dadurch kann das Tier nicht mehr trächtig werden, und es kommt auch nicht mehr zur Läufigkeit. Die Kastration ist die operative Entfernung der Testikel (Hoden) des männlichen Tieres (der Hodensack bleibt erhalten). Sie verhindert das Decken eines weiblichen Tieres und reduziert Aggressivität, Streunen und Territorialverhalten. Beide Operationen werden schmerzlos unter Betäubung durchgeführt, und die Tiere erholen sich anschließend schnell.

Manche Menschen, die ihren Tieren ein natürliches Leben ermöglichen wollen, haben wegen dieser scheinbar einschneidenden chirurgischen Eingriffe Bedenken. Aber die positiven Wirkungen sowohl für das Tier wie auch für die Gesellschaft überwiegen die negativen Folgen (hauptsächlich Neigung zu Gewichtszunahme bei Überfütterung) bei weitem. Zweimal oder öfter im Jahr läufig zu werden und sich nicht fortpflanzen zu dürfen, ist für das weibliche Tier belastend und frustrierend und kann außerdem gesundheitliche Probleme verursachen (siehe den Abschnitt über Pyometra unter »Probleme mit den Fortpflanzungsorganen«). Die Fortpflanzung vergrößert nicht nur das Problem der tierischen Übervölkerung, das schon dazu führt, daß jedes Jahr Millionen Hunde getötet werden (siehe Kap. 11), sondern zehrt auch an der Gesundheit, und zwar besonders, wenn es wiederholt dazu kommt. Ein paar Beispiele finden Sie unter »Trächtigkeit, Geburt und Pflege von Neugeborenen« und unter »Probleme mit den Fortpflanzungsorganen«. Die Sterilisation verhindert auch die Entstehung von Brustkrebs, der bei vielen, ansonsten gesunden Tieren auftritt.

Die Kastration hat offensichtliche Vorteile. Die von nicht kastrierten, frei herumlaufenden Tieren angerichteten Schäden sind beträchtlich – Sachschäden, Kämpfe, Geruch und Flecken von Gebietsmarkierungen, Unfälle auf öffentlichen Straßen, Meuten, die Wildtiere, andere Haustiere oder gar Menschen angreifen oder bedrohen. Kastrierte Tiere dagegen sind in der Regel liebevoller und sanfter und geben bessere Gefährten ab.

Allgemein ist zu sagen, daß die Tiere ab einem Alter von sechs (Hündinnen) bzw. neun Monaten (Rüden) operiert werden sollten. Wenn Sie sichergehen wollen, daß das Tier die Geschlechtsreife erreicht hat (und damit die Auswirkungen auf das neuro-endokrine System am geringsten sind), können Sie auch warten, bis die Zeichen ganz klar sind, denn manche Tiere werden später geschlechtsreif. Bei Hündinnen bedeutet das, daß sie bis nach der ersten Läufigkeit warten müssen (sperren Sie das Tier gut ein, damit es nicht trächtig wird). Konsultieren Sie Ihren Tierarzt.

Fast alle Tiere erreichen innerhalb von einem oder zwei Tagen nach dem Eingriff (oder auch früher) wieder ihren normalen Gesundheitszustand; Sie können aber die Erholung beschleunigen und etwas gegen die Auswirkungen der Anästhesie tun, indem Sie dem Tier ein paar Tage vor und nach der Operation etwas Vitamin E, eine B-Komplex-Tablette und viel Vitamin C verabreichen.

Zaudern Sie nicht länger, den Eingriff bei ihrem Tier durchführen zu lassen.

Strahlenvergiftung

Die häufigsten Ursachen für Strahleneinwirkung beim durchschnittlichen Tier sind Röntgenaufnahmen und Bestrahlung (die ich nicht empfehle). Andere Ursachen sind weniger offensichtlich – wie etwa die aus einem Kernkraftwerk entweichende Strahlung.

In beiden Fällen muß der Körper große Zellschäden reparieren. Und dazu muß er sich Instandsetzungsmechanismen bedienen, die möglicherweise ebenfalls angegriffen sind. Glücklicherweise gibt es ein paar konstruktive Maßnahmen, mit denen sich der Heilungsprozeß nach einer Einwirkung von Strahlung fördern läßt. Wenden Sie diese Maßnahmen jedesmal an, wenn Ihr Tier außergewöhnlicher Strahlung ausgesetzt war (bei Strahlung aus einem Kernkraftwerk oder anderer atmosphärischer Strahlung bleiben Sie und Ihr Tier übrigens am besten eine Zeitlang im Haus).

Richtige Ernährung ist die Hauptvorsorgemaßnahme. Füttern Sie als Getreide mehrere Wochen lang überwiegend Hafer. Er hilft gegen die Übelkeit und andere Nebenwirkungen. Bereits in den Standardempfehlungen enthalten sind hilfreiche Zusätze wie Bierhefe, kaltgepreßtes ungesättigtes Pflanzenöl (Vitamin F) und Kelp (das Alginat enthält, welches hilft, Strontium 90 aus dem Körper zu entfernen, und auch gegen die Aufnahme von radioaktivem Jod schützt).

Als weitere bei Bedarf zu verwendende Zusätze gelten Rutin (Vitamin P oder Bioflavonoide), das die Sterblichkeitsquote bei verstrahlten Tieren um 800 Prozent reduziert hat, Vitamin C, das zusammen mit dem Rutin den Kreislauf stärkt und dem Streß entgegenwirkt, sowie Pantothensäure, die zur Verhütung von Strahlenverletzungen beiträgt und die Überlebensquote bei verstrahlten Tieren um 200 Prozent erhöht hat. Verabreichen Sie je nach Größe des Tieres täglich folgende Mengen: 100 bis 400 mg Rutin, 250 bis 2000 mg Vitamin C und 5 bis 20 mg Pantothensäure.

Verwenden Sie zusätzlich als allgemeines Stärkungsmittel Bioplasma, ein Kombipräparat aus allen zwölf Mineralsalzen, das ebenfalls die Strahlungswirkungen kompensiert. Verabreichen Sie dreimal täglich 1 bis 4 Tabletten, bis das Tier sich erholt hat (mindestens aber zwei Wochen lang).

Wenn Ihr Tier (oder sonst jemand) von der Strahlung stärker angegriffen ist, so daß eine eingehendere Behandlung erforderlich wird, gibt es mehrere homöopathische Mittel, die allerdings nach sorgfältiger individueller Untersuchung verschrieben werden müssen. Bitten Sie einen homöopathisch orientierten Arzt um Hilfe.

Tollwut

Tollwut ist eine schwere Erkrankung, die viele verschiedene Tierarten und auch den Menschen befallen kann. Sobald sich die klinischen Symptome zeigen, verläuft sie im wesentlichen tödlich. Zu diesen Symptomen gehören unter anderem sehr aggressives Verhalten und Beißen, wodurch die Krankheit übertragen wird. Aber auch ohne Behandlung erkrankt nicht jeder, der von einem tollwütigen Tier gebissen wird; faktisch stecken sich sogar die wenigsten an. Sollte es jedoch zur Tollwut kommen, gibt es keine wirkungsvolle Behandlung. Aus diesem Grunde wurden auch außergewöhnliche Vorbeugungsmaßnahmen zum Schutz der Öffentlichkeit getroffen.

Schlagen Sie in Kap. 11 nach, wie Sie sich vor dem Biß eines tollwütigen Tieres schützen können bzw. was zu tun ist, wenn Sie gebissen worden sind. Die größte Gefahr für den Menschen geht nicht von Hunden aus, sondern von Wildtieren.

Toxoplasmose

Da Toxoplasmose vom Hund praktisch nicht auf den Menschen übertragen werden kann, hingegen sehr wohl von der Katze, erübrigt es sich, in diesem Hundebuch darauf einzugehen.

Trächtigkeit, Geburt und Pflege von Neugeborenen

(Siehe auch »Probleme mit den Fortpflanzungsorganen«)

Der Schlüssel zu einer erfolgreichen und problemlosen Trächtigkeit und Niederkunft liegt in einer guten Ernährung. Während der Trächtigkeit (58 bis 63 Tage bei Hündinnen) werden an das Gewebe des Muttertieres ungeheure Anforderungen gestellt, da es all die Nährstoffe für die Entwicklung mehrerer neuer Körper zur Verfügung stellen muß. Die generelle Regel lautet, daß Welpen an erster Stelle stehen, d. h., sie bekommen alles, was an Nährstoffen zur Verfügung steht, und das Muttertier erhält den Rest. Wenn die Mutter nicht genügend frißt, um die vollständige Ernährung sicherzustellen, liefert ihr Körper alles Fehlende.

Bei einer Hündin, die nicht ausreichend gefüttert oder immer wieder zu Zuchtzwecken herangezogen wird, entwickelt sich ein Nährstoffmangel, der bei jeder Trächtigkeit größer wird. Schließlich erkrankt das Muttertier, oder die Jungtiere sind schwach und anfällig für Krankheiten – möglicherweise ihr ganzes Leben lang. Die Spezialrezepte für trächtige und säugende Tiere sowie für Jungtiere in Kap. 5 sind so ausgelegt, daß sie deren speziellen Bedarf decken und diesen Nährstoffmangel verhindern. Wir wollen uns mit den beiden häufigsten Problemen befassen – Eklampsie und Dystokie (erschwerte Geburt).

EKLAMPSIE

Der Begriff Eklampsie bezeichnet eine schwere Störung, die durch Calciummangel hervorgerufen wird. Wenn neue Knochengerüste ausgebildet werden oder Milch produziert wird, erhöht sich der Bedarf an Calcium aus dem Körper der Mutter weiter über das normale Maß hinaus. Daher tritt Eklampsie in der Regel am Ende der Trächtigkeit, direkt nach der Geburt oder in der Säugezeit auf. Zu den Symptomen gehören Appetitlosigkeit, hohes (manchmal lebensgefährliches) Fieber und Krämpfe. Bei den Krämpfen werden die Muskeln starr, und das Tier fällt mit zurückgebogenem Kopf um; häufiger kommt es jedoch in rascher Folge zum Anspannen und Entspannen der Muskeln, was dann wie ein unkontrollierbares Zittern aussieht. Es ist eine anstrengende Behandlung erforderlich, und zwar unter anderem mit intravenösen Calciuminjektionen durch den Tierarzt und mit Eisbädern (um die Temperatur zu senken). Eine solche Behandlung ist in der Regel erfolgreich, aber die Eklampsie kann erneut auftreten, wenn die Jungtiere weiterhin gesäugt werden.

Diesem Problem von vornherein durch richtige und reichhaltige Ernährung vorzubeugen, ist viel besser, als ein Tier aufzupäppeln zu versuchen, wenn es bereits zur Eklampsie gekommen ist. Wenn Ihr Tier jedoch bereits darunter leidet, setzen Sie es auf diejenige Diät aus Kap. 5, die für das Stadium der Trächtigkeit oder des Säugens angebracht ist. Achten Sie darauf, alle dort aufgeführten Zusätze zu verfüttern, und zwar besonders das Knochenmehl. Verwenden Sie zusätzlich die Mineralsalze Magnesia phosphorica (Mag. phos.) 6× (ein paar Tage lang dreimal täglich 1 bis 2 Tabletten) und Calcarea phosphorica (Calc. phos.) 3× (drei Wochen lang dreimal täglich 1 bis 2 Tabletten). Das Mag. phos. hilft gegen Muskelkrämpfe, und das Calc. phos. unterstützt die Calciumassimilation.

DYSTOKIE (erschwerte Geburt)

Normal gebaute Hündinnen haben, besonders wenn sie in der Trächtigkeit angemessen ernährt wurden, nur selten Schwierigkeiten beim Wurf. Ein Mangel an bestimmten essentiellen Nährstoffen kann jedoch die Gebärmuttermuskeln schwächen und zu schwachen oder kurzen Wehen führen. Dieses Problem ist selten, hat aber steigende Tendenz. Außerdem kann der Geburtskanal bei den Wehen durch Mißbildungen des Fötus blockiert werden. Die größten Probleme trten jedoch bei Hündinnen auf, die nicht normal gebaut sind. Im allgemeinen sind diese Tiere aufgrund des Publikumsgeschmacks derart mißgebildet, daß das Becken im Verhältnis zur Größe der Welpen zu klein ist. Abgesehen von Kaiserschnitten läßt sich gegen dieses Problem nur eines tun: Verzichten Sie darauf, solche Tiere decken zu lassen oder sie als Haustiere zu wählen (und dadurch einen Markt für sie zu schaffen).

Wenn das Problem bei Ihrem Tier darin besteht, daß die Kontraktionen keine Ergebnisse bringen, verabreichen Sie ihm dreimal im Abstand von 15 Minuten 1 bis 2 Tabletten Kali phosphoricum (Kali phos.) 6× (besorgen Sie es für den Notfall im voraus). Falls Besserung eintritt, geben Sie eine neue Dosis nur dann, wenn sich die Dinge wieder verlangsamen. Denken Sie daran, daß sich das Muttertier zwischen den einzelnen Geburten von Natur aus oft ausruht und vielleicht sogar ein oder zwei Stunden lang schläft. Beschleunigen Sie die Angelegenheit also nicht zu sehr.

Wenn ein Welpe teilweise ausgetreten ist und festzusitzen scheint, können Sie sehr sanft und vorsichtig ziehen. Alles andere als eine extrem sanfte Berührung könnte entweder das Muttertier oder das Ungeborene schädigen. Kali phos. hilft möglicherweise. Versichern Sie sich tierärztlicher Hilfe, wenn das Kleintier länger als eine halbe Stunde im Geburtskanal festsitzt (es ist dann tot) oder wenn es trotz langanhaltender Wehen nicht zur Geburt kommt. Wahrscheinlich ist dann ein Kaiserschnitt erforderlich. Wenn Ihr Tierarzt es für ratsam hält, ist es zu diesem Zeitpunkt auch recht gut angebracht, das Tier sterilisieren zu lassen.

Wenn die Hausgeburt gut verläuft und der Wurf komplett ist, verabreichen Sie dem Tier Ferrum phosphoricum (Ferr. phos.) 6× (drei Tage lang dreimal täglich 1 bis 2 Tabletten) zur Stärkung und zur Vorbeugung gegen Infektionen.

Ich sollte noch hinzufügen, daß es eine gute Idee ist, die Nachgeburten zu zählen, um festzustellen, ob für jedes Neugeborene eine ausgetreten ist. Zählen Sie schnell, denn das Muttertier frißt sie im allgemeinen auf. Nicht ausgetretene Nachgeburten können schwere Probleme verursachen. Geben Sie ein paar Stunden lang jede Stunde Kali phos., um die Abführung einer nicht ausgestoßenen Nachgeburt anzuregen. Lassen Sie das Muttertier von Ihrem Tierarzt behandeln, wenn diese Maßnahme nicht wirkt.

PFLEGE VON NEUGEBORENEN

Zum Glück für Sie unternimmt das Muttertier im allgemeinen alles, was zur Pflege der Neugeborenen erforderlich ist. Sie stören es dabei am besten überhaupt nicht, solange kein Problem auftritt. Direkt nach dem Wurf säubert die Mutter ihre Kleinen. Zu dieser Säuberung gehört es, daß sie Urin und Kot der Jungen aufleckt und herunterschluckt. Das ist die Art der Natur, das Nest sauberzuhalten. Ein mögliches Problem besteht darin, daß sich bei der peinlichen Sauberkeit der Mutter vielleicht niemals genügend Hinweise ansammeln, um Sie zu warnen, wenn der Nachwuchs Durchfall hat.

Da Durchfall eines der häufigeren Probleme in dieser Lebensphase ist, wollen wir uns kurz damit befassen. Die Ursachen können unter anderem zuviel Milch (manchmal bei mit der Flasche aufgezogenen Welpen), Infektionen in der Gebärmutter oder den Milchdrüsen der Mutter (messen Sie die Temperatur; normal sind 39 °C oder weniger) oder die Verabreichung von Antibiotika an die Mutter (sie können in die Milch gelangen) sein.

Welpen mit Durchfall trocknen aus (die Haut schrumpelt und sieht zu groß für den Körper aus) und werden kalt. Sie krabbeln aus dem Nest und »schreien« (selbst wenn man sie ihrer Mutter zurückgibt). In einem solchen Fall müssen Sie sie von Hand mit einer Saugflasche füttern. Verwenden Sie die Rezepte aus Kap. 5 oder ein fertiges Milchpräparat für Welpen. Verdünnen Sie die Milch jedoch zur Hälfte mit sauberem Wasser, bis der Durchfall vorüber ist. Das Problem sollte sich nach ein paar Fütterungen von selbst lösen; wenn jedoch eine weitergehende Behandlung erforderlich ist, versuchen Sie es mit einer der beiden folgenden Methoden.

Verwenden Sie eine Mischung, die zur Hälfte aus dem Rezept (Kap. 5) und zur Hälfte aus warmem Kamillentee besteht. Verabreichen Sie die Mischung in regelmäßigen Abständen, bis das Problem – in der Regel nach zwei oder drei Gaben – unter Kontrolle ist.

Verwenden Sie die halb aus dem Rezept und halb aus Wasser bestehende Mischung, geben Sie aber eine zerdrückte Tablette des homöopathischen Präparats Podophyllum 3× oder 6× (Maiapfel) zu. Mischen Sie alles gut durch. Eine einmalige Gabe sollte genügen, aber Sie können dieses Mittel bei Bedarf auch alle vier Stunden verabreichen. Wenn der Durchfall vorüber ist, können Sie das Tier seiner Mutter zurückgeben; seien Sie aber auf der Hut für den Fall, daß der Durchfall erneut auftritt.

Unfälle (siehe Notfallhilfe, Seite 285)

Urämie (siehe »Nierenversagen«)

Urologisches Syndrom (siehe »Blasenprobleme«)

Vergiftung (siehe Notfälle und Erste Hilfe, Seite 285)

Verhaltensstörungen

(Siehe auch Kap. 9, 10 und 11)

Anomales Verhalten ist oft eine komplexe Angelegenheit und nur schwer zu beseitigen, aber häufig können Sie dem Tier beträchtlich helfen. Ein Problem liegt darin, daß falsche Zucht, besonders bei reinrassigen Hunden, die Entstehung vieler solcher Störungen wie Bösartigkeit, Epilepsie, repetitives Verhalten und andere Anzeichen für Störungen im Nervensystem gefördert hat (Kap. 9). Ich habe außerdem den Eindruck, daß die Ursachen vieler Verhaltensstörungen in einem oder mehreren der folgenden Faktoren liegen: Schlechte Ernährung und damit zusammenhängender Toxizität, Mangel an Bewegung, unzureichende psychologische Stimulierung und Aufmerksamkeit sowie Einfluß der Persönlichkeitsmuster, Erwartungen oder Konditionierung des Besitzers (Kap. 10 und 11). Familienkonflikte, übermäßiges Anklammern an ein Tier in dem Versuch, der Einsamkeit zu entfliehen, oder der Wunsch nach einem aggressiven Tier als Schutz gegen andere Menschen können beispielsweise einen starken widrigen Einfluß auf die Persönlichkeit eines Tieres ausüben.

Behandlung: In dieser kurzen Erörterung konzentrieren wir uns auf allgemeine Maßnahmen, die sehr hilfreich sein können und möglicherweise zur Behandlung der Störung ausreichen, wenn die mitwirkenden Umweltfaktoren erkannt und beseitigt werden. Beginnen wir mit der Ernährung.

Setzen Sie das Fertigfutter ab, wenn das nicht schon geschehen ist. Jede Nahrung mit künstlichen Konservierungsstoffen, Farbstoffen oder anderen Additiven kann Chemikalien enthalten, die das Gehirngewebe reizen und anomale Reaktionen verursachen.

Verabreichen Sie dem Tier einen kompletten Vitaminzusatz, der besonders viele Vitamine des B-Komplexes enthält. Ich würde für eine Versuchsperiode von wenigstens zwei Monaten eine Multivitamintablette nehmen, die 20 bis 50 mg der wichtigsten B-Vitamie enthält. Wenn Sie bereits die von mir empfohlenen natürlichen Zusätze verwenden, und zwar insbesonders den Lebertran, nehmen Sie eine B-Komplex-Tablette ohne Vitamin A und D (um eine Überdosis an diesen Vitaminen zu vermeiden).

Wenn Sie den Verdacht haben, daß sich toxisches Material angesammelt hat, verwenden Sie die folgenden Zusätze, um der Wirkung von Substanzen, die möglicherweise für die Gehirnzellen schädlich sind, entgegenzuwirken: Zink (je nach Größe des Tieres zwischen 5 und 30 mg täglich), Vitamin C (250 bis 2000 mg täglich), Lecithin (1 Teelöffel bis 1 Eßlöffel Granulat pro Tag ins Futter) und Calcium (wie bereits in dem Knochenmehlzusatz aus Kap. 3 enthalten). Nützlich ist auch Algin (Natriumalginat), eine natürliche Substanz, die Schwermetalle wie etwa Blei aus dem Körper entfernt. Nehmen Sie je nach Größe des Tieres ein

Viertel bis zur vollen Menge der für Erwachsene auf dem Etikett angegebenen Empfehlung. Zugabe von 1/2 bis 2 Teelöffel gemahlenem Sesam oder Sonnenblumenkernen erhöht den Calcium- und Magnesiumgehalt.

Zink und Vitamin C arbeiten im Team an der Ausscheidung von toxischen Schwermetallen, während Lecithin die Nervenzellen gegen Irritation schützt. Die Gruppe als Ganzes trägt dazu bei, den Körper zu entgiften und die Nerven zu schützen.

Halten Sie die Einwirkung toxischer Substanzen möglichst gering. Achten Sie darauf, daß das Tier vor unbeabsichtigter Vergiftung durch Haushaltschemikalien sicher ist. Genauso wichtig ist der Schutz vor Schadstoffen wie Zigarettenrauch, Autoabgasen und Anti-Flohmitteln (die das Nervensystem schädigen).

Neben diesen Maßnahmen erweisen sich möglicherweise die folgenden Mineralsalze als nützlich:

Salz – Calcarea sulphurica (Calc. sulph.) 3× und Natrum sulphuricum (Nat. sulph.) 3×: Angezeigt für Tiere mit toxischen Erscheinungen aufgrund von minderwertiger Nahrung oder Einwirkung von Umweltschadstoffen. Verabreichen Sie mehrere Wochen lang zweimal täglich je 1 oder 2 Tabletten.

Salz – Kali phosphoricum (Kali phos.) 6×: Angezeigt für hyperaktive, übermäßig empfindliche Tiere, deren Probleme eher auf psychologische oder angeborene Ursachen als auf Giftstoffe zurückgehen.

Anwendung der Salze: Je nachdem, welche Angaben auf die Situation Ihres Tieres zutreffen, verwenden Sie entweder die beiden ersten Salze zusammen oder das Kali phos. Sie können das Kali phos. auch nach dem Entschlackungsprogramm mit den anderen beiden Mitteln anwenden.

Alternativ können Sie anstelle der Salze auch eines der folgenden Kräuter nehmen, wenn Ihnen das mehr zusagt.

Kräuter – Gemeiner Hafer (Avena sativa): Hafer eignet sich gut als allgemeines Nerventonikum und erweist sich als besonders nützlich, wenn nach anderen schweren Krankheiten Nervenschwäche oder Reizbarkeit auftreten. Dieses Mittel ist gut für Tiere, die viele Medikamente erhalten haben, alt sind oder zu Epilepsie neigen. Es hilft auch bei Tieren mit Schwäche in den Beinen, Muskelzukkungen oder schwächebedingtem Zittern. Dabei müssen all diese Symptome jedoch zusätzlich zu den gezeigten Verhaltensstörungen auftreten (das gilt übrigens für alle Kräuter).

Gekochter Hafer im Futter hilft zwar durchaus, wirkungsvoller ist aber die Tinktur, die Sie sich als Avena-sativa-Tinktur besorgen oder aber selbst herstellen können, wenn Sie ein Haferfeld in der Nähe haben. Sammeln Sie frische, reife Haferkörner und Haferstroh und bereiten Sie das Ganze nach den Anweisungen in Kap. 15 zu. Verabreichen Sie in beiden Fällen die Tinktur zweimal täglich in folgenden Mengen: 1 bis 2 Tropfen bei kleinen Hunden, 2 bis 4 Tropfen bei mittelkleinen Hunden, 4 bis 6 Tropfen bei mittelgroßen Hunden, 6 bis 8 Tropfen bei großen Hunden und 10 Tropfen bei den Riesenrassen.

Kräuter – Verbene (Verbena hastata): Verbene eignet sich für Tiere mit Depressionen und schwachem Nervensystem. Sie wirkt auch bei Nervenreizungen und Muskelkrämpfen und ist besonders angebracht bei Tieren, deren anomales Verhalten mit Epilepsie einhergeht; hier stärkt sie die Gehirnfunktion.

Gießen Sie eine Tasse kochendes Wasser über zwei Teelöffel des (gehackten oder pulverisierten) Wurzelstocks, und lassen Sie es ziehen, bis es kalt ist. Gießen Sie die Flüssigkeit ab, und verabreichen Sie dreimal täglich die doppelte Menge der obigen Hafertinktur (der Sud hat einen bitteren, unangenehmen Geschmack).

Kräuter – Helmkraut (Scutellaria lateriflora): Dieses Kraut hilft bei Verhaltensstörungen, die sich um den Komplex nervöser Angstzustände gruppieren. Die Tiere zeigen möglicherweise auch eines oder mehrere der folgenden Symptome: Blähungen, Koliken, Durchfall, Muskelzuckungen und unruhiger Schlaf. Machen Sie einen Aufguß, indem Sie 1 Teelöffel des getrockneten Krauts 30 Minuten in 1 Tasse heißen Wassers ziehen lassen. Verwenden Sie die gleiche Dosierung wie bei Kamille (unten).

Kräuter – Baldrian (Valeriana officinalis): Baldrian eignet sich für Tiere, die in Verbindung mit Überempfindlichkeit zu Hysterie neigen. Sie zeigen eine wechselnde geistige Verfassung und ein reizbares Temperament. Wie Helmkraut läßt sich Baldrian am erfolgreichsten bei Tieren anwenden, die aufgrund von Nervenstörungen unter Verdauungsstörungen wie Blähungen und Durchfall leiden und möglicherweise in der Vergangenheit Beinschmerzen und Gelenkentzündungen hatten.

Machen Sie aus dem frischen Wurzelstock einen Aufguß aus 1 Teelöffel auf 1/2 Liter kochendes Wasser. Nehmen Sie das Gefäß vom Herd und lassen Sie die Mischung ziehen. Seihen Sie sie nach Abkühlung durch und wenden Sie sie in der für Kamille angegebenen Dosierung an. Da Baldrian eines der Kräuter ist, die eine toxische Reaktion hervorrufen können, wenn sie über einen langen Zeitraum in hohen Dosen verabreicht werden, rate ich Ihnen, es erst ein paar Tage lang – höchstens eine Woche – auszuprobieren. Wenn Sie bis dahin keine positiven Ergebnisse erzielt haben, setzen Sie die Behandlung damit ab und versuchen es mit einem der anderen Mittel, beispielsweise der Hafertinktur (siehe auch die allgemeinen Anweisungen zu Kräutern weiter unten).

Kräuter – Kamille (Matricaria chamomila): Tiere, bei denen dieses Kraut hilft, sind laut, winseln, stöhnen und klagen. Sie lassen es Sie wissen, daß sie Schmerzen haben und sich unwohl fühlen. Sie sind empfindlich, reizbar und durstig, und möglicherweise schnappen sie nach Ihnen und versuchen zu beißen. Sie haben etwas gegen Wärme und lassen sich oft nur besänftigen oder beruhigen, wenn sie herumgetragen oder dauernd getätschelt werden.

Machen Sie einen Aufguß, indem Sie 2 Teelöffel getrocknete oder frische Blüten in 1/2 Tasse kochenden Wassers ziehen lassen. Lassen Sie den Aufguß abkühlen, seihen Sie ihn durch und verabreichen Sie dreimal täglich die folgenden Mengen: 1 Teelöffel bei kleinen Hunden, 2 Teelöffel bei kleinen oder mittelkleinen Hunden, 1 Eßlöffel bei mittelgroßen Hunden, 2 Eßlöffel bei großen Hunden und 3 Eßlöffel bei riesigen Hunden.

Allgemeine Anweisungen zu Kräutern: Verwenden Sie das gewählte Kraut eine Woche lang wie vorgeschlagen. Wenn Sie in dieser Zeit eine Besserung sehen, und sei sie noch so geringfügig, setzen Sie die Behandlung fort, solange die Besserung anhält, und zwar bis zu einer Höchstdauer von 2 oder 3 Wochen. Dann verabreichen Sie das Kraut nicht mehr regelmäßig, sondern nur noch, wenn die Symptome wieder auftreten oder sich verschlimmern. Das Kraut kann auch zur Vorbeugung verwendet werden. Verabreichen Sie es Ihrem Tier vor einem Ereignis, von dem Sie wissen, daß es die Verhaltensstörung auslöst – beispielsweise, bevor Sie das Tier für längere Zeit allein lassen. Auf diese Weise kann es bei Bedarf mehrere Wochen oder Monate lang angewendet werden.

Was ist, wenn sich in der siebentägigen Versuchszeit kein positives Ergebnis zeigt? Setzen Sie das gewählte Kraut in diesem Falle ab, und versuchen Sie es nach ein paar Wochen mit besserer Ernährung noch einmal oder nehmen Sie eines der anderen Kräuter. Die Regel von der siebentägigen Versuchszeit hat nur eine Ausnahme, nämlich die Anwendung der Hafertinktur. Damit können Sie es bei Bedarf mehrere Wochen lang probieren, bis sich Ergebnisse einstellen.

Für diejenigen, die bereit sind, noch etwas weiter zu gehen, möchte ich noch eine zusätzliche Möglichkeit erwähnen. Bei meiner eigenen Arbeit stelle ich immer wieder fest, daß sich Verhaltensstörungen, die definitiv psychologische Ursachen haben, am besten mit Blütenessenzen behandeln lassen. Diese Essenzen wurden ursprünglich in den 30er Jahren von Dr. Edward Bach in England für den menschlichen Gebrauch entwickelt. Nach meiner Erfahrung sind sie bei Tieren aber genauso wirkungsvoll. Es handelt sich bei diesen Essenzen um verdünnte Auszüge bestimmter Blüten, die über einen langen Zeitraum (Wochen bis Monate) oral verabreicht werden und oft zu einer bemerkenswerten – geistigen und physischen – Besserung führen.

Im Rahmen des vorliegenden Buches ist es nicht möglich, dieses außergewöhnliche Behandlungssystem ausreichend zu erörtern, aber der interessierte Leser findet sicherlich entsprechende Literatur. Für diejenigen, die sich näher damit befassen wollen oder bereits damit vertraut sind, möchte ich besonders auf die folgenden Blütenessenzen hinweisen (ohne die anderen ausschließen zu wollen):

Zichorie: für übermäßig einnehmende, besitzergreifende Tiere.

Stechpalme: für bösartige, aggressive, mißtrauische oder eifersüchtige Tiere.

Springkraut: für aufgeregte, ungeduldige oder reizbare Tiere.

Gauklerblume: für Tiere, die sich vor bestimmten Dingen fürchten, wie etwa Hunde, die vor Menschen und Gewitter Angst haben.

Sonnenröschen: für Fälle, in denen Angst- oder Panikanfälle Teil der Verhaltensstörung sind.

Vogelmilch: für Fälle, in denen die Störung durch physischen oder emotionellen Schock ausgelöst wurde.

Walnuß: für Tiere, die übermäßig durch eine starke Persönlichkeit (Mensch oder Tier) beeinflußt werden oder augenscheinlich unter dem Einfluß eines schlechten Erbes stehen.

Allgemeine Anweisungen zu Blütenessenzen: Verabreichen Sie je nach Größe des Tieres viermal täglich oral (direkt oder bei Bedarf in Futter oder etwas Milch gemischt) 1 bis 3 Tropfen, bis sich das gewünschte Ergebnis einstellt. Beschränken Sie die Zahl der verwendeten Essenzen auf drei oder vier. Bei dieser Behandlung gibt es keine negativen Nebenwirkungen oder Toxizität.

Verletzungen (siehe »Hilfe in Notfällen«, Seite 285)

Verstopfung

Zu Verstopfung kommt es manchmal, wenn Tiere mit ihrem Futter nicht genügend Ballaststoffe erhalten oder keine ausreichende Bewegung bekommen. Wenn ein Hund nichts ausscheiden kann, aber der Drang dazu vorhanden ist, wird der Stuhl möglicherweise gewohnheitsmäßig zurückgehalten. Bei Hunden, die nicht oft genug nach draußen dürfen, entwickelt sich diese Gewohnheit mit größter Wahrscheinlichkeit. Bei relativ einfachen Fällen wie diesem reichen die folgenden Behandlungsmethoden im allgemeinen aus.

Behandlung: Füttern Sie Ihr Tier mit Naturkost, die frisches Gemüse enthält, das für ein ausreichendes Volumen sorgt. Rohes Fleisch scheint ein natürliches Abführmittel für Hunde zu sein. Auch Milch hat manchmal abführende Wirkung.

Wenn der Stuhl des Tieres trocken zu sein scheint, geben Sie in jede Mahlzeit 1/2 Teelöffel bis 1 Eßlöffel Kleie. Dadurch wird der Stuhl feuchter.

Mineralöl kann vorübergehend verwendet werden, wenn das Tier sich unwohl fühlt. Geben Sie je nach Größe des Tieres zweimal täglich 1 Teelöffel bis 1 Eßlöffel in das Futter, aber höchstens eine Woche lang. Fortgesetzter Gebrauch ist nicht ratsam, weil das Öl dem Körper Vitamin-A-Reserven entzieht und die normale Ausscheidungstätigkeit möglicherweise von dem Öl abhängig wird.

Sorgen Sie dafür, daß das Tier viel Bewegung bekommt; das ist sehr wichtig für die Massage der inneren Organe und die Verbesserung des Blutkreislaufs und stimuliert oft einen trägen Stoffwechsel. Lange Spaziergänge, Laufen oder „Stöckchenholen« sind ausgezeichnete Möglichkeiten.

Versuchen Sie es bei Hunden mit chronischer Verstopfung zusätzlich mit der am besten geeigneten aus den folgenden Methoden:

Homöopathisches Mittel – Nux vomica 6× (Brechnuß): In homöopathischer Form ist dieses Mittel trotz seines Namens ungefährlich. Es ist sehr wirkungsvoll bei Verstopfung, die auf minderwertige Futterbestandteile, den Verzehr von zu vielen Knochen oder emotionelle Beunruhigung (Frustration, Kummer, Schelte) zurückgeht. Es eignet sich am besten für Hunde, die beim Stuhlgang wiederholt, aber ohne Wirkung, drücken und die Reizbarkeit, Schmerz und eine Neigung zeigen, sich zu verstecken oder sich abzusondern. Verabreichen Sie 15 Minuten nach jeder Mahlzeit oder dreimal täglich 1 Tablette. Sobald sich eine positive Reaktion zeigt, geben Sie die Tabletten nur noch bei wieder auftretendem Stuhlzwang oder Unwohlsein, und dann jeweils nur 1 Tablette zur Zeit.

Salz – Silicea 6×: Silicea eignet sich am besten für verstopfte Tiere, die unter einem schwachem Rektum leiden. Bei dieser Schwäche tritt der Stuhl zwar teilweise aus, gleitet aber wieder hinein. Es ist außerdem gut für Hunde, die Mühe haben, den gesamten Darminhalt auszuscheiden, und für schlecht ernährte Tiere. Geben Sie eine Woche lang dreimal täglich 1 bis 2 Tabletten. Sie können diese Therapie eine um die andere Woche mit jeweils einer Woche Unterbrechung anwenden.

Salz – Natrum muriaticum (Nat. mur.) 6×: Wenden Sie dieses Mittel in der Dosierung wie Silicea an, wenn der Stuhl sehr trocken und damit schwer auszuscheiden ist, der Hund aber ansonsten zu wässerigen Ausflüssen (tränende Augen, wässeriges Erbrechen, übermäßiger Speichelfluß) neigt.

Verstopfung durch Aluminiumempfindlichkeit: Wenn Ihr Hund eine chronische Verstopfung und Stuhlzwang hat und sein Stuhl nicht hart, sondern schmierig und klebrig ist, kann es sich um eine Aluminiumvergiftung handeln. In einem solchen Fall macht die Rektumschwäche die Ausscheidung schwierig, obwohl der Stuhl weich ist. Denken Sie bei allen wiederholt auftretenden Fällen an diese Möglichkeit, auch wenn die Smptome sich von den angegebenen unterscheiden sollten. Die Behandlung besteht zunächst einmal darin, die Aluminiumaufnahme möglichst zu unterbinden. Verwenden Sie keine Kochtöpfe und Schüsseln aus Aluminium mehr für Ihr Tier. Meiden Sie außerdem Schmelzkäse (der Natrium-Aluminium-Phosphat als Emulgiermittel enthalten kann), Tafelsalz (das oft mit Natrium-Silicoaluminat oder Aluminium-Calciumsilikat gegen Verklumpen versetzt ist), weißes Mehl (das mit der Aluminiumverbindung Kaliumalaun gebleicht sein kann) und Leitungswasser (zur Beseitigung von Unreinheiten wurde möglicherweise Aluminiumsulphat als Ausfällmittel verwendet).

Um das Aluminium aus dem Körper zu entfernen, geben Sie hohe Dosen Vitamin C (500 mg bis 3 g täglich) in Verbindung mit einem Zinkzusatz (5 mg für kleine Hunde, 10 mg für mittelgroße und 20 mg für große Hunde). Am besten ist ein Zinkchelat.

Lassen Sie mich noch darauf hinweisen, daß Aluminium sich nicht bei allen Tieren schädlich auswirkt, sondern nur bei einigen wenigen, die äußerst empfindlich darauf reagieren.

Warzen

Hunde sind anfällig für lästige Warzen, die manchmal jucken und bluten. Das Problem tritt häufiger bei älteren Tieren auf. Warzen sind nicht so leicht zu behandeln, wie Sie vielleicht denken. Hier sind jedoch ein paar Methoden, die ich ganz nützlich finde.

Salze – Verwenden Sie *eines* der folgenden Salze: *Kali muriaticum* (Kali mur.) 3×, *Natrum muriaticum* (Nat. mur.) 3× oder *Natrum sulphuricum* (Nat. silph.) 3×. Geben Sie ein paar Wochen lang dreimal täglich 1 Tablette. Wenn Sie keine Besserung sehen, versuchen Sie es ein paar Wochen lang mit einem anderen Mineralsalz, und so weiter.

Vitamin E: Es gibt Leute, die dieses Problem bei ihren Hunden durch regelmäßiges Auftragen von Vitamin E aus einer Kapsel beseitigt haben. Um zu wirken, muß die Behandlung mehrere Wochen lang anhalten. Wenn Sie Vitamin E lokal zusammen mit einem Mineralsalz anwenden wollen, sollten Sie es zuerst mit Nat. sulph. probieren.

Ernährung: Die in diesem Buch vorgeschlagene Grundnahrung hilft am besten. Besonders angezeigt sind Vitamin A (im Lebertran) und die Vitamin-E-Zusätze.

Würmer

Würmer und interne Parasiten sind hauptsächlich bei sehr jungen Tieren, die sie vor oder nach der Geburt von ihrer Mutter bekommen haben (Fadenwürmer), bei jungen und ausgewachsenen Tieren, die zahllose Flöhe haben und andere Lebewesen fressen (Bandwürmer werden durch Flöhe übertragen), oder bei ausgewachsenen, aber gesundheitlich heruntergekommenen Tieren zu finden, die in toxischem Zustand und anfällig für innere und äußere Parasiten sind (Fadenwürmer, Hakenwürmer, Peitschenwürmer, Bandwürmer bzw. Flöhe, Läuse und Zecken).

ARTFESTSTELLUNG BEI WÜRMERN

Bandwürmer erkennt man an platten Segmenten im Kot, die wie cremefarbene Maden aussehen und etwa 8 bis 12 mm lang sind. Sie krabbeln nicht, sondern bewegen sich, indem sie eine Art »Spitze« am einen Ende bilden. Sie sind im frischen Kot und an den Haaren um den Anus zu sehen. Wenn sie ausgetrocknet sind, haben sie große Ähnlichkeit mit weißen Reiskörnern unter dem Schwanz.

Jeder Bandwurm hat einen »Kopf«, der an der Dünndarmauskleidung hängen bleibt, und Dutzende von eigefüllten Segmenten, die abreißen und mit dem Stuhl ausgeschieden werden, wenn sie reif sind. Bei vielen Wurmbehandlungen werden die meisten Segmente ausgeschieden, so daß das Tier anscheinend gesund ist; es kann jedoch passieren, daß der Kopf im Darm zurückbleibt und einen neuen Körper bildet, dessen Segmente dann wieder ausgeschieden werden. Ein weiteres Problem besteht darin, daß die Tiere wieder befallen werden, wenn sie Flöhe oder andere Kleinstlebewesen aufnehmen.

Fadenwürmer bekommen die jungen Tiere vor und nach der Geburt von ihrer Mutter. Sie können ohne weiteres davon ausgehen, daß die meisten Welpen welche haben. Meistens ist der Wurmbefall nicht mit dem bloßen Auge festzustellen, so daß der Tierarzt den Kot mit dem Mikroskop untersuchen muß. Fragen Sie ihn, ob es sich um leichten, mittleren oder schweren Wurmbefall handelt und welche Art von Würmern er festgestellt hat.

Schwerer Fadenwurmbefall ist an einem vergrößerten Bauch, schlechter Gewichtszunahme und möglicherweise Durchfall und Erbrechen festzustellen. Manchmal werden ganze Würmer erbrochen oder mit dem Stuhl ausgeschieden. Sie ähneln weißen Spaghetti von mehreren Zentimetern Länge und bewegen sich oft schwach, wenn sie ausgeschieden werden. In der Regel erbrechen nur junge Tiere im Alter von wenigen Wochen diese Würmer.

Haken- und Peitschenwürmer treten nicht so häufig auf. Ein Problem bilden sie eigentlich nur unter beengten und unhygienischen Verhältnissen. Schwerer Hakenwurmbefall ist eine ernstzunehmende Angelegenheit, weil die Würmer das Blut des Tieres saugen und eine schwere Anämie verursachen. In einer solchen Situation dürfte es am besten sein, mit dem Tier zum Arzt zu gehen. Bei Jungtieren mit schwerem Hakenwurmbefall führt der Blutabfluß in den Darm dazu, daß der Stuhl schwarz und teerähnlich aussieht. Er kann auch flüssig werden und einen üblen Geruch annehmen. Das Zahnfleisch wird blaß, was die sich entwickelnde Anämie widerspiegelt, und das Tier sieht schwach und dünn aus.

Behandlung: Wiederholter Befall mit Parasiten bedeutet für mich, daß die Widerstandskraft des Tieres nicht sehr groß ist. Falls die Parasiten nicht sehr zahlreich sind oder nicht gerade ein definitives gesundheitliches Problem verursachen, ziehe ich eine indirekte Behandlung vor, bei der der Körper das Problem selbst aus der Welt schafft. Was er dafür am meisten braucht, sind gute Ernährung und ausreichend Bewegung. Während sich das Tier bei einem solchen Programm entgiftet und kräftiger wird, schafft es sich viele dieser Parasiten selbst vom Hals. Wenn eine direkte Wurmbehandlung nach diesen grundlegenden Maßnahmen immer noch erforderlich ist, kann sie leichter und mit größerer Erfolgsaussicht durchgeführt werden.

Die *Ernährung* sollte sich auf die Grundkost aus Kap. 3 und 4 beschränken, und zwar mit möglichst viel Rohkost (außer hartem, unverdaulichem Getreide oder Gemüse und Schweinefleisch oder Fisch – die selbst mit Parasiten behaftet sein können). Verabreichen Sie zusätzlich *jeden Tag* folgendes:

- Frisch gehackten oder geriebenen Knoblauch. Geben Sie je nach Größe des Tieres 1/2–2 Zehen in das Futter.
- Kleie. Geben sie (je nach Größe des Tieres) 1/2–2 Teelöffel in das Futter. Die Zellulose unterstützt die Ausscheidung der Würmer.
- Eines der folgenden Gemüse: geriebene rohe Karotten, Rüben oder Bete.

Verwenden Sie außerdem regelmäßig gemahlene Kürbiskerne und/oder gemahlene Kokosnuß. Lassen Sie das Tier an einem Tag in der Woche fasten und geben Sie ihm an diesem Tag nur große rohe Knochen, und zwar nicht nur, weil diese Knochen den Verdauungstrakt stimulieren, sondern auch, weil die zerkaute Knochensubstanz dazu beiträgt, die Würmer auszuscheiden.

Verabreichen Sie dem Tier außer dieser Kost auch das Mineralsalz *Natrum phosphoricum* (Nat. phos.) 6×, das die Verdauung anregt und eine Übersäuerung normalisiert, wodurch das System weniger anfällig für Parasitenbefall wird. Geben Sie mehrere Wochen lang zweimal täglich 1–3 Tabletten.

Allein mit diesen Maßnahmen habe ich schon viele Tiere erfolgreich gegen innere Parasiten behandelt. Wichtig ist es dabei, das hier vorgeschlagene Programm im vollen Umfang durchzuführen, und zwar auf die Grundlage einer gesunden, hausgemachten Kost ohne Fertigfutter. Denken Sie daran, daß Fadenwürmer sich bei jungen Tieren, die nicht genügend Eiweiß bekommen, stark vermehren können. Weil ein Welpe mehr Eiweiß braucht als ein ausgewachsenes Tier, müssen Sie die speziell für sie zusammengestellten Rezepte mit hohem Proteinanteil (Kap. 5) verwenden.

Wenn Sie nach vier bis sechs Wochen mit diesem Programm feststellen, daß die Parasiten immer noch nicht verschwunden sind, oder wenn der Wurmbefall zu stark war, um auf diese weniger belastende Weise dagegen vorzugehen, ist eine direktere Wurmkur erforderlich. Außer Chemikalien (die für Wirt und Parasiten gleichermaßen schädlich sein können) gibt es mehrere Möglichkeiten.

Homöopathische Behandlung: Versuchen Sie es bei *Fadenwürmern* entweder mit *Chenopodium* 3× (klebriger Gänsefuß) oder *Cina* 3× (Wurmsame), und zwar eine Woche lang zweimal täglich 1 Tablette. Eine Woche aussetzen und dann wiederholen. Wenn Sie mit dem einen Mittel keine zufriedenstellenden Ergebnisse erzielen, versuchen Sie es mit dem anderen.

Gegen *Bandwürmer* wenden Sie *Filix mas* 3× (Wurmfarn) an, und zwar mehrere Wochen lang morgens und abends 1 Tablette.

Naturheil- und Kräuterbehandlung: Die folgende Methode (nach den Vorschlägen der Kräuterkundlerin Juliette de Bairacli-Levy) ist ebenfalls recht wirkungsvoll, aber arbeits- und zeitaufwendiger als die homöopatische Behandlung. Sie läßt sich sowohl gegen Bandwürmer als auch gegen Fadenwürmer einsetzen. Sie besteht im wesentlichen aus Fasten und abweisenden Kräutern in Verbindung mit Rizinusöl (um den Darmtrakt durchzuspülen).

Füttern Sie das Tier die ersten drei bis vier Tage mit einer Spezialdiät, die die Würmer schwächt, weil sie die Bestandteile nicht mögen (Fette, Zucker, Eier und Vollmilch). Geben Sie am Tag zwei kleine Mahlzeiten aus Haferflocken (in Wasser oder entrahmter Milch eingeweicht), leicht gekochtem Fisch und reichlich Bierhefe.

Ernähren Sie das Tier in den nächsten zwei Tagen hauptsächlich mit Wasser. Wenn das Tier jünger als sechs Monate ist, geben Sie ihm nur einen Tag lang Wasser, das mit etwas Honig als Energiespender versetzt ist. Verabreichen Sie ihm am ersten Abend dieser Fastenkur etwas Rizinusöl als Abführmittel. Nehmen Sie 1/2 Teelöffel für weniger als drei Monate alte Welpen, 1 Teelöffel für Welpen zwischen drei und sechs Monaten, 1 1/2 Eßlöffel für mittelgroße Hunde und 2 Eßlöffel für große Hunde.

Geben Sie am zweiten Tag der Fastenkur Wurmtabletten aus Kräutern (in vielen Reformhäusern erhältlich). Sie können auch Ihr eigenes Mittel zusammenstellen, indem Sie frisch geriebenen Knoblauch, pulverisierte Gartenraute und Wermut zu gleichen Teilen in eine Gelatinekapsel geben. Wegen des Knoblauch sollten Sie dieses Mittel jeden Tag frisch zubereiten bzw. im Kühlschrank aufbewahren. Dosieren Sie gemäß den Angaben auf dem Beipackzettel bzw. (bei dem Hausmittel) folgendermaßen: 3–5 Kapseln für kleine und junge Tiere, 6–8 Kapseln für mittelgroße und große Hunde.

Etwa dreißig Minuten nach dem Wurmmittel verabreichen Sie eine weitere Dosis Rizinusöl (gleiche Menge wie vorher). Weitere dreißig Minuten später geben Sie dem Tier etwas (ca. 1 Tasse für einen mittelgroßen Hund) von einer warmen, abführenden, halbflüssigen Mischung aus roher Milch mit Ulmenpulver, Honig und Haferflocken. Wenn es diese Mischung erbricht, versuchen Sie es dreißig Minuten später noch einmal. Das Ulmenpulver bildet eine Art Gelee, der dazu beiträgt, Würmer und Eier aus dem Darm auszuscheiden.

Verabreichen Sie diese Mischung aus Milch, Ulme, Honig und Haferflocken auch in den nächsten drei Tagen, und zwar in Form von drei kleinen Mahlzeiten am Tag. Jeden Morgen, mindestens eine halbe Stunde vor der Fütterung, geben Sie wieder das Kräutermittel, aber nur noch die halbe Dosis. Am Abend hilft ein mildes, entschlackendes Abführmittel, beispielsweise 1/8–1/2 Teelöffel (je nach Körpergröße) Sennapulver mit einer Prise Ingwer. Geben Sie es in Kapselform oder mischen Sie es mit Wasser oder Futter.

Kehren Sie in den nächsten Tagen langsam wieder zu einer normalen Ernäh-

rung mit Naturkost zurück. Setzen Sie das abendliche Abführmittel ab, sobald das Tier wieder feste Nahrung frißt und Stuhlgang hat. Beziehen Sie noch eine gewisse Zeit lang die vorher erwähnten Nahrungsmittel in die Ernährung ein (Karotten, Kokosnuß, Kürbiskerne, Bete usw.).

Verwenden Sie in dieser Zeit und noch etwa achtzehn Tage nach der Fastenkur regelmäßig frischen Knoblauch im Futter oder in Gelatinekapseln mit etwa der halben Dosis wie bei dem Wurmmittel. Geben Sie dem Tier außerdem gelegentlich eine Aktivkohletablette (alle zwei oder drei Tage, aber nicht länger als einen Monat), die die restlichen Verunreinigungen im Darm absorbiert und beseitigt.

Bei sorgfältiger Einhaltung eines dieser Programme sollte sich in nahezu allen Fällen Erfolg einstellen. Für den Fall, daß es noch irgendwelche Anzeichen für das weitere Vorhandensein von Würmern gibt, oder um sicherzugehen, daß die Würmer wirklich verschwunden sind, lassen Sie den Tierarzt etwa sechs bis acht Wochen nach der Behandlung den Stuhl des Tieres untersuchen; lassen Sie diese Untersuchung in regelmäßigen Abständen wiederholen, um sicherzugehen, daß das Problem gelöst ist.

Falls Sie die Parasiten (besonders die hartnäckigeren Bandwürmer) mit dieser Behandlung nicht in den Griff bekommen, können Sie immer noch zu chemischen Mitteln greifen. Nach der natürlichen Behandlung sind die Würmer weniger zahlreich, und die Übriggebliebenen sind geschwächt. Außerdem ist das Tier gegen Medikamente und Parasiten widerstandsfähiger, so daß die ganze Prozedur besser abläuft.

Denken Sie außerdem daran, daß ein anhaltendes Wurmproblem auch darauf zurückgehen kann, daß das Tier erneut befallen wird, weil es mit verschmutzter Erde oder Grundwasser in Berührung kommt oder Flöhe und ähnliche Lebewesen verschluckt, die den Bandwurm übertragen (allein durch Beschnüffeln oder Kontakt zu anderen Tieren passiert nichts). Unzureichende Flohbekämpfung ist oft die Ursache ständig wiederauftretender Bandwürmer.

Eine letzte Bemerkung zu Parasiten: Lesen Sie in Kap. 11 den Abschnitt über Krankheiten, die von Tieren auf Menschen übertragen werden. Ein Tier mit Parasiten kann eine Quelle gesundheitlicher Probleme für andere Tiere und für Kinder sein. Bis das Problem beseitigt ist, müssen Sie ganz besonders aufpassen, um eine Übertragung auf die Umwelt zu verhindern.

Zähne (siehe »Zahnprobleme«)

Zwingerhusten (siehe »Infektion der oberen Atemwege«)

Notfälle und erste Hilfe

Einleitung (vorher lesen): Die Behandlung, die Sie einem Tier in den ersten Minuten eines Notfalls zuteil werden lassen, kann den Unterschied zwischen Leben und Tod ausmachen. Die Erste-Hilfe-Mittel, die ich hier vorschlage, wirken definitiv und bedeuten eine ungeheure Hilfe in der Zeit zwischen dem Eintritt des Notfalls und dem Eintreffen in der Praxis des Tierarztes. Sie sollen das Tier zunächst einmal am Leben erhalten, während der Arzt gerufen und der Transport vorbereitet wird. Wenden Sie diese Maßnahmen *auf keinen Fall* an, um erforderliche fachliche Hilfe hinauszuzögern. Die Anweisungen für eine längerdauernde Behandlung gelten nur für den Fall, daß Sie keinen Arzt erreichen können.

Damit die Informationen Ihnen etwas nützen, müssen Sie vorausplanen und die entsprechenden Vorräte griffbereit haben. Ein Notfall ist nicht der Zeitpunkt, an dem Sie sich alles zusammensuchen oder nachlesen können, was zu tun ist. Im folgenden sind die Notmaßnahmen in Kurzform dargestellt, damit Sie sie bei Bedarf schnell überfliegen können. Sie sollten sich aber schon im voraus damit vertraut machen, damit Sie im Notfall unter der richtigen Überschrift nachschauen können.

Hier ist eine Liste von Vorräten, die Sie griffbereit haben sollten, um meine Anregungen in die Tat umsetzen zu können. Das Mittel »Rescue Remedy« (Blütenessenz) bekommen Sie bei:

Dr. Edward Bach Centre
Mount Vernon
Sotwell, Wallingford
OX10 OPZ
England

Die Mineralsalze werden in vielen Reformhäusern verkauft und die anderen Vorräte gibt es in Drogerien und Apotheken.

HOMÖOPATHISCHE MITTEL

- *Arnica* 6× – 1 Flasche mit 250 Tabletten
- Ringelblumentinktur – 30 ccm-Tropfflasche
- Ringelblumen-Johanniskraut-Salbe – die Zutaten zu dieser Salbe können Sie getrennt kaufen und zu Hause vermischen.
- *Ledum* 6× – 1 Flasche mit 250 Tabletten
- *Urtica-urens-Tinktur* – 30 ccm-Tropfflasche

ANDERE MITTEL

- *Ferrum phosphoricum* (Ferr. phos.) 6× – Mineralsalz – 1 Flasche mit 500 Tabletten
- Aktivkohlekörnchen
- »Rescue Remedy« (Bachsche Blütenessenz) – Tropfflasche mit 10 ml; bereiten Sie aus der gekauften Essenz folgendermaßen eine Lösung: Geben Sie 4 Tropfen Essenz in eine 3 ccm-Tropfflasche, die zu einem Drittel mit Branntwein als Konservierungsmittel gefüllt ist. Füllen Sie mit destilliertem oder Quellwasser auf und schütteln Sie gut durch. Stellen Sie diese verdünnte Lösung im voraus her und nehmen Sie sie, wenn die Behandlung mit »Rescue Remedy« angezeigt ist. Das Mittel ist unbegrenzt haltbar.

MATERIAL

- Elastische Binde, 7,5 cm breit
- Heftpflaster, 2,5 cm breit (Rolle)
- 2 Decken, dick und fest
- Gazepolster, 1 Paket
- Plastikschüssel zur Verdünnung von Lösungen
- Wasser zur Verdünnung (Leitungswasser)

Maßnahmen in Notfällen

ATEMSTILLSTAND

1. Künstliche Beatmung anwenden. Die Schnauze des Tieres öffnen, Zunge nach vorn ziehen, in den Hals schauen, ob eventuell die Atemwege verstopft sind. Gegebenenfalls Schleim und Blut entfernen. Zunge des Tieres loslassen, das Maul schließen und den Mund auf die Nasenlöcher des Tieres legen. Ausatmen, um die Lunge des Tieres zu füllen, und das Tier danach ausatmen lassen. Frequenz: Sechsmal pro Minute. So viel Luft einblasen, daß sich die Brust des Tieres hebt.
2. »Rescue Remedy« verabreichen. Alle fünf Minuten 2 Tropfen auf Zahnfleisch oder Zunge geben, bis die Atmung wieder einsetzt, anschließend (wenn keine Hilfe erreichbar ist) viermal im Abstand von dreißig Minuten.

ATEM- UND HERZSTILLSTAND (an der Brust horchen)

1. Gleichzeitig künstliche Beatmung (siehe »Atemstillstand«) und äußerliche Herzmassage (siehe »Herzstillstand«) anwenden. Geht am einfachsten zu zweit.
2. »Rescue Remedy« verabreichen. Alle fünf Minuten 2 Tropfen auf Zunge oder Zahnfleisch geben, bis Herz und Lunge wieder arbeiten, anschließend (wenn keine Hilfe verfügbar ist) viermal im Abstand von dreißig Minuten.
3. Akupressur ausüben. Wenn Herz und Lunge nach dreimaliger Gabe von »Rescue Remedy« noch nicht wieder arbeiten, mit der Kante des Daumennagels starken Druck auf den großen Ballen beider Hinterpfoten ausüben. Nach ein paar Sekunden loslassen und mit dem Daumennagel oder einem spitzen Gegenstand wie etwa der Kappe eines Kugelschreibers auf den in der Zeichnung angegebenen Punkt der Nase drücken.

Abwechselnd Akupressur und Herz-Lungen-Wiederbelebungstechnik anwenden. Mit zwei Personen gleichzeitig arbeiten.

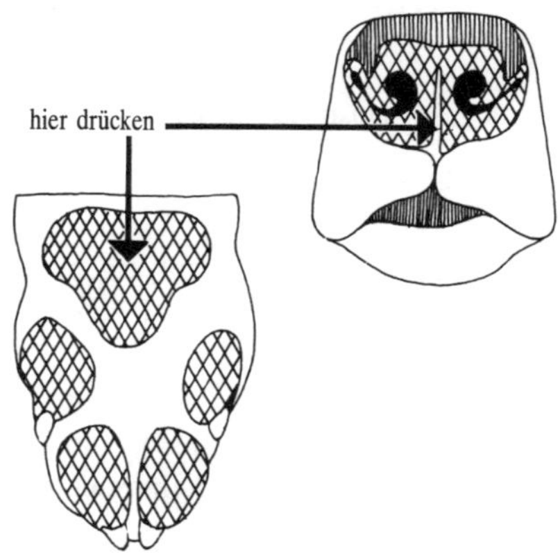

Akupressur: Zur Wiederbelebung auf die gezeigten Punkte Druck ausüben.

VERBRENNUNGEN (»weiße« Haut oder angesengtes Fell)

Entweder:

1. Urtica-urens-Tinktur auftragen. 2 Tropfen Tinktur auf 30 ccm (2 volle Eßlöffel) Wasser geben. Gaze mit der Lösung tränken und auf die verbrannte Stelle legen. Nicht entfernen, Gaze aber feuchthalten. Notfalls mit einer Binde befestigen.

Oder:

2. »Rescue Remedy« verabreichen. 4 Tropfen des vorbereiteten Präparats in 3 ccm (2 Eßlöffel) Wasser geben. Wie oben mit Gaze anwenden. Außerdem alle dreißig Minuten 2 Tropfen auf die Zunge geben.

AUTOUNFALL (sichtbare Verletzungen, fettiges oder sehr dreckiges Fell)

1. Das Tier an eine sichere Stelle bringen. Ein auf der Straße liegendes Tier auf ein Brett oder eine fest gespannte Decke ziehen und wegtransportieren, ohne sein Rückgrat zu biegen oder seine Lage zu verändern. Dem Tier eventuell das Maul zubinden oder ihm eine Decke über den Kopf legen, damit es niemanden beißt.

2. »Rescue Remedy« verabreichen. Viermal im Abstand von 15 Minuten 2 Tropfen auf die Zunge geben (danach gegebenenfalls alle zwei Stunden, bis Sie beim Tierarzt sind).
3. Das Tier warmhalten und auf Anzeichen für Schock beobachten (siehe »Schock«).

KONVULSIONEN (Versteifung oder abwechselndes rasches Anspannen/Entspannen der Muskeln, Hin- und Herwerfen, Schaum vor dem Maul)

1. Bei Konvulsionen das Tier nicht festzuhalten versuchen.
2. Bei Atemstillstand nach Konvulsionen künstlich beatmen (siehe »Atemstillstand«). Bei zusätzlichem Herzstillstand Herz-Lungen-Wiederbelebungstechnik anwenden (siehe »Atem- und Herzstillstand«).
3. »Rescue Remedy« verabreichen. Wenn das Tier nach den Konvulsionen verängstigt oder desorientiert ist, alle 15 Minuten 2 Tropfen geben.
4. An die Möglichkeit einer Vergiftung denken (siehe dort).

SCHNITTE (Fleischwunden)

1. Mit klarem Wasser ausspülen. Sichtbare Fremdkörper wie Splitter, Haare und Sand entfernen.
2. Ringelblumenlotion auftragen. 2 Tropfen Ringelblumentinktur in 30 ccm (2 volle Eßlöffel) Wasser geben; Gaze damit tränken und mit Binde befestigen.
3. Kleine Wunden, die nicht vom Tierarzt behandelt werden müssen, mit Wasser und Seife auswaschen und vorsichtig trocknen. Haare an den Wundrändern abschneiden. Zweimal täglich Ringelblumen-Johanniskraut-Salbe auftragen, bis die Wunde verheilt ist. Nicht verbinden.

FRAKTUREN (Bein knickt in scharfem Winkel ab, Tier benutzt das Bein nicht)

1. Bei einem offensichtlichen Unterschenkelbruch sehr vorsichtig eine saubere Zeitung oder Zeitschrift um den Schenkel rollen und festheften, damit sie sich nicht aufrollt. Nicht versuchen, das Bein selbst zu richten; nur darauf achten, daß das untere Ende nicht hin- und herpendelt.
2. Eine Wunde an der Bruchstelle vor Anbringung der provisorischen Schiene mit sauberer Gaze abdecken.
3. Wenn der Bruch nicht sichtbar oder weit oben am Bein ist, nicht zu schienen versuchen. Das Tier die Haltung einnehmen lassen, die am bequemsten ist. Für den Transport kleiner Tiere zum Arzt ist eine ausgepolsterte Kiste am besten. Größere Hunde laufen wahrscheinlich am besten auf drei Beinen zum Arzt.
4. Viermal (falls wegen fehlender Hilfe so oft erforderlich) im Abstand von einer Stunde 1–2 Tabletten Arnica 6× verabreichen. Behandlung absetzen, wenn sich das Tier dabei zu heftig bewegt und weitere Verletzungen möglich sind.

SCHUSSVERLETZUNGEN (2 einander gegenüberliegende Wunden im Körper, starke Schmerzen und Furcht)

1. Alle 15 Minuten 1–2 Tabletten Arnica 6× verabreichen, bis sich das Tier beruhigt hat.
2. Gegebenenfalls mit der Hand trockene Gaze auf die Wunde drücken, bis die Blutung aufhört. Oder vorübergehend einen Druckverband (siehe dort) anlegen.

HERZSTILLSTAND (kein Herzschlag an der Brust zu fühlen oder zu hören)

1. Äußerliche Herzmassage anwenden. Das Tier mit der rechten Seite auf eine feste Unterlage legen. Eine oder beide Hände (je nach Größe des Tieres) direkt hinter dem oberen Beingelenk auf die Brust des Tieres legen. 70mal in der Minute fest drücken und loslassen. *Achtung:* Bei zu starkem Druck können die Rippen brechen.
2. »Rescue Remedy« verabreichen. Sofort zwei Tropfen seitlich in das Maul geben und alle fünf Minuten erneut, bis sich eine Reaktion zeigt; anschließend noch viermal (wenn kein Arzt verfügbar ist) im Abstand von 30 Minuten.
3. Wenn das Herz nicht innerhalb einer Minute wieder zu schlagen beginnt, außerdem künstlich beatmen (siehe »Atemstillstand«).
4. Ob die Herzmassage erfolgreich ist, sieht man daran, daß das Zahnfleisch wieder eine normale »rosa« Färbung bekommt.

Herzmassage:
Mit beiden Händen siebzigmal
in der Minute drücken und loslassen.

HERZSCHLAG (Tier liegt bewußtlos in heißem Auto)

1. Das Tier sofort an einen kühlen, schattigen Platz schaffen, notfalls den Schatten des Wagens.
2. Das Tier ununterbrochen mit Wasser benetzen, um den Körper möglichst abzukühlen. Beim Transport zum Tierarzt Eispackungen auf Körper und Kopf legen.
3. »Rescue Remedy« verabreichen. Bis zur Ankunft beim Art alle zehn Minuten 2 Tropfen in das Maul.

BLUTUNGEN (aus Wunden oder Körperöffnungen)

Bei äußerlichen Wunden eines der folgenden Mittel verwenden: *Arnica* 6× (alle 15 Minuten 1 Tablette, bis die Blutung aufhört), *Ferrum phosphoricum* (Ferr. phos.) 6× (alle 15 Minuten 1 Tablette, bis die Blutung aufhört), oder – gegebenenfalls unter direktem Druck – lokal Ringelblumenlotion (2 Tropfen Tinktur auf 1 Eßlöffel Wasser), pulverisiertes Ferr. phos. 6× oder Olivenöl. Wenn die Blutungen trotzdem nicht zum Stillstand kommt, Druckverband (siehe dort) über medizinischer Gaze anlegen.

Gegen innere Blutungen viermal im Abstand von einer Stunde entweder *Arnica* 6× oder *Ferrum phosphoricum* (Ferr. phos.) 6× verabreichen. Das Tier ruhighalten. Bei Hysterie zunächst dreimal im Abstand von 5 Minuten 2 Tropfen »Resuce Remedy« verabreichen. Anschließend Behandlung mit Arnica oder Ferr. phos. fortsetzen.

INSEKTENSTICHE (Bienen- und Wespenstiche, schmerzhafte rote Schwellungen)

Zur lokalen Behandlung von Bienen- und Wespenstichen, eine frische Zwiebelscheibe auflegen. Bei Bienenstichen einen Tropfen Urtica-urens-Tinktur direkt auf die Stichstelle geben.

Gegen alle Insektenstiche alle zehn Minuten 1 Tablette *Ledum* 6× verabreichen, bis Erleichterung eintritt.

VERGIFTUNG (drei Hauptgruppen von Symptomen: Übermäßiger Speichelfluß, Tränen, häufiges Wasserlassen und häufiger Stuhlgang; Muskelzucken, Zittern und Konvulsionen; starkes Erbrechen)

1. Aktivkohlegranulat verabreichen. 5 gehäufte Teelöffel Granulat in 1 Tasse Wasser auflösen. Je nach Größe des Tieres etwa 1/4–1 Tasse löffelweise in die Backentasche geben. Absetzen, wenn das Tier sich heftig dagegen wehrt oder die Symptome sich verschlimmern. Der Tierarzt kann Beruhigungs- oder Betäubungsmittel verabreichen und dann behandeln.
2. Das Tier warm und möglichst ruhig halten. Streß wirkt äußerst negativ.
3. Verdächtige Substanzen und Behälter (wenn bekannt) sowie alles Erbrochene zur Feststellung des Gifts zum Tierarzt bringen.

DRUCKVERBAND (gegen starke Blutungen, zur Befestigung von Gaze und äußerlich angewendeten Heilmitteln)

1. Trockene oder mit Arzneimittel behandelte Gaze auf die Wunde legen und mit einer elastischen Binde befestigen. Die Binde nur leicht festziehen, weil sonst (besonders am Bein) der Blutfluß wie bei einer Aderpresse unterbrochen wird. Wenn die Wunde sich in der unteren Beinhälfte befindet, die Binde bis hinunter zur Pfote (einschließlich) anlegen (um Schwellungen zu verhindern).
2. Die Binde mit Heftpflaster gegen Verrutschen und Abwickeln sichern.
3. Daran denken, daß dies eine provisorische Maßnahme ist, bis die Blutung aufhört oder der Tierarzt konsultiert werden kann. Den Druckverband sofort entfernen, wenn das Bein unterhalb der Binde anschwillt.

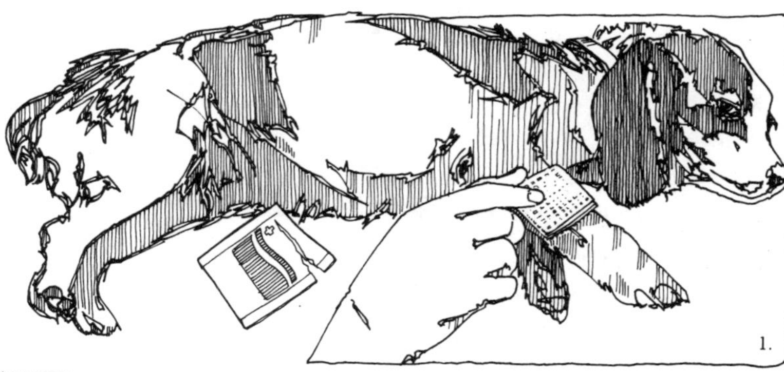

Blutungen:
1. Schritt: Mit Arzneimittel getränkte Gaze auf die Wunde legen.

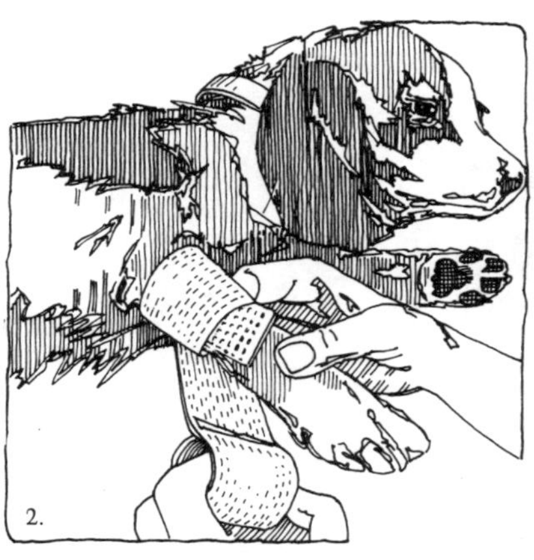

2. Schritt:
Eine elastische Binde um die Wunde wickeln, damit die Gaze nicht verrutscht.

3. Schritt:
Die Binde mit Heftpflaster sichern.

PUNKTWUNDEN (von Zähnen, Klauen, spitzen Gegenständen)

1. Wunde mit Wasser und Seife auswaschen.
2. Eventuell in der Wunde befindliche Haare herausziehen.
3. Mit Gaze nur dann direkten Druck auf die Wunde ausüben, wenn sie stark blutet (siehe »Druckverband«). Mäßiger Blutfluß spült die Wunde aus.
4. Viermal im Abstand von zwei Stunden 1–2 Tabletten *Ledum* 6× verabreichen.

SCHOCK (bei schweren Verletzungen; Symptome sind weißes Zahnfleisch, schnelle Atmung und Bewußtlosigkeit)

Bei vielen Prellungen und Wunden alle zehn Minuten 1–2 Tabletten *Arnica* 6× verabreichen, bis sich eine Reaktion zeigt. Anschließend alle zwei Stunden Arnica geben.

Bei Verdacht auf innere Blutungen viermal im Abstand von 30 Minuten 1–2 Tabletten *Arnica* 6× verabreichen, danach stündlich zwei Tabletten.

Wenn das Tier bewußtlos ist, alle fünf Minuten 2 Tropfen »Rescue Remedy« in das Maul geben, bis es reagiert, danach alle dreißig Minuten.

Das Tier mit einer Decke in horizontaler Lage warmhalten.

KOLLAPS (plötzliche Bewußtlosigkeit ohne Vorwarnung)

1. Atmung und Herzschlag überprüfen. Bei Stillstand künstlich beatmen (siehe »Atemstillstand«) oder beatmen und Herzmassage verabreichen (siehe »Atem- und Herzstillstand«).
2. Bis zur Reaktion alle fünf Minuten und danach alle dreißig Minuten 2 Tropfen »Rescue Remedy« verabreichen.
3. Einen warmen Kaffeeinlauf machen (wegen des Koffeins). Nehmen Sie je nach Größe des Tieres $1/4$–1 Tasse. 15 Minuten lang Gaze gegen den Anus drücken, damit die Flüssigkeit nicht wieder hinausläuft.

Anhang

Hausgemachte Leckereien für Ihren Hund

Die folgenden drei Rezepte eignen sich für den Fall, daß sie Ihr Tier von Zeit zu Zeit gern mit einer vollständigen, fix und fertigen Mahlzeit versorgen wollen, die mit dem kommerziellen Fertigfutter vergleichbar ist, aber nicht die künstliche Additive, minderwertigen Fleischsorten, unzureichenden Fettanteile und anderen Mängel dieses Futters aufweist. Wenn Sie manchmal wenig Zeit haben oder Ihr Tier gelegentlich in der Obhut eines Freundes lassen müssen, finden Sie in diesen Gerichten die Lösung für Ihre Probleme. Sie können sie außerdem dazu verwenden, Ihr Tier von kommerziellem Fertigtrockenfutter zu entwöhnen und ihm Übung für sein Gebiß und Zahnfleisch zu verschaffen.

KNUSPRIGES FÜR DEN HUND (MIT FLEISCH)

450 g Hühnerklein von Hals und Magen (oder anderes Fleisch)
1 Dose Makrelen
2 Tassen Sojamehl, Fettstufe
2 Tassen Vollweizenmehl
1 Tasse Roggenmehl
1 Tasse Maismehl
1 Tasse Weizenkeime
1 Tasse Trockenmilch, Magerstufe
1/4 Tasse Luzernenpulver
3 Eßlöffel Knochenmehl (oder 2 Eßlöffel Dicalciumphosphat)
1 Eßlöffel Meersalz oder 2 Eßlöffel Kelppulver
4 Eßlöffel Öl oder Fett
1 Eßlöffel Lebertran
3 Knoblauchzehen, kleingeschnitten
400 I.E. Vitamin E
1/2 Tasse gehackte Zwiebeln (wahlweise)
1 l Wasser
1/2 Tasse Nährhefe

Alle Zutaten außer der Hefe zu einem festen Teig verarbeiten. Auf einem Backblech 5–10 mm dick ausrollen. 30–45 Minuten bei 175 °C backen. Abkühlen lassen, in bißgerechte Stücke brechen und mit Hefe bestreuen.

In luftdichten Behältern aufbewahren. Hält sich ohne Kühlung 2–3 Tage, im Kühlschrank entsprechend länger. Bei regelmäßiger Verwendung etwas Frischnahrung zugeben (Sprößlinge, rohes Fleisch, gehacktes Gemüse).

KNUSPRIGES FÜR DEN HUND (VEGETARISCH)

2 l Wasser
2 Tassen Vollkorngetreide (Hafermehl, Hirse, geschroteten Weizen, Gerste oder Mais oder eine Mischung aus allem)
1 Tasse Sojaschrot
1 Tasse Kleie
1 Eßlöffel Meersalz
3/4 Tasse Milchpulver, entrahmt
1/2 Tasse Weizenkeime
1/2 Tasse Nährhefe
2 Eßlöffel Luzernenpulver
1 Eßlöffel Kelppulver
1 Eßlöffel Knochenmehl oder 2 Eßlöffel Dicalciumphosphat
1/2 Tasse Öl
1 Teelöffel Lebertran
400 I.E. Vitamin E

Getreide, Sojaschrot und Salz langsam in zwei Liter köchelndes Wasser einrühren. Zudekken und 15 Minuten kochen lassen, bis es gar ist. Bei Bedarf mehr Wasser zugeben. Etwas abkühlen lassen. Restliche Zutaten unter schnellem und sorgfältigem Umrühren zufügen.

Dünn auf einem Backblech ausbreiten. Im Backhofen bei 65–95 Grad knusprig werden lassen. In Stücke brechen. Geben Sie noch etwas zusätzliches Eiweiß in Form von Fleisch, Tofu, Eiern oder Hüttenkäse zu, wenn Sie Ihren Hund regelmäßig damit füttern.

KNUSPRIGES FÜR DEN HUND (VEGETARISCH, GÜNSTIG)

4 Tassen Hühnerfutter (oder Siebenkornmischung)
2 Tassen Sojamehl oder 1 Tasse Sojaschrot
1/2 Tasse Buchweizen- oder Vollweizenmehl
1/2 Tasse Öl
4 Eier
1 Eßlöffel Kelppulver
1 Eßlöffel Knochenmehl oder 2/3 Eßlöffel Dicalciumphosphat
1 Eßlöffel Nährhefe
1/2 Teelöffel Lebertran
400 I.E. Vitamin E

Hühnerfutter und Sojaschrot (wenn verwendet) ein paar Stunden oder über Nacht einweichen. Das Wasser teilweise abgießen, mit dem Rest das Getreide in einem Mixer glattrühren. Übrige Zutaten zugeben.

Dünn auf einem eingefetteten Backblech verteilen. 30 Minuten bei 175 Grad backen, bis es leicht angebräunt ist. Wenn noch zu weich, bei abgeschaltetem Backofen trocknen lassen. In bißgroße Stücke brechen. Bei regelmäßiger Verwendung mit Frischnahrung ergänzen.

Diese und die anderen Rezepte in diesem Anhang stammen mit freundlicher Genehmigung der Autorin Joan Harper aus dem Buch *Healthy Cat and Dog Cook Book* (Copyright © 1975, 1976, 1978, 1979 by Joan Harper; Nachdruck mit Genehmigung des Verlags E. P. Dutton), eine gute Quelle für viele kreative Ideen zur Zubereitung natürlicher Kost für Tiere.

Natürliche Naschereien

Kekse und Gebäck sind eine willkommene Abwechslung für Ihr Tier und eine gute Hilfe für die Beschäftigung und Säuberung von Zähnen und Zahnfleisch. Probieren Sie die folgenden Gerichte. Ihr Tier wird sie mögen.

IYVS LIEBSTE KEKSE

2 Tassen Vollweizenmehl
1/2 Tasse Roggen- oder Buchweizenmehl
1/2 Tasse Bierhefe
1 Tasse Bulgur (gerösteter, zerstoßener Weizen)
1/2 Tasse Maismehl
1/4 Tasse gehackte Petersilie
1/4 Tasse Trockenmilch
1 Teelöffel Trockenhefe
1/4 Tasse warmes Wasser
1 Tasse Hühnerbrühe
1 Ei mit 1 Eßlöffel Milch geschlagen (Glasur)

Mehl, Bierhefe, Bulgur, Petersilie und Trockenmilch in eine große Schüssel geben. Trokkenhefe und warmes Wasser in eine kleine Schüssel geben und gut durchrühren, bis die Hefe aufgelöst ist. Hühnerbrühe zugeben.

Flüssigkeit in die Trockenzutaten einrühren und gut mit den Händen durchkneten. Der Teig ist sehr steif. Bei Bedarf noch etwas Wasser oder Brühe zufügen. Teig auf einer mit Mehl bestäubten Unterlage 1/2 cm dick ausrollen. Mit einem Messer in gewünschte Formen schneiden.

Kekse auf ein Backblech legen und leicht mit Eiglasur bestreichen. 45 Minuten bei 150 Grad backen. Backofen abschalten und Kekse über Nacht im Ofen trocknen lassen.
Ergibt etwa 6–7 Dutzend Kekse.

❄

HUNDEKEKSE DELUXE

2 Tassen Vollweizenmehl
1/4 Tasse Maismehl
1/2 Tasse Sojamehl
1 Teelöffel Knochenmehl
1 Teelöffel Meersalz
1/4 Tasse Sonnenblumenkerne (oder Kürbiskerne)
2 Eßlöffel Öl, geschmolzene Butter oder Fett
1/4 Tasse ungeschwefelte Melasse
2 Eier vermischt mit 1/4 Tasse Milch

Trockenzutaten und Kerne vermischen. Öl, Melasse und die Ei-Milchmischung bis auf einen Eßlöffel zugeben. Bei Bedarf mehr Milch zugeben, um einen festen Teig zu bekommen. Ein paar Minuten durchkneten und den Teig 1/2 Stunde ruhen lassen. Gut 1 cm dick ausrollen. In gewünschte Form zerteilen und mit dem Rest der Ei-Milchmischung bestreichen. Auf dem Backblech 30 Minuten bei 175 Grad backen, bis der Teig leicht gebräunt ist. Kekse bei abgeschalteter Wärmezufuhr noch eine Stunde oder länger im Ofen lassen, damit sie härter werden.